犹太文化史

（第二版）

A HISTORY OF JEWISH CULTURE

徐新 著

北京大学出版社
PEKING UNIVERSITY PRESS

图书在版编目(CIP)数据

犹太文化史/徐新著.—2版.—北京：北京大学出版社,2011.10
ISBN 978-7-301-19512-3

Ⅰ.①犹…　Ⅱ.①徐…　Ⅲ.①犹太人—民族文化—文化史　Ⅳ.①K18

中国版本图书馆CIP数据核字(2011)第189562号

书　　　名：犹太文化史(第二版)
著作责任者：徐　新　著
责 任 编 辑：张　冰
标 准 书 号：ISBN 978-7-301-19512-3/G·3221
出 版 发 行：北京大学出版社
地　　　址：北京市海淀区成府路205号　100871
网　　　址：http://www.pup.cn　　电子信箱：zbing@pup.pku.edu.cn
电 子 邮 箱：编辑部 pupwaiwen@pup.cn　　总编室 zpup@pup.cn
电　　　话：邮购部62752015　发行部62750672　编辑部62754149　出版部62754962
印　刷　者：北京虎彩文化传播有限公司
经　销　者：新华书店
　　　　　720毫米×1020毫米　16开本　21.75印张　480千字
　　　　　2006年5月第1版
　　　　　2011年10月第2版　2023年12月第5次印刷
定　　　价：68.00元

前　言

在两河流域文明和尼罗河流域文明进入其高潮时，有一个被称为“希伯来”[1]的民族突然“闯”入上古中东历史。这个民族的出现很可能是历史的一个偶然事件，对于古代中东这块有众多民族来来往往、匆匆一过的地区而言，应该说实在是算不了什么。在犹太人进入历史的最初二千年，它所生活的地区群雄崛起，古巴比伦、埃及、赫梯、亚述、新巴比伦、波斯等帝国争霸不断。犹太民族因其人数少、力量薄，从来没有凭其实力称霸一方。不仅如此，除了在一个很短的时期内建立过自己的家园，享受过主权民族的生活，在其漫长的历史中，它一直是强权的凌辱对象，是其他民族的迫害对象。对于这样一个“弱小”的民族，若不是因为其凭借着对民族理想的执著、对信仰的固守、对自身文化的不断营造，若不是因为其坚信言词的力量远胜于刀剑的力量，以其文化和思想上的建树在世界文明领域发出其巨大且影响深远的声音，让世人深切感受到它的存在，成为中东地区唯一在上古时期就创造出光辉灿烂文明，对世界文明的进程，特别是西方文明的进程产生巨大影响，并且以“一以贯之”之势一直延续到今天，那么，人们在论及世界文明时或许根本就不会提及这一民族，最多也只能是一笔带过。

然而，事实是自犹太民族走进历史以来，其创造的独特文明逐步发展成为西方文明的一个源头文化，对西方社会和生活产生了巨大且深刻的影响。更为重要的是，古代中东地区那些曾经创造过辉煌的民族竟无一例外地成为历史上的匆匆过客，连同他们所创造的文明一道被历史长期湮没，唯有犹太民族作为一个“不变”的民族留存下来，并以自己的文化信仰上的成就在随后近1500年的历史中保留了人类社会对古代中东文明的部分记忆，成为人们常说的中东文明的“集大成者”。在这个意义上说，古代中东的文明是通过犹太民族的文化为近代广大西方人和世界其他地区的人们所最先了解的。

由于发端于上古时期的犹太文化不同于近东地区其他文化，并没有随着古代历史的结束而中止，而是在随后的岁月继续发扬光大，其文化包容的内容与古代中

---

① 希伯来是犹太民族的最早称谓，在《圣经》时代，犹太民族主要被称为“以色列”或“以色列人”，其来源主要根据后来的犹太民族都是第三代族长雅各的后代，而雅各曾被神给了一个“以色列”的名。到了第二圣殿后期，非犹太社会开始称他们为“犹太人”。该名称一直沿用至今。

东其他民族文化相比自然要广泛得多、丰富得多、复杂得多。

犹太文化作为人类最古老的文明之一,作为一种对世界文明,特别是西方文明的发展进程产生了巨大而深远影响的文化,自然会引起国际学术界的极大兴趣,事实上,犹太文化所包含的各领域现在均在全世界学者的研究之中。无论从广度还是从深度上说,目前的犹太文化研究都已达到空前的水平,成为人们探索和了解西方文明源头的标志之一。研究和探讨犹太文化的内部规律以及它与其他文化之间的关系是当前人们关心的一个重点。众所周知,孕育出犹太文明的地中海地区(包括两河流域、尼罗河流域、小亚细亚地区和爱琴海区域)也曾孕育出一大批古老的文明,如苏美尔文明、埃及文明、巴比伦文明、希腊文明、罗马文明等。在这些文明中有不少曾盛极一时、灿烂无比。然而,随着历史的推移,所有这些古老文明几乎无一例外先后衰败、中断,若干在中东那片土地上曾经强大一时的民族,如亚述、赫梯、巴比伦等早已不知去向,仅留存于人类的记忆中和典籍里。就连今日依然存在的埃及民族、波斯民族、希腊民族等也已经不是昔日意义上的埃及民族、波斯民族、希腊民族了。之所以出如此断言,是因为,尽管这些民族仍居住在这同一地区,但无论是他们的信仰、习俗,还是社会形态、生活方式到使用的文字等都不同于他们的先人。而许多学者都认为,单就一个民族语言文字的中断就足以导致该民族文化的断裂,当一种文化的载体——语言发生质的变化后,那一文化还能算是原先意义上的文化吗?何况他们连宗教信仰和生活习俗都发生了根本性的变化呢。因此,从文化学的角度出发,今天的埃及文化已不能算是古埃及文化的延续,当今的希腊文化也很难算得上是古希腊文化的延伸。可是,犹太文化却是这一地区古老文明中的唯一例外。犹太文化自三千年前发端以来,就从未中断过。犹太民族和犹太文化虽流离辗转数千年,散布世界各地,却保持着自己显然不变的特征,成为人类文明史上为数不多的“一以贯之”的文化。研究这样一种文化本身就是十分有意义的了。

不仅如此,犹太文化本身作为一种历史的积淀,聚合了数千年的历史沧桑,其文化发展的历史性特征和传统性内涵在世界各民族文化的整体发展中表现得十分突出。从这一意义上讲,犹太文化自然成为世界文化研究领域中的一个“范本”,而对它的研究显然有助于对世界文化的进一步了解。

犹太民族作为亚洲诸民族一员,其文化无疑应被视为东方文化的一个有机组成部分。因此,研究犹太文化还有助于打破世界文化史学界长期存在的“欧洲中心论”的观点。仔细研究过犹太文化和中华文化的人可能会发现这两种文化的相似的一面。著名《塔木德》学者施坦泽兹拉比在比较了中华文化和犹太文化后发表了这样一番“感想”:“正因如此(指中华文化和犹太文化之间在历史上很少有联系这一事实——作者注),犹太智慧文献与儒家五经为代表的中国文化无论在风格还是内容上的相似之处才令人惊奇。从文学风格的角度看,所有这些书中都存在着一个共同之处,即:尽管他们都致力于人类生存的根本问题,但他们都没有以抽象的方式涉及，也没有以系统哲学写作的方式表达他们的观点。当在希腊（某种程度上也在印度）写作关于哲学与道德问题的丰富而又系统的著作之时，在中国和以色列则是以贤哲向门徒或大众传播的简短格言的形式表达着这些见解。以这种方式表现的智慧之文因而只是一个开端，一个观念的概括，它是一种引发深思的方法。”[①]这种思维的相似之处或许与中犹民族同属东方这一事实不无关系。由于众所周知的原因，历史上西方主流社会一贯对犹太人和犹太文化持歧视和偏见态度，对犹太文化的研究不像对希腊—罗马文化的研究为人们所重视。真正意义上的犹太文化的研究只是到了19世纪才开始。尽管到目前为止，这一研究已取得了巨大进展，但从总体上说犹太文化的宝藏还有待发掘，对犹太文化的了解还有待深化，对犹太文化的研究还有待提高。

研究犹太文化对于21世纪的中华民族而言应该说有积极的借鉴意义。希望在国际事务中发挥更大、更为积极的作用，是中国人民“走向世界”伟大梦想的一项重要目标，也是中国人民面临的一种挑战。而了解犹太文化可以说是实现这一目标和应付这种挑战必不可少的一步，因为犹太思想影响了整个世界的文明组成和进程，犹太文化的影子在世界文化，特别在西方文化中几乎是随处可见。而犹太文化所具有的超越时代的特性则是所有希望“走向世界”的古老民族的一面可供资鉴的镜子。用刘洪一先生的话可以很好地概括犹太文化的这种“超常”性：“作为犹太人，他们的‘超前’优势恰恰在于生活在不同文明、宗教和民族文化的交界线上，他们诞生和成长在不同时代的交替点上。他们的思想成长在最为扑朔迷离的相互沟通、相互滋养的文化影响之中，他们生活在他们所居住的国家的隐蔽处和偏僻角落。他们中的每一位都既在其社会之中又超然其外，即属于它又超乎于它，正因为如此，才使得他们创造了超越其社会、超越其国家、也超越其时代和同代人之上的思想，才使得他们的精神能遨游在宽阔的地平线上，遨游在遥远的未来。”[②]“不了解犹太文化就不了解世界”口号的实质即在于此。此外，研究犹太文化不仅有助于我们对西方文明的深刻了解，而且还可以起借鉴作用。在未来的新世纪，面向世界、改革开放的中国人民必然要和其他民族和文化发生更加广泛的交往、碰撞。如何在这种形势下保持、发展、丰富自身文化是摆在我们面前的一项严肃课题。而犹太文化的特征之一是在接纳、吸收所有与之交往、碰撞的文化同时执著地保持自身文化的独特性。对于居住在海外的华人和炎黄子孙而言，犹太人近两千年的散居经历和生活方式还具有积极的参考作用。如何在海外生活中，既做到融合于当地社会，又做到融而不化、融而不亡，保持和发扬光大自身的文化传统，显然是中华民族所面临的一个重要课题。“他山之石，可以攻玉”，犹太民族在近两千年散居过程中，在与其他民族文化的接触和交往中以包容兼蓄之势丰富和发展了自身文化的

---

① 阿丁·施坦泽兹：《阿伯特——犹太智慧书》，中国社会科学出版社，1996年，第9—10页。

② 刘洪一：《犹太精神》，南京大学出版社，1995年，第249—250页。

经验,无疑为我们保持和发扬光大我们的民族文化提供了不可多得、可供借鉴的成功经验。

鉴于上述对犹太文化的一得,本人在20世纪80年代投入了对犹太文化的专题研究,在丰富自身的同时,试图以自己的实际行动推动国人对犹太文化的兴趣和了解,推动犹太文化研究在中国的进一步开展。在过去的十多年时间内,本人除发表了几十篇与犹太文化相关的论文外,主要撰写(包括编撰)了《犹太百科全书》、《反犹主义解析》、《中国开封犹太人:历史、文化及宗教研究》、《西方文化史》等著作,组织和参与了《犹太史图录》、《理性之光——阿哈德·哈姆与犹太精神》、《以色列2000年》、《美国犹太人》等作品的翻译。

而摆在读者面前的这本《犹太文化史》则是本人犹太文化研究方面的最新"成果"。撰写该书的直接原因有二。首先是教学的需要。最近几年本人一直为本科生和研究生开设涉及犹太文化的课程,其中"犹太文化与世界文明"课程受到普遍的欢迎,然而,令人遗憾是的一直缺少一本合适的教科书。作为一名在教学岗位上工作的犹太文化研究者,理应承担这一任务。其二是,本人编写的《西方文化史》在出版之后得到超出想像的好评,组织出版外国文化史系列(《西方文化史》是其中一册)的北京大学出版社积极支持我撰写犹太文化史方面的新书。需要加出版保障自然是学术著作撰写的最佳动力。

众所周知,犹太人组成的社会和民族是一个不同寻常的社会和民族,是经过数千年的发展整合形成的,更为重要的是,与其他所有民族不同的是,在近两千年的历史中,犹太民族不是一个生活在一起,而是一个分散在世界各民族之中的民族。作为一个分散、受到不同的文化和传统影响、多元化的民族,它在文化上表现出复杂性和多彩性无疑是十分自然的。因此,在探寻犹太文化的发展轨迹时,在对它的起源、它的形成、它的发展、它的面貌特征进行概述时,我们自然无法在一个地区或个别国家得到答案的全貌,只能在不同的地区和国度的不同历史时期中寻找我们需要阐述的内容。这样,在实际描述过程中,在涉及不同时期或不同主题时,以不同地区和国家为重点也就不可避免。《犹太文化史》也无法像反映其他民族文化史那样用一条清晰的历史线条贯穿,分主题撰写则成为本书的基本做法。

毋庸置疑,犹太文化是我们面对的一个全新的,在很多方面都不同于我们自己文化的文化。如何客观、全面、系统,同时突出重点地介绍、评论犹太文化不能不说是一个不小的挑战。在内容安排上,主要是从犹太文化的总体着眼。鉴于历史对于了解任何与犹太人有关问题的重要性,我们在最初的部分安排两章的篇幅进行专门的梳理和介绍。尽管这一部分讲的是史,但是与一般的历史书的叙史方法有很大的不同,因为,目的是为了帮助读者了解犹太文化,特别是了解犹太文化为什么会发展到今天这样一个样式。《圣经》和《塔木德》文化自然是犹太文化的核心,本书也有两章的篇幅进行专门的评介。在接下来的两章中主要是对中世纪以来犹太教的介绍,使读者对犹太教的发展和成果有所了解。第7章是对犹太文化有形部分的介绍,包括犹太历法、节日、人生礼仪和文化礼仪用品。第 8 章着重介绍文字和文学。第 9、10 章则是对犹太复兴运动和现代以色列国的专门介绍。最后两章则与反犹主义有关,这是了解犹太人和犹太文化历史遭遇的重要方面,也是帮助读者了解当今社会与犹太人有关任何问题均有关联的内容。为了让读者有机会直接接触犹太人的思想和做出自己的判断,本书还以附录的形式,刻意选附了若干犹太人在历史上的重要讲演文本,供读者自己阅读体会。本人一直认为阅读原件是了解文化的最佳途径和方式之一。在实际教学中,可以有选择地使用本书所包含的内容,完全没有必要不加选择地全部照章搬用。书中所有内容实际上都只是起点,一个为了引导进一步阅读、学习、讨论的起点。

应该说在本人的心目中,撰写《犹太文化史》一书的目标是十分明确的:以尽可能全面和扼要的方式介绍和评价犹太文化的主要内容为基本宗旨。撰写的手法则是:通过一种能够在尽可能广泛的读者中引起兴趣、激励他们产生进一步阅读愿望的方式,展示过去的四千年中在犹太民族中发生的令人激动和意义深远的历史事件与文化成就。

因此,尽管撰写此书最初的动因是为犹太文化课程提供一个可供使用的文本,但相信对犹太文化有兴趣,甚至对犹太文化有所了解的读者还是会发现书中包含一些新的东西,是在一个不同层次上认识和把握犹太文化的一个有启迪意义的读本。

犹太文化的发展史表明,犹太文化是一个多样性的统一体。在历史上,它就从未要求思想和信仰上的整齐划一,唯一强调的是对一些共同基本原则的笃信和遵行。正因如此,才有"三个犹太人有四种想法"之说,才有不同意见的出现在犹太文化中是一种司空见惯的现象。犹太人一向认为,对立观点的存在不应被视为是犹太文化分裂之表现,而应该被看成是犹太文化生命力之所在。这一点是我们在学习犹太文化时应首先把握的。

本人历来主张在大学开设和讲授文化(当然包括在撰写这方面书籍)时,除了介绍有关历史文化所包含基本内容的方方面面外,最为重要的是对文化现象进行深入、精辟的分析,语句可以不多,但是必须精辟和能够启发、引起思考。本人在撰写《犹太文化史》一书时自然亦不例外。本书的细心读者将会察觉,书中的几乎每一章,甚至每一节都实际包含一系列的看法和评论,无论是对犹太历史的描述,还是对犹太文化方方面面的叙述,都包含作者个人对所涉及问题的思考和观点。应该说,这样做绝对不是为了陈述观点而陈述观点,而是重在启发思考,是为了"抛砖引玉"。当然,既然是个人观点,其片面性恐怕就不可避免,尽管这不是本人的初衷和愿望,希望读者能够谅察。需要着重指出的是,本人在书中所发表的任何看法和评论都只能看作是一种思想(或思维方式)的起点,而不是结论。本人一贯认为真正的结论只能由每一位读者在进行了独立思考后自行做出。

在撰写过程中,本人一直告诫自己保持客观的态度,但这并不表明不表达自己的观点。本人认为,作为一名作者必须有自己的观点,只要观点是建筑在事实的基础上、建立在理性分析基础上就是客观。本书是否成功地实践了这一理想应该由读者在阅读后做出自己的判断。

在进入犹太学研究领域的近20年中,本人有幸在以色列的耶路撒冷希伯来大学、特拉维夫大学、巴尔-伊兰大学、海法大学,在美国的希伯来联合学院、耶希瓦大学等犹太人办的学院或是做过访问、研究,或是做过交流,应邀在美洲、亚洲、欧洲若干国家学术研究机构、文化团体、特别是犹太社区做了300余场次的英文学术讲演。通过自己的学术活动,本人与世界范围内的犹太学术界、犹太人机构、犹太社区、犹太学者建立了广泛而密切的联系,同时也使自己有了深入了解犹太文化的种种"特别"机会。这一切应该说都为撰写本书奠定了厚实的基础。

需要交代的是,在本书的撰写过程中,尽管大部分内容反映的是本人在犹太文化方面的最新思考,但同时也使用了本人以往撰写和翻译作品中的有关内容。这是学术研究延续性的一种自然反映,同时也从另一个方面说明那些内容尚没有过期,还有值得参考之处。

在本书撰写完成、即将交付出版之际,本人希望对所有支持本人从事犹太文化研究的机构和个人表示最衷心的感谢和致意。这样说并不是仅仅为了客套,而是像这类的书总是站在前人的肩膀上完成的。在过去的10年中,若干具有国际性质的基金会和人士,对本人的犹太文化研究提供了各种支持,特别是总部设在纽约的"犹太文化纪念基金会"(The Memorial Foundation of Jewish Culture)更是把本人撰写这一《犹太文化史》书的计划列入其学术研究资助项目,使本人得以有充足的资金收集所需要的书籍资料,前往美国和以色列对犹太文化的各个方面进行考察,并与众多的犹太学者和机构进行面对面的交流。借此机会对这样的支持表示深深的谢忱。

同时还要特别感谢北京大学出版社和张冰同志对出版本书的支持。没有他们的积极支持,本书不可能在现在这个时候问世。

2003年5月,本人在荣幸接受以色列巴尔-伊兰大学授予的名誉博士学位仪式上所作的答词中曾坦率地"交代":"吸引我在犹太学领域不断驰骋的是犹太民族的智慧和文化的传统。"我希望通过本书的撰写,与广大读者分享、交流自己在犹太文化学习、研究和教学过程中了解到的有关犹太民族的智慧和文化的传统,特别是自己的一些心得、体会。此举若是能够促进我们对犹太文化的进一步了解,增强我们与犹太人民之间业已存在的伟大友谊,那将是本人的最大荣幸。

徐　新

甲申年四月识于金陵结网新轩

目　　录

第一章

民族的形成和早期历史

犹太民族形成和早期活动的地区是人类文明最早出现的地方。它位于地中海东南之滨的西亚北非地区，即今天人们所习惯称呼的中东地区。如果从埃及起画一条线通过今日的巴勒斯坦和叙利亚，然后沿着幼发拉底河和底格里斯河到达波斯湾，这整条线

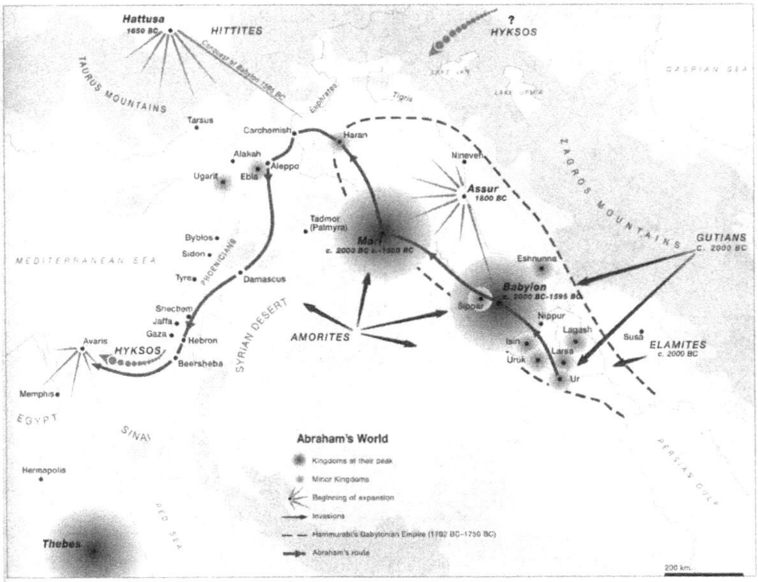

公元前 20 世纪至公元前 16 世纪中东文明、人员交流示意图

就形成了一个清晰的新月形状,史称“肥沃的新月”。肥沃的新月地区在上古时期孕育出了一连串的灿烂文明,其中尤以两河流域文明和埃及文明最为著名。作为人类文明的曙光,这些文明的出现对人类文明进程的影响十分巨大。

历 史 背 景

对于犹太民族和文化的出现和发展而言,两河流域文明的影响应该说最为直接和具体。史书通常根据希腊人的称呼把两河流域冠之为“美索不达米亚”[①],来指代幼发拉底河(The Eupharates)和底格里斯河(The Tigris)流经的区域,其最南部的区域由两河之间平坦的冲积平原构成,是古代美索不达米亚文明的摇篮和中心地区。它包括平原南部的古代苏美尔王国和北部的阿卡德王国的所在地。这里地势平坦(从巴格达到波斯湾入海口的落差仅为10米),其南端是广阔的沼泽和苇塘地带,土地肥沃。传说认为这里就是人间“伊甸园”的所在地。

两河流域的新石器时代始于公元前10000年左右。公元前6000年,游牧民族开始在这里聚居,特别是它的下游南部地区成为越来越多游牧民的定居点。游牧民在向农人过渡的过程中,开始建造村舍、开垦荒地。其结果是农业和饲养业出现,并成为一部分人生活的主要方式。公元前4000年至公元前3000年是两河流域由史前时期转向历史时期的开端。生活在两河流域南部地区的居民基于生存的需要,在掌握人工灌溉技术和兴建灌溉系统的过程中,逐步组织起来,相继建起了一个又一个城邦,完成从氏族社会到文明社会的过渡。苏美尔城邦群的出现标志着一种崭新的、人类社会闻所未闻的文明样式——城市生活的开始。而城市生活对当时的人类社会发展而言则无疑是一种历史性飞跃。

古代苏美尔人(壁画)

被誉为“人类文明摇篮”的两河流域文明并不是由一个民族一朝一夕创造出来的,而是在众多民族相互吸收、相互继承和相互促进的基础上,经过上千年的漫长历程,从萌芽到发展并最终走向成熟的。这一文明既呈现出多样性,又体现出某些一脉相承的统一性,成为一种文明的标志。

考古研究表明,苏美尔人是人类群体中有史料证明最早创造出城市文明的人。他们的生活起始年代一般被认定在公元前3500年至3100年之间。在这期间,苏

① 即“Mesopotamia”,古希腊语,意为河流之间地带。

美尔人发展农业，建设城邦，开创人类文明之先河，并在文学、艺术、建筑、社会、宗教、文化教育等方面都取得了令世人瞩目的成就。在随后苏美尔人占主导地位的900年间，两河流域并没有统一的政权出现，社会主要由众多独立的城邦构成。但历史资料表明，苏美尔时代的晚期已是一个高度城市化的社会，有数百个城邦出现在两河流域南部的平原上。在该地区，当时城市人口的比例要高于以后的其他任何一个时期。人们在苏美尔时代，第一次看到了社会和政治结构方面的变化，甚至看到有历史意义的特殊事件，单个的人开始从其环境中凸现出来。苏美尔人创造出的社会具有（在当时条件下的）公正、稳定、繁荣和多彩的文明特征。其社会生活样式成为后人憧憬的目标。她所留下的丰富文明遗产为该地区的所有民族，无论是其友邦还是仇敌，所吸纳和继承。苏美尔最有创见的王国是在乌尔第一王朝（约公元前2700年）当政的吉尔伽美什。他因其不凡的生平和业绩成为著名的《吉尔伽美什》史诗中的主人公和不朽的英雄。不过，由苏美尔人开创的两河流域的文明史并未以直线方式发展，先后有若干个城邦国家在不同时期轮换统治着这一地区。除此之外，一些其他民族也同时生活在这一地区。

两河流域吾珥的神庙遗址（公元前2500年前后）

两河流域地区的这一散合局面一直持续到公元前2350年，由苏美尔人为主导的时代终为阿卡德王朝所取代。阿卡德王朝（约公元前2350—前2000年）的出现是两河流域历史的转折年代，是统一帝国时代开始兴起的年代。一个使用塞姆语的阿卡德人首先以征战的方式建立起自己的帝国。在随后的年代，两河流域成为群雄争起、帝国纷争的时代。尽管阿卡德人在政治上取得了主宰地位，但由于在文化上远远逊色于苏美尔人，阿卡德人在征服了苏美尔人的同时，心甘情愿地接受了苏美尔人的文化和生活方式。苏美尔人创造的文明因此在阿卡德人手中得到继承和弘扬。譬如，阿卡德人对苏美尔人创造的楔形文字符号的采用不仅为自身的语言找到了书写形式，而且还扩大了楔形文字的影响。此外，到了乌尔第三王朝（约公元前2113—前2006年）称雄时，苏美尔文化再度受到抬举，出现了新的繁荣。阿卡德人国王乌尔纳木颁布的《乌尔纳木法典》是迄今所知人类历史上出现的第一部成文法典，其文明成就可见一斑。

然而,阿卡德人的乌尔第三王朝在来自两河流域上游的阿摩利人(历史上的闪族[①]血统的游牧部落)和东方埃兰人的夹击下于公元前2006年灭亡。两河流域历史又出现了一个转折点。乌尔第三王朝的覆灭不仅敲响了一个古王朝的丧钟,而且标志着最初开创城市文明的民族——苏美尔人作用的终结。阿摩利人尽管对于这一地区而言是“外来”民族,但其建立起的古巴比伦王国在公元前1830年至公元前1530年间一跃成为该地区的主宰。这一时期,两河流域全境实现了空前的统一,特别是在该王国的第六位国王汉谟拉比当政期间,古巴比伦王国涵盖从波斯湾至地中海的广大区域。汉谟拉比王因此不无自豪地自称是“强大之王,巴比伦之王,阿穆鲁全国之王,苏美尔和阿卡德之王及世界四方之王”。汉谟拉比本人由于其制定的《汉谟拉比法典》更是永垂青史。

至此,在苏美尔人、阿卡德人、阿摩利人以及其他民族的共同努力下,两河流域文明的大厦已经建成,文明的内涵得到了极大丰富并相对稳定。随后年代的历史尽管多彩纷呈,群雄崛起,时代变迁,但均为这一文明的延续,或者是在这一文明的影响下出现的。

走进历史

本书所重点论述的犹太民族就是在这一历史大背景下出现的。从民族起源一般意义上来说,犹太人显然是两河流域古代诸民族中的一员,被犹太人称之为族长的亚伯拉罕就出生在两河流域古代文明中心地带的一个名为吾珥(Ur)的苏美尔城市。“……他们出了迦勒底人的吾珥”,记录着犹太民族早期历史的《圣经》对犹太人的出处如是说。从种族起源上看,犹太民族是与建立起古巴比伦王国的阿摩利人同一来源的闪族的一个组成部分,是闪族语系的一支。

与其他曾经在这一地区生活过的许多民族相比,犹太民族的出现相对较晚(约在两河流域文明出现的1500年之后)。如前所说,在他们进入历史之前,由诸如苏美尔人、阿卡德人和阿摩利人(亦称古巴比伦人)创造的文明早已发展到了辉煌。根据有关史料推算,犹太人进入历史应当是汉谟拉比时代,是古巴比伦王国的“黄金时期”。出现在这样一个高度发展的文明地区和氛围中,犹太民族显然受益匪浅,犹太文明一开始就具有高度文化性的特征很可能与此有着直接的联系。后来,由于两河流域其他民族逐渐在人类历史上“消失”,留存下来的犹太人便自然成为这一地区上古文明的保存者和集大成者。

不过,与其他民族不同的是,犹太人对本民族在历史上出现的认知十分独特。尽管所有古老民族的历史都是以传说开始的,但是,没有一个民族将自己的开端追溯到某个个人,特别是一个普通人身上。可是,根据犹太人的传说,犹太人将犹太

---

① 亦称之为“闪米特人”,闪族人包括巴比伦人、迦南人、阿拉米人、犹太人等。

民族的开端一直追溯到一个名叫亚伯拉罕(最初叫亚伯兰,后更名为亚伯拉罕——在希伯来语中有"多国之父"的涵义)的普通人身上,把他作为犹太民族的"始祖"。虽然人们也知道亚伯拉罕的父母、家人以及所属的群体,然而,在犹太人看来,那些人却并不属于犹太民族之列。严格地说,亚伯拉罕是在离开了原居住地后,是在离开了那些人后,才有了"犹太人"的身份。这是第一。其次,亚伯拉罕尽管身世并不贫寒,拥有财产和侍妾,但无疑仍然属于普通人之列,起码在他离开自己出生地之前是这样。他之所以成为,或者说被认为是,一个民族的始祖,完全是由于他思想的变化和他所采取的颇为奇特的迁徙行动。以这一方法叙史,特别是把一个民族的开端与一个普通人联系在一起,在我们所了解的上古人类历史上不仅是第一次,而且很可能是仅有的一次。在某种意义上,这一开端说有可能是在预示犹太文化对人(个体的人)和人的价值的独特认知作用的同时,还表明犹太民族从一开始就有一点"与众不同"。本书在随后部分将对此做进一步论述。

现代画家笔下的亚伯拉罕
(奥地利犹太画家利林绘,1908 年)

传　说　史

由于史料的匮缺,犹太人与其他古老民族一样,其早期的历史是朦胧不清的,传说便成了构建这一时期历史的主要来源①。据他们自己保存下来的传说记载,亚伯拉罕大约在公元前 1800 年前后,带着自己的家人和财产,离开两河流域,前往被视为"应许之地"(The Promised Land)②的古迦南地,即犹太人所说的"以色列地",或今日所通称的巴勒斯坦地区③。迁徙到迦南地的犹太人从当地人那里获得了一个新的称谓——"希伯来人",这是最早用来称呼犹太人的一个专门称谓。该称谓中的"希伯来"(它的英文拼写为 Hebrew,一般认为该词汇来源于"Habiru"④)一词的涵义为"自河(指幼发拉底河和底格里斯河)那边过来的人",形象地说明了他们的籍贯来历。不管怎么说,在这块新的土地上,伴随着这一新的称谓,一个新的、独特的民族也就出现在了人类历史的舞台上。

① 《圣经》是主要来源。
② 应许之地最早是一神学用语,意指上帝允诺给予犹太民族作为家园的土地。后包含希望之邦之意。
③ 巴勒斯坦称谓最早由希腊—罗马人使用,犹太民族传统上称之为"以色列地"。
④ 有"渡河者"涵义,亦译哈卑路人。

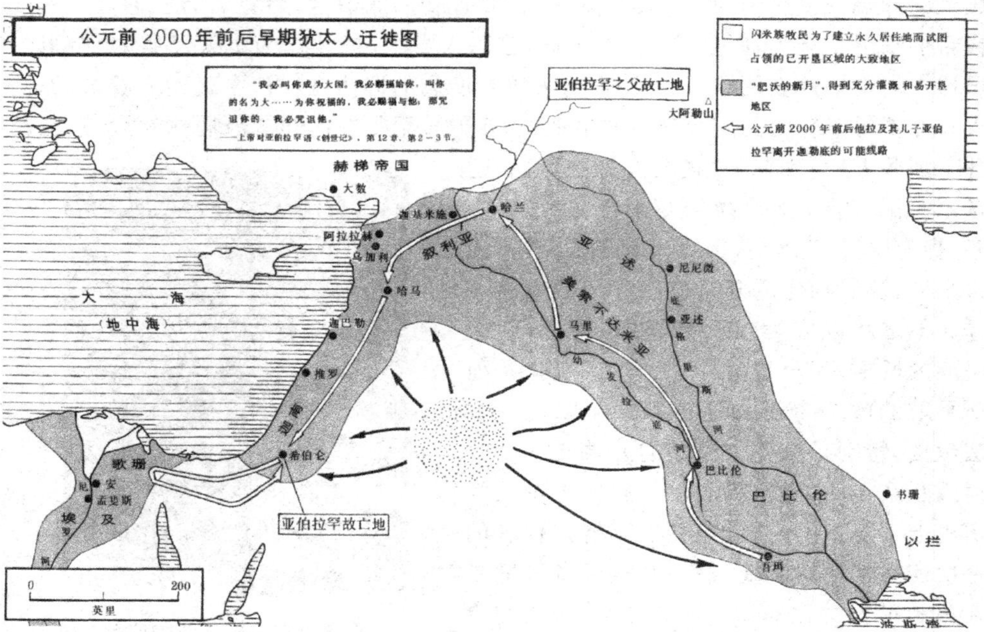

犹太民族早期迁徙图

如果仔细研究一下该地区的民族迁徙史，便不难发现，在上古时代，迁徙是生活在这一地区，特别是对于其中的游牧民族而言，十分常见的生活方式。"逐水草而居"是对游牧民族生活方式的形象描述，尽管这类迁徙的半径通常有限。此外，由于人口的增长，这里的居民每隔千年左右都要周期性地向外迁移一次。史学家希提对这一迁徙做过一个十分形象的比喻："就像一个大蓄水池一样，池里的水太满的时候，难免要溢出池外的。"[①]犹太人很可能就是两河流域这一大蓄水池中溢出的水的一部分。

不过，亚伯拉罕的这一迁徙唯一令人稍感费解的是，与绝大多数通常是从贫困地向富庶地迁徙不同，他做出的迁徙是一次从被认为是富庶之地向贫困地的迁徙行动。因此，一些犹太学者对于亚伯拉罕率领家人离开祖辈生活的家园，从相对富庶发达的地区吾珥迁徙到相对贫瘠的迦南地一事则做出了不同的解释。在他们看来，离开意味着"背离"、"决裂"，迁徙意味着"追求"。犹太史学家埃班据此认为：(犹太人的这一迁徙)是为了与两河流域盛行的偶像崇拜决裂，追求一种全新的信仰。[②] 犹太学者罗斯的解释更为理想化，他认为亚伯拉罕"是因为看到了某种更崇高的事物，并希望能够达到一种更为完美的精神境界才离开他自己的家园的"[③]。

① 希提:《阿拉伯通史》(上册)，商务印书馆，1979年，第11—12页。

② 阿巴·埃班:《犹太史》，中国社会科学出版社，1986年，第8页。

③ 塞西尔·罗斯:《简明犹太民族史》，山东大学出版社，1997年，第5页。

尽管这类解释不是建立在史料的基础之上，却倒是在某种程度上更加真实地反映了犹太人历来把信仰作为生活最高目标的特征，甚至完全可以说，是属于另一层次上的“历史真实”。

古迦南地尽管与两河流域，特别是亚伯拉罕祖辈生活的苏美尔地区相比，显然属于“欠发达”地区，自然条件险恶，饥荒频繁，然而，古迦南地亦并非是蛮荒之地。早在人类文明史开始之初，它就是连接两河流域文明和埃及文明的纽带，是该地区以外政治力量（如埃及）的交通要道，是古代世界最重要的商路。埃及自其两部分——上下埃及统一后，就已经成为一个强大的势力。在迦南时代的早期，即公元前第 3 个一千年中，定居点就一直存在，如在青铜时代早期（大约公元前 28 世纪），罗什-哈尼卡拉已经建立起一个小规模的定居点。与定居点紧邻的、将迦南地与黎巴嫩划分开来的山脉的战略位置说明了为什么古代世界最重要的商路从这里经过。在该地区进行的数次考古发现证实，沿海地区相当数量的物品来自美索不达米亚，这些物品表明该地区与美索不达米亚有着紧密的贸易联系和人员往来。若干民族和部落在亚伯拉罕到来之前就已经在那里生活了。

迦南地作为三大洲（亚洲、非洲和欧洲）的交汇之地，不仅各种古老的文明在这里留下烙印和影响，而且各个时代的列强，如埃及、亚述、巴比伦、波斯、希腊、罗马等，都曾在这里厮杀争夺过。这一地理特征对来到这里生活的犹太人文化的孕育、发展和扩散产生了重要影响。此外，迦南地的历史历来与地中海地区的历史交织在一起，当地居民长期以来与地中海沿岸的其他国家保持着联系，人员往来和交流几乎从来没有间断过。凡此种种，使得迦南地成为上古时期人类世界的一个大舞台。也正是在这个舞台上，犹太人在随后的近两千年时间里演绎出了本民族历史上最为辉煌的部分，同时还演绎出了具有犹太文化，乃至世界文化元典意义的部分。

来到迦南地的犹太人在那里生活了三代人的时间，从亚伯拉罕到以撒，再到雅各。这三代人由于在以后的犹太人眼里一直被视为是犹太民族的族长，他们生活的时期亦被称为“族长时期”。在这三代人中，唯雅各子女众多，仅儿子就有 12 个。他们分别是：利未、流便、西缅、犹大、以萨迦、西布伦、约瑟、便雅悯、迦得、亚设、但、拿弗他利。同样，根据犹太人的传说，这 12 人的后代繁衍众多，经数百年逐渐发展成为犹太人的 12 个支派①。雅各由于早年的经历（曾有一次与神角力），获得“以色列”（意为“与神角力的人”）这一称谓。犹太人因此在随后的年代亦被称为“以色列人”②，或“以色列”。“以色列”是犹太人在历史上有过的第二个称谓。《圣经》中大

① 需要指出的是，犹太历史上所说的 12 支派并不完全与雅各的这 12 个儿子的名字吻合。利未的后人成为祭司阶层，专职在圣殿侍奉，不作为一个支派存在，也没有参加后来的支派土地分封一事。不过，约瑟的两个儿子，以法莲和玛拿西，作为两个独立的支派存在，故犹太人支派的总数仍为 12。

② 值得注意的是，在英文拼写中，涉及这一时代以色列人的词汇为“Israelite”，而用于现代以色列国人的词汇则拼写为“Israeli”。

多以此称呼犹太人,以表明他们有着共同的祖先,都是雅各的子孙。

迦南地一向以饥荒频繁出现闻名。在雅各生活的年代,迦南地出现的一次大饥荒,使得雅各及其家人不得不跑到邻近的埃及避灾。埃及是古代中东地区另一重要文明所在地。不少历史学家认为,古埃及文明几乎是与两河流域文明同时出现、齐头并进的一种文明。埃及人约在公元前 3100 年前后就走出史前历史的阴影,步入文明阶段。生活在上埃及的美尼斯首先崛起,建立了埃及历史上的第一个王朝,开创了以法老[①]为君主的专制制度。数百年的发展,上下埃及逐渐形成一个统一的国家。此后,尽管朝代不断更迭,以法老为君主的国家形态却以不变的方式进行着卓有成效的统治。埃及所处的与外界隔绝和不受外族侵扰的自然环境,不仅为生活的稳定创造了条件,而且也为政治的稳定创造了条件。古埃及的历史由此呈单一稳定状,建立的王朝按序列世代相传,很少间断。作为一个国家,古埃及在国家形态出现后约 2500 年的漫长时期中始终保持着国家的大一统。这在古代诸文明中实为仅见。

埃及人对牛崇拜雕塑

埃及奴隶工作图

象征古埃及文明的金字塔

① 人们对埃及人如何称呼自己的统治者并不得而知,目前流传的称呼埃及统治者的"法老"一词来自《圣经》,后成为通用。这一事实间接说明犹太文化对中东上古文明的意义。

到了古王国时代，埃及便已经进入了相对繁荣时期。政治走向成熟，文学活动开始出现，金字塔的建造进入鼎盛时期。众多屹立在尼罗河畔的巨型金字塔从一个方面见证着它的兴旺发达。肥沃的尼罗河不仅孕育出了光辉灿烂的古埃及文明，而且它的三角洲地区是中东地区的粮仓。生活在埃及周边地区的人，特别是生活在迦南地的人在饥荒降临时去埃及避居是司空见惯的事。相传，亚伯拉罕就曾带着家人去那里躲避过饥荒，不过，饥荒过后不久，便又返回了迦南地。

约瑟基

雅各及其家人来到埃及的年代一般被认为是在喜克索斯人统治埃及的时期。犹太人最初受到统治埃及的法老的善待。据称，他们在埃及生活了约400年的时间，史称“寄居”埃及，以突出犹太人在埃及生活的暂时性。《圣经》中的“约瑟的故事”对这一经历的开端进行了极富戏剧性的描述。不过，到了后来，历史学家认为，很可能是在法老拉美西斯二世时期（约公元前1304年—前1237年），犹太人在埃及受到不公正的对待，开始沦为奴隶，失去了做人的自由。不仅如此，当时新上台的埃及统治者采取的民族排斥和迫害政策使犹太人面临民族灭亡的危险。为了摆脱奴役，获得自由，犹太人在一个名叫“摩西”（Moses）的犹太伟人的带领下逃离埃及，开始了返回“应许之地”——迦南地的行动。《出埃及记》把犹太人的这一行动描写得绘声绘色，特别是摩西与法老的斗法更是引人入胜。犹太人为了摆脱奴役，获得自由而离开埃及之举，具有特别的意义，犹太人第一次显示在他们的记忆中，迦南地，上帝允诺给犹太人的“应许之地”，是他们的故土、故乡，是他们在外乡罹难时，唯一能够想到返回的一块土地。

埃及法老拉美西斯二世，犹太人
极可能在这一时期在埃及沦为奴隶

公元前14世纪前后在埃及
为奴的闪米特人头像

据信,在重新进入迦南地的途中,犹太人在西奈半岛的旷野中游荡了近四十年,超过了一代人的时间。其间,犹太人的民族意识得到了加强,以一神思想为基础的犹太人的宗教思想开始出现。摩西在西奈山接受神谕,从上帝手中获得"十诫"法版的故事表达的就是这一思想。犹太文化的核心部分——犹太教对这一传说历史十分重视,认为犹太教的成文法和口传律法均是摩西在西奈山上从上帝那里获得的。我们将在本书的第四章对此进行专门的叙述。

摩西被埃及王后收养图

到目前为止,我们所叙述的关于犹太人的一切活动基本没有为有价值的史料证实,严格意义上的历史学家甚至完全不能同意对犹太人历史进行上述这一叙述。他们认为,上述的一切过于戏剧化而不可能是历史的真实。在他们看来,犹太人于公元前 13 世纪在定居迦南地以前,所谓的"以色列人"并不一定是源于同一祖先,有同一血统,来源和历史背景也很可能完全不一样,极有可能是操同一种语言的不同部落群体的组合。然而,基于传说的上述这一切却早已深深融入犹太人所认同的"历史"之中,成为犹太人的一种集体意识。无论是对于犹太民族而言,还是对于犹太文化而言,这样的"历史"才算是犹太民族的"真正历史"。实际上,这一传说史不仅重要,而且成为影响日后犹太人思想的决定性因素。正因如此,犹太人才有了统一的历史渊源。犹太人把自己视为亚伯拉罕、以撒、雅各后代的观点与中国人把自己看成是炎黄子孙的说法具有同等的历史"真实"和意义。可以说,在这一意义上,那种把古老文化说成是最初建立在传说基础上的观点显然是十分"准确的"。

不仅如此,犹太人的上述部分传说经历还成为世界文化史上极具寓意意义的事件,如犹太人出埃及一事就是其中典型一例。在上古时代,一个民族(或部落)沦为另一个民族(或部落)奴隶的事可以说是司空见惯,没有任何其他一个民族像犹太人那样对待受奴役一事,把民族的自由,把人的自由权利,看得比一切都重要。此外,他们反抗奴役的方式也"与众不同",并没有采用"传统"的揭竿而起,用武力进行反抗,而是用脚"投票",以全民集体离开奴役他们的国家的方式对人类的暴政说“不”。正因如此，犹太人当年出埃及、跨红海事件历来被看成是人类“摆脱奴役，奔向自由”之举，是“挑战性地宣布了人类的权利”之举，是代表革命的激情和推动社会前进的事件。[①]

士师时代

犹太人离开埃及，返回上帝的“应许之地”，重新定居迦南地，标志着犹太民族历史一个新阶段的开始，同时，其历史也进入了有史可据的年代。

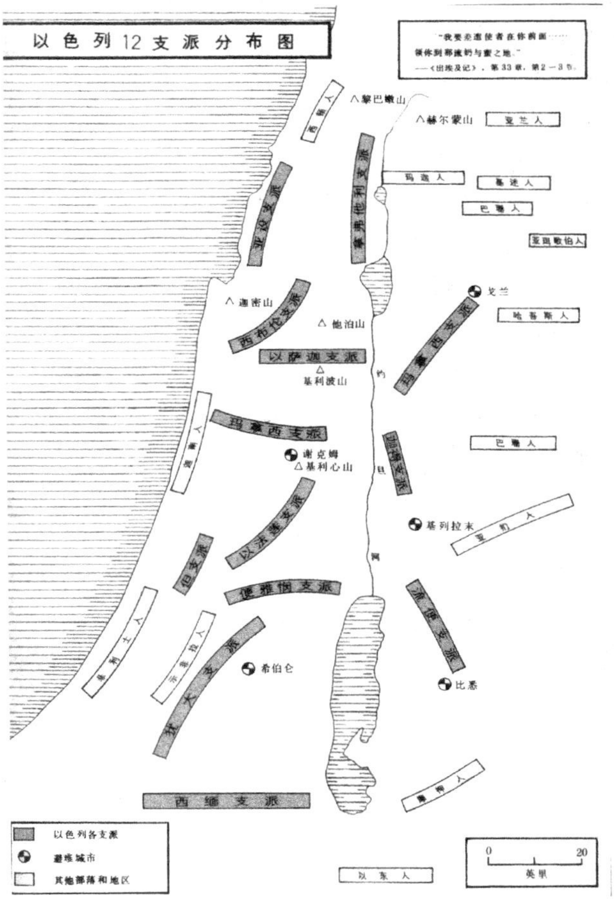

以色列12支派分布图

犹太人于公元前13世纪重新进入迦南不是一次简单的搬迁和定居，因为这时

① 参见埃班：《犹太史》，第15页。

的迦南已经被另外一些个同属闪米特语系的迦南人[①]占有和定居,犹太人不得不打进迦南,重新征服之。对迦南重新征服被证明不是一个轻而易举的行动,而是一个缓慢且艰难的过程。在犹太人终于进入迦南后,当时的统帅约书亚将征服的土地在犹太民族的12个支派(即组成犹太民族的部落)中进行了划分,由各自自行管理。进入迦南的最初150年为犹太人历史上的"士师时代",一群被称为士师(希伯来文的涵义为"审判者")的人在组成犹太民族的12个支派中起着组织、领导和调解社会矛盾作用的时代。

士师时代是一个犹太人不断定居和巩固其在迦南地存在的过程,同时生活在那里的其他民族和部落与犹太人时而发生战争,时而共享和平。返回的犹太人以松散的部落联盟形式联系在一起,有战事时,走到一起打仗御敌;没有战争,则分散各自务农放牧。犹太人在那里定居的活动从总体上看取得了成功,在大约150年的时间内逐步占领了迦南地的大部分地区。迦南地成了犹太人的真正家园,成了实际意义上的"以色列地"[②]。但他们的敌人也一直存在,尤其是公元前1050年前后来自地中海岛屿的"海上民族"——非利士[③]对他们的威胁巨大。非利士人依靠先进的铁制武器和精诚团结,屡屡从沿海向内陆推进,给犹太人造成极大的威胁。《圣经》中提到的力士参孙故事讲述的就是犹太人与非利士人惨烈冲突的情形。

撒母耳膏大卫为王

在士师时代,犹太人一直不是一个团结紧密的群体,士师权力的局限和不稳定决定了他们无法改变犹太支派各自为政的分散局面。此外,各犹太支派不仅各行其是,有时还相互间发生冲突。为了有效抗击来犯的非利士等外族的需要,分为12个支派的犹太人开始意识到统一王权对于民族存亡的重要,产生了希望有一个"民族王"的想法。德高望重的士师撒母耳,根据民意,挑选出了犹太历史上的第一位国王——扫罗(Saul,约公元前1028年起在位)。这样犹太历史上的"士师制"便过渡到了"君主制"。

在其他民族的历史上,通常把王的出现看成是历史之使然,但犹太人的典籍却在一开始就把王的出现描写成是一种"恶"(若是用后来人们对王权的认识来解释,也许可以用"必不可少的恶"来形容),撒母耳对有王统治的"恶"和弊端有过一段入

① 系对当时生活在那里的人的一种统称,并非特指某一个民族。

② 犹太人对迦南地的传统称谓,通常在英文中用"Land of Israel"表示,希伯来文则为"Erets Yisrael",即为"以色列故土"。

③ 目前广泛使用的对以色列地的称谓"巴勒斯坦"就来源于"非利士"一词,巴勒斯坦亦有"非利士人的国家"之意。

木三分的精彩揭露。他对要求立王的犹太人说：

> 管辖你们的王必这样行：他必派你们的儿子为他赶车、跟马、奔走在车前。又派他们作千夫长、五十夫长，为他耕种田地、收割庄稼、打造军器和车上的器械。必取你们的女儿为他制造香膏、做饭烤饼。也必取你们最好田地、葡萄园、橄榄园赐给他的臣仆。你们的粮食和葡萄园所出的，他必取十分之一给他的太监和臣仆。又必取你们的仆人婢女、健壮的少年人和你们的驴供他的差役。你们的羊群他必取十分之一。你们也必作他的仆人……①

在王还没有出现，就如此描写有王的"恶"和弊端，在人类历史上恐怕还是第一次。如此把人的权利与王权对立起来，反映了犹太民族早在数千年前对统治者固有压迫本性一面的深刻认识。而同样的认识，西方社会是在文艺复兴后才真正获得的。

士师时代是犹太各支派形成共同体的时代，而王权的出现则把分散和各自为政的犹太共同体完全统一了起来，真正意义上的统一犹太民族开始出现。

统一王国

扫罗成为犹太人的王一事标志着犹太民族统一的开端和统一王国建立的开始。农民出身的扫罗王为了犹太民族的统一大业一生征战，出生入死，率部击败了若干土著人的进攻以及从沿海向山地扩张的非利士人，曾先后占领了谢费拉地势较高的地方，控制了中部山地和约旦河东岸，最后战死疆场。

大卫杀死哥利亚

犹太人在著名的大卫王(David，在位时间约公元前1013年—前973年)时代终于完成对异族的征战，建立了以耶路撒冷(意为"和平之城")为首都的统一王国，史称"希伯来统一王国"②。王国的建立可以说开创了犹太古代史上最辉煌的篇章。大卫王通过征战和盟约的方式拓展了王国的疆域，使犹太人控制下的地域大大超出了古迦南地的范围：东北到幼发拉底河，东南至亚喀巴湾，西南抵埃及边界。耶路撒冷，这个原来叫"耶布斯"的外邦人

① 《撒母耳记上》第8章10—17节。

② 有关史料并没有记录当时国家的名字，这一名称是史学家冠之的。

城池,由于被选定为王国的首都而与犹太人的王朝联系在了一起,并从此成为犹太人心中永恒的都城。大卫王的名字也紧紧与耶路撒冷联系在了一起(耶路撒冷亦被称为"大卫城")。大卫王本人不仅是一位英明的统帅和天才的政治家,而且还是一位文采飞扬的杰出诗人,《诗篇》中的若干诗歌都被认为是出自其手。大卫王被理所当然地视为犹太历史上最伟大的君主。

耶路撒冷发掘出的古大卫城遗址

大卫王死后,其子所罗门(Solomon,在位时间约公元前 973 年—前 933 年)继位。所罗门王在位的时代是犹太人享受和平的时代,国家没有受到任何战争的蹂躏。王国与周边国家建立了密切的联系和友好的关系。处于太平盛世的所罗门王,于公元前 956 年前后,根据其父的遗愿,在耶路撒冷兴建了犹太教的圣殿。圣殿在耶路撒冷的建造和启用是犹太民族历史上的一个极其重要的事件,是犹太人信仰生活上的一件大事。圣殿旋即成为犹太人的祭祀中心,所有对上帝的献祭仪式都在圣殿举行,犹太人的宗教信仰和民族意识因圣殿得到了增强。从该圣殿的建成到该圣殿的毁灭在犹太民族的历史上被称为"第一圣殿时期"。也正是由于圣殿的存在,作为希伯来统一王国京城的耶路撒冷从此成为犹太民族心目中的中心,耶路撒冷的"圣城"地位从此确立。《圣经》对耶路撒冷的直接提及就多达 677 次,间接提及则达上千次,足见它在犹太人心目中的地位。可以说,世界上没有任何一座其他城市,在如此之长的历史时期,享有耶路撒冷在一个民族心目中所享有的荣耀。不仅如此,建在该城的圣殿后来在犹太人面临一系列民族灭绝危险时还成为鼓舞人心的一种象征,为犹太民族的长存提供了巨大的精神支撑。

17 世纪绘制的耶路撒冷圣殿复原图

所罗门王功勋卓著，除了建造圣殿外，他开辟了商路并开发了自然资源，在国内大兴土木建设国家。通过订立条约和联姻，所罗门王进一步巩固了与周边民族的关系，希伯来统一王国因此成为该地区一个繁荣的国家。所罗门王本人还因其智慧被视为古代国王智慧的典范。

在所罗门王统治下，希伯来统一王国在政治、经济、文化和外交等方面显然取得了前所未有的引人瞩目成就，国家得到发展，人口和城市的数量都有大的增长。《圣经》中提到了沙隆和谢费拉地区的一些城镇，例如，沙宾、阿亚隆、伯·示麦、多珥、阿鲁波特、赫弗等。但所罗门王实行的高税赋增加了民众的负担，而对南方支派的不当偏袒使得北方支派深为不满，南北支派出现了矛盾，为他身后王国的分裂打下了伏笔。公元前 933 年，所罗门王去世，犹太人内部的不和以及对权力的争夺使希伯来统一王国难以为继，终于一分为二，分道扬镳。

犹太人历史上的统一时期尽管不长，国力也谈不上特别巨大，在中东上古史上最多只能算是一个昙花一现的小型帝国。但是，统一王国时期对于犹太民族而言，却是其民族史上的“黄金时代”，是犹太人引以自豪的时代，犹太民族无论是在经济上还是在政治上都达到了“空前”繁荣的地步。统一王国时期建立起来的首都耶路撒冷和圣殿成为犹太人的永远向往之物，在维系民族生存和民族情感方面发挥着不可替代的作用。

王国分裂时期

犹太人 12 个支派中位于京城耶路撒冷以北的 10 个支派在所罗门王去世后不久分裂出去，组成了北方王国，史称“以色列王国”，最后定都撒马利亚。由其余两个支派（犹大支派和便雅明支派）则组成了南方王国，史称“犹大王国”，仍以耶路撒冷为都。分裂后兄弟阋墙，纷争不断，时而还兵戎相见，致使犹太人的总体实力大减。在当时群雄争夺的近东地区，没有实力实际上意味着灭亡。事实上，这两个分裂的犹太人国家的存亡，由于自身实力不济，在很大程度上，只能依赖与周边大国的关系。

位居北部的以色列王国尽管一开始倚仗人多势众，地理条件优越，经济实力较强，所处的战略位置也较为重要，一直试图控制和吞并犹大王国。然而，王国内部严重不和，权力争夺激烈。在其存在的 200 余年中，九次“改朝换代”，王位的继承基本上靠武力或阴谋实现，先后有 19 人称王，在位最短的仅为七天。与此同时，国人信仰混乱，偶像崇拜盛行，世风日下，上下风气败坏，传统文化遭到破坏。最为不幸的是，统治者对时局判断失误，在与周边强权打交道时不能把握方向。对以色列王国造成威胁的先后有埃及人、亚兰人和亚述人。公元前 722 年，在近东地区崛起称霸的亚述帝国挥戈南下，此时错误地与埃及结盟的以色列王国无法抵御亚述强大军队的进攻，被一举消灭。亚述帝国的统治者为防止占领地的民众聚集造反，通常执行一种将被征服民族分散到本民族居住地以外地区的政策。这样，组成以色列王国的10个支派的犹太人在亡国后被分散流放到亚述各地,远离故土,加之王国的民众早就传统丢失,无法保持犹太人的固有文化,久而久之被当地人同化,从此不知去向,成为历史上著名的“丢失的十支派”之谜。

被掳以色列王国国王耶户向亚述王下跪图(浅浮雕)(公元前7世纪)

犹大王国人少国小地偏,长期生活在以色列王国的阴影之下,在地区事务中所起的作用微不足道,但内部纷争不多,王室基本一脉相传,可谓偏安一隅,以致强大的征服者对其没有多大兴趣,较少受到外部侵扰,并侥幸躲过了亚述人对耶路撒冷的洗劫,没有落到以色列王国那样亡国的地步。不过,亚述帝国当时在整个地区称霸的态势,使得犹大王国成为亚述帝国事实上的附庸。附庸的地位不仅表现在政治上依附和听命于亚述,而且还反映在社会生活和思想上,亚述式的生活方式和宗教影响日渐扩大,异神崇拜甚至进入圣殿,造成国内信仰混乱,民心不一。到了约西亚王时代,犹大王国乘亚述式微,进行了一场清除异教影响的运动,史称“申命改革”。据称,改革的起因是在修复圣殿的过程中,大祭司发现了一部藏匿多年的《律法书》[①]手稿,约西亚王深为《律法书》内容打动,故以此为契机,以《律法书》中内容为准绳,下令在圣殿和民众生活中清除外来文化的影响,净化民族信仰,确立一神教思想的独尊地位。这实际上是一次围绕犹太民族信仰进行的全民宗教纯洁运动,运动触及到王国生活的方方面面和每一个人。申命改革的成功进行尽管最终还是没有能够挽救犹大王国逃脱亡国之命运,但是,应该说,对于犹太人民族信仰的加强和民族的留存却起到了积极作用。[②]

随着亚述帝国的土崩瓦解,犹大王国曾试图借机向沿海扩张,但持续的时间甚短。当历史到了公元前7世纪末,又一个帝国——新巴比伦决意在该地区称霸时,犹大王国的灭亡也就在所难免。公元前597年,新巴比伦王尼布甲尼撒二世率军攻破耶路撒冷,掳走犹大王约雅敬,立西底家为傀儡国王。十年后,犹大王国试图借埃及力量反叛新巴比伦,导致尼布甲尼撒二世再次率军前来征讨。公元前586年,在新巴比伦的强大进攻面前,犹大王国无力对抗而遭受灭顶

唯一保存下来的新巴比伦王尼布甲尼撒二世的头像

① 一般认为只是《圣经》的《申命记》的部分。

② 后来的犹太人主要是由组成犹大王国的两支派的后代构成。“犹太”一词亦由“犹大”转换而来。

之灾，京城耶路撒冷连同圣殿一道被毁。犹太民族历史上的“第一圣殿时期”就此结束，犹太人的独立历史也就此了结。

囚虏时期

失国的犹大王连同数万名犹太上层人士和学者被征服者掳至千里之外的巴比伦，过着囚虏般的生活，史称“巴比伦囚虏”。“巴比伦囚虏”时期尽管只持续了半个世纪，但在犹太人历史上却占有十分重要的地位。这一历史经历对于犹太人民族凝聚力的加强，对于犹太人宗教思想的进一步发展，乃至对“犹太回乡观”[①]的根植都具有重要影响。

犹太人自出埃及以来一直生活在属于自己的国土上，从来不用担心采用什么样的生活方式，作为一个主权民族且人口在所生活的社会上占大多数时，其民族性根本就不是问题，也用不着去考虑。然而，在巴比伦囚虏期间，情况就不同了，犹太民族不再是一个主权民族，在人数上也不再是大多数，四周异族的影响往往是巨大的、决定性的。历史上，不知有多少民族因此失去了自己的民族性而消失得无影无踪，连犹太民族的重要组成部分、所谓“丢失的十支派”也是在这种情况下失踪的。然而，生活在巴比伦的犹太人却并没有因此走上中东地区无数古老民族所走过的自然消亡之路，而是找到了一种独特的、将犹太民族凝聚在一起的方法。

巴比伦之囚图(根据《诗篇》描绘绘出)

客观地说，犹太民族的留存与巴比伦人对犹太囚虏的处置方法有直接的关系。有关这些被掳者生活的资料表明，巴比伦人并没有奴役他们，没有对他们施以监狱式的囚禁，也没有将他们强行分散开来，而是允许他们在一个相对集中的地区生活。这一结果对保持犹太人之间的联系起到了十分重要的作用，使被掳和遭流放的犹太人流而不散，并有可能经常聚集在一起。巴比伦的统治者，特别是尼布甲尼撒二世的继任者以米罗达，还善待犹大的一些上层人士，如，公元前561年，犹大王约雅斤被释放出监狱并获得一笔膳食费。因此，严格地说，在近50年的巴比伦囚虏时期，只有公元前586年至公元前562年可以算是受难期，公元前562年至公元前538年，已经可以说是生活在那里的犹太人的自由期。此外，犹太人固有的宗教

① 即犹太民族的复国思想。19世纪末在犹太民族中兴起的犹太复国主义运动的思想与此有关。

习俗基本上不受干扰,除了行动受到一定的限制外,犹太人仍然是自由人,有权从事任何职业,经营任何行当,富有者甚至可以拥有奴仆。这一系列的政策使得被掳至巴比伦的犹太人能够相对自由地生活,发挥自己的才干。在这样一个宽容的社会中,巴比伦犹太人不仅生活得到改善,生活水准很快就超过他们在故土时的水平,而且在人数上也有了较大的增长。据认为,在巴比伦囚虏之初,世界上犹太总人口大约只为12万5千,50年后,单是巴比伦的犹太人数就已超过15万。① 巴比伦犹太人的繁荣和强盛对于犹太民族而言十分重要,因为只有他们才是犹太民族未来的希望。

巴比伦囚虏事件在犹太民族心灵上造成的最深远影响莫过于犹太人对故土、对圣殿、对耶路撒冷不尽思念之情的培育。失去了国家,失去了圣殿,而且被迫离开上帝允诺的"应许之地"的犹太人由于身居异乡巴比伦,一刻没有忘记自己的故国,没有忘记自己的家园,没有忘记他们为自己所独钟的上帝建造了圣殿的耶路撒冷。《圣经·诗篇》第137篇对沦为巴比伦囚虏犹太人思念故国的内心世界作了最为淋漓尽致的描述。

犹太人因沦为巴比伦囚虏而对故国产生的深切思念之情实际上就是人们所说的犹太人的"回乡观"。随着巴比伦犹太人不能在短时间内返回故国,这种思乡观渐渐演变成为一种民族愿望,希望有朝一日能够重返故国、重返锡安、重返耶路撒冷,复国兴邦的思想开始在犹太民族心中深深植根。当这种思想与犹太先知所宣扬的特殊宗教救赎信念结合在一起后,便逐步形成后人称之为犹太复国主义思潮的最初形式。尽管这种思潮在当时是以宗教信仰为基础的,但它的存在一直影响着犹太人与其故土——以色列地的关系。事实上,这种在第一圣殿被毁、犹太民族沦为巴比伦囚虏时产生的期待上帝救赎,救世主降临,帮助犹太民族摆脱苦难,返乡复国的宗教信念对犹太民族与故国之间从来没有完全中断过的联系起着决定性的影响,并在19世纪导致政治犹太复国主义运动的出现和现代以色列国的最终建立。研究犹太复国主义运动史专家拉克就曾指出:"考察犹太复国主义的起源应以散居在外的犹太人的思想、祈祷文和梦想中的锡安山这个中心为起点。"②在第六届犹太复国主义代表大会上,犹太复国主义运动领导人赫茨尔为了表达自己对锡安的忠诚,举起右手,借用上述《诗篇》中的词语发誓:"耶路撒冷啊,我若忘记你,愿我的右手忘记技巧。"足见巴比伦囚虏事件影响之一斑。

圣殿被毁和巴比伦囚虏事件最重要的影响自然是犹太民族宗教意识的增强。鉴于宗教是维系犹太民族的一条重要纽带,因此,考察犹太民族在巴比伦囚虏时期宗教思想的发展就显得格外重要。这一发展首先表现在犹太民众对待先知的态度上。从犹太教发展的历史看,先知的作用是十分重要的,对待先知的态度直接关系

① Dimont, Max I. *Jews, God and History*, The New American Library, 1962, p. 67.

② 沃尔特·拉克:《犹太复国主义史》,上海三联书店,1992年,第51页。

到民众对宗教所持的态度。希伯来学家许鼎新指出："在巴比伦囚虏事件之前……犹太民众对先知的预言一直将信将疑，经历被俘的严酷事实，他们感悟了先知在各个时期对君王和众民的警戒、劝勉和谴责，以及预言和应许都是真实可信服的。被俘时期中，先知的权威地位在犹太民众中大大提高了。"[①]在这一形势下，犹太教心灵化和抽象化的倾向开始出现。这种犹太教心灵化和抽象化的倾向具体表现在犹太人新宗教思想的酝酿。首先，各种各样的异神和偶像崇拜被彻底清除，"申命运动"的成果得到了巩固，完备的一神论思想最终形成。在犹太先知的宣传鼓吹下，原先被认为是犹太人的民族神现已被视为世界性的神，一个掌管治理着整个宇宙的神。先知所教导的上帝既不看重礼仪，也不喜爱祭祀，他对人的唯一要求是遵守道德诫命、行善和认识上帝等一系列观点受到越来越多人的重视和接受。其次是犹太会堂观念的出现和祈祷的运用。由于圣殿被毁和囚居巴比伦，犹太人再也无法在圣殿祈祷和敬献祭品，他们所信仰的宗教也已不能通过有形的教会来组织传播。特别是犹太圣殿的丧失使得犹太信仰开始失去了其传统的实体性表现形式。巴比伦犹太人在这一问题上的立场将直接影响到其宗教是否能够得到保存。先知耶利米根据犹太人面临的新形势提出：人们不论在什么地方，即使远离圣殿，也可以通过自己的专心祈祷接近上帝。这一解释，对于圣殿祭祀中心的神学传统来说显然是一个创造性的突破，而对于被掳之民的现实处境来说，更具有实质性的意义。在先知以西结的指导下，巴比伦的犹太人开始在安息日和其他犹太人节日到来时聚集在一起，或是祈祷，或是学习，或是回忆以色列曾有过的荣耀，或是讨论生活中出现的新问题。渐渐地聚集场所固定下来，成为人们定期前来举行集体祈祷和表达信仰的地方，其宗教上的作用相当于圣殿。这种民众聚集场所就是人们后来所说的犹太会堂的最初形式。以会堂代替圣殿，以会堂的聚会代替去圣殿的崇拜，以无形言辞的祈祷代替有形物质的献祭是巴比伦犹太人的伟大创举。这种聚会形式和内容，逐渐发展成为犹太教正规的崇拜形式和组织，即犹太社团的会堂崇拜。犹太人在囚居巴比伦时期创造出的这一崇拜形式，在犹太人大流散时期(135—1948)得到更为广泛的发展和推广。需要指出的是，犹太会堂并不是一般意义上犹太圣殿的替代物。圣殿是以其位置和建筑为其中心，主要功能是向上帝祭祀和宗教崇拜。祭祀活动和宗教崇拜有其严格的礼仪程序和规定，必须由祭司主持和在圣殿内举行。而犹太会堂是以组成它的人为中心，主要作用是祈祷、学习和管理(一种会众的自我管理模式，在犹太民族大流散期间，成为犹太人的基本自治模式)。它们之间的这些差别表明，"我们不应简单地将其视为圣殿崇拜活动的替换物，而应更多地注意到它与圣殿崇拜并立而存的内在原因。正因如此，在圣殿最终被毁之际，犹太会堂才可能合格地担负起维持民族信仰的全部责任。"[②]此外，犹

① 许鼎新：《希伯来民族简史》，中国基督教协会神学教育委员会，1990年，第48页。

② 加百尔等：《圣经中的犹太行迹》，上海三联书店，1991年，第158页。

太会堂与异教庙宇(这在当时中东地区极为常见)也大不相同,“因为这里的宗教活动没有献祭,不拜偶像,也无需祭司;主要崇拜对象只是一个写有文字的经卷。以往的古代世界从未发生过类似事情。这里的活动是由会众们诵读经文、祈祷、唱赞美诗,以及口头讲解经文、念诵劝戒辞等构成的。”①

更为重要的是“通过犹太会堂和祈祷,犹太民族不再与任何特殊形式的祭司、圣殿和国家捆绑在一起了。他们可以在任何地方开店设厂并与上帝直接交流,无需通过任何中介。原先是僵化刻板的犹太人的宗教现在变成了一种可出口的商品,既具有伸缩性又是无形的。确保了处于囚居状态或流散状态犹太人的生存。”②正因为犹太会堂的这一独特之处,即使在巴比伦囚虏生活结束,犹太人获准返回家园,圣殿得到重建后,巴比伦犹太人的这一创新之举也没有被抛弃,而是由于它所具有的革命性思想,越来越成为时尚,并最终成为犹太民族的传统。而这一传统的意义在第二圣殿被毁后显得格外明显和重要。再次遭到流放的犹太人因有了一个可随身携带的“圣殿”而可以不再受国家和地域的限制了。四海漂泊的犹太民族因此有了一个具有巨大凝聚力、确保民族宗教信仰、被证明是行之有效的手段了。

公元前 538 年,在西亚地区崛起的波斯帝国出人意料地迅速征服了新巴比伦帝国,获胜的波斯王居鲁士大帝③以少有的宽容政策善待在巴比伦过着屈辱生活的犹太人,不仅允许犹太人重返自己的家园,而且同意他们重建圣殿。犹太人囚居巴比伦的历史从此结束。不过,巴比伦囚虏事件的影响和意义却没有因此结束。若是考虑到犹太民族的大流散经历还在后头,从公元 70 年第二圣殿被毁后的流散的规模更大、范围更广、时间也更长,巴比伦囚虏事件不啻可以看成是犹太民族流散史上的一次精彩绝妙的演习,由此而得到的经验使得犹太人有了一种无坚不摧、随时随地可以对付犹太的敌人采用逼迫犹太民族流亡散居办法消灭犹太民族罪恶伎俩的武器。由此可见,犹太民族的不灭之谜、不朽之谜的种子在巴比伦已经种下。

返乡和圣殿的重建

大批生活在巴比伦的犹太人在被允许离开巴比伦后,最先由所罗巴伯(大卫王家族的一个后裔)带领返回了故土,开始了家园和圣殿的重建。当时的犹太人家园——以色列地遭到很大破坏,真可谓满目疮痍。原来作为犹太人京城的耶路撒冷连城墙都已不复存在,圣殿只残留下几片废墟。耶路撒冷城中居住的是当年没有被巴比伦掳走的贫民以及他们与外族人通婚后形成的撒马利亚人。这些人对从巴

---

① 同上。

② Dimont, *Jews, God and History*, p. 65.

③ 亦译为古列大帝。

比伦返回的犹太人存有戒心。与此同时，耶路撒冷城周围地区的其他民族也不愿看到自己身边出现一个“新的”民族团体。他们与返回犹太人之间的矛盾和冲突不断，重建家园工作所面临的困难可以想像。

通往圣殿山的台阶（第二圣殿时期）

对于那些在民族宗教意识的驱使下返回家园的犹太人而言，重建被毁圣殿显然是当务之急。虽然圣殿的重建工作是一波三折，但在最高祭司约书亚和先知哈该的领导下，圣殿终于还是在公元前516年建成，共历时20年，史称“第二圣殿”。尽管第二圣殿的规模和外观不像第一圣殿那样雄伟和壮观，但圣殿得到重建一事本身意义巨大。它象征着犹太民族不屈不挠的再生精神，象征着遭受灭顶之灾的犹太民族具有重新崛起的能力。在犹太历史上，它所发挥的作用也大得多，正如《圣经》所说：“这殿后来的荣耀必大过先前的荣耀。”（《哈该书》第2章9节）随着第二圣殿的建成，犹太人的历史便进入了“第二圣殿时期”。

第二圣殿时期

犹太历史上的第二圣殿时期，实际上是一个外部强权——波斯、希腊和罗马——对近东广大地区，其中包括犹太人的家园以色列地，实行征服性统治的时期，犹太人事实上是没有主权可言的，但在不同的统治者统治下，实际情况还是有所不同。

在第二圣殿时期的最初200年的时间里，犹太人的家园一直是在波斯帝国的统治之下，犹太人只是凭借波斯的宽容生存[①]，但从总体看，波斯并没有过多地干涉该地区犹太人的日常事务，通常只派驻一位波斯官员负责保证该地区的安全并监督税收，内部事务基本全部由犹太人自己管理。

① 一种观点认为，波斯对犹太人的宽容主要是基于地缘政治的需要，用犹太人抵抗当时尚未被征服的埃及帝国。

内部宗教整肃

从巴比伦返回的犹太人在建成了圣殿后,重建家园的任务依然十分艰巨。除了与外邦人之间的矛盾和冲突外,犹太人内部的贫困及经济、社会结构的分化也是重建家园面临的种种问题。而重新定居,建立起自己的社会和经济生活,扩大犹太人的居住范围等,对于人数有限的犹太人而言可以说是困难重重。所幸,不断有更多的犹太人自愿从巴比伦返回,为恢复被毁家园的重建出力。在重建家园和保持犹太民族纯洁性的过程中,有两位著名犹太人发挥了重要作用。他们是尼希米和以斯拉。

曾经在波斯宫廷任职的尼希米两度受波斯人任命出任犹太省长①。在任内为确保犹太民族的独立性和社会的稳定,他指挥修建了耶路撒冷城墙,有效加强了围绕圣殿而居犹太人的自卫能力。他招聚贵胄、长老和百姓,整理犹太社团家谱,并对犹太人社会进行了各种整顿,设立生活规范,纠正违法乱纪行为,甚至罢免与外邦人结婚的祭司,确保犹太社团的稳定发展和民族的团结。

作为通晓律法的祭司和文士②,以斯拉对律法和传统忠贞不渝。当他率众从巴比伦返回看到在以色列地的犹太民众对信仰和传统淡漠时,忧心如焚,决心以维护犹太民族的纯洁和恢复犹太民族的传统为己任,大力在犹太人中推行一系列严格的宗教整肃措施。他宣讲律法,恢复律法的权威,劝戒百姓遵守律法和守安息日,与民众立约签名,发誓遵守律例。为了消除外邦人的影响,他还严令禁止犹太人与外族人通婚,甚至勒令已经结婚的离异。以斯拉推行的整肃措施虽然有过于严厉之嫌,但是在当时情况下无疑还是必要的,对犹太人民族性和宗教日后的留存起了很大的作用。可以说,在这以后,犹太人与传统的联系变得异常紧密,犹太教在犹太人生活中的地位得到了完全的确立,成了犹太民族的生活之道。犹太民族成为一个特殊的、以圣殿和宗教忠诚为标志的团体,成为在失去独立的国家形态之后的真正"上帝之民"。因此,在犹太教历史上,以斯拉被认为是一位极其重要的人物,人们通常将其与早期人物摩西相提并论,认为如果没有摩西,以斯拉也会将上帝的律法交到犹太人手中。

此外,在尼希米和以斯拉时代,犹太人的文化活动异常活跃,许多后来被收入到《圣经》中的篇章作品在这一时期出现,特别是犹太教经典的核心部分《托拉》的正典化过程也在这一时期完成。犹太史学家通常将这一时期形容为"一个在人类文化编年史上只有雅典的'黄金时代'或是意大利的'文艺复兴时期'能与之相媲美的文学活跃时期"③。

---

① 当时以色列地是波斯帝国的一个行省。

② 犹太教对犹太学者的一种称谓,最初指主张拥律法重新整顿社会生活的学者。

③ 罗斯:《简明犹太民族史》,第 74 页。

在经过这一系列家园建设，内部整肃，消除外邦人影响后，犹太人社会平静，生活稳定，传统文化得到巩固和加强，犹太民族得到休养生息，人口得到增长。政治体制上，由于波斯帝国仍为实际统治者，君主制一直没有在犹太人社会得到恢复，社会的权力主要掌握在主持圣殿祭祀的祭司阶层手中。这在客观上更加加强了宗教的地位和影响力。在尼希米和以斯拉之后的时期，由于没有更多的重大事件发生，人们对这一时期的了解也就不多。

然而，到了公元前 331 年前后，马其顿王亚历山大大帝的东征以及对近东地区的占领打破了犹太人家园的平静。希腊统治者取代波斯统治者，犹太人生活的家园和近东其他地区一道旋即成为希腊帝国的一部分。希腊帝国在亚历山大死后分裂为三个部分：在欧洲的马其顿王国，包括希腊及周边地区；托勒密王国，主要统辖埃及、巴勒斯坦地区和爱琴海诸岛；塞琉古王国，统辖着叙利亚、黎巴嫩、小亚细亚的部分地区、伊拉克和伊朗。这三个希腊人王国之间交替战争，争夺对周围地区的控制权。犹太人的家园先后为盘踞在埃及的托勒密王朝和以叙利亚为中心的塞琉古王朝管辖。在随后出现的希腊化时期，席卷地中海地区的希腊化运动在犹太人的家园也声势浩大，例如，马其顿和希腊的移民在这里建立了近 30 座设有希腊式祭坛、竞技场和剧院的新兴城市。希腊式生活方式尽管对一部分犹太人，特别是上层人士，具有一定的吸引力，但广大犹太民众对此却提不起兴趣。希腊统治者对其生活方式的执意推行不可避免要导致对犹太人的传统生活方式的冲击，使决意固守自身文化传统的犹太人不得不进行一场捍卫民族文化传统的斗争。

玛喀比起义

这场斗争随着塞琉古王朝对犹太人家园的统治，特别是安条克四世时期实行的敌视犹太教的政策而加剧。安条克四世不仅对耶路撒冷犹太人的圣殿进行了掠夺，在圣殿从事异教崇拜，而且下令宣布犹太教非法，焚烧《托拉》经卷，禁止犹太人守安息日和其他犹太节日，禁止犹太人为新生儿行割礼，和强迫犹太人放弃犹太教饮食礼仪和吃不洁的猪肉，并对违反这些禁令的犹太人实行严厉的迫害，无数犹太人因其宗教信仰遭到杀身之祸。犹太民族在历史上曾遭受过多次严重打击，但他们的宗教活动从来没有被禁止过，现在塞琉古王朝竟然宣布他们的宗教为非法，他们的传统生活方式为非法，对于固守自己文化

犹大—玛喀比像（图中希伯来文字为其名）

传统的犹太人来说真是“是可忍，孰不可忍”。受到如此迫害的犹太人终于在公元前168年揭竿而起，举行了史称“玛喀比起义”。起义由哈斯蒙尼家族领导，在犹地亚一个被叫做莫迪因的小镇首先打响，并很快得到广大民众的响应。面对强大的塞琉古王朝，犹太起义者采取灵活游击战术，以少胜多，逐步赢得了战斗的主动。公元前165年犹太历基斯流月(相当公历11—12月)25日这一天，玛喀比在胜利进军中进入耶路撒冷，收复遭希腊异教亵渎的圣殿。起义者净化了圣殿，清除了异教痕迹。为了纪念这一事件，犹太人将每年的基斯流月25日作为庆祝这一胜利的节日——哈努卡节的首日[①]。

面对玛喀比起义的节节胜利，疲惫的塞琉古王朝统治者不得不做出一定的让步，允许犹太人按照传统方式生活，犹太教重新受到了尊重，犹太民族获得了相当的自主自治权利，在自己的故土上建立起了具有半独立性质的哈斯蒙尼王朝。

由于玛喀比起义从一开始就不是一场政治运动，也不是民族独立战争，而是一场捍卫信仰和传统文化的斗争，是一种有意识地抵制异质文化之举，显然可以说是一次文明的冲突。因此，起义获得胜利的意义不仅仅在政治上，在犹太人获得了自主自治权上，更为重要的是，它是犹太民族捍卫自身信仰的胜利，是犹太人创造并坚持的一神信仰思想对希腊人所推行的多神偶像崇拜的胜利。正是这一胜利使得犹太人开创的一神信仰得以留存。

玛喀比起义完全可以被视为是犹太民族文化自觉的一种表现，是犹太民族把自己创造的文化看成如同生命一般珍贵的东西，需要用血来捍卫的一种表示。历史表明，这同一时期基本上是中东众多民族消亡的年代，是中东诸民族创造的辉煌灿烂的上古文明丢失的年代。正是由于犹太人对自己文化的固守和捍卫，以犹太教为核心的犹太文化不久得到了保存，成为中东地区唯一留存下来的一种文明样式，而且还得到发展，犹太教在玛喀比起义胜利后成为一种对外传教的宗教，许多生活在中东地区的土著民族纷纷皈依犹太教一事就是最好的说明。后来成为犹太人王的希律实际上就是来自以土买人皈依家庭，犹太教的影响可见一斑。

设想一下，倘若玛喀比起义失败，犹太人宗教思想便很可能从此不复存在。如果以一神信仰为基础的犹太教在当时消失，那么，我们今日所熟知的西方社会的信仰体系和伊斯兰教大概就根本不会出现，因为，无论是基督教，还是伊斯兰教，其信仰基础(一神思想)均来自犹太教。“皮之不存，毛将焉附。”因此，在犹太历史上，玛喀比起义胜利的意义远远超出了它的直接成果，其历史意义无论如何评价也不会过高。

哈斯蒙尼王朝

哈斯蒙尼王朝的建立是犹太民族史上的一个辉煌时期。哈斯蒙尼王朝的几位

---

① 不少犹太节日都要持续数日，哈努卡节也不例外，共持续八日。不过，第一日往往最为重要。

王扩大了王朝的版图，为国家带来了大量的财富。在亚历山大·耶奈王统治时期（公元前101年—前76年），王国的疆域扩张达到了最大限度。在他之前，他的兄弟犹大·亚里士多布鲁（公元前104年—公元前101年）已经征服了加利利。亚历山大·耶奈王从塞琉古那里得到了沿海的斯特拉顿诺·佩各斯城（后来称之为凯撒利亚）以及多珥城。耶奈王还占领了迦萨，并继续向南推进，直达安蒂多城。耶奈王时期，以色列地的沿海平原的犹太化进程得到了加强，统治者用驱逐非犹太人和将犹太人定居该城的方式使城市犹太化。自此，沿海城镇的希腊化特征逐渐消失，开始与哈斯蒙尼王朝融为一体。

不过，哈斯蒙尼王朝的建立并没有能够阻止希腊思想影响的深入，特别是在耶奈王之后，王朝的继任者对当时在世界上成为主流的希腊化生活方式的追捧，以及家族内部出现的分歧，导致正在崛起并迅速成为帝国的罗马人对王朝内部事务的干涉。罗马将军庞培于公元前63年乘哈斯蒙尼王朝内乱之际率军占领了耶路撒冷，犹太人的家园从此成为罗马行省的一个组成部分，犹太人开始生活在罗马人的统治下。而哈斯蒙尼王朝独立时期则随着罗马统治的开始而宣告结束。

哈斯蒙尼家族的安葬地

希律时期

罗马人对犹太人的统治是双重的，一方面派出罗马巡抚，另一方面又任命犹太王。而成功获得王位的是希律家族，他们统治的时期史称“希律时期”。

尽管大希律王（公元前37年—公元前4年在位）在罗马人的庇护下实行极端的专制统治，但他的在位期间却是一个繁荣兴盛的时期。大希律当政后在以色列地大兴土木，其规模超过先前任何一个时期，这场大兴土木运动的顶点是对圣殿山上圣殿的重新维修，维修规模之大是当时世界上其他任何地方无法比拟的，其辉煌壮丽的程度令他的众多对手都感到吃惊。希律还建造了凯撒利亚城和撒马利亚城。不过，最为重要的是他对都城耶路撒冷的不断扩建，在城里建造了许多公共建筑，尽管建筑的风格以希腊式为主。保存至今的著名西墙（或曰“哭墙”）实际上就是希律王维修圣殿时建造的墙体的一部分。

在这期间,暴政和异族统治造成了犹太人社会的急剧动荡和不安,并导致了犹太文化生存危机感的出现。此外,由于犹太人社会、经济地位的分化和对异族统治的不同政治态度,犹太民族内部自哈斯蒙尼王朝以来开始出现的不同派别种类越来越多,不同派别之间的分歧也越来越大。在这些派别中,主要有:

撒都该派:由犹太民族中祭司、贵族和富商组成的一个阶层。在巴比伦流放归来后的犹太社会中,祭司一直被视为犹太民族的精神领袖,无论占据高位的亚伦系祭司还是占据低位的利未系祭司,都以他们对圣殿的神圣义务和严格的祭祀仪式统治着这个由犹太教教义所维系并以圣殿为中心的犹太社会。不仅如此,祭司还是社会事务的仲裁者和对族人进行文化控制的执行者。到了罗马时代,以祭司为代表的圣殿当权派与希腊化上流贵族和富商组成犹太历史上的撒都该派。在政治上,撒都该派基本屈从于罗马人的统治。在生活上,由于享有管理耶路撒冷圣殿的特权,以圣殿为生活中心的撒都该派具有严格的组织结构,在他们的心目中,圣殿是神圣和纯洁的中心,越是远离这个中心,世界就变得越污秽,因此,他们并不关心以色列在世界各民族关系中的历史意义。在文化上,撒都该派坚持要按字面意义解释被视为成文法的《托拉》,一切观点如果不能直接出自《托拉》或直接从《托拉》引申而出,都将受到怀疑和拒绝。这种教条主义的僵化做法使得犹太文化失去了应有的生气,无法解决新形势下犹太民族所面临的问题。

犹太大祭司及侍从(壁画部分)

法利赛派:主要由当时以解经为生的文士阶层组成,可以说是犹太民族中的知识分子阶层。法利赛派认为在解释《托拉》时不应盲从《托拉》中的文字,而应该用上帝赋予的理性进行解释,因此,他们拒绝撒都该派那种只按字面意义解释《托拉》的做法和对成文法以外犹太律法进行排斥的观点,而是在尊重成文法的同时接受犹太民族的口传法传统,主张在更广泛的意义上来把握《托拉》的精髓。在具体解释每一条律法时,更是着眼于其精神,挖掘其深层涵义,不断赋予律法新的、更加切合此时此地条件、易为人接受的意义。圣殿被毁后,法利赛派即成为史书所说的

“拉比”派。

艾赛尼派：其成员主要来自以农牧民为主的社会下层人民。他们经济地位低下，但信仰虔诚。出于对罗马统治的不满和对现实的悲观态度，多避居偏僻山区死海沿岸，建立互助集体社团，注重虔修，过着清贫苦修的生活，以期从日常生活的污秽中隐退到自己纯洁的修所，等待救世主弥赛亚的到来。注重虔修祈祷，殷切盼望救世主“弥赛亚”的来临。与法利赛派不同，他们脱离社会，脱离圣殿，比法利赛派更严格禁欲；他们反对世俗的奢华安乐，主张过淡泊清贫的生活，严守安息日。安息日全部时间用作祈祷、默想与读经。艾赛尼派社团组织严密，加入者需经一年的考察期，然后举行正式的入会仪式，包括宣誓和行洁净礼。誓词包括对上帝始终虔诚；对人公正，憎恨邪恶，维护正义；不存非分；不偷窃，不隐瞒，不出卖兄弟。

奋锐党人：由激进好战的犹太人士组成。罗马人的统治和暴政，特别是对犹太教的迫害导致了这一派别的出现。尽管奋锐党人在宗教观点上与法利赛派相近，但他们是弥赛亚救世主义者，相信异族统治者将被驱逐出圣地，上帝将统治犹太人。在政治斗争上与法利赛派走截然不同的路线，他们崇尚军事民族主义，不断进行针对罗马统治者的武装反抗，是公元 66 年至 70 年那场犹太战争的发起者和中坚力量。

很可能是由艾赛尼派组成的库姆兰犹太社团遗址

犹太战争

希律时期，罗马当局的暴虐和对犹太教的亵渎，以及希律王朝对罗马人的言听计从和对其暴行的纵容，迫使犹太人多次举行反对罗马人的起义。公元 66 年由于罗马巡抚对圣殿财物的抢掠导致一场大规模的起义爆发。这是犹太人反对罗马统治的最大规模的起义，史称“第一次犹太战争”。起义迅速在以色列地全境展开。起初，起义者击败了罗马雇佣军，控制了耶路撒冷。面对犹太人的起义，身在罗马的帝国皇帝尼禄意识到问题的严重性，派韦斯巴芗大将率领罗马军团前往镇压。在强大的罗马军队面前，犹太起义节节败退。以色列北部地区首先被从北方开进的罗马军队占领。公元 70 年，犹太人当时的政治中心耶路撒冷终于被罗马军队攻破，战死者数以万计。破城的罗马人放火焚毁了犹太人的第二圣殿。第二圣殿时期到此结束。近千名犹太将士及其家人在耶路撒冷失陷后，退守死海西岸的马塞达要塞，在那里坚守了三年时间，最后，在寡不敌众的情况下集体自杀，全军壮烈牺牲。由于马塞达抵抗是犹太历史上少有的一次抵抗，再加上惨烈的结局，马塞达的英勇抵抗成为犹太民族“宁死不愿成为奴隶”英雄气概的象征，一件值得在犹太史上大书特书的事件，历来为人们所崇敬。马塞达的沦陷标志着第一次犹太战争的结束和彻底失败。

提图斯凯旋门上雕刻的罗马庆祝摧毁耶路撒冷第二圣殿情景
（图中显示罗马士兵抬着从圣殿掳来的圣器）

犹太战争期间被罗马人掳的犹太人

起义的失败，使犹太人不仅失去了圣殿和自玛喀比起义以来获得的政治上的自治权，而且在自己家园生活变得越来越困难。除了成千上万犹太人作为俘虏被带到以色列地以外的地方，有更多的犹太人向家园以外的地区流散。耶路撒冷残垣断壁的局面持续了六十多年。129 年，罗马帝国皇帝哈德良来到耶路撒冷，决定在那里建造一座异教徒的新城，取名为“爱利亚·卡皮托林纳”(Aelia Capitolina)，“爱利亚”是根据哈德良本人名字所起（哈德良的全名是爱利亚·神普伯留斯·哈德良[Aelia Publius Hadrianus]），“卡皮托林纳”是根据卡皮托尔山朱比特神庙中朱比特(Jupiter)、朱诺(Juno)和密捏瓦(Minera)三位一体而起的名字。密捏瓦是罗马城的庇护神。哈德良还打算在其中建造一座罗马神殿，并禁止犹太人在新建的城中居住。

消息传开后激起了犹太人的极大愤怒。终于在公元132年建城这一天到来时，忍无可忍的犹太人在大卫王家族后裔巴尔·科赫巴领导下再次揭竿而起，发动了第二次反对罗马统治的大起义，史称“第二次犹太战争”。起义活动持续了三年半之久，一度还成功地夺回了圣城耶路撒冷，但在强大的罗马军团面前，犹太人终因势单力薄、寡不敌众，起义于135年被彻底镇压下去。反抗罗马人统治的巴尔·科赫巴起义主要发生在犹地亚和耶路撒冷南部的贝塔村。在起义遭到镇压之前，贝塔村既是起义的中心，也是这次犹太战争最后据点的所在地。巴尔·科赫巴起义造成的后果十分严重，起义失败后，不仅起义者遭到杀害，一些支持起义的学者，包括著名的阿奇巴也遭到杀戮，而且犹太人被赶出犹地亚和耶路撒冷南部这两个地区。罗马统治者为了防止犹太人再进行反抗，宣布禁止犹太人在圣城居住。

巴尔·科赫巴写给其部下的信

这两次犹太人大起义以及两度被罗马统治者用暴力镇压下去一事给犹太民族带来了巨大的损失。据历史学家估计，至少有159万以上犹太人在这期间惨遭屠杀，1000座以上的犹太村镇被摧毁，幸存下来的犹太人被迫逃离故土，向世界各地流散。犹太民族不仅蒙受了巨大的人员财产损失，更为重要的是，他们从此彻底丧失了独立地位，并失去自己的家园。只有少数犹太人在以色列北部留存，向外流散过程加剧。

庆祝罗马人胜利的硬币，上面文字为“犹太被掳”

从总体上说，巴尔·科赫巴起义的失败标志着犹太民族在自己固有家园——以色列地生活历史的结束。犹太民族的古代历史部分也到此结束。在这之后，犹太历史便进入了人们通常所说的长达1800年的“大流散时期”①。

① 犹太人把在以色列故土以外的生活称之为“Diaspora”，即“流散或散居”之意。

第二章

犹太流散史

公元70年第二圣殿的被毁，以及132—135年巴尔·科赫巴起义的失败，使得犹太民族失去了在自己固有家园——以色列地——自由自在生活的权利。犹太民族的主体，如果不是所有犹太人的话，不得不离乡背井，生活在以色列地以外的地方，并最终散落在世界五大洲，犹太人成了一个地地道道的"流散"民族。犹太历史上长达1800余年的"大流散时期"(公元135[①]—1948年)从此拉开了序幕。其实，在人类历史上，特别是在古代，一个民族被另外一个民族暴力消灭或打散、赶出家园的事可以说是屡见不鲜。在暴力征服频繁的中东地区更是如此，不知有多少在上古时期生活在那里的民族遭此厄运。只是由于犹太人"散而不亡"，且在文化上努力保持"一以贯之"之势，其历史(以流散史的形式)才得以长期延续，成为人类历史上一个颇为独特的现象。同时，也使得本章有了撰写之可能。

在叙述犹太民族的流散史之前，有必要首先对这里使用的"流散"一词做一说明。在犹太文化中，描述流散状态所使用的词是"加路特"(Galut)，意为"放逐"、"流散"。该词最早在《圣经》中出现，指被掳往巴比伦成为阶下囚的犹太人和在那里流亡的人。"加路特"后来发展成为一种神学观念，特指犹太人被迫离开故土，寄居他乡，即在自己固有家园——以色列地以外地方的生活。在犹太人

---

① 另一种观点将公元70年第二圣殿被毁视为犹太历史上大流散时期的开端。

的神学观念上，这种流散被认为是一种上帝施加在犹太人身上的不幸惩罚，意味着失去家园、遭受敌意和歧视，然而，它又是一种不正常状态，不会永远持续下去，通过对律法的遵守和在上帝的干预下，犹太人终将获得解放，回归故土。在犹太人流散期间，“加路特”的思想一直留存并产生影响，在从神学的角度解释犹太人的流散现象的同时，给他们以精神慰藉，确保犹太人有朝一日将结束流散，回归故土。

对于犹太民族而言，这样的流散，更多的场合曰“散居”(diaspora)，通常包括被迫流散(即被强权或暴力赶出家园的流散)和自愿流散(即出于经济和其他原因而自愿选择的流散)两种。不过，在大多数情况下，这两种流散是结合在一起的，通常先是被迫流散，然后是自愿流散。此外，特别应该指出的是，犹太人的流散不仅仅指犹太人离开家园——以色列地的过程，更多的是指犹太人在散居地的不断流动。由于流散现象的存在，使得犹太人通常在一个地区或一个国家生活一段时间后不得不(通常是因为居住地主流民族和当权者施加的种种迫害或驱逐所致)前往另外一个地区或国家，从而导致犹太民族之流散呈永恒的流动状态。

犹太民族的流散特征大体上可以归纳为这样几点：首先是，持续的时间长、分布广，范围不断扩大，最终几乎遍及世界所有地区。在1800余年的时间内，犹太人的流散范围从最初的西亚地区扩大到整个地中海地区(包括欧洲南部和非洲的北部)，从南欧延伸到中欧再到北欧、东欧，从近东到远东，从东半球到西半球，从北半球到南半球，终于遍布世界的五大洲。其次是，犹太人无论被放逐到哪里，无论最终在哪里歇脚或暂时安身立命，他们都能很快建立起自身的繁荣文化和商业社区，对自己的事务实行自我管理。在散居地建立起来的犹太社区具有强烈的犹太性，它的存在是犹太民族散居的标志。他们通过行割礼、守安息日、欢庆犹太人节日、祈祷等活动保持犹太民族早已建立起来的认同感。不仅如此，一个地区的犹太社区常常会通过自己的文化活动，逐步形成一个文化中心，以指导自己的生活和建立与其他地区犹太人的联系。其三是，在流散地生活的犹太人从来没有割断与故土的联系，除了有形的联系，如不断有生活散居地的犹太人返回以色列地，将钱物捐给生活在以色列地的人和机构外，更多的是精神上、思想上的联系。生活在散居地的犹太人没有一刻忘记自己的故土，从一日三祷，到所有节日庆典，都在精神上与故土联系在一起。希望有朝一日能够返回故土“锡安”可以说是每一个流散犹太人的“梦”，离开故土的时间、离故土的距离往往与眷念故土的热忱成永恒的正比。

大流散时期，犹太民族不得不在以色列故土以外的地方分散居住生活的事实，使得犹太民族的留存无法再依靠传统意义上的地域来维系。事实上，长期生活在各散居地犹太人的留存和维系依靠的不再是地域或亲缘，而主要是共同的文化和传统，共同的经历和非犹太人社会施加在他们身上的迫害。这样，犹太人的文化活动便不可避免地成为描述犹太民族流散史的主要内容(这也符合犹太人把文化活动视为生活的主体的观念)。既然犹太人的流散史是以犹太文化中心为轴心，围绕犹太文化活动展开，那么，哪里的文化活动高涨，那里就往往成为犹太流散史叙述的中心内容。鉴于犹太民族的流散时间长、分布广、呈流动状态,常常不能在一个地区和国家长存,即使是在同一地区或国家,由于统治者的更迭、宗教信仰的变化、时代的变迁,犹太人的留存也往往会随之变化。这使得我们无法对犹太人的流散史提供一个正式的编年史框架。加之文化的发展在不同时期和不同地区并不平衡,因此,在探寻犹太民族流散史并试图对之进行大体上的勾勒时,在对它的起源、形成、发展、面貌特征进行概述时,我们便无法在一个地区或个别国家得到答案的全貌,只能在不同的地区和国度的不同历史时期中寻找我们需要阐述的内容。这样,在实际描述过程中,在涉及不同时期或不同主题时以不同地区和国家为对象,以及在描述过程中的一定重复和交叉是在所难免的。

需要指出的是,历史已经表明,犹太民族的流散几乎是一个永恒的现象。这里所说的犹太历史上长达1800余年的"大流散时期"指的是犹太民族流散的主要时期,而不是犹太人流散的全部历史。犹太民族的流散历史事实上在这以前就已经开始。尽管在大多数历史学家的眼里,1948年现代以色列国的建立标志着"大流散时期"的结束,但犹太民族的流散现象并没有随着以色列国的建立而结束。时至今日,犹太人的大多数(指超过60%以上的犹太人)仍然生活在以色列地以外地区的事实就是这一历史现象的最好说明。下面即将展开的对犹太散居史的叙述超越"大流散"所指的时段也就十分自然了。

流散的开端

综观犹太古代史,尽管以色列地是犹太民族宗教生活和政治生活的中心,犹太民族一直将其希冀和抱负放在以色列地,希望在那儿实现民族和精神的追求,但事实上,自第一圣殿被毁以来,"犹太人就一直处于流动状态"①,犹太人在以色列地以外地方散居就一直是一种永恒的现象。如果从犹太教的观点出发,犹太人与以色列地疆界以外地方的联系自古以来就是紧密的。犹太教生活经历中有两个基本事件实际上都发生在以色列地疆界以外的地方。第一个事件是:上帝在美索不达米亚平原迦勒底的吾珥神谕亚伯拉罕,这是上帝与犹太民族族长的第一次立约。正是通过这一立约,犹太人开始接受一神的观念。第二个事件是:上帝在西奈山对犹太民众的神谕,全体犹太民族与其上帝之间的关系建立了起来,上帝将《托拉》给了以色列人。以色列地以外地方对于犹太人的重要性由此可见一斑。

事实上,在第一圣殿被毁后,特别是在波斯国王居鲁士允许在巴比伦囚居的犹太人返回耶路撒冷后,犹太民族就已经分属于不同的中心:以色列地中心和巴比伦中心。② 这一现象之所以出现,是因为巴比伦囚虏的结束并没有导致犹太人大规

① 马丁·吉尔伯特:《犹太史图录》,上海人民出版社,2000年,第I页。

② 应该说还包括埃及中心,本文下面对此有专门论述。

模离开巴比伦。从犹太人被掳至巴比伦到波斯王允许其返乡，50年已经过去了，不少最初被流放的犹太人已习惯于巴比伦的生活，而在这期间，在巴比伦出生和成长的新一代对故乡则是了解甚少，回归的愿望自然也不那么迫切。另一个重要原因是经济上的，不可否认的事实是巴比伦的生活远比耶路撒冷的生活优越，人们十分清楚，波斯国王允许他们返回的地方——以色列故土再也没有吃不完的蜜，喝不完的奶了，而是一个遭到彻底破坏的废墟，成了一个"吞噬它的居民的地方"[①]。总而言之，在巴比伦囚居的犹太人已经适应了巴比伦富裕发达地方的生活，已经融入了巴比伦的新文化和新经济当中了。因此，只有一小部分信仰坚定的犹太人选择返回，而大多数犹太人仍选择留居巴比伦，成为第一批自愿留居海外的"散居者"。史称"巴比伦犹太社团"的历史从此开始。需要特别指出的是，生活在巴比伦和以色列的两个犹太社团都不是独立的政治实体，都是生活在同一个政权——波斯帝国的统治之下，但均享有社会和宗教上的自治。巴比伦的犹太人一直维护自己的民族特征，以自己的方式方法对待当地文化——巴比伦文化和波斯文化——的影响，以自己的方式方法对待希腊文化的渗透。不过，巴比伦在犹太历史上占据重要地位（主要指文化方面）是在稍后的年代，在《塔木德》时期，即从公元3世纪往后的年代。本章将在稍后部分对其作进一步论及。

埃及犹太中心

历史表明，以色列地以外的犹太中心最早出现在埃及。埃及犹太中心的开端完全可以追溯到巴比伦犹太中心形成之前的巴比伦帝国时期。那时，埃及已经开始涉足以色列地的事务，并成为犹太人移民的一个目的地。当然，犹太人对埃及从来就不陌生，在历史上，一直有犹太人因为种种原因前往埃及，并在那里生活（或称"寄居"）。正如我们在第一章中所说，根据犹太人的传说，早在亚伯拉罕时期，犹太人就去过那里。雅各的子孙更是在那里生活了近400年。据认为，在亚述帝国消灭以色列王国的过程中，以色列王国中的一部分犹太人就曾逃到埃及，并从此在那里定居生活，从而最早构筑了埃及犹太中心的基础。第一圣殿被毁后，犹大王国部分被逐的人不顾先知耶利米的明确反对，移居埃及，埃及的犹太中心得到了相当的加强。应该说，移居埃及的人中有很大一部分是为了躲避屠杀的犹太难民，但其中也包括犹太士兵。有历史记载，这些犹太士兵后来成为埃及第26王朝法老军队的组成部分。其中最享盛名的是驻扎在埃勒凡泰尼（即现代的阿斯旺）的犹太殖民团。该殖民团的士兵被称为"Heila Yehudia"[②]。他们的任务是负责守卫埃及南部边境。该殖民团在波斯帝国占领埃及（公元前525年）时期得到了壮大，只是到了

---

① 埃班：《犹太史》，第67页。

② "犹太移民"之意。

大约公元前399年才不复存在。在波斯人统治埃及期间,在犹太士兵成为波斯帝国卫戍部队的组成部分后,又一次犹太移民潮席卷了埃及。

埃及劳工

在第二圣殿期间,埃及是以色列地以外出现的最重要的一个犹太文化中心。导致犹太人在埃及生活的原因应该说主要是经济方面的。著名犹太哲学家、亚历山大底城的斐洛(Philo of Alexandria,约公元前20—公元50年)曾经说过:"没有一个国家可以解决犹太人的经济问题,因为他们的数量确实太多了。"在希腊化时期,主要是托勒密一世统治时期(公元前323年至公元前283年),埃及的强大和经济繁荣,使不少犹太人移居埃及,其中包括被胁迫的(作为战俘)和出于自愿的,托勒密一世曾占领过耶路撒冷。托勒密二世在位(公元前284—前246年)期间,埃及犹太中心中享有盛名的是亚历山大底城的犹太社区,该社区是当时亚历山大底城五大社区之一。亚历山大底城是希腊文化的一个最为重要的中心,传播希腊文化的最佳之地,据认为,罗马人是在那里最先了解到古希腊文明瑰宝的。亚历山大底的犹太人组织机构叫做"Politeuma",即一个被赋予了一定政治权利的民族(或宗教)团体,这种政治权利主要是指具有独立的司法体系和建立自我管理社区的权利。埃及犹太人通常生活在犹太人组成的犹太社区,当然也有的生活在犹太社区以外的地区。他们拥有许多犹太会堂,负责自己事务的长老议会,以及自治的教育机构。这样的组织形式(和与之相似的其他形式),在现代到来之前,一直是散居地犹太生活最显著的特征。

著名的《七十子译本》[①]可以说是公元前3世纪亚历山大底城犹太社区最重要的文化贡献之一。这是第一个《圣经》希腊文的译本,最初是《托拉》(即《摩西五经》)本,后来包括所有希伯来文学经典。这也是有史以来第一次把一种东方语言翻译成希腊文的翻译活动。根据传说,国王托勒密二世曾经派遣一个官方使团去耶路撒冷会见大祭司以利亚撒,希望翻译《托拉》的工作能够得到这位犹太大祭司的帮助。大祭司同意了使者的请求,派了72位圣贤去了亚历山大底城。在抵达亚历山大底城时,72位圣贤被问及了72个问题,他们在72天内完成了该项译事。他

① 即《圣经》的最早希腊文本。

们是两人一组进行翻译的，当所有的译文被拿出来进行比较时，发现译文在每一个细节上都惊人地一致。这个故事的核心部分很可能是基于某一真实发生过的事件：在对东方文化表现出理性好奇的文化氛围下，希腊学者对犹太教及其价值开始有了某种兴趣，在这一情况下，国王托勒密二世才下令翻译《托拉》。

《七十子译本》的出现意义重大，历来被视为古代一项最重要的文化活动，是人类有记载的大型翻译活动的开端。对于随后生活在希腊化时代的若干代犹太人来说，《七十子译本》既是他们精神创造活动的一个基础，也是他们精神创造活动的一种激励。很自然地，该《七十子译本》后来为早期说希腊语的基督徒所选中，作为《新约》和其他基督教圣典的最初来源。人们很难想像，若是没有《七十子译本》的存在，脱胎于犹太教的基督教会能在罗马帝国得到迅速传播，并最终发展成为一个占据统治地位的宗教。需要指出的是，《七十子译本》对于犹太文化而言同样具有重要意义，许多犹太人的早期作品的希伯来文本后来失传，但在希腊文的《七十子译本》得到保留。埃及犹太中心的贡献可见一斑。

塞琉古王国征服以色列地（公元前202—前200年）以后，对于想重新取得对以色列地控制权的托勒密王国来说，犹太人在其王国的政治事务中成为了一个重要的砝码。当犹太大祭司俄尼阿斯四世了解到，塞琉古王国准备让大祭司的职务变成一种可以买卖的职位时，便决定移居埃及。许多犹太人跟随他移民去了埃及，特别是在安条克四世对犹太人实行的宗教迫害引起以色列地动乱和哈斯莫尼起义（公元前168—前142年）以后。托勒密六世把俄尼阿斯看作盟友，封给了俄尼阿斯和犹太人一片后来叫做"俄尼阿斯地"的土地。该地沿尼罗河三角洲东部地区延伸。这是一个有军队驻防的地区，负责埃及的防务，是最敏感的地区之一。在该地区的中心（莱昂图泊力斯城），建有以"俄尼阿斯之家"闻名的犹太会堂。

在埃及犹太中心生活的犹太人中，上面提及的斐洛成就尤为显赫。他是一位希腊化的犹太哲学家，是第一位对《托拉》进行哲学阐述并卓有成效的学者。他采用隐喻式的叙述手法，将犹太律法的内在含义转化为一系列抽象哲学概念，为犹太教信仰注入一种新的活力，使之在新形势下能延续和光大。同时，他有意识地将希腊哲学融入希伯来传统，致力阐发犹太教神学思想，进而把犹太教的神秘主义成分理论化、体系化。斐洛是第一个指出上帝的存在的可知性与上帝本质的不可知性是有区别的思想家，是一个将犹太神学与柏拉图的理念说调和起来的人。他认为理念就是上帝的永恒思想，为此，引进了希腊哲学"逻各斯"（logos）概念。他将宇宙看成为一个为逻各斯所控制的巨大连锁，并把逻各斯解释为上帝和人联系的"中介"。他认为逻各斯作为一种"神圣的智慧"，具有全知全能的品格，是和上帝的意志一致的，同时它又代表上帝所具有的"仁慈"和"公正"这两种品格和能力，故逻各斯的活动便成了上帝自身业绩的表现。他以此证明上帝与人之间的联系不是直接的，而是通过逻各斯为中介来保持和发展的。这样，上帝的独立存在和绝对尊严得到了保持。另一方面，上帝通过逻各斯的作用使自己创造的过程具体化和合理化。

这一思想实际上为后来形成的基督教奠定了基础,斐洛亦被理所当然地视为"基督教之父"。

尽管犹太学者直到文艺复兴时期才开始关注到生活在埃及的犹太人斐洛及其哲学思想,但基督教却在斐洛时代就受到其思想的影响。使徒保罗的作品(反映在《保罗书信》和《希伯来书》中)不论在思想上还是在语言上都与斐洛极为相似,表明斐洛思想对基督教的巨大影响。他的不少著作早在4、5世纪就被译成拉丁文,足见基督教对他的重视和敬重。

公元前48年,罗马将军乌利尤斯·凯撒在亚历山大底港登陆,遭到该城居民的激烈抵抗,但是,却得到了居住在城中的犹太人的帮助。作为回报,凯撒向犹太人颁布了特许状,这一特许状成为以后若干代生活在整个罗马帝国境内犹太人享受应有权利的司法和政治依据。由于这一特许状的存在,生活在罗马帝国境内的犹太社团素来不在被禁止的政治团体之列,他们的宗教和司法自治权利得到认可。犹太人的这一权利后来进一步为奥古斯都皇帝和克劳迪斯皇帝所确认。

埃及犹太中心和亚历山大底城犹太社团的衰落与图拉真皇帝统治期间(115—117)犹太人在散居地爆发的起义有关。爆发这场起义是生活在希腊化城市的犹太人与希腊居民关系恶化的结果。再加上,在公元70年第二圣殿被毁后,民族、政治和宗教激情在生活在埃及的犹太人中增长,这种激情被罗马帝国颁布的经济法和犹太农民对社会不满的情绪点燃。最初是与希腊人的冲突演变为对罗马统治者的起义,并蔓延至利比亚、塞浦路斯等地。三年后起义遭扑灭。起义让在埃及的犹太人付出了惨重代价:许多人被杀,亚历山大底城的犹太社团失去了司法自治权。犹太学者认为,这一结局的出现表明,在埃及锻造出来的犹太文化与希腊文化在精神上的融合走到了尽头,有着辉煌成就的埃及犹太中心的创造力停滞了,但是,在犹太民族的流散史上,埃及中心和亚历山大底犹太社团永远是光辉的一页。

巴比伦中心

尽管巴比伦是犹太人祖籍所在地——美索不达米亚——的一个组成部分,但巴比伦作为犹太人的居住地则完全是巴比伦囚虏事件的产物。犹太人是在第一圣殿被毁、国家灭亡后,首先作为新巴比伦帝国的囚虏被带至巴比伦的,并从此开始了在那里的生活。

众所周知,历史上,巴比伦城一向是美索不达米亚地区一个最为繁荣的城池,是西亚地区的一个重要的政治、经济、文化中心。到了新巴比伦帝国时代,巴比伦城市的规模更是无与伦比。"全城面积达41平方公里,有外城墙、护城壕、内城墙三重环绕,主城墙厚7.8米,墙上的大道可容四马所拉的战车转身。"[①]巴比伦还是

① 朱寰:《世界上古中世纪史》,第46页。

一个宗教中心，建在巴比伦城中心的马尔杜克神庙有高达 91 米的七层塔楼。新巴比伦王为了慰藉米底籍王后思念故乡的心情，在王宫旁筑起的"空中花园"被喻为世界古代七大奇迹之一，足见其规模和豪华。由于铁器的广泛应用，手工业和商业繁荣起来。"富庶、壮观的巴比伦城吸引亚非各地的商人远道而来，巴比伦成为世界著名的商业中心。"[①]此外，巴比伦的文化事业也空前发达繁荣，例如，巴比伦的图书馆有藏书数十万册。被掳至巴比伦的犹太人如同从边远乡村来到大都市的人，对看到的一切不能不感到兴奋和向往，生活的机会一下子增加了许多。在巴比伦人的影响下，生活在巴比伦的犹太人不再囿于传统的职业，犹太人开始在商业领域大显身手，并开始了国际贸易，许多人因此变得富有起来。在巴比伦经商的经历对于犹太人在中世纪成为一个经验老到的经商民族有着重要的意义。正因为如此，在巴比伦囚居的绝大多数犹太人没有因居鲁士国王颁布的允许犹太人返乡令而返回以色列故乡，而是选择在巴比伦永久定居。

复原的古巴比伦城壮丽景观

最为重要的是，留下不归的巴比伦犹太人并没有割断与故乡的联系，他们以一种独特的方式表达自己的思乡之情和对复国活动的支持及对归国同胞的关心——捐钱捐物。在第二圣殿建成后的年代，他们一直像生活在以色列的犹太人那样交纳圣殿税，前往耶路撒冷朝圣。不仅如此，巴比伦犹太人与以色列地在文化上的联系也十分紧密。在 3 世纪前，犹太人在以色列故土上取得的文化成就一直为巴比伦犹太人所汲取，不断有巴比伦犹太人把自己的孩子送到以色列的学校就读，不断有学者从巴比伦前往以色列地的犹太学院学习深造，了解正在形成的拉比犹太教的学习方法和成果，以完善自身，并把以色列犹太人形成的传统、学习方法和文化带回巴比伦。这种文化上的联系不仅使巴比伦的犹太人在文化上与故土的文化保持"一脉相传"，而且在随后的几个世纪内得以将其发扬光大。

在社会生活方面，巴比伦犹太人一向实行内部事务自己管理的原则，有一套健

① 朱寰:《世界上古中世纪史》,第 38 页。

全的自治机构。他们创立的两个流散机构:“Rosh ha-Golah”(流散地领袖)和“yeshivot”[①](犹太学院),都是为了确保犹太人的自治和团结。流散地领袖的出现最早可以追溯到约雅斤国王被流放到巴比伦时期。约雅斤国王身后,该职位一直由大卫王家族的一位后裔担任,以表明其正统性。在波斯萨珊王朝统治期间,流散地领袖在王室宫廷有一个永久性的职位,拥有大量财产,维持一个犹太人自己的法庭。他对犹太人的权威及其地位的象征(比如衣服上的特殊物品)一直得到认可。到了伊斯兰时期,流散地领袖的选举往往是在一个由学院的领袖和社区富有成员在场的极其隆重的仪式中进行。鉴于流散地领袖的正式任命得到哈里发的书面批准,因此,被认为是所有散居犹太人的领袖。选出流散地领袖的做法后来为其他地区的犹太人所采纳。

在巴比伦,犹太学院不仅是培养学者的地方,而且是一个具有宗教权威的机构,其领袖是由被称作“加昂”的圣贤担任。巴比伦两个历史最悠久的犹太学院分别是苏拉学院和篷贝迪塔学院。它们在犹太社区处理与犹太律法相关的事务时起着一个最高宗教法庭的作用。有关犹太律法方面的问题从遥远地方寄送到它们那里,犹太学院通过其拉比的裁决在许多生活领域对犹太社区进行指导。最有力说明巴比伦犹太学院在所有犹太社团中具有权威的例子莫过于,从 9 世纪中期开始,巴比伦的加昂废除了以色列地在决定何时为年添加月份,决定月份开始日期的具有的所有相关优先地位,制定出了一个新的历法,该历法一经颁布便为所有流散地犹太人遵守,直至今日。

尽管巴比伦犹太社团在文化上的重要性直到 3 世纪才开始显现出来,但是,犹太历史告诉我们,巴比伦犹太社团的存在对于犹太民族而言十分重要。到了公元 200 年,犹太人已清楚地意识到,在罗马人的统治下他们没有未来,不少犹太学者前往巴比伦,加入当地圣贤的行列,创建了一个新的犹太人中心。这一中心后来在宗教上主导犹太世界,一直到公元 10 世纪前后。特别是作为犹太文化、精神中心的巴勒斯坦在罗马人的打击和迫害下于公元 3 世纪左右衰落以后,巴比伦犹太社区便成为犹太民族文化、精神的新的中心。犹太人在那里发展了一种以《托拉》为核心的文化宗教生活,编纂并完成了著名的《巴比伦塔木德》。这部在公元 500 年由巴比伦犹太人完成的犹太典籍,由于其权威性,被视为犹太教的第二经典。在它编纂完成后的近 1500 年中,它一直是全世界犹太人生活的规范。更为重要的是,《巴比伦塔木德》是拉比犹太教的核心和现代犹太教赖以建立的基础。对生活在散居地的犹太人而言,这部《塔木德》比《圣经》还要重要。巴比伦中心的伟大贡献可见一斑。[②]

在《巴比伦塔木德》编纂完成之后,巴比伦犹太社团继续得到发展,其人数已经

① 有“宗教权威的中央机构”的涵义。

② 详见本书第四章有关部分。

超过 50 万。苏拉和篷贝迪塔犹太学院的院长被公认为是整个犹太世界最有权威的宗教领袖。不过，随着伊斯兰教的出现和伊斯兰教势力的迅速扩张，7 世纪以后的巴比伦犹太社团开始生活在伊斯兰教统治的世界，成为伊斯兰世界犹太人的一个组成部分。

拜占庭时期

这里所说的拜占庭时期指的是君士坦丁皇帝于 330 年把罗马帝国的首都迁至拜占庭，将它命名为君士坦丁堡以后，即一般所说的东罗马帝国时期。它的早期历史与罗马帝国历史重叠。476 年罗马帝国（实际上指西罗马帝国）覆灭后，东罗马帝国一直留存，史学界称之为拜占庭帝国。用“拜占庭时期”来叙述这一时期犹太人的散居生活是因为罗马帝国消亡后的近五百年有关犹太人生活的资料主要来自拜占庭地区这样一个事实。

在罗马帝国鼎盛时期，特别是犹太人被赶出自己的家园——以色列地后，犹太社团可以说遍布环绕地中海的罗马帝国全境：伊比利亚半岛、高卢（法国）、意大利、希腊、巴尔干、小亚细亚、叙利亚、塞浦路斯、克里特岛、埃及和北非。有成千上万的犹太人是作为战俘奴隶被罗马人带至罗马在欧洲的部分，从意大利到西班牙、高卢等地。更多的犹太人是出于经济考虑去了那些地方。在君士坦丁皇帝（执政期为 306 年—337 年）于 313 年接受基督教作为一种信仰，使基督教在罗马帝国合法化后，罗马帝国境内的犹太社团继续存在。犹太人从事商业和各种制造业，在一个很长的阶段以绸缎纺织、漂染和制革方面的技术享有盛名。犹太人在拜占庭帝国的法律地位一直依据早先制定的、在此时仍然具有权威和发挥作用的罗马法，包括前面提及的凯撒向犹太人颁布的特许状的法律基础。的确，在这一时期，一个缓慢且持续的旨在将犹太人逐出公职，干涉其宗教事务，在经济和社会方面对他们加以歧视（如，犹太人被禁止建立新的犹太会堂，犹太人指控基督徒的证词不为法庭接受）的过程开始出现。但正如罗马帝国变得越来越基督教化，基督教也变得越来越罗马化。基督教会的领袖不得不接受遍布整个地中海盆地密集的犹太社团网的存在。经济利益和文化认同，使得犹太社团之间相互往来紧密，而密切的联系进一步增强共同的民族和宗教认同感。犹太人一直与地中海区域联系在一起，作为社会一合法成分受到法律和当地人的认可。尽管在经过了 200 年左右的时间后，犹太人沦为了事实上的二等公民，但从法律上讲他们毕竟一直保持着公民的身份。

在 415 年至 429 年间，当最后一位犹太纳西[①]去世而无嗣继承时，拜占庭当局决定不再在以色列地任命新的犹太“族长”（纳西）。这样，基督教帝国就在没有颁

---

① 对犹太教公会领袖的称谓，含“族长”或“国家元首”之意。犹太教公会在第二圣殿被毁后继续存在，并一直得到罗马当局的认可，其首领被视为犹太人的政治领袖。

布法令废除犹太人的"族长"制的情况下,让犹太人的"族长"制消亡。

与此同时,拜占庭帝国还命令境内的犹太人今后必须把过去捐赠给该机构的钱上交给皇帝的国库。基督教会把第二圣殿被毁以及犹太人丧失在以色列地的政治主权视为是耶稣预言的实现,是上帝抛弃其子民的一种历史表达。同样,根据基督教对《创世记》(第49章10节)的解释,雅各曾对犹大预言,当上帝的使者——耶稣——降临世界时,犹大将失去它的世袭权利。这也是废除犹太人的"族长"制的原因之一。犹太人的"族长"制对于在以色列地和散居地的犹太人来说,象征着他们在犹地亚主权的继续(那只是部分的和象征性的)。这一步骤实际上剥夺了犹太民族拥有的民族统一和对自己国家的主权拥有的自然和历史权利的象征。

在查士丁尼皇帝统治期间(527—565),拜占庭当局又出台了另一项对拜占庭犹太人进行宗教迫害的措施。查士丁尼皇帝在努力根除东方出现的基督教异教运动的同时,想方设法寻求恢复罗马帝国早年在地中海盆地西部的荣耀。查士丁尼在通过以颁布新法律文本的方法完成对司法体系进行的改组之后,颁布了一项新法——"辅助法"。该法禁止犹太人学习犹太人的"口传律法"。尽管没有明令禁止犹太教,查士丁尼希望采用这种方法,便可以割断犹太人与其民族精神创造力之间的联系,达到使犹太教自行消亡的目的。拜占庭帝国禁止犹太人学习"口传律法"的做法确实导致了在守教和对《哈加达》教义进行解释时对犹太教文本进行创造性发挥的停止,然而,却同时使他们找到了创造的替代做法,如礼拜诗的产生。这一情况的出现使得巴比伦犹太人在领导犹太民族问题上取代了以色列地所占据的中心地位,并最终使得对《巴比伦塔木德》的接受高于对《巴勒斯坦塔木德》(即《耶路撒冷塔木德》)的接受。

拜占庭犹太人的艰难处境也许可以用来解释7世纪初波斯萨珊王朝军队发动征服拜占庭领土战争时,居住在小亚细亚、叙利亚和以色列地的犹太人支持波斯军队的原因。那些生活在以色列地(614年)和散居地、在战斗中加入波斯一边的犹太人把被围困城市如在卡帕多细亚(小亚细亚)的凯撒利亚移交给了波斯人。一般认为,巴尔·科赫巴起义是犹太人试图重新赢得民族独立的最后尝试。然而,事实上,即便在那以后,犹太人也并没有丧失争取政治独立的渴望。犹太人在古代史后期参加军事战斗也不是什么例外现象。不过,不容置疑的是,几个世纪以来,基督教会通过接受奥古斯丁有关证言的阐释,编造出了一个懦弱和受迫害的犹太人形象,犹太人在遭到彻底盘剥后,就像风中的落叶一样被从一个地方驱赶到另一个地方。后来,在这基础上又增加了包括把犹太人描绘成基督教社会吸取骨髓的寄生虫形象,与邪恶和魔鬼联系在一起的形象。但是,像夏洛克那样从事受鄙视的、借钱取利(高利贷)职业而遭到贬低的犹太人形象与本节所谈论的历史阶段无关,夏洛克式人物是后来出现的一个形象,产生于中世纪后期法兰西北部和阿什肯纳兹地区犹太人中心的很有限的区域。7世纪,犹太人为了实现其民族的追求,仍然拿起武器与不同的政治力量结盟。在查士丁尼在位(532年)期间,犹太人曾在北非作战，他们站在汪达尔人和蛮族一边，抗击拜占庭的军队。在那不勒斯，犹太人与东哥特人并肩战斗，抗击拜占庭军队(536 年)。拜占庭的史学家普罗科匹厄斯对犹太人表现出来的勇气感到惊讶，并且对当时犹太人如何说服那不勒斯居民拒绝接受拜占庭司令官贝利萨留提出的投降要求的情形做了描述。

拜占庭犹太人所具有的宗教和政治影响力在介于主要地区权力之间的边远地区得到了验证。公元 500 年左右，海木亚王国(也门地区)的国王摈弃异教信仰，而将犹太教(或者起码是某种形式的犹太教)遵奉为国教。据说海木亚国王从两位来自阿拉伯半岛麦地那城的犹太人那里听说了一则预言，看到了这两位犹太人行的神迹之后，他和王国的臣民就皈依了犹太教。此时，犹太人的宗教在阿拉伯半岛已经是家喻户晓。在此之前许多年，一神教的观念已经为信奉异教的阿拉伯部落吸收。自由迁移的犹太部落在伊斯兰时代前的宗教蒙昧时期就已经生活在阿拉伯半岛了。他们从事农业、商业和制造业，与阿拉伯部落结盟，甚至在战斗中与他们并肩作战。海木亚国王了解一神思想，他皈依犹太教是想阻止拜占庭帝国和波斯帝国利用基督教和波斯教对其实行的扩张。但是，他这一次与犹太教结盟最终以失败告终。拜占庭帝国把海木亚看作是一个可以控制与远东进行丝绸和香料贸易商路的重要战略位置，派遣埃塞俄比亚基督徒去攻打海木亚。埃塞俄比亚军队征服了海木亚王国(525 年)，杀死了该国的最后一个信犹太教的国王——约瑟·阿萨·多-诺斯。

大约二百年后，一个相似的现象出现在里海和黑海之间的中亚地区，当时一个被称为卡扎尔的王国(土库曼人的一支)选择了犹太教作为整个国家的宗教。与海木亚王国的传说相似，这个故事叙述了上帝的天使在卡扎尔国王的梦里显现，以及国王为犹太宗教的真理性所诚服，虔诚地信奉了犹太教。不过，如果做出这样的推测：即卡扎尔王国皈依犹太教也是为了捍卫王国的独立，免受拜占庭帝国和穆斯林哈里发这两个帝国的控制，应该说是合情合理的。此时，拜占庭帝国通过基督教的传播进行扩张和扩大其影响；而穆斯林哈里发根据圣战的观念，正准备与异教徒做殊死的搏斗。信奉犹太教的卡扎尔人为保持独立坚持战斗了近二百三十年，直至落入罗斯(即今天所说的俄罗斯)人之手(965 年)，卡扎尔王国才不复存在。有关独立的卡扎尔王国选择犹太教的传闻最远传播到伊比利亚半岛，唤起了身处穆斯林西班牙犹太人的民族自豪感。在西班牙犹太人领袖海斯达·伊本-夏普如特与卡扎尔国王约瑟的来往书信中，都谈到了两个各自国家的伟大、富有和壮丽。卡扎尔国王信奉犹太教的传说还成为12 世纪早期犹大·哈列维所写的重要作品《卡扎尔之书》的素材。

伊斯兰世界的犹太人

632 年，从阿拉伯半岛出发的阿拉伯部落高举伊斯兰圣战的旗帜，东征西讨，在 30 年左右的时间内控制了中东的绝大部分地区，建立了哈里发制度，统治范围从印度、波斯、叙利亚、北非到比利牛斯山脉。一个地域广阔、人口众多、信仰伊斯兰教的世界形成。711 年,穆斯林军队又从直布罗陀海峡渡海征讨欧洲,将西班牙纳入伊斯兰世界之中。尽管伊斯兰教的扩张遭到了拜占庭的坚决抵抗,没有能够将伊斯兰的势力延伸到西班牙以外的欧洲大陆,但是此时的地中海基本上成为了伊斯兰世界的内陆湖,这样,原先生活在这一地区的犹太人中的大多数(一个时期超过 90%以上)开始生活在同一个伊斯兰政权屋檐下,分享同一种大文化。

8 世纪在圣地建造宫殿上的石雕大卫盾
(伊斯兰教时期)

犹太人由于曾经受到拜占庭人和西哥特人的迫害,对穆斯林的统治没有多少排斥的心理,在实际社会生活中,他们事实上也感受到穆斯林统治者的宽容,特别是生活在安达卢西亚的犹太人根据自己的生活经验更是如此认为。事实上,穆斯林统治下的西班牙确实是一个宽容的社会,为犹太文化的繁荣提供了特别有利的条件。在巴比伦的犹太人也有类似经历,他们随着哈里发统治者一道迁往巴格达。

在伊斯兰统治下,犹太人被看作是一个"圣书之民"[①],一个同样拥有类似《古兰经》圣书的民族。伊斯兰社会允许犹太人(出于相同的原因,也允许基督徒)维持犹太人一直具有的社会自治地位和信奉自己固有的宗教[②]。在交纳了人头税和土地税之后(若是穆斯林则无需交纳人头税和土地税),犹太人获得"迪米"(dhimmah,[③]受保护之民)的社会地位。犹太人被迫放弃拥有武器的权利,但他们的生命安全和财产受到保护。与基督教对待少数民族的做法相比,伊斯兰教对信奉一神教的民族还是比较宽容的,不过,歧视"迪米"的条例,如众所周知的《奥马尔契约》,还是得到颁布。根据这类歧视性条例,"迪米"被禁止担任公职,不得建造高于穆斯林房屋的建筑,以及不得建造新的礼拜场所。"迪米"社会地位的低下还着重表现在规定他们应该如何穿戴的法令上:犹太人戴黄色面罩,必须佩带犹太标志。这些规定的目的是为了防止其在穆斯林占领的地区与阿拉伯人和当地居民进行过于密切的社会接触,不过,在实际执行中,许多这类的规定并没有得到实行,只是在宗教狂热情绪高涨时期这些规定才被严格执行。

由于以色列地已经失去作为最初、同时也是最重要的犹太中心的地位,巴比伦犹太中心的重要性正在上升,因此,从阿拔斯王朝的哈里发定都巴格达,主要的犹太学院也迁往巴格达。巴比伦学院和以色列学院围绕犹太民族领导权的斗争在围绕历法的争论(921—922)中达到了顶点,斗争的核心是关于逾越节应不应该在世

① 即"people of the Book",这里的 the Book 指的是《圣经》,故译之。
② 与之相对的是,所有其他民族则必须皈依伊斯兰教,否则将面临杀身之祸。
③ 该词亦有"贱民"之意。

界上不同地方的不同时间庆祝的问题。由于萨阿迪·费约米拉比(882—942),即后来被广泛称之为萨阿迪·加昂拉比,具有的权威和人格魅力,最终决定采取巴比伦学院的观点。

出自萨阿迪·加昂拉比之手的宗教和文学著作可以说改变了中世纪犹太社会的文化模式,他将绝大多数希伯来经典译成阿拉伯文,并对其中的大部分进行了评注。通过自己的翻译与评注活动,他与一批规模不小的犹太民众进行了一次卓有成效的对话。这批犹太民众早已丧失对阿拉米语和对希伯来书面语言把握,深深地融入到阿拉伯文化之中。由他领导的这项翻译与评注的工程还对卡拉派(Karaite)运动[①]强有力的影响产生了一种制衡作用。萨阿迪·加昂把阿拉伯文化里新的文学模式引入到犹太文学中,以及把希伯来礼拜诗,一种主要用于宗教目的的诗体,置于阿拉伯诗歌的主题之中。他是编纂希伯来—阿拉伯词典的第一人。利用从阿拉伯语法学中获取的灵感,他制订出一套犹太语法体系。他还撰写出重要的哲学著作《信仰与观念》,其目的是将犹太宗教的原则构建在理性的基础上。受穆斯林凯拉姆哲学思潮的影响,他在这本书中将犹太思想梳理出一个有序的体系。

穆斯林统治下的西班牙犹太中心

犹太民族对伊斯兰社会文化的多样性所持的开放性态度在穆斯林统治下的西班牙得到明显表露。历史学家都认为,犹太人在穆斯林统治下的西班牙经历了一个犹太历史上少有的“黄金时代”。

当穆斯林攻占第一座较大的西班牙设防城市科尔多瓦时,只有犹太人把他们当作粉碎基督教残酷统治的解放者来欢迎。穆斯林占领者为了感谢犹太人,便委托他们警戒这座城市。其他被占领城市中的犹太人,凡具备防守能力的也都得到了同样的委托。所以,犹太人作为少数民族,在穆斯林统治下的西班牙,从一开始就受到了新的当权者的信任。

随着法蒂玛帝国和摩尔人的西班牙的崛起,越来越多的犹太人在阿拉伯人的宫廷中当顾问,甚至军事顾问。这些宫廷犹太官吏由于擅长外交和语言,很快地晋升到最高行政职位并能够顺利地处理国务,对国家做出了重要贡献。

这些来自东方的穆斯林统治者,给犹太人以信仰、居住、职业以及无限的行动自由。犹太人获得了在异族统治下可能得到的最高行政职位,并在经济领域里赢得了威望。[②]

从8世纪中叶起,西班牙处于倭马亚王朝的统治下,倭马亚历任君主均是从哈里发的统治区分裂出去的。在倭马亚的哈里发阿布德·阿尔-拉曼三世(912—

---

① 当时在犹太人中出现的一种反对研读《塔木德》的运动,参见第五章有关内容。

② 埃班:《犹太史》,第133—137页。

961)统治期间,犹太医生海斯达·伊本-夏普如特上升到显赫的地位。他领导了与到科尔多瓦访问的拜占庭和德国的代表团的外交接触,并且参与了与纳瓦拉王国和里昂王国的政治谈判。他以自己在哈里发宫廷中的显赫地位,建立了一个采用阿拉伯文化模式的犹太法庭。他还资助犹太作家与科学家,使他们得以致力于宗教和世俗领域的创造性工作,并促成了在犹太人对《托拉》和律法(《哈拉哈》)宗教学习和"希腊智慧"之间进行的富有硕果的整合。这是一种宗教和世俗的融合,代表着犹太人在西班牙未来几个世纪中具有开创性精神活动的特征。此外,伊本-夏普如特还将犹太学者从遥远的地方请到科尔多瓦,达纳什·本-拉布拉特就是其中一员。他出生在摩洛哥的非斯,曾经在萨阿迪·加昂领导下的苏拉学院学习。他将长短元音相异的阿拉伯文作诗法引用到安达卢西亚希伯来文诗体中,使其变得更加丰富。这是一个被很多人称之为西班牙犹太人"黄金时代"的开端。

14 世纪西班牙犹太人服饰

一代又一代的宗教哲人、科学家、诗人不断在西班牙涌现出来,即使在 11 世纪初,倭马亚王国分裂成许多小的公国以后依然如此。这一时期,生活在格拉纳达公国的诗人撒母耳·哈列维·伊本-纳各雷拉(993—1056),即著名的撒母耳·哈-纳吉德,是辅佐过哈布斯和巴底斯国王的两朝重臣。他的诗描述了他领导格拉纳达军队抗击周边公国的战争场面和充满着盛大酒会、豪华花园、赛诗会的宫廷享乐生活。撒母耳·哈-纳吉德同时还从事对《塔木德》的评注,赞助西班牙和来自其他一些国家的宗教学者。这一时期,世俗和科学知识与犹太宗教知识的融合可以从诗人所罗门·伊本·盖比鲁勒(1020—1058)的作品中明显看出来。他写的极具情感的宗教诗,比如祈祷诗《国王的王冠》被收录到犹太教塞法迪版本的祈祷书中。他还著有反映新柏拉图哲学思想的著作《生命的起源》。伊本·盖比鲁勒的著作对中世纪后期西欧的哲学发展有着重要的影响。在 19 世纪以前,该著作一直被认为是一个名叫阿维策布荣的穆斯林哲学家的作品。这位圣贤式诗人的犹太性在作品中完全没有让人察觉。这一现象折射出西班牙犹太人的文化特征与其对大众科学知识的全面参与之间的成功结合。

12 世纪 40 年代,在穆瓦希德人(来自北非的一支穆斯林巴巴里部族)征服了整个安达卢西亚,并颁布了强迫皈依伊斯兰教的诏书后,穆斯林西班牙的犹太中心被摧毁。一部分犹太人选择接受伊斯兰教,作为被迫皈依者生活。一部分则移居到伊比利亚半岛信奉基督教的省份,还有一部分则情愿逃避到穆斯林地区。在这最后一部分人中,最为著名的是摩西·迈蒙拉比(即迈蒙尼德,或"the RaM-

BaM")。他移居到埃及并成为阿尤布时期埃及犹太人的领袖(纳吉德)。在其文学作品中,他将历史悠久的安达卢西亚传统发挥到极致。他写的《密西拿托拉》(律法之复述)成为犹太律法《哈拉哈》裁决的经典,而他的哲学著作《迷途指津》则成为中世纪后期犹太哲学学派的经典性著作。

犹太人在穆斯林西班牙的经历是犹太流散史上的极其美好和光辉的一页,西班牙犹太中心在异教社会所取得的成就表明,只要相互宽容,不同信仰的人民完全可以共存共荣。

现代以前西欧的犹太人中心

如前所说,早在罗马时期,西欧许多地区就开始有犹太人定居,但中世纪以前有关西欧犹太人情况的记载十分缺乏。人们对犹太人是否持续在每一地生活这一问题不得而知。不过,在中世纪中期(从 9 世纪到 10 世纪),特别是在法兰克王查理大帝(768—814)及其继承者鼓励犹太人从意大利和西班牙向法兰西王国移民后,西欧犹太中心(最早在德、法两地)得到发展并开始走向繁荣。

加洛林王朝的国王曾向犹太人颁布特许状,赋予犹太人定居权、人身及财产安全、自由结社权、宗教事务自治权、海关免税权,以及为参加地区或国际贸易和促进封建经济在各地自由旅行的权利。自 11 世纪起,西欧城市的发展加快了那里犹太社区的壮大。一个重要而独立的《托拉》研习和礼拜诗写作中心在德国(阿什肯纳兹[①])莱茵河谷地带(如在施派尔、沃尔姆斯、美因兹、科隆、特里尔和波恩等地区)发展起来。该中心的宗教领袖大胆通过了与巴比伦加昂观点相左和与以色列地的

从王室手中接受特许状的犹太人(中世纪服饰)

① 阿什肯纳兹地区被认为是德裔犹太人的来源,后来从这一地区流散到西欧其他地区以及移居东欧的犹太人均被称为"阿什肯纳兹犹太人"。

《哈拉哈》传统观念相悖的《哈拉哈》裁决，从而形成了具有自身特色的传统。这一时期阿什肯纳兹地区的犹太学者中，最著名的要数格尔绍姆·本·犹大(960—1028)。他在美因兹创建了自己的犹太学院，最早吸收巴比伦和巴勒斯坦犹太学院的研究方法和成果，把远自普罗旺斯和西班牙的学生吸引到美因兹的犹太社区中，可以说开创了西欧犹太教研究的先河。他针对中世纪欧洲犹太人社会的实际情况，制定了一系列影响深远、对所有阿什肯纳兹犹太人都具有强制性质的法规。这些法规中有一项就是禁止一夫多妻。这项法规生效后决定了在阿什肯纳兹地区一夫一妻制家庭的特性。格尔绍姆还规定私人信件的隐私权必须得到保护，并禁止任何人拆看写给另外一个人的信件。格尔绍姆由于自己在规范犹太人生活方面的杰出贡献被誉为“散居地之光”。

除了《托拉》研习和礼拜诗写作外，喀巴拉研究也在阿什肯纳兹哈西德派(虔诚者)的圈中发展起来。这一由卡隆尼姆斯家族从意大利带到德国的传统也影响着极端禁欲道德观念的发展。阿什肯纳兹哈西德派的这种道德观念被当时的运动领袖犹大·赫-哈西德拉比(死于1217年)写入《哈西德主义书》，并在稍后阶段被大多数在德国的犹太人所接受。第一次十字军东征期间(1096年)，十字军士兵对莱茵河地区的犹太人进行了迫害，逼迫他们转皈基督教，许多犹太人拒绝皈依，在信仰的祭坛上献出了自己的生命。从这时起，“kiddush ha-Shem”(殉道，从字面意思上讲是“圣化圣名”)的观念开始成为阿什肯纳兹地区犹太人的一个中心理念，并于12—13世纪主要在阿什肯纳兹哈西德派中得到了发展。

西欧犹太人接触到巴比伦加昂教义主要是通过约瑟·托夫·埃勒姆拉比(约980—1050)对他们文章的编纂和分发。约瑟·托夫·埃勒姆拉比当时就生活在法国中部地区。法国的《托拉》中心在很长一段时间一直依靠德国和普罗旺斯的学者，但是，随着曾求学于沃尔姆斯和美因兹犹太学院的所罗门·本·以撒拉比(史称“拉希”，1040—1150)到达特鲁瓦，这里开始成为一个独立的教学与研习中心。拉希是第一位对整部《托拉》进行系统评注的犹太学者。他对《托拉》的评注深入浅出、清晰易懂，深受犹太人民众的喜爱，获得很高赞誉，并流传至西班牙。在现代到来之前，阅读带有拉希评注的《托拉》成为犹太男童基础教育的一部分。许多《托拉》学者，在根据记忆引用时，都很难把事实上的经文与拉希的评注区分开来。不过，拉希的最重要学术成就是对《塔木德》的研究，他撰写的《塔木德》评注风格清新、言简意明，研究水准大大超过了前辈学者，为以后的《塔木德》研究树立了风范。从13世纪起，几乎所有的《塔木德》学者都遵循他所确立的标准，引用他的论述。经他注释和修改的《塔木德》文本是公认的权威本。在日后印刷出版的《塔木德》中，他所撰写的评注一直印在其中，成为《塔木德》的一个有机组成部分。

拉希的评注为一代又一代学生与学者(以托萨福分子闻名，“托萨福”有“补充”之义)提供了一个基础。这些托萨福分子以批判的眼光审读拉希的评注，并对之进行圈点。随着时间的推移，这种以“批尔普尔”(pilpul)闻名的学习方法在法国和德国的犹太学院发展起来。所谓“批尔普尔”的学习方法，是一种将《塔木德》不同章节的内容进行复杂的比较，从中找出不同之处，然后，以不同的方式加以解释。在对有关内容进行评判时，不仅需要指正，还需要指谬，以求做到公正合理。这种学习方法需要很强的记忆力和高度集中的注意力。一个擅长于《哈拉哈》批尔普尔学习方法的学者往往被认为是一个具有很高宗教地位的大师。拉希的思想作为一种具有特色的体系开始在中世纪的欧洲流传。当 15 世纪西班牙犹太社团和文化中心被暴力摧毁后，拉希所倡导的学派终于成为在西方社会占主导地位的一个犹太学派。这可以说是西欧犹太人中心对犹太文化发展的最伟大贡献。

西欧地区最后一个接受犹太定居者的国家是英格兰。随着 1066 年的“诺曼征服”把英格兰纳入欧洲的势力范围，犹太人开始了在那里的生活。不久之后，英格兰的主要城市都出现了犹太人的社区。

大批犹太人在西欧的生活标志着犹太人由亚洲人向欧洲人的转变。经过近千年的历史整合，到了 19 世纪，犹太人的主体已经不再是东方人了，而是成为了西方社会的成员。

自十字军运动开始，特别是在 13 世纪，基督徒与犹太人之间的关系开始恶化。犹太人，和其他少数人群体，如卡特里特派异端和麻风病患者等一道，不断遭排挤，被推向社会的边缘。在教皇英诺森三世召开的第四次拉特兰会议上(1215 年)，基督教会重新定义了基督教的界限。这次会议的决议同样也影响了犹太人。会议对犹太人借贷利息做出了限制，在着装上有所区别，禁止犹太人担任涉及基督教徒权利的公职等。在 13 世纪，犹太人被迫穿上表明“犹太标志”的服饰(一般是戴黄、红或白色的领圈)，或者像在德国一样，戴犹太式的尖顶帽。与此同时，在大城市里，犹太人与正处于上升势头的督教徒市民阶层之间的关系日趋紧张。犹太人被排挤出国际贸易领域和行业协会。在许多国家，如德、法、英格兰，他们只被允许从事赚取利息的借贷业。在城市，社会的反犹意识被四处游说布道的托钵修会传教士——收集救济品的多明我和圣方济各僧——点燃。在这期间，血祭诽谤又重现于英国和德国，并从那里向四处散布开来。欧洲各国的君主逐渐不再需要犹太人的服务了。结果是犹太人遭到驱逐。首先是在英格兰(1290 年)，后来在法国(1306 年发生第一次大规模驱逐，另一次发生在 1394 年犹太人被允许返

戴歧视犹太标志“尖顶帽”的德国犹太人群图(15 世纪的德国)

回之后)。在德国,由于一直没有出现中央集权式的政府,因此,犹太人仅从某些个别地区和城镇被驱逐出去(例如:1424 年犹太人被驱逐出科隆)。

在西欧,犹太人最大的聚居地是在伊比利亚半岛。自 13 世纪以来,西班牙的基督教势力呈上升趋势,开始了在伊比利亚半岛与穆斯林的第二次争夺,他们最终重新控制了阿拉伯人 8 世纪以来征服的地区。穆斯林最终被赶出,西班牙再次成为信仰基督教的国家。阿拉贡、纳瓦尔、卡斯蒂尔和葡萄牙等地的君主都想重新回到这片饱经战火蹂躏的土地,在城市发展商业。在这种政治气候下,犹太人在为君主及上流社会的服务中扮演了极其重要的角色。如前所说,自 8 世纪以来,西班牙的犹太人一直生活在穆斯林统治下,直至穆瓦希德人入侵(1150 年),因此,他们深谙阿拉伯语言和穆斯林文化。回来掌权的西班牙各君主需要犹太人的管理知识,委任了他们中的许多人担任税收官、外交官、译员、供应商和医生。犹太人还在向基督教欧洲国家传播穆斯林科学成就方面扮演着一个积极的角色。他们将阿拉伯的科学著作译成希伯来文、拉丁文和其他地方性语言,撰写了许多涉及天文学、占星学、数学方面的原创性文章,发明制造了天文仪器(例如观象仪、时钟和测经器),并使用罗盘,绘制世界地图。

宫廷犹太人(中世纪)

西班牙的犹太侍臣吸收了穆斯林时期的优雅举止礼仪。这些犹太大臣任命下属担任副职行政官员,并通过资助哲人、诗人、科学家来提高自己的名声地位。这些侍臣全身心融入到西班牙文化中:姓名前冠有"先生(Don)"的尊称,穿着华丽的服装,参加基督宫廷聚会。他们的生活方式经常受到尖锐的攻击。据说他们性滥交,还嘲弄宗教诫命。然而,他们并不认为自己的行为有什么不当,并且自豪的辩称他们的哲学知识引导他们过一种更加正确的宗教生活。这些侍臣也经常帮助犹太社区,并宣称他们的财富和兴旺是上帝意志的反映。

迈蒙尼德所著《迷途指津》一书为西班牙犹太哲学思想的发展奠定了基础。除了亚里士多德思潮,一种基于《圣经》评注家亚伯拉罕·伊本·埃兹拉著作的新柏拉图式哲学得到发展。13—14 世纪,哲学在犹太人中的盛行引起了反宗教倾向的出现。宗教的拥护者担心,哲学带来的负面效应可能会影响犹太人对宗教诫命的信守。一系列激烈的社会争辩震撼了西班牙与法国南部的犹太社区,直至 1305 年,阿拉贡的犹太领袖所罗门·伊本·艾德瑞特拉比(the RaSHBA)发布教令禁止不满 25 岁的人学习哲学。但是,这项禁令并没有达到预期的效果,哲学在禁令发布后的几年内反而更加流行。事实上，这项禁令激起了犹太人对哲学更大的兴趣，起到了事与愿违的效果。

在反对激进哲学的运动中，喀巴拉[①]成员扮演着一个主要的角色。在13世纪早期的西班牙，喀巴拉教义已经在加龙纳(在加泰罗尼亚)的喀巴拉主义者人的圈子里建立起来。这些人曾经在活跃于法国普罗旺斯的早期喀巴拉中心里接受过大量的神秘教义传统教育。加龙纳的喀巴拉主义者包括埃兹拉·本·所罗门和加龙纳的阿兹尔，以及著名的评注家和《哈拉哈》诠释者摩西·本-纳赫曼拉比(史称"纳赫尼德斯")。布尔戈斯是另一个喀巴拉中心所在地，不过，在卡斯蒂尔喀巴拉运动由于编撰了《光明之书》(275—1285)达到了巅峰。这本书应归功于坦拿西蒙·巴-约海拉比。《光明之书》(被后人称为宗教圣典)很可能是由一个喀巴拉团体共同完成，其中一位是摩西·德·雷昂拉比。除了哲学本身具有的理性倾向外，喀巴拉有助于保存犹太人信仰的活力，和对诫命的遵守赋予一种深奥的隐义。

然而，不幸的是，在西欧基督教会统治下生活的西班牙犹太人好景不长。1391年，西班牙爆发了对犹太人的大规模迫害，结局十分惨烈。在塞维利亚副主教非拉特·马提那兹德弥撒的煽动下，暴民闯入卡斯蒂尔和阿拉贡的犹太居住区，以屠杀犹太人和强夺他们的财产。许多犹太社区遭到破坏，或被整个摧毁。许多西班牙犹太人为了"圣化圣名"而献出生命，也有许多犹太人为了保全性命而皈依基督教。此后，强迫皈依的历史现象在西班牙开始蔓延。在随后的岁月，在西班牙，一些大的转教社区与犹太人比邻而住。到了15世纪，有成千上万的犹太人在教会、社会和经济法令的压力下自愿地加入到那些"新基督徒"(西班牙基督徒称他们为"马拉诺"[Marrano]，该词在西班牙语中的含义为"猪"，以表示对皈依犹太人的侮辱)的行列。犹太人与转教者之间生理上的接近使得他们在经济和社会的联系紧密，却也招致摩擦和仇恨。在基督徒当中，这些转教者引起了强烈的嫉妒和经济上的竞争，导致了敌视性社会民意的增长，种族仇恨的出现，以及建立在"血统纯正"基础上的歧视性法律不断出笼。这期间，基督教会对转教者仍然秘密遵守犹太教诫命和习俗的猜疑不断增长。在神甫的压力下，西班牙国王费迪南德和王后伊莎贝拉同意在西班牙设立国家宗教裁判所(1478—1480)，其职责是调查和根除在转教者中传播的宗教异端思想。15世纪80年代，该宗教裁判所的活动十分猖獗，指控大批人在信奉犹太教。成百的转教者在"信仰行动"中被烧死，成千的人被迫进行各种形式的"忏悔"。最

异端审判庭的行刑室，皈依犹太人受到这样的折磨

① 犹太教中的神秘主义，参见第五章有关内容。

后,在最高宗教裁判所裁判官托马斯·德·托尔克马达的压力下,国王费迪南德和王后伊莎贝拉认为解决异端的唯一途径是驱逐那些转教者身边对他们施加坏影响的犹太人。西班牙王室在重新控制了西班牙最后一个穆斯林据点格拉纳达(1492年)后,费迪南德和伊莎贝拉终于做出将犹太人全部赶出西班牙的决定。由西班牙犹太人、穆斯林、基督徒共同创造的繁荣昌盛的共存时代被划上了一个悲剧性的句号。

被逐出西班牙的犹太人的数量巨大,估计在10万到30万之间。由于西班牙和葡萄牙两国有着共同的陆地边界,大部分被逐犹太人前往葡萄牙。前往葡萄牙的犹太人被允许在那里停留不超过八个月,但许多人没有及时离开,结果被当作奴隶卖了。大约有七百多名犹太儿童被迫和父母隔离后被送到圣多美岛。1497年,葡萄牙国王曼努埃尔一世想要娶西班牙公主为妻,因而被迫接受国王费迪南德和王后伊莎贝拉提出的条件:驱逐国内所有的犹太人。在颁布驱逐诏书后,曼努埃尔一世认定驱逐犹太人会给自己的王国带来危害,因此,又颁布了一份强制皈依令,迫使葡萄牙所有犹太人一夜之间成为被迫转教者。从那时起,尽管不再有公开坚持犹太信仰的犹太人生活在伊比利亚半岛中,但犹太教义的精神却在转教的人群中保存了许多年。

等到葡萄牙也设立了宗教裁判所后(1536年),许多被迫转教者决定离开伊比利亚半岛,移居奥斯曼帝国、意大利和法国,以及信仰新教的国家如荷兰和德国等。其中一些人公开重返犹太教,另一些则选择在转教者社区中过一种基督教的生活。他们利用与伊比利亚半岛的联系建立起一个盘根错节的国际贸易网。与被驱逐到奥斯曼帝国犹太社团数相比,散布在西欧的西班牙犹太社团数量较少,而且这些在西欧出现的新的犹太中心与地中海盆地的犹太社团在社会性及文化特质上有所不同。那些移居意大利、土耳其和巴尔干半岛的被迫转教者受到较早从西班牙被逐出的犹太社团的接纳,并融入其中。相反,在阿姆斯特丹、威尼斯、里窝那、汉堡、伦敦、波尔多、巴约内的犹太中心则完全由被迫转教后又重返犹太教的人所创立。这些犹太社区以开放的心情对待现代的到来,启蒙与同化的进程也在他们那里初露端倪。那里被迫转教者中有许多人在西班牙和葡萄牙大学时就已经获得了广泛的科学知识,在移居地他们继续与基督教社会进行科学和文化知识的交流。他们中的一些人对宗教结构(既包括犹太教的,也包括基督教的)开始表现出一种怀疑的态度,基督教唯灵论为犹太教接受信仰和内在认同观念要比严格地遵循教义诫命更加重要的观点铺平了道路。这样的趋势在乌利·达·科斯塔和巴鲁赫·斯宾诺沙的命运上得到清晰表现。达·科斯塔被阿姆斯特丹犹太社区在一个羞辱性的仪式上逐出教会后自杀了,而同样地也被犹太教领袖逐出教会的斯宾诺沙则选择了与犹太社区中断联系,在宗教框架以外度过了余生(死于1677年)。

被迫转教者的后裔还是第一批抵达美洲大陆的人。他们中的一些人甚至是克里斯托弗·哥伦布远征队(1492年)中的成员,其他一些人则参加了对墨西哥、秘鲁、智利的“征服者”[1]行动。起初，“新基督徒”被禁止在美洲定居，但是他们坚持向那儿移居，就连西班牙宗教裁判所在美洲建立的分支结构也不能阻止他们在“新世界”定居。到了17世纪，来自西班牙和葡萄牙两国的犹太移民对荷兰、英国等殖民国家来说已经成为一个十分重要的因素。这些殖民地国家开始利用那些转教者的商贸网，甚至鼓励西欧的犹太商人移居他们在美洲大陆所辖的省份。荷兰征服了巴西东北的累西腓(1642年)之后，在此地建立了美洲第一个公开性的犹太社区。累西腓的犹太人被赋予完全平等的权利，他们的地位在荷兰殖民当局颁布的“权利荣誉证书”(Patenta Onrossa)中得到官方承认。以撒·阿伯阿布·达·佛瑟卡被任命为这个社区的拉比。不过，当这一地区再次落入葡萄牙人之手时(1654年)，累西腓的犹太人被驱逐到不同的地方：一部分人回到阿姆斯特丹，一部分人去了加勒比海群岛上的殖民地，一些难民则于同年到达新阿姆斯特丹，成为纽约(该名称是在英国征服后取代新阿姆斯特丹名的)早期犹太社区的第一批核心成员。

欧洲文艺复兴的出现几乎没有能够为犹太人带来任何地位的改善和益处，相反，西欧犹太人自16世纪初以来开始被迫生活在“隔都”之中，与主流社会隔绝隔离。意大利是第一个以法律手段强迫犹太人集中居住在一个与城市其他部分分隔开的街区的国家。1516年，威尼斯共和国率先设立了四周筑了大墙的、被人们冠之以“犹太隔都”的犹太人居住区，生活在威尼斯的犹太人被统统赶入其中居住。稍后，意大利其他地区和西欧其他国家纷纷效仿，西欧犹太人被限制在有限范围内生活。“犹太隔都”的出现形象地表明了犹太人在政治、社会以及生活方面被排斥在主流社会之外、与非犹太人社会的交流遭到截堵的历史，同时，致使欧洲犹太人与文艺复兴运动、17世纪的科学革命等擦肩而过，犹太人仿佛生活在蒙昧的中世纪，思想和文化发展受到严重阻碍。

法国大革命(1789年)是导致欧洲大陆犹太人社会地位变化的一个最重要的转折点。1790年，在法国的西班牙和葡萄牙裔的犹太人获得了完全平等的权利，一年后，全法国的犹太人都得到解放。拿破仑出于将犹太人融入到法国政治体系中的考虑，在法国成立了“犹太人长老会”(1808年)，这是法国犹太人的中央机构。法国军队对欧洲其他地区的征服将解放的思想传播至意大利和低地国家。同样在18世纪，德国公国的犹太人为启蒙运动思想所吸引，希望将犹太

基督徒对法兰克福犹太隔都的袭击图

① 指当时西班牙和葡萄牙征服南美洲的行动。

传统与德国文化结合起来。他们中最著名者是启蒙运动思想家摩西·门德尔松。他把《托拉》翻译成德文,并附上了一个带有现代理性主义色彩的希伯来评注(在1780至1783年间)。随后一代的德国犹太人见证了现代犹太教主流运动的兴起:改革派运动、新正统派运动,以及伴随着1819年成立的“犹太教文化和科学协会”而在柏林兴起的“犹太科学”运动。19世纪,在奥匈帝国,以及诸如丹麦、瑞典、瑞士国家的犹太人也获得了平等的权利。解放运动加快了犹太人现代化的进程以及融入他们所在的社会的速度。但是,这一系列的发展在使得犹太人带着自己的文化和自由的价值观向欧洲社会越来越靠近的同时,也导致了现代反犹主义思潮的兴起,并在随后的年代给犹太人造成巨大的伤害。

进入北非和奥斯曼帝国的西班牙被逐难民

大多数被西班牙和葡萄牙驱逐的犹太难民[1]迁移到了北非和奥斯曼帝国控制下的国家。他们中的一部分人曾经一度移居到意大利,但是,当意大利被法国征服后(1495年),这些人中的许多人加入到他们在奥斯曼帝国的同胞的行列。在摩洛哥,来自西班牙的犹太人定居在大城市里,如非斯、梅克内斯和马拉喀什等,另一些人则定居在海滨城市。他们与当地出生的犹太人(通常被视为东方犹太人)在谁的风俗习惯正确以及社区的领导权上频繁地发生争执。在这些地方,西班牙犹太移民的风头往往盖过当地的犹太人。犹太移民组建的新社区的社会和组织结构类似于西班牙的犹太社区,但是在摩洛哥的南部,西班牙犹太人(即塞法迪犹太人)的影响几乎不存在。在阿尔及利亚和突尼斯,被逐的犹太人加入了那些带有明显塞法迪西班牙色彩的社区,这些社区存在的西班牙文化的痕迹是在1391年迫害犹太人事件发生后的流亡者带到那里的。同样,在埃及,来自西班牙的被逐犹太人成为那里犹太社区的主要组成,并取得了社区的领导权。著名的《哈拉哈》学者大卫·伊本-兹马拉拉比(the RaDBaZ,1479—1573)在那里取得了一个重要的地位。

奥斯曼帝国的官员

希伯来文学中描绘的波斯人

① 从西班牙和葡萄牙被逐的犹太人的后裔被称之为塞法迪犹太人,具有不同于生活在欧洲被称之为阿什肯纳兹犹太人的生活习俗和传统,从而构成犹太人的一个主要分支。

在17、18世纪，北非的犹太人，特别是摩洛哥的犹太商人，利用了西欧国家对这一地区的兴趣，以及以西班牙和德国为一方和以英国、法国以及低地国家为另一方之间利益冲突带来的有利条件。犹太家族服务摩洛哥君主已经许多代了。他们作为外交使团被派遣，充当翻译、收税人、制糖人，从事与地中海贸易有关的所有行业。欧洲势力在北非的存在以及西方资本主义的渗透使沿海城市的重要性越来越大，也使得越来越多的犹太人从内陆迁移至这些城市。随着时间的推移，西方大国的压力，生活在马格里布地区犹太人的生活条件和社会地位得到了改善。随着西方影响的增加，给犹太人以同等权利的进程加快，带有歧视性的“奥马尔条约”被废除。与此同时，犹太人和穆斯林之间的紧张关系增长。穆斯林反对欧洲的殖民主义，不赞同犹太人与他们的合作。

奥斯曼时代的犹太医生

从西班牙和葡萄牙被逐出的犹太人成群结队地到达奥斯曼帝国在巴尔干和小亚细亚的城市。从第一代开始，他们的人数就超过了长期在当地定居的犹太人，比如，在讲希腊语的罗曼尼奥，在萨洛尼卡和策费德这些城市，犹太人占了人口的大多数。在伊斯坦布尔，犹太人占了总人口的10%左右。在有犹太人居住的国家、行省、城市（如卡蒂勒、卡塔罗尼亚、阿拉贡、里斯本、塞维利亚、科尔多瓦等），他们在分隔开的社区（犹太社区）定居。在大城市，这样独立的社区的数目达到几十个，而在一些较小的城镇，这样的社区只有两个到六个不等。随着时间的推移，由于通婚、争论和分裂等原因，这些独立的社区开始互相融合，包括那些来自普罗旺斯和意大利的非塞法迪犹太人的社区也是如此。大量被逐犹太人的涌入使塞法迪犹太人吸收了来自罗曼尼奥的人，最终使他们的希腊语言、拜占庭习俗、祈祷仪式和生活方式几乎完全消失。这些犹太社区尽管不再保留他们最初的习俗，但却继续保持独立的组织和名称。

经商的犹太人，毛驴背上驮着货物袋

被逐犹太人及其后代主要从事跨地区贸易。他们建立了家族和经济联系网。这样的网络依靠的是他们在环地中海盆地一带的广泛地理上的分布。他们成功地融入了奥斯曼帝国的经济体系中。许多人成为苏丹宫廷的医生和金融家,获得了很高的地位。他们从西班牙带来许多新知识,用在发展纺织领域的新产业上。例如,策费德的喀巴拉中心之所以能够存在,主要得益于编织业和羊毛染色业在策费德的建立,促进了该城镇经济的迅速发展。

被逐事件还使得相当一批犹太人返回到犹太人的故有家园——以色列地生活(这时的以色列地已经在奥斯曼帝国统治下),并再次使以色列成为一个有影响的文化中心,例如,16 世纪,策费德的喀巴拉中心在宗教上的繁荣就是以撒·卢里亚("HaARI")、摩西·考多维罗、哈伊姆·卫塔尔、所罗门·哈列维·阿尔卡贝兹和其他一些人来到此镇的一个结果,在策费德的被逐犹太人中,最有名的宗教学者是教授《哈拉哈》和喀巴拉主义者约瑟·卡罗拉比(1488—1575)。他是《约瑟之家》和《布就之席》的作者。这两本书后来成为对全体犹太人都具有约束作用的涉及《哈拉哈》裁决的经典法典。17 世纪,在策费德和萨洛尼卡的犹太人中心由于奥斯曼帝国纺织业遭淘汰而逐渐衰退。在伊斯坦布尔的犹太社区依然保持稳定,另一个犹太人中心开始在伊兹密尔(现在土耳其西部的一个城市)发展起来。许多原来在萨洛尼卡、策费德和巴尔干城市的犹太人迁移到那里。早年逃离葡萄牙的被迫转教者也加入进来,形成了一股新的迁移潮。

从葡萄牙来的被迫转教者拥有财富和博学的背景,成为促进犹太民族历史上最大的救世运动——"沙巴特运动"成长的沃土。这场运动由出生于伊兹密尔的沙巴特·泽维(Shabbethai Zevi,1626—1676)领导。该运动的狂热鼓吹者是来自加沙的拿单。他在耶路撒冷见到过沙巴特·泽维,宣称他察觉到泽维就是救世主。救世的狂热席卷了东欧、西欧、奥斯曼帝国、北非和也门等地的犹太社区,在一个很短的时间内,整个犹太世界形成了一个内在的精神统一体。这一即刻就能获得救赎的经历在泽维受到土耳其的压力皈依伊斯兰教后(1666 年)终于消退。不过,这场运动的余波仍在继续,那些在其救世主皈依伊斯兰教以后仍然忠实他的信徒根据卢里亚喀巴拉的精神发展出一种秘传沙巴特神学。该神学认为救世主一定要降至不纯和罪的根部,以便从那里赎出神的"火花"以修补(拯救)世界。一些历史学家指出沙巴特运动更加长远的后果是:一方面,这场运动在摆脱传统规则和挣脱《哈拉哈》束缚的同时,带给其信徒一种新的世界意识。这是一种于 18 世纪在同化的犹太人以及那些投身启蒙运动的犹太人中间成熟起来的意识;另一方面,秘传的沙巴特神秘主义和对救世思想的内省也从公共领域进入个人领域。这些因素渗入到东欧犹太人的精神世界,对哈西德运动的兴起起到了催化作用。

东欧犹太人中心

在现代(犹太启蒙运动)到来之前,生活在东欧的犹太人就已经构成了世界上最大的犹太人散居群体——东欧犹太中心。尽管我们所掌握的关于俄罗斯和波兰犹太人的最早资料来源于中世纪早期，但那里的犹太人生活的发展和巩固应该说主要始于12世纪末和13世纪初。当时是一个波兰王国开始繁荣的时期。王国统治者鼓励商人（包括犹太人）从西欧，主要来自德国和波希米亚，移民到波兰。第一份授予波兰犹太人的权利特许状由卡利萨的伯雷斯劳公爵于公元1264年颁发。这成为日后东欧犹太人享有其他特权的基础。在14、15世纪，生活在德国阿什肯纳兹的犹太人遭到迫害和驱逐后，许多人选择了向东迁徙来到波兰。

中世纪犹太商人与农人交易图

到16世纪时，欧洲地域最大的国家——波兰庇佑着一个相当大的犹太社群，这个社群迅速成为世界犹太人的《塔木德》研究中心，并且此后一直是传统的犹太学术中心，直到第二次世界大战时才被德国人摧毁。这里的犹太民间文化是意第绪语文化，世俗教育很少，艺术和科学教育实际上几乎没有。从1648年起，在哥萨克人和乌克兰人掀起的反抗波兰领主的战争中，数以万计的犹太人死于非命。波兰犹太人对这次灾难感到震惊，于是，当沙巴特·泽维宣称自己是上帝许诺的弥赛亚时（1665年），他们相信了这一说法。接下来的一个世纪里，许多波兰和立陶宛犹太人接受了虔信主义，促成了新的哈西德运动（Hassidic Movement）的诞生。他们很可能是受到德国基督教虔信主义的影响，不过，到了18世纪，该运动启迪了成千上万的基督教徒。如果说哈西德主义不是一种新的信仰，那它至少是一种新的宗教派别，一种充满欢乐、狂喜、谦卑和道德的宗教派别。在这一派别里，虔诚比教条更重要。

建于1760年的波兰犹太会堂

波兰犹太人人口地理分布增长最快的时期发生在1500年到1648—1654年的屠杀迫害之间。在1648年至1654年期间，数以百计的犹太社区被由哥萨克、塔塔尔和乌克兰农民组成的军团摧毁。大多数的波兰犹太人生活在小镇里，只有三分之一的人生活在乡村。他们从事贸易、房地产租赁、手工艺和放贷等行业，或者提供管理和市场服务。随着镇上基督徒人口的日渐减少和犹太人的高出生率，那些城镇犹太人口的增长到了一个极点，出现了“犹太区”（shtetl[①]）现象，

① 意第绪语词汇，既指主要由犹太人组成的集镇，也可指主要由犹太人组成的乡村。

即一个镇上犹太人占绝大多数,城镇生活也带有明显的犹太风格。

散居地犹太人的组织机构主要是地方社区。每一个社区通过选出的机构管理各自的事务。这些机构包括宗教法庭、文士、领诵员、评税员、社区领导班子。但是,波兰犹太人的规模以及犹太社区在地理上的分散性产生了一种对超社区组织的需求,因此,到了16世纪中期,在波兰王国中成立了"四省议会"的机构,立陶宛公国成立了"立陶宛议会"的机构。这两个议会以最高宗教法庭和可以颁布条令法规机构的权威对地方社区进行监督,但并不违反犹太社区自治的原则。它们统一收缴王国中犹太人应缴的税,征收应付给社区的钱款。它们还对犹太人的经济生活进行指导,做出各种与土地租赁和不动产管理有关的安排。犹太人把这两个议会看作是其政治地位的一种表达,因此,当1764年这两个议会被波兰贵族议会废除时,犹太人感觉受到了严重的侮辱。

波兰的犹太人和读书的学校

波兰的《托拉》研习中心的声望传播得很远,这应归功于16、17世纪在波兰出现的耶希瓦[①],以及耶希瓦的领袖。他们吸引了大批来自意大利、德国、荷兰、波希米亚和其他国家的犹太学生。耶希瓦领袖中最出类拔萃的一位是雅各·波拉克。他在克拉科夫创办了自己的耶希瓦,得到了波兰国王亚历山大·亚盖沃的承认,并被任命为"首席犹太拉比"(1503年)。在他以后,活跃在波兰的著名宗教学者还包括所罗门·卢里亚拉比(死于1573年)和摩西·以瑟利斯(死于1572年)。摩西·以瑟利斯的文章《台布》被收入约瑟·卡罗的《布就之席》一书中。此外,还有曾经担任克拉科夫耶希瓦领导人的约珥·瑟克斯(1561—1640)。在其所著的《新屋》中,他就卡罗在其著作《约瑟之家》书中所涉及的《哈拉哈》裁决进行了争论。

到了18世纪的后半叶,哈西德运动席卷了东欧。这场运动的发起者以色列·本·以利撒美名大师(1700—1760)发展了一种崇拜上帝的方法。这种方法建立在喀巴拉教义的基础之上,但对传统的神秘主义思想做出了令人兴奋的解释,其精髓要义是让个人通过对上帝的虔诚感受上帝所产生的内在体验。他把自己的学说传授给一小群经过筛选的学生。多夫·贝尔,即来自梅济耶尔的"马吉德"(1710—1772),是其中最为著名的一个。在随后的年代,哈西德运动传遍了波兰、沃尔赫尼亚、波多利亚、加里西亚、白俄罗斯和立陶宛。"马吉德"的学生创造出了哈西德"法庭"形式以及"柴达克教义"的样式。他们的法庭成为最受犹太民众喜爱的朝圣地。

---

① 即犹太经学院。

在那里,各种发扬传统、宣讲哈西德主义的方法都有。“马吉德”最著名的学生包括来自别尔季切夫的利未·以撒拉比,来自利赞斯基的埃利梅勒赫拉比和来自莱亚迪的施奈尔·扎尔曼拉比。

生活在东欧的犹太人(四人)

哈西德运动受到东欧犹太人在任领导层的强烈反对。反对哈西德运动的人,米特纳盖德派(the“Mitnagedim”),由以“维尔纳加翁”以利亚拉比(死于1797年)为首的维尔纳犹太社区的领袖们领导。1772年,立陶宛犹太人召集了所有犹太社区加入他们对哈西德的斗争中,颁布了对离经叛道的哈西德派别的禁令。哈西德运动的领导人和信徒因此受到反对他们的人的迫害,失去了他们担任的公职,不少人还失去了生计。在和米特纳盖德派进行论战的过程中,哈西德运动也牵扯到外邦人当局。经过了一系列相互告发,双方的不少人都受到了伤害。米特纳盖德派所有企图阻止哈西德运动发展的努力都没成功。1804年,俄罗斯当局承认了哈西德运动拥有自己独立祈祷集会的权利。作为对哈西德运动意识形态的回应,立陶宛的拉比院创造了一种新的教育方法。它的创立者是沃洛津的哈伊姆拉比(1749—1821)。19世纪初,一场把对《塔木德》学习和较高道德标准融合在一起的有深远意义的“伦理运动”在立陶宛的米特纳盖德派中展开。这两种运动,无论是哈西德运动,还是米特纳盖德派运动,此时都不得不面对来自犹太启蒙运动(哈斯拉卡运动)对传统构成的新“威胁”的挑战。

俄国犹太人

俄国在18世纪西扩以前,可以说基本上没有多少犹太人生活在俄国固有的疆土上,只是在瓜分了波兰后,波兰的犹太人才被包括在俄罗斯帝国的疆界之内,出现了我们这里要叙述的俄国犹太人。

1772至1795年间,波兰遭到三次欧洲列强的瓜分,沙皇俄国作为一个瓜分列强获得了大片原属于波兰的领土,大批原先生活在波兰的犹太人遂成为俄国统治下的侨民。一些犹太人出于生计考虑,开始进入俄国固有的地区,在那里形成了一些犹太人居住区。然而,俄国当局出于对犹太人的偏见和歧视,不愿看到犹太人在俄国境内自由移居,开始制定相关法令,限制犹太人活动和居住的范围,设立了一块被称为“栅栏区”的地区,即俄国政府规定允许犹太人在其中居住和谋生的地区。

俄国的犹太栅栏区最早出现于1792年,其范围基本上是第一次瓜分波兰时俄国得到的领土,生活在其中的约有120万波兰犹太人。为了防止犹太人向俄国腹地移居,沙皇叶卡捷琳娜二世曾多次颁布法令,限制犹太人只能在黑海沿岸地区生活、工作、经商。后来,由于俄国领土疆界的变化,栅栏区有所扩大。1835年,栅栏区的范围为立陶宛、沃吕尼亚、波多里亚、白俄罗斯(威帖布斯克和莫吉廖夫,不包括其农村地区)、乌克兰、新俄罗斯、基辅省(不包括省城),以及波罗的海沿岸各省。在其中生活的犹太人约有400万。1881年,亚历山大三世发布"临时法令",重申禁止犹太人在栅栏区以外地区居住的规定,并准许乡村居民把"有罪的犹太人"赶出去。这一法令给生活在栅栏区以外的犹太人带来了极大的灾难。在莫斯科约有两万犹太人因此而遭驱逐。在栅栏区以内,犹太人也常常受到种种限制,如规定犹太人必须交纳双倍的税等。划定栅栏区的做法是沙俄当局对犹太民族的歧视和迫害的产物。它不仅剥夺了犹太人应有的权利,而且加剧了犹太人与非犹太人之间的隔阂和矛盾。

尼古拉二世期间俄国迫害犹太人图

不管怎么说,到1815年,俄国犹太人已经成为世界上最大的犹太人群体。然而,直到19世纪后半叶,现代化的进程(通过犹太启蒙运动)才开始渗透到传统犹太社会。沙皇亚历山大二世(在位1855—1881)在俄国社会推行的改革在导致了俄国大农庄制度崩溃的同时,破坏了犹太区犹太人的经济基础,不过,应该说俄国犹太人还是从其政治权利的提高中获利了,他们第一次得以走出栅栏区,进入俄国的腹地和主流社会,扩大了犹太人在俄国的生存空间。

1881年在俄国发生的沙皇亚历山大二世遭刺杀事件极大地影响和改变了俄国犹太人的命运。沙皇政府为了转移国内民众对自身统治的不满情绪,把这一刺杀行为归罪于犹太人。1882年"五月法"的颁布表明对犹太人大规模集体迫害的开始。俄国犹太人为了躲避可能的迫害,开始大规模外迁,再次用犹太人传统的"以脚投票"的方式对暴政说"不"。到1900年,约有200万犹太人离开俄国,造成了有史以来最大的一场犹太人集体迁徙运动。

20世纪初在俄国发生的一系列革命和战争使得更多的犹太人离开俄国。十月革命的胜利,一方面导致沙皇政府制定的一系列迫害和歧视犹太人政策的废止和俄国犹太人政治地位的改善,包括在苏联远东的比罗比詹地区(与中国东北毗邻)设立犹太自治州(1934年正式建制),使得许多生活在那里的犹太人在科学技术、文化、教育等领域崭露头角，成为俄国顶级科学家和学者；另一方面却由于斯大林推行的反犹政策导致俄国犹太人对犹太身份的恐惧和犹太传统的丢失。因此，尽管在苏联时期，俄罗斯的犹太人口占世界犹太人总数的第三位，但是苏联的犹太人在犹太文化方面几乎无所作为。而苏联实行的对其国民自由的限制，使得前苏联犹太人与世界其他地区犹太人的联系和交往受到极大妨碍，那里的犹太人被禁止离开国家，与外界犹太人联系在很大程度上被视为非法。只是在苏联解体后，俄罗斯的犹太人才有了自由选择居住地的权利。在20世纪最后十年，有近百万俄罗斯犹太人移居以色列和美国，更有大批犹太人站出来，承认自己的犹太人身份，使目前留在俄罗斯国内的犹太人人数上升到200多万。在新的政体下，俄罗斯的犹太人通过犹太生活的重建，对犹太文化传统的回归，重新焕发出建立自身文化中心的热情。

苏联犹太人聚会图

美洲犹太中心

美洲犹太中心出现相对较晚，但历史脉络清晰。19世纪以来美国犹太中心发展极为迅速，到了20世纪其作用更是非同寻常，一举成为了世界犹太人的最重要中心，构成犹太流散史上最伟大、最辉煌，也是影响最为深远的一章。

新世界的第一批犹太人

美洲殖民地是随着克里斯托弗·哥伦布“发现”新大陆后出现的。有些学者暗示哥伦布本人就是犹太人，这并没有事实根据。不过，哥伦布的随行翻译路易斯·德·托里斯倒是一个地地道道的犹太人，而且有可能还是第一个下船踏上美洲大陆的人。稍后，许多马拉诺逃到了西班牙在美洲的新殖民地，以逃避宗教裁判所的迫害。然而,他们的这种愿望是徒劳的:这些秘密信奉某种形式的犹太教的移民被随后而至的宗教裁判所发现,沦为其牺牲品。例如,1579年,犹太人出身的葡萄牙人路易斯·德·卡瓦加·德·拉·丘艾瓦被任命为边境王国纽埃瓦·利昂的统治者。他并没有秘密信仰犹太教,但后来还是死于牢狱,他的姐姐及其大多数孩子也受到宗教裁判所的迫害,被烧死在火刑柱上。1639年,佛朗西斯克·马尔多纳多·德·西尔瓦及其他数人在秘鲁的利马广场被宗教裁判所烧死。尽管他是被作为基督教徒抚养大的,但这位犹太改宗者的后代读了一本关于基督教辩论书后改信了犹太教。他给自己行了割礼,学习祖先的信仰,并且遵守犹太教的饮食法。他试图说服妹妹改信犹太教,却被后者背叛。当家人告诫他放弃新的信仰时,他回答说:“如果我有一千条命,我愿意失去它们来服侍永生的上帝。”西班牙人不能容忍犹太人生活在他们新世界的帝国里。与对殖民者的需求相比,他们更看重对天主教的虔诚。

荷兰殖民者曾在巴西建立了殖民地,但1654年,他们被赶出巴西。这批荷兰殖民者中的一些犹太人在法属马提尼克岛定居下来——尽管14世纪的一项法令将犹太人从马提尼克岛的母国驱逐出来——并且成功地在这个繁荣的海岛上建立了一个颇具规模的犹太社区。法国主管海军事务的让·巴普提斯特·克伯特是个重商主义者,他对新来的犹太人给予支持。但他死后不久,如同在西班牙一样,天主教就压倒了重商主义,犹太人又遭驱逐。这是发生在17世纪80年代的事。当时发布的一部《奴隶法》包括一项放逐犹太人的条款。该法令曾于18世纪再次在法属路易斯安那发布,不过,似乎只是在刚开始时得到执行。当1762年,西班牙占据该州时,这一法令也被人忽视。当一位牧师登陆到新奥尔良,试图建立一个宗教裁判所据点时,他被礼貌地请上船,送回了西班牙的家中。

虽然犹太人被从马提尼克岛驱逐出去,他们仍继续留住在法属岛屿上,尤其是海地岛,直到18世纪90年代这些岛屿上的黑人举行起义,把白人从该岛统统赶走。在18世纪,法属波尔多已能容忍西班牙和葡萄牙裔犹太人的存在,不管是秘密的还是公开的犹太教信仰者。与此同时,西印度群岛的行政官员也都已出于商业目的接受了犹太商人。

英属加勒比海的犹太人

英国一直没有受到18世纪法国那样的等级森严的天主教控制,因此,英国的新教教徒能更为容易地寻求商业目标,他们对新来的犹太人更加宽容。于是,定居于西印度群岛英属殖民地的犹太人获得许可,留在当地并公开过着遵循犹太教习俗的生活。到17世纪50年代,犹太人已定居于巴巴多斯和牙买加,之后他们又渗入其他被英国人控制的西印度群岛地区。巴巴多斯的两个市镇都各有一个犹太会堂;牙买加到1700年时已有三处圣所。尽管犹太人受到鼓励,定居于英国的加勒比海殖民地，但他们从未被解除各种烦琐的限制。此外，虽然犹太人在这些群岛被接纳，但在欧洲本土，解放却是一个缓慢的过程；毕竟，欧洲在基督时代之前就存在反犹传统。

1740 年的英国《移民法》主要是针对牙买加的。议会希望鼓励犹太人建立对外贸易，于是简化了归化过程。到 18 世纪，牙买加的进出口贸易比英国在北美的所有殖民地都更加重要。英属西印度的犹太人虽然继续受到诸多限制，但他们毫不犹豫地使自己英国化，因此，有些犹太人起了格林、布朗、巴罗斯（巴罗斯很可能来自于[犹太人名]巴录）之类的名字。具有讽刺意味的是，19 世纪解放到来时，解放了的黑人——基督教徒——先于他们以前的犹太主人获得选举权。犹太人在英属美洲殖民地的成就甚至影响了进步缓慢的英国，加速了英国本土犹太人获得选举权的进程。紧密的家庭纽带是许多生活于西印度群岛上的塞法迪犹太人（西班牙—葡萄牙裔犹太人）的显著特征。

像英国人一样，荷兰人也在加勒比海和西印度群岛拥有殖民地。他们统治着巴西伸向大西洋的突出区域，北面的苏里南以及委内瑞拉海岸的库腊索岛。葡萄牙人早在 16 世纪早期就来到巴西，他们中有秘密犹太人，即所谓的新基督教徒，多半是被迫改宗的受害者。1630 年，荷兰人意图从糖业及其附属的奴隶贸易中牟利，在欲望驱使下，他们攫取了广袤的巴西领土西面的突出部分，以累西腓（伯尔南布科）为中心建立了一大片殖民地。不久那里就有了数量可观的犹太人。到两所犹太会堂启用时，累西腓已成为新世界第一个受法律承认的犹太社区。不幸的是，该殖民地存在时间很短，1654 年，累西腓被葡萄牙人重新夺取，新教教徒和犹太人遭到驱逐。有些巴西难民返回荷兰，其他人则航行到距离最近的避难所：圭亚那的苏里南，或者加勒比海地区的法国、英国和荷兰殖民地。

从巴西移居到圭亚那的犹太人不是那里的第一批犹太人。早些年，以色列人就已定居在那片灌溉良好的地区上。犹太人被认为有智慧、能创新、勤劳——这些都是有用的特点，因此，英国人和荷兰人竞相争取犹太人定居者。1667 年，荷兰人在圭亚那的殖民地最终局限于苏里南。犹太人建立了两个社区中心，一个在内陆，另一个在该国首都帕拉马里博。内陆的定居点是乔顿·萨凡，这是一个完完全全的犹太城，拥有自己的犹太会堂。许多定居在乡间的犹太人是糖业种植园主，耕种土地的奴隶常常皈依犹太教并在安息日休息。帕拉马里博犹太人中有数量众多的德国犹太人和阿什肯纳兹犹太人。这两个群体各有各的会堂，

南美洲最著名的犹太会堂

但就连德国犹太人也坚持塞法迪仪式。苏里南犹太人是自治的、享有特权的一群。他们中许多人通晓启蒙运动精英所特有的学识。在这里,他们有文化,有政治地位,声名显赫;但即使如此,他们也没能逃脱反犹的偏见。

17和18世纪,英国、法国和荷兰在圭亚那和加勒比海地区的殖民地起着重要作用。糖是当时至关重要的产品。一直到19世纪早期,西印度群岛的贸易比英属北美殖民地都更加有利可图。然而,到18世纪,只有相对为数不多的犹太人是重要的糖业种植园主;大多数犹太人身为店主,这是一个微不足道的中间阶级,从事货物的分配,满足边境社区的重要需求。荷兰和英国殖民地保护着建造完善的犹太公会,其规模常可与欧洲都市社区相比。这些人的世俗文化水平通常较高,新的启蒙主义运动可以自夸拥有许多犹太信仰者。即便是拉比文化,也成功地跨越了大洋。出现了学识丰富的拉比、学者、高等希伯来教育机构,以及一些虔诚的社会福利协会。18世纪,这些协会在圭亚那就几乎达20个。它们为穷人提供食物,寄送礼品给巴勒斯坦的犹太人,清洗并埋葬死者。一个妇女慈善社团虔诚地为安葬犹太妇女工作。然而,反犹偏见总是存在。

荷兰殖民地的犹太人总是向阿姆斯特丹寻求宗教指导,英国殖民地的犹太人则求教于伦敦的塞法迪会堂"贝维斯·马克斯"(意思是"天堂之门")。移民到加勒比海地区的犹太人在数量上不是很多,现代化的曙光——重商主义和启蒙运动——吸引大多数犹太人留住在西欧和中欧。

北美犹太人

尽管欧洲犹太人主导着犹太世界直至1914年,但早在17世纪50年代,哈得逊河畔荷兰所属的新阿姆斯特丹就已经出现了一个微小的犹太群体。1654年8月,23个犹太难民在葡萄牙人占领巴西后离开该地。没有证据表明这23人的目的地是北美洲的荷兰殖民地——新阿姆斯特丹。他们搭乘的船只被西班牙士兵截获,船上那些皈依基督教的西班牙—葡萄牙裔犹太人被带走,并被运回西班牙接受宗教裁判所的审判。而这23个不愿改变信仰的塞法迪和阿什肯纳兹犹太人被释放,另一艘船将他们带到了新阿姆斯特丹。当他们登上曼哈顿岛时,已被劫掠一空,贫困可怜。然而,三百年后,美国犹太人数量达500万之众,是整个犹太历史上最大、最有文化、最富庶的一个群体。

这23个人到达荷兰在美洲的殖民地后,没有受到总督彼得·斯图文森的欢迎。总督斯图文森是一个坚定不移的加尔文教徒,不想接纳犹太人。荷兰西印度公司也反对犹太人定居在这个新的荷兰殖民地。起初,新来的这批犹太人在贸易上受到限制,不能购买土地,不能公开信仰自己的上帝,不能担任名誉性公职,并且没有公民身份。甚至有人提出,让这群难民单独居住在这个当时大约有120户人家、1000位居民的小镇以外的地方。尽管斯图文森及其雇员都鄙视犹太人——他

20 世纪初抵达北美的犹太人

们的往来信函充斥着反犹粗话——但西印度公司是一个股份公司，以盈利为目的。既然阿姆斯特丹的犹太人也是持股人，因此有盈利意识的重视商业的管理者别无选择，只能容忍这些新来者。毕竟，这些人也是荷兰臣民。到 1657 年，犹太商人获得许可，相对而言，可以不受干扰地从事贸易。作为商人，进出口贸易者，他们买卖各类不同商品，但主要集中于酒类、烟草和皮毛。他们的商业触角向北一直延伸到英属的新英格兰省份，尽管英国垄断商人总是试图把荷兰竞争者挡在外面；向南，他们的足迹远至马里兰州。

新阿姆斯特丹的这一小批犹太人——难民以及来自荷兰的新移民——只是短暂地享受了有组织的犹太教社群所带来的安全感。他们从阿姆斯特丹借来一部《托拉》经卷，甚至梦想着能在一个属于自己的会堂里祈祷。一年以后，英国人夺取了这个市镇，新阿姆斯特丹更名纽约。1664 年，英国人夺取新阿姆斯特丹，当时留在那里的三、四个犹太人中，有一个自称阿瑟·利维。他是最初来自于巴西的难民之一，但他的身世实际上可追溯至东欧。他是一个"立陶宛人"，其家族来自于维尔纽斯。与其他 1654 年到达新阿姆斯特丹的人一样，他也被劫掠一空。他穷得连对犹太人加征的免服兵役税也交不起，于是，申请担当守卫。利维是个典型的靠自我奋斗取得成功的犹太人。他一点一滴地吸收每一种知识来满足自己的求知欲，最终，他成为一个商人、经纪人、代理人、公证人、放债人、进出口商、未经官方确认但事实上开业的律师、酒类经纪人以及肉类屠宰商，还在华尔街建造了一个屠宰场。1661 年，他购置了一幢房子，成为这个国家第一个拥有房地产的犹太人。1671 年，在英国人统治期间，他曾坐在陪审团席位上——对犹太人来说，这可是一种极为难得的特权。而被告正是新阿姆斯特丹的前总督斯图文森，这真是风水轮流转。1682 年，这位富有、受人尊敬的"阿瑟·利维先生"的遗产受清点时，他的财产中有一盏安息日用灯、一只做仪式用的酒杯、一个星期六晚上仪式用的香坛、一把手枪和一柄剑。他是开拓者,被认为是犹太人在美洲大地上延续的象征。

17 世纪 90 年代,在纽约重新形成了一个有犹太会堂的犹太社区。犹太人在新港(又译纽波特)建立犹太社区。费城——当时是纽约的属地——在 18 世纪 40 年代开始有人举行犹太教仪式。查尔斯顿的犹太人口不晚于 18 世纪 50 年代已经超过了法定人数的规定。

到了 18 世纪,许多来自德国、波兰的犹太人纷纷移居到北美的英属殖民地,也有不少人移居到法属殖民地,在那里的犹太社区中建立了阿什肯那兹犹太人区。北美大陆作为一个新兴的移民地区,在对待少数民族的问题上采取了多元化的态度,因此英属殖民地的犹太人享有很多公民权。他们积极投入到殖民地争取独立的战争(1765—1781)中去,在西欧犹太人之前就获得了解放。

美国犹太中心

1776 年 7 月 4 日随着《独立宣言》的发表,一个新的国家——美利坚合众国诞生了。当时这个国家的大多数犹太人还都生活在这样五个城市:北方的纽波特、纽约和费城;南方的查尔斯顿和萨凡纳。不过,从缅因州到墨西哥湾,一直有犹太人和犹太家庭生活在许多其他城镇、乡下和小村庄里。在这个总人口不到 300 万的国家,犹太人总计有 2000 到 2500 人左右。

到 19 世纪 30 年代后期,大约有 10,000 到 15,000 犹太人生活在美国。大部分是阿什肯纳兹犹太人,即"德国人"和"东欧人"。1837 年前后,德国犹太人加快了移民步伐,到 1881 年,可能有超过 10 万德国犹太人因政治原因——但实际上主要是因经济原因——移民来到美国。

19 世纪 30 年代后期开始抵达美国的中欧犹太人把精力花在扎根、谋生上。之后,当他们和自己的孩子安定下来后,有些人转向了政治。他们是正直的公民,勇于负责,诚实可信。很少有哪个州没有犹太人在市议会担任市长或立法议员。到 1924 年,美国犹太人口大约达到了 350 万。他们住在城市,参与投票,发挥影响。到 1906 年,奥斯卡·S. 斯特劳斯已在西奥多·罗斯福的内阁中任商业和劳动部长,1916 年,路易斯·D. 布兰代斯穿上了美国最高法院法官的长袍。自南北战争后,许多犹太人投共和党的票,但伍德罗·威尔逊 1913 年当选为总统后,大部分犹太人似乎转向了民主党,并在整个 20 世纪忠诚于这个更加自由的政党。

19 世纪来到美国的欧洲犹太移民对这里独一无二的宗教自由、知识分子所获得的机会以及经济福利心存感激,他们决心成为好公民,并且他们基本上也是好公民。约瑟夫·普利策曾拿出数百万美元创立了普利策奖。三个洛杉矶人,包括一个犹太人、一个天主教徒和一个新教教徒,把自己的土地捐献出来,帮助建立了南加利福尼亚大学。作为对美国的善意和礼貌的回应,犹太人不再把教会看作压迫的来源。南北战争期间,正统派名人莫里斯·J.拉斐尔拉比称耶稣是“拿撒勒来的伟大导师”。数十年后,美国拉比中央会议抨击土耳其屠杀亚美尼亚人的行为。林肯去世时,纽约的“以色列遗民”犹太会堂——美国正统派犹太教的堡垒——特地为这位为国捐躯的总统诵读了悼念祈祷文(犹太安魂曲)。

美国对犹太移民的接纳是慷慨和平等的。当时的美国总统约翰·泰勒曾经这样说:“在其他地区受到迫害和压制的希伯来人,现在定居在我们中间,没有人会使他们感到害怕。”犹太人在那里的确有了安全感并找到了机会。

正因如此,犹太人全心全意地接受了美国。他们把这里看成是他们的家,是上帝的国家。许多犹太人已经是第三代或第四代美国人。在较大的市镇,犹太人建造了自己的会堂,享有所有权利和豁免权。这里的犹太人幸福而感恩。1812年战争中,当英国人进攻到纽约西北部时,政府呼吁人民给予捐助。纽约市的犹太人——大概占所有市民人口的百分之零点五——捐献了所有捐款中的百分之九。

来自东欧诸国——波兰、波罗的海沿岸、俄罗斯、加里西亚、东匈牙利、罗马尼亚、巴尔干的犹太移民早在1852年,就已有相当数量的人抵达纽约市下城东区,在那里建立了一个正统派犹太会堂和学习中心。到19世纪70年代,那里已建立了许多类似的集会场所。20世纪初,有越来越多的东欧犹太人前往美国。仅1914年一年,超过138,000的人登陆美国;到1924年,美国接收了将近200万来自斯拉夫国家和罗马尼亚的犹太移民。而在1837—1924年的近100年间,所有登陆美国的中欧犹太人从未达到这个数目。

犹太人为什么来到美国?很简单,他们在欧洲几乎没有未来。他们痛恨压迫他们的统治者。那些统治者剥夺了他们的公民权和经济机遇,并对他们实行集体迫害。自1881年俄国发生严重的集体迫害以来,成千上万的犹太人遭到无情地迫害。1917—1921年俄国内战期间,一千多个城镇和村庄的犹太人遭到杀戮。

这一人数众多的移民改变了美国犹太人的社会特性,创造出一种东欧正统派传统和美国地方传统的混合体。在美国犹太社区旧的组织结构不断遭到削弱,新的经济和社会机会的背景下,犹太教改革派成为美国犹太人中的主要思潮。不过,犹太教正统派生活方式依然存在,而且还出现了犹太教保守派新的思潮。除了犹太复国主义运动以外,这些新出现的各种犹太教思潮将在整个20世纪极大地影响犹太民族的思想。

进入美国纽约港口的俄国犹太移民

美国犹太女诗人埃玛·拉扎勒

斯写下的、希望接纳受迫害犹太人的诗篇被镌刻在纽约港口的自由女神像基座上一事表明美国对受到迫害的犹太人移民的慷慨接纳：

> 到我这里来，渴望自由呼吸的众生，
> 你们疲惫、穷困、蜷缩成一团，
> 到我这里来，落魄潦倒的人们，你们被你们拥挤的国家所抛弃，
> 把这些人，这些无家可归、颠沛流离的人送到我这里来：
> 我举起我的火炬伫立在金色之门旁。

虽然从总体上说，美国犹太人的总数从来只占美国人口的很小一部分，迄今也没有超出3%，可是，他们却总是生气勃勃、奋发向上，在美国经济、文化和精神生活领域开拓进取，贡献才华。事实上，独立战争刚一打响，就有犹太人报名参军，为美国的最初建立做出了自己的贡献。尤为突出的是，自20世纪以来，犹太人在美国的政治、经济、科学、文化、教育等领域贡献卓著，人们不仅在领导着美国前进和发展的所有领域看到他们的身影，而且的的确确感受到他们的贡献和影响。目前，犹太人显然已经成为美国社会中一个极具实力和影响力的少数族裔群体。

芝加哥广场矗立的美国犹太人哈伊姆·所罗门与
华盛顿在一起的雕塑，纪念其在独立战争期间的贡献

在学术及文化上，美国犹太人从来就没有落后过，即使在殖民地时期，这个国家也有真正的犹太饱学之士。如果说1585年到1775年间，美国犹太人所取得的成就还不十分显著的话，那么，从1776年到1840年间，犹太人已经参与到美国每一个得以发展的文化领域。到19世纪30年代，个别受过新的历史考证方法训练

的学者已开始定居美国,南北战争前,称职的《塔木德》学者已经把美国作为自己的国家。《塔木德》词典编撰学家马库斯·耶斯特罗1866年定居费城,马克斯·利林塔尔博士1880—1882年间组织了一个拉比文献社团,编辑一份科研杂志。亚历山大·括哈特是世界知名的拉比学者,1885年抵达美国,继续出版重要的《塔木德》词典。美国最重要的犹太文化成就是编辑出版了12卷本的《犹太百科全书》(1901—1906)。不夸张地说,这是一个里程碑式的成就,即使在欧洲也没有可与之相比的书籍。尽管大多数编者都是德国人,在欧洲接受训练,但它却是真正的美国产品。今天,几乎一个世纪之后,它仍然是一部不可或缺的参考书。

到1925年,犹太出版协会已发行了哈西克的《中世纪犹太哲学史》,路易斯·金茨伯格的《犹太人传奇》,希夫的《犹太经典书库》,在1985年又发行了《希伯来圣经》的全新英译本,这是《圣经》最准确的译本。20世纪后半叶,美国犹太人在文学上的成就更是卓著,一大批犹太作家成为美国文坛上的主力军,其中索尔·贝娄获得1976年诺贝尔文学奖,1978年I. B.辛格因在意第绪文学创造上的成就获得诺贝尔文学奖。美国犹太人的文化活动以及取得的成就表明,美国已经成为犹太人的一个新文化中心。

美国犹太人在数量、实力和影响力上的日益增长还是20世纪犹太史上具有决定意义的事件。自从犹太人流散到世界各地以来,可能还没有一个犹太社团为它的生活和事业找到过这样广阔的活动场所,也从来没有任何一个犹太社团具有美国犹太社团这样的实力和权力去左右自己的命运。美国犹太人不仅努力并成功地取得和改善自己在社会上的地位,而且竭尽所能在政治上、宗教上,并通过慈善事业帮助所有外国的犹太人。美国犹太委员会、约言之子和美国犹太代表大会几十年来与联盟的外国犹太机构紧密合作,而犹太劳工委员会则与欧洲的社会主义政府和劳联保持着密切联系。在宗教事务方面,正统派——尤其是以色列正教党和卢巴维奇哈西德派——与欧洲和以色列的正统派犹太人保持着密切联系。保守派有自己的犹太会堂世界委员会。改革派人士通过他们的进步犹太教世界联合会已在英国、法国、荷兰、以色列、澳大利亚和新西兰发展出一批信徒。美国犹太人从1965年起与教皇合作,他们获得了一份谴责反犹主义并承认基督教的犹太起源的权威声明,他们还支持以色列努力与梵蒂冈建立外交关系。目前,美国犹太人不仅在人数上居各国犹太人之首,是当今世界上最具实力、最富足、最有影响力的犹太人群体,而且在国际犹太人事务中影响也越来越大。

由于美国犹太人的存在,其所具有的影响力,以及他们对于犹太人自己国家——以色列国的特殊情感,促使以色列和美国之间发展了一种"特殊关系"。早在1962年,肯尼迪政府便与以色列确定了两国关系的"特殊性",美国承担对以色列生存和安全的义务。1967年,美国最高法院做出裁决,允许美国犹太人拥有以色列国籍,这意味着美国犹太人可以应征加入以色列国防军参战。1983年,美以正式签订《战略合作备忘录》,美国确认以色列是美国在海外的"战略资产"。1988

年,又正式签署美以《战略合作谅解备忘录》,以色列成为没有和美国正式结盟的“盟友”,成为除北约以外美国的主要盟国。这种特殊关系对于四面受敌的以色列来说意义重大。美国的支持不仅使以色列在中东冲突中有了一个可长期信赖的大国,而且使得以色列在国际政治舞台上有了一个坚定的支持者。很显然,美以间存在的这一特殊关系已成为以色列生存和安全的最可靠保证。对此以色列前外长阿巴·埃班曾直言不讳地说:在决定生命攸关的问题上,以色列几乎都可以得到美国的帮助。对于美以这一特殊关系的确立,美国犹太人的存在和不懈努力自然是功不可没。

流散的意义

当以色列国于 1948 年 5 月根据联合国 1947 年通过的决议宣告成立时,一个有主权的犹太人国家终于再次在犹太人固有的家园——以色列地出现,而随着这一历史时刻的到来,犹太民族长达 1800 年的流散史被认为画上了句号。尽管在流散期间犹太人遭受了难以描述的灾难和迫害,没有任何一个其他民族像犹太民族这样在如此之长的历史时期遭到如此之烈的迫害,然而,犹太散居史的伟大意义还是难以估量的,散居对于犹太民族而言,显然是具有伟大积极意义的。

在流散过程中,尽管并非所有犹太人都能保持犹太人的传统和文化(事实表明,在各个历史时期都有许多犹太人由于种种原因放弃犹太传统,走出犹太民族,同化到所生活的民族之中),然而,犹太流散史还是清楚地表明,在大流散中,犹太信仰得到进一步增强,犹太传统得到进一步保存,犹太信念得到进一步弘扬,犹太文化得到进一步光大,犹太团结得到进一步加强。

由于长时间的流散,犹太人已经成为一个分散和多元化的民族。不同的文化和传统影响着他们的日常生活。生活在许多地方的犹太人,如埃塞俄比亚、也门犹太人,在很大程度上已经成为不同文化、不同传统、甚至不同种族的一部分。由于流散,犹太人在政治上也是千差万别的,犹太人可能在敌对的军队中服役,可能为不同的政治制度服务。然而,他们却从未丧失作为犹太人的文化认同感,从未失去作为犹太人的意志。

犹太民族作为一个整体,其生存能力和凝聚力在流散过程中得到了最大的考验,历史证明,“不管有多么大的同化压力,有怎样延绵不绝的迫害和无休止的驱逐,犹太人都不会消失”①。

流散使得犹太人的活动空间进一步扩大。正是由于流散,犹太人从中东地区的弹丸之地——巴勒斯坦走出,先是散布到中东所有地区,接下来是地中海沿岸,从巴比伦到西班牙,从意大利进入欧洲腹地,从西欧迁徙到东欧,从欧洲到达美洲、

① 吉尔伯特:《犹太史图录》,第 II 页。

东亚和澳洲。犹太民族的散居史证明:散居给犹太人提供了更多的自身发展机会。流散的一个重要结果是使犹太民族的足迹遍及五大洲,从一个地区性的民族发展成一个世界性的民族,使犹太文化从一个地区性文化、单一民族的文化发展成为影响西方文明的一个源头和世界文化。

流散的意义还可以从在全球范围内长期保持众多犹太生活中心的必要性得到进一步揭示,美国犹太历史学家马库斯认为:犹太人永远不能把自己的生存希望集中寄托在一个地区,就像不能把所有鸡蛋放在一个篮子里一样。只要有众多的犹太生活中心,就永远不可能完全消灭犹太人的存在。[①] "犹太人必须生活在四面八方,因为大国几百年来很少饶恕其境内的犹太人。11 世纪的犹太评注家拉希告诫时人(以及所有后代人),上帝通过把犹太人分散在各个国家中向他们显示了他的仁慈:'如果他们散居四方,他们就无法被致命一击尽数消灭。'"[②]

正因如此,犹太人认为,犹太生活的延续取决于世界各个角落繁荣的犹太中心的共存。英国犹太历史学家马丁·吉尔伯特说过:"犹太人的伟大之处不仅在于其具有战胜有形迫害的能力,还在于适应生活地域不断变化的能力。"[③]而这种能力应该说首先来自犹太人的流散生活,犹太流散史的伟大意义也就不喻自明了。[④]

---

① 参见雅各·马库斯:《美国犹太人,1585—1990 年:一部历史》,中文本序,上海人民出版社,2004 年,第 10 页。

② 同上书,第 313 页。

③ 吉尔伯特:《犹太史图录》,第 I 页。

④ 本章撰写过程中较多参照由本人主持翻译的《以色列 2000 年:民族和地域历史》和《美国犹太人,1585—1990,一部历史》中的有关部分,特此说明。

第三章

《圣经》文化

在犹太文化史上,《圣经》文化是犹太民族最早构筑起来的文化。它的出现无疑是最重要的事件,不仅标志着犹太民族传统的形成,而且标志着犹太民族元典文化属性的形成,标志犹太文化在历史上第一个高峰的出现。当然,《圣经》文化不是一朝一夕形成的,而是经历了一个漫长的历史时期,是犹太民族在历史跨度长达一千多年的时间内逐步整合而成的。《圣经》文化的全部内容固然与犹太民族的历史紧密相连,与犹太民族的故土家园紧密相连,是犹太民族大流散前历史、政治、宗教、文化、生活、思想的记录和反映,可同时,它又是在两河流域文明影响下,在继承、消化、吸收两河流域上古文化(包括古埃及文化)的基础上形成的,因此,与两河流域文化的特征密切联系在一起。

众所周知,两河流域文明的一个重要方面(同时也是主要特征)是宗教思想的确立和宗教在人类社会上作用和地位的奠定。有关考古证明,宗教在两河流域文明初始阶段就已发展成为社会中一个最为重要的组成部分。两河流域人民对宗教的特殊认识使其生活中的所有方面都与宗教密不可分。无时无处不在的宗教既是两河流域文明的基础,同时又是文化的动力和创造力的源泉。鉴此,宗教成为两河流域人们理解自然、社会及其自身的思想纲领,成为了支配、激励一切文化现象和人类行为的力量。

两河流域人民对月亮神的崇拜，左侧为锲形文字
（公元前2300年左右）

若是考察当时的社会生活，人们不难发现，宗教犹如一根强有力的纽带将社会的各个方面连结起来。一切社会活动：无论是政治的、军事的、经济的、法律的、文学的、艺术的，还是个人的都无一例外打上了宗教的烙印。可以说两河流域的建筑、绘画、艺术是被宗教热情所激发的，文学和历史描写的是与神有关的活动，就连科学也都渗透着宗教思想，司法及伦理道德更是密切联系着宗教。人们对自然、社会及其自身的理解不仅以宗教为出发点，而且往往以宗教为归属。①

在两河流域文明这一特征的影响下，宗教自然也成为了《圣经》文化的核心。这一核心在犹太文化中是被称为"Judaism"②的部分。大多辞书将该词解释为"犹太教"，即犹太人的宗教。然而，对于犹太民族而言，这里所说的"Judaism"指的不仅仅是犹太的宗教（Jewish religion），一种对上帝的信仰，也不仅仅是一整套伦理道德规范，更是一种生活方式，一种犹太人自古以来就一直遵循的生活方式，甚至包括历史、文学、语言、社会组织、宇宙观、思想情操等。"Judaism"的核心内容和基本思想主要由一神思想、契约观、末世论等组成。了解这些思想和观念是正确把握《圣经》文化要旨的关键，因为其他所有思想不是建筑在它们的基础上，就是与它们密切相关。

一神思想

"一神"思想是犹太民族文化的独特创造，代表了早期犹太文化最主要的成就，是犹太文化的精华之所在，当然更是《圣经》文化的本质。一神思想的最初提出是在以多神或泛神论为准绳的上古时代。当时人们的共识是：世界由众神创造，由众神掌管，每个神祇都有自己的势力和掌管范围。因此，人们认识上的世界显然是在"多头管理"之下，这样的世界缺少和谐，呈现一种无序、分散、对立状态是极其自然

---

① 参见于殿利、郑殿华：《巴比伦古文化探研》，江西人民出版社，1998年，第102—103页。

② 按希伯来语的发音拼为"Yahadut"（雅哈杜特），本意指"犹太人的一切"。

的。加之每个民族,每个部落,甚至每个家庭,都有各自信仰的神。各民族、部落和个人只能被动依照自己的神的旨意和伦理道德各行其是,社会也因缺少统一的伦理道德标准而失去应有的秩序。

在埃及出土的"神船",多神文化的折射

根据犹太民族的一神思想,神是存在的,是不依人的意志为转移的存在,然而神只有一个,天地间只存在一个神,一个唯一的神,一个独一无二的神,除此而外,没有其他的神存在。因此,一神思想在从一开始就彻底否定了当时近东地区到处流行的多神论,并反对崇拜多神和崇拜偶像。在犹太教中,这个唯一的神被称为YHWH[①]。犹太教中最重要的祈祷词《示码》:"以色列啊,你要听!雅赫维我们的上帝是唯一的主"[②]明确无误地表达了这一思想。犹太教的礼拜仪式和犹太教教徒的日常祈祷都要诵读这一祈祷词,以时时刻刻重申自己的一神信仰。

根据犹太教的教义,这个代表最高存在范畴的唯一的神的本质和特性也是独特的。尽管犹太教认为,人由于自身的局限,对上帝的认识是极其有限的,是不可能彻底了解和把握上帝的,对上帝的无知远远大于对上帝的已知,但就已知部分而言,犹太人所认为的上帝的本质和特征主要似可以归结为以下几个方面:

1. 超验性:上帝不是自然的一部分,而是超越宇宙而存在的,是一种最高的超自然的精神实体,是无形的、不可见、不可摸、无法描述的;
2. 永恒性:上帝自有永有,不受任何物质形式、存在形式和表现形式的约束;

① 根据犹太教解释,该词只有书写形式,没有发音,在诵读时被"阿东乃"所代替,目前通译为"雅赫维",即人们一般所说的"上帝"。基督教在这一词中增加元音,成为可以诵读之词。目前汉语中对上帝的称谓由于受基督教传统影响,通译为"耶和华"。

② 《申命记》,第6章4节。

3. 全能性：上帝是无所不在、无处不在、无所不知、无所不能的；上帝是造物主，创造并主宰宇宙上的一切；
4. 公正性：上帝是立法者和执法者，不仅创造了宇宙（自然）的法则，而且制定了人类的道德律法，并负责执行。在执法中，上帝以公正对待所有人；
5. 仁慈性：上帝是仁慈的牧者，通过一切途径关怀人、帮助人、引导人。

犹太人的一神思想是彻底的，它通过承认上帝的上述本质和特征否定所有其他神祇的神圣性，排斥偶像崇拜，从而达到上帝的唯一性、绝对性和终极性。一神思想在提出后始终贯穿犹太人的宗教体系，为犹太人所坚持、所固守、所信仰。

犹太人提出的一神思想博大精深，内涵和外延都十分丰富，构成了人类最早的系统一神教，世界上其他以一神思想为信仰的宗教均来源于犹太人的这一思想。与古代近东其他宗教思想相比，应该说，一神思想赋予世界以目的和意义，使得世界从沉迷中醒悟，为人设立了道德规范和行为准则。毋庸置疑，犹太人提出的一神思想首先是出于信仰的需要和神学的考虑，其意义主要是在神学上，是信仰方面。不过，由于一神思想同样是一种认识论，是人对世界的一种认识，因此，在超越神学方面，一神思想对人类而言同样具有若干积极意义。事实表明，在这一思想提出以来的三千多年中，它对世界的影响是巨大的。这些影响世界的意义主要体现在以下几个方面。

统一宇宙观

一神思想的精髓之处不仅在于认为“上帝是独一的”，即除上帝以外，没有其他的神存在，而且在于承认神的造物主地位，即承认世界和世界上的万物（包括人类在内）是由这个唯一的神所创造并主宰的。显然，一神思想是在试图用一种统一的思想，而不是多种思想来解释世界。这种宇宙应当从一个最高统一的存在来进行解释的一元论观点使得我们这个世界的出现有了意义，而不是无意义的自然存在，世界（即自然界）的万物可以统一起来，成为一个相互关联的整体，而不是互不相关的物体。

把复杂多变的世界当作是一位神祇所创，产生于一个缜密的创世计划，实际上是提出了统一宇宙观的思想。从认识论的层面上说，应该说是人类认识的一次飞跃。按照这种认识，世界不再是一个无序、分散、对立状态的世界，而是一个有序、统一、按照一整套可以认识的法则运行的和谐世界，认识和了解这个世界就成为可能。反之，认识和了解这个世界就是不可能的。由于人们对世界的认识是通过对存在的自然规律的发现实现的，而这样认识的前提是：首先必须承认有自然规律的存在，然后才有可能去发现，因为人们不是在创造自然规律，而是发现存在着的自然规律。在一个有序、统一、按照一整套可以认识的法则运行的和谐的世界里，“不仅西方哲学可以具有统一性和普遍性,而且现代科学也可能具备这样的特点"[①]。这样,一神思想实际提出了统一宇宙观的思想。20世纪最伟大的科学家爱因斯坦就曾坦言,他的科学思想的形成受到一神思想的重要影响。他多次说:"相信世界在本质上是有秩序和可认识的这一信念,是一切科学工作的基础。""要是不相信我们世界的内在和谐,那就不可能有科学。"[②]

思想家拜克因此认为:犹太民族提出的一神思想"是新思维方式的第一次表达。就宗教的这种形式而言,它是一种创造,体现着全新的、富有成效的原则"[③]。从历史的和发展的角度出发去审视这一宗教信仰,人们不得不承认一神思想的出现是人类文明史上的一种创新,一种进步。犹太人创造出的一神思想,借用恩格斯的话说,"成为历史力量的代表者"[④]。

对时间的全新认识

犹太民族提出的一神思想的精髓不仅表现在统一宇宙观上,而且表现在对时间的全新认识上。

在犹太民族诞生与发展的中东地区生活着众多民族。其中有不少是人类早期文明的创造者,如苏美尔人、埃及人、古巴比伦人等。但千百年来,这些民族对时间的认识深受"轮回规律"观念的影响和束缚,把历史(即我们这里所说的时间)看成是与一年四季一样的现象,周而复始,循环不已。在他们看来,一切重要的事情、一切具有蓝本意义的事情,都曾经在过去发生过,现在正在发生,而且日后还会不断发生。人的生活不过是一种重复,今人只是在重复古人的生活,未来只是一种对过去的重复。因此,对于远古的人类而言,未来永远只是过去的重复,而过去也只不过是天国话剧在尘世的重新上演。这一以"轮回规律"为核心的宇宙观不仅在中东地区存在和流行,而且在希腊和印度等更为复杂的文明和社会中存在和流行。正如普奇在《人类与时间》中对希腊思想中所包含的轮回宇宙观所作的概括那样:"任何一件事情都不是独一无二的,都不会只发生一次……;任何一件事都曾经发生过,现在也在发生,今后还将不断发生;同样,一个人既曾经出现过,现在又出现一次,今后还将在每个周期中都再次出现。"[⑤]这种认为历史受轮回规律无情支配的时间观不仅使得生活变得单调、无意义,而且充满深沉的忧郁和悲观,人失去了任何可能的主观能动性,只能被动地等待命运之神的摆布。

然而,在一神思想的照观下,时间不再是"无始无终",也不再是轮回的,而是有

① 托马斯·卡希尔:《上帝选择了犹太人》,世界知识出版社,2001年,第154页。

② 《爱因斯坦文集》,第284、379页。

③ 利奥·拜克:《犹太教的本质》,山东大学出版社,2002年,第60页。

④ 《马克思恩格斯选集》第3卷,人民出版社,1972年,第355页。

⑤ 卡希尔:《上帝选择了犹太人》,第4页。

始有终，是单向的、不可逆转的，是从上帝创世开始[1]，朝着美好的未来[2]进发的。这样一来，时间(第一次)被看成是一种矢量，是一种朝着一个方向飞驰的矢量。

一神思想对时间的这一全新认识完全可以视为是人类在时间观念上的一种革命，直接导致人类思想中“线性直进历史观”的形成。在这里，我们仿佛可以看到，一神思想是在以前所未有的观念审视人类历史，启示人们去认识历史是一种线性直进的过程，[3]是一个随着时间推移不断展开的过程。这样，也只有这样，历史才不再被认为是“不断重复”，而是“不断更新”。一种全新的时间观和历史观在形成。世界不再是保持原来的样子，而是在变化。

在一神思想的指引下，犹太民族成为世界诸民族中率先形成比较系统的直进历史观的民族。其文化不仅通过神话和宗教形式把世界的创造和时间的演进紧密结合起来，把个人的生存和族类生存同不断趋进的未来事件联系起来，而且把历史解释成一个内容丰富、不断向前发展的运动。依据这一历史观，生活不再是重复而是前进，人类社会的黄金时代不是在过去而是在未来。这一观点的提出一下子将人类对自身社会黄金时代的认识从无可奈何的过去置于充满希望的未来，从而彻底打破了古代世界广泛流行、悲观主义色彩弥漫的历史循环论，使人类充满了对人类未来和世界未来的无限憧憬和希望，人生自然更加有意义。

犹太史学家埃班把这种由一神思想启示而形成的线性直进历史观看成是“犹太人遗产中的最重要部分”，并认为，“它把历史解释成一个内容丰富的、不断向前发展的运动。这个运动将随着救世主的降临而告终——与以前的宗教相比，这是一种真正革命思想。从前，没有哪个民族把人类命运想像成完全不同于自然界的循环，想像成不受生老病死这个无情规律制约的过程；人类可以摆脱强制的，即天命的奴仆身份，人类是一种理性的、敢于冒险去进行选择的生物。”[4]

一神思想所包含“线性直进历史观”的提出还使得人类对过去和未来具有了一种全新的认识：过去融于现在之中，而未来是完全无法知晓的。这一认识使得生活中的“现在”不仅仅是介于过去与未来之间的一个短暂的瞬间，而且是一个需要进行认真斟酌对待的时刻。它被认为是时间坐标上最激动人心的一刻，是“时间与永恒的匪夷所思的交叉，是上帝无时无刻不浮现在人们眼前的一个个瞬间”[5]。

这样，在对待时间问题上，一神思想的立足点既不是放在已经成为陈迹的过去，因为过去的已经过去，是无法对之进行修正的；也不放在尚未到来的未来，因为

---

① 犹太教认为的历史是自上帝创世开始，至今，犹太人的纪年仍然是以《圣经》所记载上帝创世年代为零年而推算出来的。

② 即一神思想所认为的弥赛亚时代。

③ 有人认为犹太民族由于其独特的经历，其历史与世界上所有其他民族的历史不同，不是在一个相对稳定的地域空间展开的，而是在犹太民族不断流动中形成的，再加上犹太教的末世论和弥赛亚救世思想，从而形成了“线性直进”的历史观。

④ 埃班：《犹太史》，第 106 页。

⑤ 托马斯・卡希尔：《上帝选择了犹太人》，世界知识出版社，2001 年，第 129 页。

未来是无从知晓和难以把握的,而是牢牢扎根于"现在"这个瞬间,因为此时此刻,也只有此时此刻,才是人可以把握的。换句话说,"现在"不仅是一个可供个人进行选择的时刻,还是一个可供个人修补过去的时刻,也是有可能使未来发出光芒的时刻。正因为如此,犹太教要求犹太人每时每刻都要遵守诫命。也就是我们时下通常所说的"从现在做起",所谓"认认真真地过好每一天"思想所包含的涵义。

犹太人也正是根据这一对"现在"的认识提出了今世的观念。因此,在犹太教中,来世的观念如果说不是被彻底地抛弃,也已经被放在了一个无足轻重的位子上。例如,犹太教对今生今世的强调远远高于其他宗教,即使是上帝的奖惩也主要是存在于今世。正因为如此,犹太人被视为"作为从精神上来说第一个在现实时间中生活的民族"①。

需要指出的是,"线性直进历史观"的提出并没有否定过去的重要性,而是把过去看成是人类历程的一个重要组成部分或是事物的第一阶段,"过去之所以重要,其原因不再仅仅是它可以被作为蓝本加以发掘,而且还在于它带着我们来到了现在"②。

对人和生命的重视

一神思想精髓所包含的意义还表现在对人和生命的重视。人是按照上帝的形象创造的思想是关于人及生命的教义之本原。正是在犹太民族上帝造人的神话中,人们有了一个看待人类和生命的独特标准。

实际上,早在美国《独立宣言》之前数千年,犹太人就依据一神思想提出了"人人生而平等"的思想。一神思想认为,每个人都是按照上帝的形象创造出来的,每个人都同样拥有最重要的东西。这样人作为神的创造物不再有贵贱高低之分,而是"生而平等"。世界各民族由于来自同一个祖先(亚当和夏娃)不再有优劣之分,而是民族平等。

美国《独立宣言》所阐述的:"我们认为下述真理是不言而喻的:人人生而平等。他们都被造物主赋予某些不可让渡的权利,其中包括生存权、自由权和追求幸福的权利。"有谁能够说,倘若没有犹太人提出的一神思想以及所包含的"人人生而平等"的思想,《独立宣言》的起草人杰斐逊会以此思想作为美国人争取独立的依据。

对生命的重视是一神思想的重要组成部分。根据《圣经》,上帝在造出人时发表的评论是"甚好",而不是在造出其他东西时所说的"好"(《创世记》,第 1 章),表明人的生命的不同寻常。既然生命被看成是神的赐予,是"甚好",那生命就是神圣的,就应该得到珍视,就应该受到保护,生命的权利也就应当得到尊重和维护。在

---

① 卡希尔:《上帝选择了犹太人》,第 126 页。

② 同上。

一神思想中，人的生命，如同个性一样，它的存在就是目的，是神圣不可侵犯的。一神思想坚持认为，生命是上帝的属性之一。上帝被视为“生命的源泉”，并且“喜悦生命”。源自上帝的生命是人的至善，人必须像看护信托财产一样珍惜生命。对于犹太人来说，维持生命是人至高无上的责任。当生命受到威胁时，遵守安息日、赎罪日禁食等最重要的诫命都可被置之不顾。即便是不能确定这样做是否能挽救生命，也还是可以将那些诫命置于一旁。《塔木德》曾严肃指出：无论谁毁灭了一条生命，《圣经》便视其为毁掉了整个世界；无论谁拯救了一条生命，《圣经》便视其为拯救了整个世界。[①]

正是基于对生命的重视，犹太人一向坚持认为：在任何情况下，人都不应被贬为工业制度或政治制度上的“齿轮”或“螺丝钉”。圣化生命，圣化生活，追求生命的幸福、美满和完善成为一种敬神的标准和人生的一大目标。[②] 因此，《塔木德》不仅劝告人们去尽情享受生活，还谴责那些放弃享用的人。犹太拉比甚至认为，上帝造出人来不是要叫人在世上受苦，而是为了享受生活的快乐。爱生活，而不是逃避生活，是每个人对生命的义务。在这一思想的影响下，生活的幸福、人生的快乐、生命的完善成为犹太人的生活目标和追求。

若是把一神思想这一对待生命和生活的态度与认为“生命就是痛苦、就是受难”的世界观以及劝告人们在生活中要做到“清心寡欢”的态度作一比较，人们便会不难看出一神思想看待生命和生活的独特之处。需要指出的是，犹太人追求生活的幸福、人生的快乐、生命的完善的思想指的是在“今生”而不是在“来世”，控制鲁迅笔下祥林嫂一生的“不求今生但求来世”的思想在这里没有任何市场。难怪，爱因斯坦曾对生命做出这样的精彩描述：“生命，这是一出激动人心的和辉煌壮观的戏剧。我喜欢生命。”若没有根据一神思想提出的对人和生命的重视，生命如何能够成为“一出激动人心的和辉煌壮观的戏剧”？在这一思想的指导下，人类用不着再消极、悲观地对待人生和生活，完全可以用积极、乐观的态度去生活，大胆地去追求生活的幸福、美满和完善。这样，犹太人在数千年前提出的一神思想实际上已经是现代人幸福人生观的基础。

犹太人的一神思想还铲除了古代宗教中无法回避的“巫术”和“魔法”的温床，使得在古代人类社会中四处流行的巫术和魔法第一次在一个文明样式中没有任何藏身之处。

确立评判善恶和伦理道德的统一标准

依据犹太人的一神思想，神不仅创造了自然界和自然界的秩序，而且创造了人

---

① 《塔木德》，Sanh. 4:5。

② 有关这一论说可参见 Samuel Cohen，*Judaism，A Way of Life*，Chapter 11.

应当遵守的伦理道德以及与伦理道德相应的社会秩序。这样一来,社会便具有了评判善恶的统一标准,人们有可能区分什么是真正的对和什么是真正的错,从而使建立起一个公正的社会成为可能。西方学者指出:除非我们认为道德规范之基石是天赋的,是上帝的意志和智慧的体现,是超越群体利益的,不受经济条件制约,并非权宜之计,否则,义务的根基就会坍塌,社会改革和民主政治的一切要求和主张都会变得苍白无力。盖洛威写到:"事实是,生活的伦理道德是无法独立存在的;我们必须或者把其归结为自然属性,或者把其上升为神圣的要求。前一种说法是说不通的,而后者则坦言,当人们发掘人及其职业的道德观念的深层次涵义时,会发现它们是源于宗教思想的。"①对此,我们还可以补充威廉·欧那斯特·霍金的看法:"如果宇宙中没有一个居中的、一元化的、与我们的命运息息相关的生命存在,如果没有它给我们的生活赋予一种我们有限的生命所无法赋予自己的重要性,义务这个概念就会失去我们实际上赋予它的尊严。当人们说到人的权利和人的责任时,由于我们坚信人的权利和人的责任是先验的存在,是世界的卫士,我们才能对其满含敬意。人的'权利'概念在历史发展中所发挥的巨大作用可以证明上述说法的真实性。"②

正是在这一意义上,《摩西十诫》列出的"要孝敬父母;不可谋杀;不可奸淫;不可偷盗;不可作假见证陷害人;不可贪别人的妻子与财产"等诫命被认为是人类社会中的绝对法,是人类伦理道德的根基,任何人都应当无条件遵守。

统一评判善恶标准的确立还使得人认识到:每个人都必须对自己的行为负责,再也无法把自己的不端行为归结为是"恶神附身、不能自己"的无奈。

我国学者曾对犹太人的一神思想做过这样的评述:无偶像的上帝崇拜事实上是把上帝类同于某种绝对的理念,因此,在一定条件下,这种崇拜有可能导致无神论。而这种形式的上帝,造成了神的唯一性和个人与之直接沟通的可能性,从而降低了神职人员的绝对权威,在特定的历史条件下,可能促使其形成一种自由主义的气氛。以上帝神谕为形式的教义,在近代理性主义兴起之时,有可能成为一种事实上的理性主义。……绝对的宿命论者反过来往往具备矢志不渝、充分发挥主观能动性的文化素质。③ 也许这是一个恪守一神思想的民族能产生如此众多的科学家和个性强烈的创造型人物的文化机制,是一神思想精髓在超越神学方面对人们的有益启示。

契 约 观

犹太人的宗教思想除了一神论外,契约观是犹太教的又一个极为重要的神学

---

① Galloway: *The Idea of Immortality*, p. 221.

② W. E. Hocking: *Human Nature and Its Remarking*, p. 425.

③ 顾晓鸣:《犹太——充满"悖论"的文化》,浙江人民出版社,1990年,第15页。

观念。契约观来源于中东地区上古时期存在的“约”的观念。而“约”的观念在犹太教教义中主要指上帝与人之间订立的协议。一般认为，希伯来语中“约”的涵义为一种对缔约双方都有约束力的安排。《圣经》中数次提到上帝与人立约之事。《创世记》第6章18节中，上帝对挪亚说：“我欲要与你立约，你同你的妻子与儿子、儿媳都要进入方舟。”在大洪水后，上帝又提出立约的事：“我与你们以及你们的后裔立约。并与你们这里的一切活物，就是飞鸟、牲畜、走兽，凡从方舟里出来的活物立约。我与你们产约，凡有血肉的不再被洪水灭绝，也不再有洪水毁坏地了。”(第9章9—11节)在《圣经》中，人与人之间立约的事也有记载，如雅各与利班之间立的约。

为了使约神圣化，立约通常有特殊的仪式和标志。仪式包括备饭菜和起誓等。上帝与挪亚订约是以天上的虹作为标记的。

对于犹太教而言，约具有特别的含义，直接支撑着犹太教中极为重要的契约观。犹太教认为上帝与以色列人自古就立下了约，并以此建立起了一种神圣的“神人关系”。《圣经》中记载了两次直接影响到犹太人历史的立约事件。

1. 上帝与犹太人始祖亚伯拉罕立约事件。在这之中，上帝曾两次立下约。一次允诺将从埃及的尼罗河到幼发拉底河之间的迦南地许给亚伯拉罕及其后代。第二次在亚伯拉罕99岁时上帝再次与亚伯拉罕立约，保证他的后裔延绵不断，立亚伯拉罕为多国的父。

2. 上帝与以色列人在西奈山立约事件。该约是在以色列人离开埃及三个月后在西奈山订立的。“出埃及”是《圣经》内容的中心事件，犹太人在逃离埃及后，以上帝授予摩西“十诫”的方式提出了以色列人集体与上帝立约是有其重要意义的。犹太学者认为，这一立约应当视为是亚伯拉罕与上帝立约后的续约行动。在这一立约过程中，以色列人和上帝承担了各自的义务和权利。以色列人保证信仰和服从上帝，上帝则视以色列为圣民，赐福给以色列及其子孙后代。包括安息日在内的“十诫”成为这一立约事件的标记。以色列人通过这一自由选择形成一个新的社会群体，标志着犹太人历史的一个新纪元的开始。在这之后，他们在示剑等地与更多的民族立约。这些约实际上是西奈之约的继续和发展。以色列人在从巴比伦获释返回故土之后，又有了一次立约行动，其意义是以色列人将依据律法生活。立约行动导致契约观的出现。

应该说，犹太人的契约观与一神论是紧密相关，不可分割的。“契约观”认为：犹太人和上帝之间的关系不再是一种内在的、无可奈何的“血缘”关系，而是通过一种外在的、经过思考的“约”的形式确定的关系，是通过犹太民族选择了上帝，上帝选择了犹太民族这样一种“双向选择”过程而确定下来的关系。《圣经》中对犹太人与上帝立约的事多有记载。如，上帝对犹太族长亚伯拉罕说：“我与你立约，你要做多国的父。……我要与你世世代代的后裔坚立我的约，作永远的约，是要作你和你的后裔的神。我要将你现在的寄居的地，就是迦南全地，赐给你和你的后裔，永远为业。”(《创世记》第17章5—8节)上帝与亚伯拉罕立约的标志是割礼。后来,割礼成为犹太人与上帝立约的固定标志。据此,犹太教规定每一个犹太男子[①]都要行割礼,以确立其与上帝“订立契约”的关系。皈依犹太教的男子也不例外。

犹太教中这一独特的阐述神人关系思想的提出表明“神”与“人”之间的关系在犹太人看来已不再是一种无可奈何的关系,而是一种互利互助、互有义务的双向选择关系。由于神人之间的关系以“约”的形式维系,不仅人对神有践约的义务,神对人也承担了相应的义务。以“立约”方式确定人与神的关系表明犹太人不再把人神之间的关系看成是一种传统的宿命安排,而是一种互动关系。既然关系是通过“立约”来确定的,人作为立约的一方,便可以选择立,也可以选择不立。从这一意义上说,契约观赋予了人在与神的关系上以选择的自由。这种自由选择的关系在人类思想史上第一次给神人关系赋予了全新的色彩,打破了长期以来将人放在被动地位的宿命观。在这种新型关系中,不是人对神单方面的、无限的尽忠尽职,而是强调神、人之间的交感互通,从而激发双方的主体能动性。此外,通过立约的方式确立人与神的关系,一下子将人神关系纳入了“法制”的轨道,因为,既立了约,就必须践约,就必须用约中的条款约束自身。不仅人应如此,神也应如此(如果我们在这里用统治者,或国家机器,来替代神的位置,这种立约关系则可视为“现代民主体制”的雏形)。

尽管犹太人的契约观涉及的是信仰问题,但是,相信神对人有义务和责任,人就获得了某种精神慰藉和信心。犹太人的这一思想经过数千年的传播对世界的进程产生了难以估量的影响,它的一神思想早已是当今人类一个主要信仰体系,而它的契约观更是早已超出人类的信仰范围,成为现代政治和社会生活的一个主要思想基础。西方社会的近代政治学家和许多启蒙思想家都曾在这一问题上有所论述。

犹太人的这一对约的看法构成了犹太教中的契约观。它与犹太人的一神思想一道成为犹太教的基础,并由此演绎出“应许之地”(The Promised Land)、“特选子民”(The Chosen People)[②]和“救赎”等观念。而这些观念的存在又进一步扩大了犹太人的宗教思想的内涵和外延。同时,这种神、人通过立约的方式确定互相之间关系的思想(即“特选子民”的观念)对日后人们生活中的政治、经济、社会发展也产生了影响。

特选子民 犹太教教义认为犹太民族是上帝从万民中挑选的一个特别的民族,故称自己为特选子民。该观念的产生与上面提及的上帝和犹太人立约的宗教思想有着密切的关联。它最早来自《圣经》。《创世记》中在描绘上帝与犹太民族之间的特殊关系时说:“亚伯拉罕必要成为强大的国,地上的万国都必因他得福。我眷顾他,为要他吩咐他的众子和他的眷属,遵守我的道,秉公行义。”亚伯拉罕与上

① 传统的犹太教认为,宗教的义务由男子承担,故与上帝立约也由男子进行。犹太男婴出生八日须行割礼是对这一“神人之约”的一种认同和续约行为。

② 汉语对此有不同的译法,如“上帝的选民”、“神选民族”等。

帝缔结的约便确立了上帝与犹太人之间的特殊关系。摩西在率领犹太人离开埃及后，曾将全体犹太人召集在西奈山下。集体确认祖先与上帝订立的约，明确犹太人与上帝之间的特殊关系，并保证子孙万代遵照执行(参见《出埃及记》)。这一事件对"特选子民"观在犹太民族思想中植根具有重大意义，因为这不再是犹太民族的代表许下的承诺，而是犹太民族的集体承诺，对每一个犹太人都具有约束力。

虽然特选子民的观念贯穿整部《圣经》，可《圣经》中对于上帝为何挑选犹太人并无明确的解释，只是说："雅赫维专爱你们，挑选你们，并非因你们的人数多于别民，原来你们的人数在万民中是最少的。只因雅赫维爱你们……"上帝还吩咐摩西转告埃及法老，犹太人是他的头生子，但不是唯一的孩子。尽管特选子民被认为是一种荣耀，但《圣经》中多次暗示：特选意味着为其他民族承担责任，甚至包括替他们受难。

《圣经》后时代，特选子民的观念得到进一步传播和阐述。《塔木德》时代的拉比认为上帝与犹太人之间的关系存在着一种系统，有的拉比认为《雅歌》中对爱情的炽热表达是对上帝和犹太人亲密关系的一种暗示。传统的拉比犹太教认为上帝之所以选择犹太人是因为世界上只有犹太民族愿意接受《托拉》。这一解释显然对加强这一观念有一定的意义。

为了进一步说明犹太教中"特选子民"观念的含义，还是让我们先来看一看犹太教对人类的基本看法，看看它是否认为人生来平等，还是认为人生来就有高贵贫贱之分；看看它是否认为各民族处于平等地位，还是认为一些民族比其他民族更为优越。

犹太教的经典《圣经》在一开篇就声称上帝是创世者和整个宇宙的统治者。太初，上帝创造了天和地。后来，上帝又造出了亚当和夏娃，从他俩那儿全人类(各民族)便蹒跚世上了。

《圣经》中不是以亚伯拉罕的诞生，而是以亚当、夏娃的缔造，作为人类历史的开端，无疑表达了人类来自于一个"共同祖先"的思想。既然祖先都是一个，那么人与人之间还会有什么高贵贫贱之区分？民族和民族之间还有什么优越低劣之差别？

犹太教不仅在创世说中表达了"众人皆兄弟"这一人人平等的思想，在其一系列典籍和教诲中都贯穿着这样的思想。例如犹太先知玛拉基曾大声疾呼："我们岂不都是一位父么，岂不是一位上帝所造的么，我们各人怎么以诡诈待弟兄，背弃了上帝与我们列祖所立的约呢。"不仅犹太人皆兄弟，全人类都是兄弟。所以犹太经典说："异教徒是你的邻居，你的兄弟。亏待他便是一种罪孽。"

人们只要打开犹太人撰写的著作，就会发现宣扬民族平等思想比比皆是。《塔木德》曾用"所以不应该说某些种族比其他种族更优越"的话来回答人们提出的"人为什么是被孤零零地创造的，为什么不同时创造若干亚当和若干夏娃"的问题。拉比曾解释说亚当是由上帝用从四方收集来的泥土造出来的，所以没有一个民族能够自认他们是至尊的。

由此可见,犹太人和犹太教早在远古时代就把在上帝面前人人平等,民族之间不分贵贱奉为基本训谕之一。

既然如此,"特选子民"的观念对犹太民族而言所蕴含的便不可能是特殊神宠论思想,只能是普救论思想。对此,中世纪犹太哲学家萨阿迪·本·约瑟说过:"所有生物都是上帝的生物,我们没有理由说上帝为自己选择了某些人而排斥了另一些人,或者认为某些人比其他一些人有一种更高的地位。"在萨阿迪·本·约瑟看来:特选子民的观念根本不是用来区分人类彼此的尊卑,而只不过是颂扬和赞美上帝的一种表达方法。那种自我感到受上帝特别青睐的人只是一厢情愿,他们自己把自己描绘成是上帝仁慈和宠爱的接受者。

犹太拉比在历史上曾反复强调:上帝没有赋予犹太民族优越性,而只是责成其恭顺;没有赋予他们富贵和荣耀,而只是令其谦卑。

因此,"特选子民"的观念对犹太人来说是一种责任,而不是权利,圣洁和荣耀只能被看成是对忠实守约的一种报答,而不是无条件的赐与和犹太民族的一项特权。近代的犹太学者认为,特选子民的观念除了暗示犹太人肩负着上帝委托的特殊使命,要在全世界传播上帝的旨意,人类应通过他们学习认识上帝和遵守戒律及信念外,已不具有其他任何特殊含义。

对于"特选子民"的含义,犹太学者伯曼特做了这样一番解释。他说:"所谓'选民'并不是指他们赋有任何特权,而只是指他承担着专门的义务:在其他人看来能够接受的东西对犹太人来说则是不可宽恕的。选民并未赋有专门的才能或美德,而只是承担专门的责任。"①

伯曼特的这一解释可以从一个想皈依犹太教的非犹太人从犹太拉比处得到的告诫中得到验证。拉比总是这样对有意皈依者告诫说:作为一个正直的非犹太人,他仅需要恪守挪亚所订的七条诫命,便可在天国确保享有上席之地。但作为一个犹太人,他则至少得遵守的613条诫命。

由此可见,做一个"特选子民"并不是一种令人愉快和与生俱来的权利。著名意第绪作家肖洛姆·柯莱赫姆曾借用作品中一个人物之口表达了犹太人对这一并非令人愉快恩惠的微妙讽刺心情:"啊,上帝,这一恩惠我将永志不忘。"

今日接受选民观念的大多数犹太人大概都把"特选子民"的观念理解为是"一种精神上独一无二的文学和哲学"财产。犹太人能够成为选民,是因为他们无条件地接受上帝的经文(《托拉》),所以特选子民这一超级财富的始终指的不是犹太民族而是上帝的经文。犹太民族在上帝全面规划中的重要性仅仅是作为这项伟大财富的接受者和承担责任者。上帝选择或指令古以色列人作为《托拉》的保管者,并且言明只有这样他们才能与所有其他人一起分享这份珍贵财富。以身作则并指导

---

① 伯曼特:《犹太人》,上海三联书店,1991年,第19页。

所有民族，这正是犹太人的责任，要尽到这份职责，他们就必须与《托拉》中“上帝之谕”保持一致。简言之，犹太人所以是“选民”，仅仅是因为上帝要他们向凡世各民族传播上帝的《托拉》，因此他们的作用如同一盏灯。甚至有些拉比从这一立场来考虑历史上的“放逐”事件，他们认为“放逐”不是对古以色列人的惩罚，而是提供向各民族传播“上帝之谕”的契机。再者，犹太人被剥夺家园，这正是说明他们是上帝的奴仆。上述这些看法似乎表明，选民的观念并没有赋予犹太人否定其他民族的特权，恰恰相反，它强加给了该民族一项使命，为了对这一使命忠贞不渝，他们还必须忍受苦难、蒙受羞辱、经历折磨乃至死亡，从这意义上说，“特选子民”观念暗示了犹太民族并没有必然的优越性，只是在他们身上依附着执行一项特别使命的责任。所谓优越指的是这项使命，而不是这项使命的执行者；所以真正的称呼或许应是“选使”（特选使命），而不是“选民”（特选子民）。

需要指出的是，千百年来，特别是在犹太民族多次面临民族危亡，遭受无数打击和迫害之际，特选子民的观念起到了相当的积极作用。它不仅使受难的犹太人在精神上得到慰藉，使失国离散犹太民族的文化得到一以贯之的继承，而且使犹太人在道德上不断追求完美，在精神上始终保持昂奋，成为世界上一个伟大而优秀的民族。

末 世 论

末世论的思想源于《圣经》。以上帝与上帝子民间的特殊关系为核心内容，认为上帝终有一日会惩罚所有违反上帝旨意的人，上帝的子民终有一天会向自己的敌人讨还血债，在世界末日到来时正义终将取得完全的胜利，正义必将统治世界。犹太先知是最早提出末世论思想的人。犹太先知产生这一思想是出于他们的民族主义和对自己民族和家园的热爱。因为在他们的时代，犹太民族总是遭受到两方面的夹击，一面是亚述和新巴比伦，另一面是埃及。他们很少有过享有太平生活和自然发展的机会。先知头脑中的正义观开始延伸，产生了世界末日这一伟大思想。他们为末世论思想抹上了浓厚的道德色彩。他们指出，恶人终将受到惩罚，善人终将受到报偿，上帝之日将是最后审判日，是一个对所有不信上帝者进行惩罚的时代。在行将建立起的新的世界里，上帝将成为世界的主，所有的民族都将事奉于他。犹太人沦为“巴比伦囚虏”50年后又被获释返乡事件对犹太教末世论思想的发展具有重要影响。人们曾一度把圣殿重建之时看成是人的愿望得到实现之日。然而，现实并不像人们所预料的那样，犹太人的处境非但没有改善，反而越来越糟。犹太教的末世思想中开始出现启示成分。这一观点在《但以理书》中得到较为充分的揭示。犹太教中有关死者复活的思想开始形成。

犹太教所提出的末世论认为，在上帝的安排下，一个完美的世界终将在末日到来之际得到实现。犹太教所宣扬的末世论主要强调犹太民族和世界的最终命运，而不注重死后的个人命运。其核心内容围绕以色列人作为上帝子民,公正和正义必将获得胜利;末世到来时,整个人类都将获得和平,各民族之间不再有纷争,世间万物都将和睦共存。从《圣经》时代起,上述观点一直是犹太教末世论的基本内涵。然而,一些犹太教神秘主义者认为,犹太教的末世论还包括善恶之间的决战,犹太民族从流散地返回家园和审判日到来等内容。

"末世论"思想一经提出便成为犹太教的一个基本组成部分。不过,不同犹太教派对末世论的观点常常采取不同的立场。法利赛派把这一思想融入自己的教义之中;撒都该派则对此持反对态度;艾赛尼派在全盘接受这一观点的同时,还以虔修祈祷的方式盼望救世主"弥赛亚"的到来。所谓"光明之子"与"黑暗之子"决战之说即是这一思想的表现。人们认为在决战中上帝将实行最后审判,使义人享永福,恶人受永罚,并在这一基础上建立由弥赛亚永远统治的新世界。

第二圣殿于公元70年被毁事件使犹太教末世论遭到沉重打击,不少人纷纷放弃其中的许多观点。然而,从总体上说,末世论仍然是犹太信仰得以维持的一种主要力量。相当一部分内容在犹太教礼仪和拉比文献中得到体现。迈蒙尼德在列举犹太教信条时把对末世论的信仰包括了进去,并为后人普遍接受。20世纪以来,各犹太教派开始对这一观念进行修正,把末世论的观点解释为人们对一个更为理想世界的向往和创建。

犹太教的末世论作为一种神学观念,其内容不仅为犹太人所接受,而且已为许多文化所吸收。虽然在吸收过程中,其内涵和外延都发生了变化,特别是世俗的内容大大增加,但就其实质而言,它的核心内容仍得到了保存。近代许多哲学家的理论或多或少包含它的一些基本成分。

犹太人的宗教思想的末世论与弥赛亚救世的思想是相辅相成的。犹太教认为,在上帝的安排下,一个完美的世界将在末日到来之际实现。完美世界的含义为:正义得到声张并取得完全的胜利,整个人类都将获得和平,各民族之间不再有纷争,世间万物都将和睦共处。"将刀打成犁头,把枪打成镰刀;这国不举刀攻击那国,人们也不再学习战事。"《以赛亚书》所描绘的和平景象成为人类追求和平的一种象征。对于末世的期望是犹太历史观的一种反映:认为历史是有意义有目的地朝着一个既定方向发展的过程。这种期望对于整个犹太民族而言意味着上帝王国的出现和上帝的统治,对于犹太个人来说则意味着最终的拯救、复活和不朽。

由于犹太教宣扬的末世论主要强调犹太民族的最终命运,与末世论相关的"弥赛亚救世"思想因此产生。犹太教认为:在末日到来时由上帝派遣的弥赛亚会降临,把犹太人从流亡和苦难中拯救出来,让他们返回家园以色列地,重建自己的王国,并开创弥赛亚纪元,建立起符合上帝旨意的国度,使犹太人永享和平、友爱和公义。不过,犹太教的弥赛亚救世思想并没有止于犹太民族,而是达及全人类。犹太教认为凡愿意接受上帝和上帝教诲的人都将进入上帝的国度。

尽管末世论是构筑在神学理论上,必须通过上帝的干预方能实现,但这一思想的提出还是给了人们一种对建立起一个公正、和平和繁荣社会理想的憧憬，以及对在世界范围内建立理想的社会秩序未来的向往和奋斗。这一思想在直接导致基督教出现的同时，还在后来的发展中成为自文艺复兴以来在欧洲出现的人类大同思想的先声。

律 法

《圣经》文化另一个主要方面是犹太人的律法思想，即对律法的一种超越社会学意义的认识论。众所周知，律法思想是两河流域文明的重要遗产之一，集两河流域文明之大成的犹太文化自然对之进行了创造性的继承。犹太人的宗教思想在一神论基础上将历史的终极意义定位在遵从律法的日常生活上，这导致犹太文化上律法和律法思想的重新定位。因为，犹太教并不满足于肯定上帝的存在或确认这一信仰所倡导的道德准则，而是进一步要求它的信徒在个人的行为和社会活动中切切实实履行它的道德准则。“我们将倾听上帝的吩咐，我们必遵行。”(《出埃及记》第 24 章 7 节)因此，犹太教的思想和教义从某种意义上来说是通过遵守律法体现出的。对于犹太教而言，检验一个人是否守教主要不是看他是否表达对上帝的“信”，而是看其是否遵守律法，是否依据这些律法而“行”。也就是说，一个人守教与否要在自己的行为上体现出来。根据这样的传统，人们把犹太教说成是“因行称义”的宗教，以有别于宣扬“因信称义”的基督教。

犹太教的律法思想使得律法在犹太教中占据一个无比重要的地位，有的学者甚至认为“在犹太教中除了神圣的诫命没有什么别的学说”①。犹太学者塞尔茨认为：“律法是一种自愿接受宗教义务的制度，这些宗教义务把民众束为一体，遵奉律法与否决定着其将来的福祸。”②由于犹太人的同一性并不取决于共同的地域或任何特定的政治结构，而是共同拥有的律法，律法对于犹太教而言其地位是可以想像的。

犹太教的律法数量众多。其核心是“摩西十诫”。犹太圣贤后根据《托拉》有关内容，梳理出律法 613 条，俗称犹太教的“613 条诫命”。其中“训诫”(即以“要”起始的、必须执行的诫命)248 条和“禁诫”(即以“不可”起始的、不得去做的诫命)365 条。除此之外，还有大量根据这 613 条诫命衍生出的规定、法令等，成为律法内容的重要补充。

毫无疑问，犹太人的律法源于两河流域的法典思想和社会传统，但是，犹太教把律法的来源说成是上帝，这样就赋予了律法以至高无上的地位，成为人们必须遵照执行的准则。如，摩西十诫表达的是“绝对法”思想，而不是《汉谟拉比法典》式的

---

① 利奥·拜克：《犹太教的本质》山东大学出版社，2002 年，第 46 页。

② 罗伯特·S. 塞尔茨：《犹太的思想》，上海三联书店，1994 年，第 74 页。

“因果法”[①]思想。绝对法不是一种假设,而是一种命令,其含义是无条件的,必须遵循的,要求人们无条件遵守。此外,犹太教律法的条款比巴比伦人的《汉谟拉比法典》的有关规定要更为利他和公正。如,人的神圣性不可侵犯,坚持在法律上人人平等,子女不必为父亲的罪过承担责任,法官在任何情况下均不得接受馈赠等。

由于《托拉》中提到的这些律法的界定并不很准确和详尽,加上时代和社会的变迁对律法的内涵和外延有进一步的要求,因此对律法内容的不断挖掘、探讨和补充成为犹太律法思想的一个重要组成部分,也是犹太教活动的重要组成。在犹太民族流散时期,研读律法和探讨律法的真正涵义成为犹太教的一项主要活动。[②]此外,律法思想的存在和对律法的遵守使犹太民族成为一个守法的民族。

在众多的犹太律法中,有关守安息日和犹太饮食法的律法具有特殊的含义,是千百年来规范犹太人生活和区别犹太人和非犹太人的基本和重要的律法。有关守安息日的律法我们将在涉及安息日的章节中讨论,这里仅打算具体论述犹太饮食法的律法问题和具有的意义。

犹太饮食法

“吃”是人生命活动的最主要动力来源,也是一切人之间最共通、最常见的活动,因此具有极大的社会性。任何民族对于“吃”都有自己的文化规定和意义引申。尽管世界上大多数民族在“吃”方面的规定属于世俗范畴,犹太人在饮食方面的规定却具有严格的宗教性。长期以来,犹太民族出于宗教的考虑,对“吃”这一问题进行了一系列的规范,对食物种类、准备方法、饮食禁忌做出了种种规定,从而形成了具有犹太民族特点的饮食法。这种被称之为“犹太饮食法”的内容之繁杂和含义之独特可以说在世界各民族的饮食规定中仅见,而不了解其内容和涵义的人常常不能理解犹太人在饮食方面的特殊习俗和需要,甚至得出错误的结论,产生对犹太民族的误解和偏见。

犹太饮食法可以说是千百年来规范犹太人生活和区别犹太人和非犹太人的最基本和最重要的律法规定(与其等同的应该说只有守安息日的律法)。对于守教的犹太人而言,在日常生活中遵守犹太饮食法成为其最基本的生活方式。今天,对犹太饮食法有关的律法的遵守不仅是区分犹太人和非犹太人的最明显标志,也是区分守教的犹太人和不守教的犹太人的最突出标志。因此,了解和探讨犹太饮食法的内容和具有的涵义不仅是我们开展犹太教研究的一个重要方面,而且对我们了解犹太人的特殊文化习俗和需要,以及在与犹太人日益增多和日趋频繁的交往中给予犹太饮食法必要的尊重无疑是十分重要和有意义的。

---

① 因果法建筑在假设上,即“如果……则……”,具有因果关系。

② 详见本书第四章有关部分。

犹太饮食法的来源

犹太人认为,如所有与生理及身体有关的必需品和行为一样,食物和进食也有其社会性规则,因此,规定什么可以入口食用和什么不可入口食用,怎样准备食物显得十分重要。犹太饮食法在希伯来文中的相应词汇是"Kashrut",其含义是"合适、合格、健康",即符合教义的规定。

应该说,犹太饮食法源于早期的禁忌,最初只是为祭司制定的[①],随后,主要是在第二圣殿以及随后的时期,则被推广应用于全体犹太人,因为犹太人被认为是上帝的祭司民族。[②] 遵守饮食法的目的如《利未记》所言:"你们要归我为圣;因为我——你们的主是圣的,并叫你们与万民有分别,使你们作我的民。"(第 20 章 26 节)法利赛派把这种祭司圣洁的做法(包括餐前和祝祷前的净手)从圣殿移至各个家庭,于是,家庭变成了圣所,餐桌成了祭坛。准备肉食时,承袭了圣殿选择、宰杀、检查献祭动物的方法。

应该说,犹太饮食法的一系列规定首先来自《圣经》的诫命,是出于宗教的需要。在《圣经》列出的 613 条诫命中,有 30 余条与饮食直接有关。《圣经》中出现的第一条饮食法是禁止吃从活着的动物身上取下的肉和血。《塔木德》则将《圣经》中的有关规定具体化并作了适当的延伸。"饮食有则有度(指有规则和有限度)"是《塔木德》对犹太人在饮食方面提出的基本要求。

犹太饮食法涉及的具体内容

从总体上来说,犹太饮食法涉及的食品主要是肉类,如飞禽走兽的肉和水产品,与蔬菜、水果和谷类方面的食品没有直接的关系,不过,《圣经》以后的教义还是在准备和食用蔬菜、水果和谷类食品方面有所规定。

在兽类方面,《圣经》中对可以食用的动物有明确的规定:"凡分蹄成为两瓣,又反刍的走兽都可以吃。"明确列出的可食牲畜有 10 种:牛、绵羊、山羊、鹿、羚羊、狍子、野山羊、麋鹿、黄羊、青羊。明确列出禁食的是分蹄不反刍的,如猪等;或反刍不分蹄的,如马、兔等。《圣经》中没有对可食的禽类做出明确规定,只是列出了一些禁食的飞禽。拉比根据《利未记》和《申命记》中的有关规定,列出了 24 种禁食飞禽的名单。根据有关规定,大多数禽类,如鸡、鸭、鹅、火鸡等均可食。凡属禁食的飞禽,其产的卵也在禁食之列。此外,可食用飞禽经孵化的卵不可食用。此外,几乎所有猛兽、爬行动物的肉、猛禽的肉也均不可食用。

---

① 参见《以西结书》,第 4 章 14 节、第 44 章 31 节。

② 参见《出埃及记》,第 22 章 30 节;《申命记》,第 14 章 21 节、第 12 章 13 至 27 节。

在水产品方面的规定为:凡生活在水里、海里、河里有鳍有鳞的鱼类均可以食用,而无鳍无鳞的水产类,如带鱼、鳝、虾、蟹、贝等,则不可食用。

《圣经》中曾列出四种可吃的昆虫类:蝗虫、蚂蚱、蟋蟀类、蚱蜢类。但拉比出于不同的鉴定法,禁止食用这类昆虫,因此,几乎所有的昆虫、蠕虫、蚜虫、爬虫、节肢动物均不可食。根据一般规定,凡是禁止食用的动物,其产品,如卵、乳等均为禁食食品。唯一例外的是蜂蜜。《塔木德》专门认定蜂蜜为可食食品。

"洁净"的动物还必须是无病、无疾、非畸形。因此,可食类的动物如有病、有疾、有残、畸形也禁止食用。一部分内脏、筋、胃肠部位上的板油等也在禁食范围之内。

犹太饮食法不仅规定了哪些食品适合食用,还规定了一系列可食用食品的准备办法,特别是牲畜和禽类的屠宰方法。根据犹太教规定,只有经过使用符合犹太礼仪的屠宰方法宰杀牲畜的肉方可食用,否则,即便是可食的动物的肉也会被视为"不洁"而禁止食用。据此,凡自然死亡、病亡、被其他动物弄死的动物的肉,也被视为"不洁",犹太人均不得食用。

犹太教规定的独特屠宰方法称之为礼定屠宰(shelita)。其主要规定包括:宰杀过程必须是一刀致死,屠刀必须直接割断被屠宰牲畜的喉咙颈部,不得扎刺戮杀和来回撕扯,也不得自内向外挑断食管或气管。屠宰用刀必须锋利光洁,刀刃上不得有半点缺损,刀口不得伤及除颈部以外的部位。由于原则规定禁止食用动物的血,因此还要放净所有的血。只有经过培训和考试合格的屠夫才有资格从事这项屠宰工作。此外,进行礼定屠宰时还必须有合格的屠宰巡视员在一旁检验牲畜,观看屠宰过程,确认是否符合犹太礼仪。礼定宰杀后,屠夫还必须对宰杀了的动物内脏器官进行检查。若发现动物的内脏器官有问题,或动物有受伤或疾病(可能在一年以内导致动物死亡的疾病)的证据,该动物的肉便被视为"不洁",禁止犹太人食用。传统上,动物的肺是主要检查部位。家禽的检查方法不同于牲畜,主要检查肠部。最后,屠宰好的肉类必须由屠宰巡视员盖印或包装,方可作为"可食"食品出售。

水产品由于无需经过礼定屠宰,故亦不需要检查,只要是属于"可食"类,便可食用。

根据肉类食品和乳制品不可同时食用的原则,犹太饮食法对此有若干详细规定。犹太饮食法要求奶和肉分开食用的规定最初出自《圣经》中"不可用山羊羔母的奶煮山羊羔"的诫命。《塔木德》时代的拉比将诫命的范围延伸,规定不可将任何肉与奶相混合。肉的范围包括一切牲畜和禽类的肉,奶的范围包括一切乳制品,如牛奶、黄油、奶酪等。根据这一规定,犹太人不可在同一顿饭中既吃肉又吃乳制品,因而,不可用黄油烧肉,不可在吃了肉类食品后用冰淇淋作为餐后甜点等。尽管不同的犹太人对如何遵守这一规定有不同的解释和做法,通常的做法是间隔六小时再食用另一种食品。此外,由于该规定的存在,犹太饮食法禁止用烧过肉的锅煮奶或乳制品，禁止用煮过奶或乳制品的锅烧肉。不仅如此，连容器、洗涤池、炊具和餐具都不能交叉使用。因此，可食餐馆，守教的犹太人家中的厨房通常备有两套容器、炊具和餐具，以及两个分开的洗涤池，分别用于肉类食品或奶类食品。

肉类食品和乳制品不可同时食用的规定只涉及牲畜和禽肉。鱼、蛋、水果、蔬菜不受这方面规定限制，也就是说，可以和乳制品同时食用。

此外，犹太饮食法要求，乳制品、葡萄酒和果汁等必须由犹太教权威机构认可的厂家生产，以保证原材料的使用和制作过程符合犹太饮食法的有关规定，如确保酿制葡萄酒的葡萄上面没有任何蚜虫等。非认可厂家生产的则被视为不适合犹太人食用。

烹调用的作料也受犹太饮食法的影响，必须确保这些作料没有使用禁止食用动物的原料，如果包含任何禁用动物的原料，如在酱油中加了虾子的虾子酱油，即不可使用。

同样，草药中如果包含任何禁用动物的成分亦不可服用。

由于犹太饮食法涉及内容繁多、复杂，普通民众很难把握，因此，犹太饮食法要求犹太人在经过犹太教权威机构认可的商店（通常标有“kosher”字样）购买可食食品和作料，特别是购买肉类食品、葡萄酒和果汁等（这些商品上通常都标有特殊标志），到标有“kosher”字样的餐馆用餐，以确保食品的质量和遵守犹太饮食法。

由于犹太饮食法的存在，犹太人在食品准备方面亦有严格的要求。

对于肉类食品，要求在烹调前在肉上抹上少许的盐，以便将可能遗留在肉里的血水清除。在认可商店购买的肉通常已经经过这样的处理，因此，可以在清洗后直接烹调。

对于蛋类，主要要求查看蛋中是否带血块，是否已经经过孵化，在确认没有血块或经过孵化后，方才可以食用。

对于水果、蔬菜，由于几乎所有的昆虫、蠕虫、爬虫均不可食用，因此，在食用水果和蔬菜前必须对之进行检查，查看上面是否有虫眼或虫卵。对于有虫眼或者无把握的水果和蔬菜，通常的做法是先将这些水果和蔬菜放在盛有加入少许盐的水的容器中浸泡一会，因为盐水具有使隐藏的昆虫、蠕虫脱落的功效，然后再用清水冲洗。所有的水果和蔬菜都必须先洗后食用。

犹太饮食法还包括在犹太节日食用特殊食品，其中最重要的禁忌是在逾越节期间不可吃带酵的面食，必须吃无酵饼。

需要特别指出的是，由于犹太饮食法的存在，经营“可食”食品餐馆除了必须使用符合上述标准的食品作为原料和符合种种规定，有经有关权威机构认定、具有监督职能的专门人士对食品和烹调过程进行监督外，还必须遵守犹太人的安息日制度，也就是说，在安息日（指从周五日落至周六日落）必须歇业，否则将被视为“不洁”。

犹太饮食法的含义

《圣经》中并没有对犹太人为何必须遵守犹太饮食法做出具体解释，只是把它与“圣”联系在一起。《塔木德》时代的拉比只是做出了一系列的规定，也没有深究这一律法的道理。由于犹太饮食法使用了“洁净”、“不洁”、“可食”等词语，许多人认为，犹太饮食法与对健康的关心有关，不洁的食品有害于健康，因此应该遭到禁止。可是，考察历史上犹太教和犹太拉比在这方面的论述，可以看出这样的观点并不准确。他们认为遵守饮食法是犹太人必须遵守的(宗教)义务，同时有助于性格自律的培养和道德情操的提升。

出于遵守诫命的需要 从犹太饮食法的产生和发展过程看，犹太饮食法显然与犹太人的神学观念密切相连。犹太人的神学观念不仅要求犹太人要保持内心纯洁，而且要求犹太人做到外部圣洁。而保持纯洁和圣洁的一条重要标准是遵守诫命。犹太饮食法作为诫命的一个重要组成部分，自然必须得到遵守。《圣经》中多次提到犹太民族是上帝的选民，保持圣洁和为其他民族做出表率是对犹太人的基本要求，也是犹太人必须遵守的义务。

如前所说，犹太饮食法是根据神圣诫命的绝对要求制定出来的，因此，对饮食法的遵守不是出于个人的饮食爱好，而是被视为是服从上帝的一种表示。《隐秘之书》诠释《利未记》的第 20 章 26 节时说：“不要说，‘我不喜欢猪肉’；而应说‘我的确喜欢猪肉，但根据天上圣父的要求，我不吃猪肉。’”拉比据此把饮食法列为 hukkim(法令)，一种超出了人的理性认识的法令。尽管这些法令遭到异教徒的种种嘲讽，被非犹太人认为是荒唐之举，却必须得到遵守，因为遵守被认为是尊崇上帝的一种方式。瑞布拉比指出，遵守犹太饮食法具有一种道德上的考虑。“从脖颈前或脖颈后宰杀动物对上帝而言会有什么不同呢？人吃洁净或不洁的食物对上帝有什么关系呢？这表明，上帝做出这样的诫命仅仅是出于考验人的目的。”[①]因此，对动物进行宰杀的礼仪细节以及犹太饮食法的其他规定都被认为具有磨炼和净化人品性的目的。这些规定被看成是防止残酷对待动物的保证，是训练人自律的措施，是把犹太人作为祭司民族区分出来的手段，是服从上帝意志的一种表示。[②]

出于自律的需要和圣化生活和道德情操提升的需要 犹太人认为，人在饮食方面控制自己是一种很好的自律方式，有助于控制人的欲望。老实说，一个人吃什么或不吃什么只有自己知道，关起门来，谁也不知道他到底吃什么。只有具有自控能力的人才会在吃上把好关。《密西拿》就曾说过：为什么一个人吃什么变得十分重要？人如果在吃的方面控制自己，将会在自己所有其他行为上自控，而自控对于

① Yoma 67b.

② 同上。

一个圣洁的人来说十分重要。犹太教认为:人在一生中,总是不断面临行“善”还是行“恶”的考验。如选择洁净还是不洁的食品一样,不洁的食品也可能看上去很不错,有很多人在食用,味道也可能很鲜美,很可能引起自己的食欲。但一个圣洁的人一定不会为了满足一时的口福弃律法而不顾。这样的人自然不会因“恶”能为自己带来一时的好处而弃善行恶,一定能够抵制恶的诱惑。《圣经》中还多次提及任何可憎的东西都不可食用,拉比据此解释可憎的行为也一样不可为。这样,犹太教通过对可憎食品的限制也限制了人有可能做出的可憎行为。

迈蒙尼德在其《法典》中以下面的一段话结束了他对犹太饮食法的讨论:“无论谁认真遵守了这些饮食规定,为了上帝的缘故,他们都将因此涤净了他们的灵魂,变得格外神圣和格外纯洁,正如《利未记》所言:‘你们要成为圣洁,因为我——你们的上帝是圣洁的。’(第 11 章 44 节)”迈蒙尼德认为,饮食法教人学会自控。在《迷途指津》中,他写道,遵守犹太饮食法的目的是“为了抑制欲望的增长,抑制人们耽于追寻享乐的欲望,和防止人们把满足口腹之欲看作(人类生存的)目的的倾向。”①

对于犹太教信徒而言,吃还被视为一种宗教义务。如在逾越节吃无酵饼,在安息日和节日要预备节日菜肴以表达喜悦之情。遵守犹太饮食法可以从一个侧面表达人活着不是为了吃,而吃是为了生活得更圣洁的理念。

犹太饮食法进一步说明了犹太人是如何圣化生活的。尽管这一饮食法对犹太人的健康产生了有益的影响,但这种卫生健康功效并不是遵守饮食法的初衷。遵守饮食法的首要目的是锤炼犹太人并使其神圣。

犹太饮食法与社会的关系

显而易见,犹太饮食法的存在,在很大程度上使得犹太人无法与非犹太人同桌共餐,从饮食上将犹太人与其他民族区分开来。倘若犹太人只生活在自己的天地中,不与其他民族的人交往或生活在一起,犹太饮食法就完全可以成为一种把犹太人作为一个神圣的团体凝聚在一起的有效措施。例如,吃猪肉被认为等同于叛教(《马加比传下》,第 7 章 1 节)。上述有关饮食法的种种规定也许不会引起人们太大的不安和反感。如同那些离群索居,或者与世隔绝中生活的土著或原始人一样,无论他们的生活方式和信仰多么独特,也不会引起人们和社会的反感。然而,事实上,犹太人自第二圣殿(公元 70 年)被毁后就基本上生活在异族之中,并在大多数情况下,只是一个社会的少数民族。在这样的社会中再坚持自己的独特生活方式和饮食标准便有可能会使他们在非犹太人眼中成为一个“古怪”的、与社会“格格不入”的群体,招致对犹太习俗不了解或不宽容人们的反感和猜疑。实际上,这样的情况一直在发生,对于这一点犹太民族早在古代就已察觉。例如,在《圣经·以斯

① 摩西·迈蒙尼德:《迷途指津》,第 3 章 35 节,山东大学出版社,1998 年。

帖记》中,犹太人就写道,波斯王之所以要清除帝国中所有犹太人是因为对犹太人不满的哈曼进谗言道:“有一种民族,散居在王国各省的民中,他们的律例与万民的律例不同,也不守王的律例,所以容留他们与王权无益。”(第 3 章 8 节)。公元 3 世纪在雅典和罗马生活过的希腊学者佛拉维乌斯·菲洛斯特拉托斯(约 170—约 245)曾这样总结非犹太人世界对犹太人的看法:“长期以来,犹太人不仅多次起义反对罗马人,而且违反人性;他们是一个离群索居、难以改造的民族。他们既不愿与其他民族分享餐桌上的快乐,也不愿参加其他民族美酒、祈祷或献祭活动。他们与我们之间的鸿沟比将我们与苏拉和巴克特拉分隔开的东印度半岛还要巨大。”

此外,随着现代社会的到来,犹太人与非犹太人社会交往的增多,犹太饮食法的种种限制性规定为现代犹太人带来了诸多严重不便。过去曾激励犹太人与其周围民族隔离的动机现在却成了越来越多犹太人放弃犹太饮食法的主要原因。在犹太人奋力争取社会平等和公民平等的过程中,任何妨碍他们与周围民族交往的习俗和律法都会受到起码是一部分人的厌恶。犹太教改革派一度对犹太饮食法的摈弃可以说就是这一思想的反映。不仅如此,他们的社会利益和经济利益要求他们与周围人群同桌就餐。作为国家的一个组成部分,如果犹太人要参与到公共生活中去,他们与其他人的分隔就不能过于宽泛。任何为保存犹太民族的独特性的做法只能限制在与宗教和与宗教相关的文化和社会领域,如存在于天主教徒、主教制教会教徒、基督教贵格会教徒、或一位论派基督教教徒之间的一样。

在这一形势下,由于犹太饮食法强调的是外在的洁净和神圣,有人开始怀疑在现代条件下将遵守犹太饮食法作为宗教精神信仰一部分做法的价值。但有另外一些人认为,若对这些规定进行一些修订,犹太饮食法仍然能发挥极其重要的作用,因此应当得到保留。由于犹太教涵盖了犹太人生活的方方面面,正如它不能回避个人幸福或家庭幸福和社会关系等方面的问题一样,它也不能不考虑饮食问题。作为一种生活方式,犹太教必须强调饮食方面的节制和适度,强调避免过度奢侈,等等。如果我们认识到精神状态和人的身体和心智健康的相互依存关系,宗教也不应把饮食与健康的关系置之不理,尽管这主要是卫生方面的问题。不过,正是由于现代犹太人的宗教需要使得至少有必要遵守饮食法的部分规定。通达世事者不会看不到,当抽象的宗教和伦理信条无能为力时,那些形而下的具体礼仪往往能够有效地传达神圣的精神。正如在过去一样,犹太饮食法依然可以起到训练人服从宗教诫命的作用。如果犹太饮食法能感召人们服从某些诫命,那也一定可以促使人们去服从其他的诫命。遵守犹太饮食法还能使人做到自律和自制。此外,遵守饮食法不仅能让犹太人认同过去的历史,还能使他们在当今与所有生活在世界各地的犹太同胞有一种认同感。

这样看来,只要对犹太饮食法加以变通使其不那么刻板,那么,它就不大会具有成为犹太人与他周围人交往障碍的危险。于是,有人建议只保留《摩西五经》(《利未记》,第 11 章;《申命记》,第 14 章)中的饮食规定,剔除拉比对这些规定制定出的较为武断的补充规定。这样，犹太食谱中仍然不包括病死的动物肉、自然死亡的动物肉或被猛兽咬死的动物肉（一切文明国度的卫生法律都已禁止食用这类东西），同时还不包括猪肉、野兽的肉、猛禽的肉，以及贝类海产品。这将放宽不能奶肉混吃的限制，放宽宰杀动物礼仪的限制，以及剔除动物筋腱和血的种种限制。[①]

尽管犹太饮食法的存在在客观上将犹太人和非犹太人在饮食上隔离了开来，使得犹太人无法与非犹太人同桌共餐，有碍于人们之间的社会交往，因为，无论如何，餐桌自古以来就是人们交际的最佳场地之一。但从今天的食品卫生法、动物保护主义和环境保护主义立场出发，犹太人在两千多年前形成的特殊的饮食法显然还是包含有若干具有积极意义的东西。

由于犹太饮食法的存在，犹太人从来都没有有过“除了桌子以外，凡是有腿的都能吃”的说法，从来都没有有过滥捕滥食野生动物的习惯，从来没有出现大摆“山珍海味”宴席的事，也从来没有在市场上出售死亡动物的肉、变质的肉的丑闻。此外，礼定屠宰能确保肉类食品洁净和卫生。它对食品极其严格的要求，对可以摆到餐桌上供人食用动物的肉的严格规定，使得越来越多的非犹太人机构正在积极研究犹太饮食法，希望从中得到有益的启示。例如，美国的一些食品生产和管理机构已经与管理犹太饮食法的机构合作，商讨使用犹太饮食法标志一事，以便为市场提供人们可以信赖的“放心肉”和其他食品。越来越多的非犹太人到出售符合犹太饮食法的商店去购买肉类制品就是最好的说明。过去的历史表明，犹太人的饮食健康确实因为犹太饮食法得到了保证。

犹太历史表明，犹太饮食法对犹太民族的留存意义重大。它的产生和贯彻执行使犹太人的群体保持着自己的特征，并在成员中产生认同之感。在现代社会到来之前，它几乎是犹太人守教标准的一块试金石，是犹太性的一个重要外部标志。尽管，现代以来犹太人对犹太饮食法的作用和约束性提出了种种质疑，但可以预见，它作为犹太教诫命的一个重要组成部分仍将受到犹太人的尊重。

犹太教的组织

犹太人的宗教作为一种有组织的宗教，早期的崇拜是犹太教组织的重要内容和主要活动形式。崇拜活动把犹太人组织在了一起。最早的崇拜仪式是祭礼，人们将各种牺牲献祭给上帝，以表示对上帝的崇敬。圣殿被毁前，祭礼主要在圣殿中进行。除了每日的晨祭和晚祭外，还有六种为特殊目的举行的专门祭礼：燔祭、素祭、平安祭、赎罪祭、赎愆祭、摇祭。通过献祭实现与上帝的沟通和表达对上帝的敬畏等。圣殿中的祭礼由祭司主持。祭司遂成为犹太民族中一个特殊阶层。根据犹太教传统，祭司必须由来自利未支派的人担任。

① See Samuel Cohen, *Judaism: A Way of Life*, pp. 170—171.

最初由于圣殿被毁和囚居巴比伦,犹太人再也无法在圣殿祈祷和敬献祭品,他们所信仰的宗教也无法通过传统的组织传递,失去了其传统的实体性表现形式。针对这一情况,先知耶利米提出:人们不论在什么地方,即使远离圣殿,也可以通过自己的专心祈祷接近上帝。这一解释,对于以圣殿祭祀为中心的神学传统来说显然是一个创造性的突破,而对于被掳之民的现实处境来说,更具有实质性的意义。在先知以西结的指导下,巴比伦的犹太人开始在安息日和其他犹太人节日到来时聚集在一起,或是祈祷,或是学习,或是回忆以色列曾有过的荣耀,或是讨论生活中出现的新问题。渐渐地聚集场所固定下来,成为人们定期前来举行集体祈祷和表达信仰的地方,其宗教上的作用相当于圣殿。这种民众集体祈祷场所就是人们后来所说的犹太会堂(synagogue)的最初形式。以会堂代替圣殿,以在会堂的聚会代替去圣殿的崇拜,以无形言辞的祈祷代替有形物质的献祭是犹太教抽象化的一种表现,也是犹太教的一种创举。这种集体聚会形式和崇拜方式,在第二圣殿被毁和犹太人的献祭活动和祭司制度完全中止后,逐渐发展成为犹太教正规的崇拜形式,即犹太社团的会堂崇拜。犹太会堂也就成为了犹太教的基本组织形式。

需要指出的是,犹太会堂并不是一般意义上犹太圣殿的替代物。圣殿是以其位置和建筑为其中心,主要功能是向上帝祭祀和宗教崇拜。祭祀活动和宗教崇拜有其严格的礼仪程序和规定,必须由祭司主持和在圣殿内举行。而犹太会堂可以在任何地点、任何场所,因为它不是以外在的建筑为中心,而是以组成它的人为中心,即一般所说的犹太会众(congregation)。组成一个犹太会堂和进行集体祈祷的唯一准则是必须有至少10名年满13岁的犹太男子,如不达到这一法定人数就不能组成犹太会堂和进行集体祈祷。犹太会堂的主要作用是祈祷、学习和管理(一种会众的自我管理模式,在犹太民族大流散期间,成为犹太人之间联系的基本组织形态和自治模式)。

更为重要的是通过犹太会堂和祈祷,犹太民族不再与任何特殊形式的祭司、圣殿和国家捆绑在一起了。他们可以生活在世界的任何地方并与上帝直接交流,无需通过任何中介。原先僵化刻板的犹太人的宗教现在变成了一种可携带的物品,既具有伸缩性又是无形的,确保了处于流散状态中犹太人的生存。犹太会堂因此成为各地犹太人的宗教活动中心。这一具有祈祷功能和维系民族信仰作用的犹太会堂后来成为基督教的教堂和伊斯兰教的清真寺的原型。

自第二圣殿被毁后,犹太教中的祭司阶层不复存在。由于犹太教中不存在早期基督教中的教阶阶层,因此,犹太教没有统一的中央领导机构。犹太拉比尽管被视为犹太教的精神领袖,但其职责主要是主持犹太会堂的正常宗教活动、礼拜仪式、布道、解释犹太教具体信条的涵义以及传授犹太教知识等。早期的拉比并不取薪,只是作为一种义务兼职,后因实际需要成为专职人士,但拉比不是犹太会堂的行政领袖,犹太会堂的行政事务通常由会众选出的人担任。犹太会众是犹太教的基本组织。

"在会堂里,流散的民族聚拢了起来,在会堂里,作为民族传统的代表的拉比行使着精神的权威,在会堂里,种种犹太事业,从教育到慈善都投入了运行!维系犹太民族生存的全套机构在会堂这块小小的物质空间内,发挥着它们全部的作用!一个非地域的民族找到了自己最为节约而高效的地域性存在的方式!"①

《圣经》文化典籍

《圣经》文化的内容主要反映在包括《圣经》、《次经》、《伪经》、《死海古卷》等在内的古代犹太文化典籍中,而其中的《圣经》无疑是扛鼎之作。《圣经》作为这一时期犹太文化的核心在展示犹太思想的发展轨迹的同时,为人们了解犹太文化提供了最直接和最丰富的历史资料。

《圣 经》

《圣经》作为记录着犹太人信仰体系的书不仅被犹太人视为其对世界的最重要的贡献,而且被世人公认是人类有史以来最伟大的一部书籍,是犹太文化伟大成就的高峰和代表。人类学家把它看成是反映人类早期生活和思想的"文化母本",是日后发展起来的犹太文化的种子,是研究古代近东不可或缺的资料来源,是世界文明的一个源泉。其影响之广之深几乎遍及世界文化,特别是西方文化的方方面面,从宗教信仰、伦理思想,到文化科学、文学艺术,概莫能外。鲁迅先生曾评论《圣经》说:"虽多涉信仰教诫,而文章以幽邃庄严胜,教宗文术,此其源泉,灌溉人心,迄今兹未艾。"②不少对《圣经》进行过深入细致研究的学者都把它看成是一部属于全人类的书。的确,《圣经》不仅是犹太人的宗教典籍,是犹太人生活和思想的百科全书,犹太人的历史、思想、社会、文学无一不包括其中,它还是人类文化的最宝贵遗产之一。现代以色列国成立时的《独立宣言》就庄严地指出:"犹太民族撰写了《圣经》,并把它奉献给了世界。"若撇开《圣经》中的宗教成分,或拨开人为的"神学"帷幕,《圣经》便无疑可视为是一本专注于人类道德状况的书。无论是它列出的"十诫"或提到的613条诫命,还是它宣扬的"公正"和"正义"思想,其终结的目的无不可以看成是为了提高人的道德水准。犹太教作为一种"伦理一神教"所具有的道德教化作用亦表现于此。而它对人类社会公正和正义的关注使人们发出"《圣经》对未来的最大梦想和希望是建立一个致力于全人类之正义与和平的和睦的世界"的赞叹。

① 顾骏:《犹太的智慧:创造神迹的人间哲理》,浙江人民出版社,1993年,第245页。

② 鲁迅:《摩罗诗力说》,《鲁迅全集》第1卷,人民文学出版社,1982年,第64页。

《圣经》内容概要

犹太人的《圣经》由三大部分组成:《托拉》(Torah)、《先知书》(Neviyim)和《圣文集》(Ketuvim),总共为24卷[①]。由于《圣经》主要由希伯来文写成,故亦有《希伯来圣经》之称,以区别后来出现的基督教使用的《圣经》[②]。不过,《圣经》在希伯来文中并没有特别名称,只被描述是"神圣的经典"。犹太人用"塔纳赫"(TNK,插入元音后发Tanakh的音)通称之。该传统的称谓是由《圣经》上述三部分名称的第一个字母组成。[③]

第一部分《托拉》(又称《律法书》或《摩西五经》)由《创世记》、《出埃及记》、《利未记》、《民数记》和《申命记》5卷书组成。它主要反映的是创世、人类早期历史、犹太民族始祖的生活、以色列人在埃及的经历,以及在摩西领导下离开埃及在旷野游荡40年的历史。犹太教的律法均最初来源于这一部分,历来被认为是《圣经》的主体。

《创世记》(共50章)讲述世界和人类被创造出来、人类社会的史前史、以及犹太人族长时期的故事。一神思想和犹太人作为一个与上帝立了约的选民思想得到最初的表述。

《出埃及记》(共40章)讲述摩西的身世,如何在上帝的参与下与埃及法老斗法、带领犹太人摆脱奴役、逃离埃及以及在西奈山接受《摩西十诫》的故事。犹太人追求自由、集体与上帝立约、逐步成为一个统一民族的过程得到了展示。

《利未记》(共27章)重点讲述犹太教诫命、祭祀例律、礼拜仪式和条例等内容。确定了犹太教早期的一系列立法规定和祭司阶层的地位。

《民数记》(共36章)主要讲述犹太人离开西奈山,在西奈半岛和迦南南部旷野游荡40年的经历,其中包括对犹太人口的统计,与当地人的冲突和宗教例律的设定等。

《申命记》(共34章)叙述40年旷野游荡行将结束、犹太人将要进入应许之地时,摩西对犹太人的谆谆教诲一事。内容以摩西之死结束。犹太教的一系列诫命得到了重申。

第二部分《先知书》由《约书亚记》、《士师记》、《撒母耳记》、《列王记》、《以赛亚书》、《耶利米书》、《以西结书》和《12小先知书》8卷书组成。成书年代在公元前600至公元前300年间。前期先知书(指没有留下著作的先知)为历史记述。后期先知包括三位大先知著的书和12位小先知的作品,这时的先知以上帝代言人身份

---

① 基督教新教派把《圣经》划分为39卷。主要分歧产生于是将12小先知节看成一卷书还是12卷书;是把《撒母耳记》、《列王纪》、《历代志》以及《以斯拉—尼希米记》各看成为1卷还是2卷。

② 基督教使用的《圣经》除了《希伯来圣经》全部内容外,主要还包括被称为《新约》的部分。

③ 《圣经》大部分书卷的名称都采用卷首的第一个词。

阐述神谕,教育民众。《先知书》从犹太人征服迦南写起,经士师时代、统一王国时代、王国分裂时代,一直写到亚述灭北方王国,新巴比伦帝国灭南方王国,耶路撒冷陷落,圣殿被毁。这些书卷不是单纯写历史,而是以基本史料为立足点,依据宗教需要对历史事件和人物进行选择和评判。为此,塑造出了一批英雄人物和刻画了一系列历史业绩。作品以激扬的文字,或发出悲愤的呐喊,大声呼喊民族危亡在即;或表现出如火的激情,抨击现实,呼唤改革。

《约书亚记》(共 24 章)讲述约书亚继承摩西的未尽事业,带领犹太人进入和征服应许之地、在犹太各支派中进行土地分封的过程。

《士师记》(共 21 章)讲述犹太人从征服应许之地到君主制出现时期的历史,前期先知的历史业绩得到充分反映。

《撒母耳记》(共 55 章)讲述先知撒母耳时代犹太人的历史,撒母耳先后立以扫和大卫为王的过程以及这两位王的历史建树。

《列王记》(共 47 章)讲述了自希伯来统一王国建立到犹大王国被灭时期诸王的生平历史以及功过是非。

《以赛亚书》(共 66 章)讲述先知以赛亚对人们的教诲。显然叫"以赛亚"的先知不止一人。书中第 1 至 39 章表达的是生活在犹大王国的以赛亚的思想,第 40 至 55 章则表达了生活在巴比伦之囚时期以赛亚(史称"第二以赛亚")的思想,而第 56 章至 66 章预言具有大同特征的新时代必将在救世主到来时实现的思想。

《耶利米书》(共 52 章)记录了先知耶利米预言上帝将对犹太人所犯罪恶进行严厉惩罚的言论,以及改过自新的犹太人将有望获得救赎的神谕。

《以西结书》(共 48 章)讲述先知以西结在犹大失国前发出的警告和在巴比伦流亡者中宣讲上帝启示的故事。

《12 小先知书》讲述不同时期先知发出的各种预言和教诲。涉及到的先知包括阿摩司、何西阿、弥迦、西番雅、那鸿、哈巴谷、约拿、俄巴底亚、哈该、撒迦利亚、约珥和玛拉基。

第三部分《圣文集》由《诗篇》、《箴言》、《约伯记》、《雅歌》、《路得记》、《耶利米哀歌》、《传道书》、《以斯帖记》、《但以理书》、《以斯拉—尼希米记》和《历代志》11 卷组成。内容涉猎诗歌、小说、戏剧故事、智慧书、历史著作等方面,各种文学体裁均得到运用。这些作品内容丰富,风格多样,代表《圣经》文化在文学方面取得的最高成就。

《诗篇》(共 150 篇)相传均为大卫王所作,主要由赞美诗组成,集抒情诗之大成,情真意切,幽邃庄严。

《箴言》(共 31 章)是箴言的汇编,集民间谚语之大成,寓意深刻,益人心灵。

《约伯记》(共 42 章)讲述义人约伯经受受难考验的经过,以此感悟生命,启迪心智。

《雅歌》(共 8 章)讴歌爱情,寓于神人关系,优美细腻,热情奔放。

《路得记》(共 4 章)讲述外邦女子路得夫亡后贤惠待婆婆,返回以色列地后再嫁犹太人的故事。质朴情深,寓意深远。

《耶利米哀歌》(共 5 章)抒发亡国亡殿之恨,表达忧国忧民之情,悲切深沉,震撼心灵。

《传道书》(共 12 章)悟世间之缥渺,叹人生之虚无,纵论人世,醒世警人。

《以斯帖记》(共 10 章)讲述犹太女子以斯帖以智慧挫败波斯人哈曼灭犹阴谋,讴歌犹太人的智慧和爱国之情,抒发犹太人战胜仇敌之悦。

《但以理书》(共 12 章)以异象晓喻未来,以思考启示人生。通过对异象的解释表达了末日审判的观念和对弥赛亚的期盼,具有永恒的启示意义。

《以斯拉—尼希米记》(共 23 章)讲述了在第二圣殿早期为犹太人社会和信仰生活重建做出重要贡献的以斯拉和尼希米的事迹。坚持信念,固守传统,万众一心,民族永存。

《历代志》(共 65 章)记录古代犹太人王国历史,再叙以色列王朝兴衰。以史为鉴,面对未来。

《圣经》的形成和编撰

从犹太教的立场出发,《圣经》是上帝启示的结果,因此,《圣经》的内容完全来自上帝,被认为是上帝在西奈山通过摩西一次性地授予给了犹太人。不过,从文化的角度出发,被当作犹太教经典的《圣经》显然并不是一本统一的书,而是一部内容、主题不同的文集。对《圣经》的研究揭示,《圣经》是在一个相当长时间内(近千年)由不同时期的犹太学者不断撰写,最后汇编成册。从《圣经》包含的内容看,有的篇章在公元前 11 世纪就已经出现,有的则是公元前 2 世纪的产物。犹太人并不是从一开始就拥有《圣经》的,犹太人的始祖亚伯拉罕没有《圣经》,伟大的大卫王和所罗门王也没有《圣经》。《圣经》之所以最终被编撰成册与犹太人的历史遭遇紧密相连,是犹太人对民族危机的一种独特反应。《圣经》学家加百尔和威勒指出:“犹太人只是在感到其信仰濒临全面覆亡的绝境时,才不得不编纂正典,为其传统信念找出永存的形式。这一抢救和重修古籍的行动是民族危机的直接反响。”[①]

《圣经》的正典分两次完成。首先被正典化的是《托拉》,然后是《圣经》的其余部分。

《托拉》的正典

《托拉》作为《圣经》的主体和核心部分,其内容和正典化过程一直最受关注,成

① 加百尔等:《圣经中的犹太行迹》,第 78 页。

为历代研究《圣经》文化人士的一个研究重点。由于历史久远和早期资料的匮乏，加上《托拉》内容的繁杂，人们对《托拉》的形成有众多不同的观点，目前在学术界为多数人接受的观点是“底本说”，即认为《托拉》不是出于一个人之手，而是经过许多代人的努力、由来源不同的底本资料汇编而成。当然，“底本说”本身亦十分丰富，包括不同的观点看法。不过，由德国《圣经》学家韦尔豪森(Julius Wellhausen)总结的“四底本”说最受赞许。这一假说认为《托拉》文本的资料主要来源于四个“底本”，它们分别是J本、E本、D本和P本。其中，J本(其中对上帝的称谓为“雅赫维”，故又称“雅赫维本”)包含的资料最为久远，可追溯到公元前9世纪。其内容贯穿在《创世记》、《出埃及记》和《民数记》之中。E本(其中对上帝的称谓为“艾洛希姆”，故又称“艾洛希姆本”)包含的资料产生于公元前8世纪左右，内容与J本部分交织，交叉出现。D本包含的资料产生于公元前7世纪，内容为《申命记》的主要部分。P本包含的资料产生最晚，大概出自公元前6世纪前后，内容包括《利未记》的全部及《出埃及记》和《民数记》的大部分，主要代表着祭司的观点。《托拉》的编撰者利用这些底本作为蓝本，在取舍、交叉使用的过程中完成了《托拉》的最终编撰。这样，“底本说”在总体上勾勒出《托拉》内容的来源。

《托拉》作为一个统一体，它的编撰和最终文本的确立发生在犹太人被允许返乡和重建圣殿后的公元前5世纪。在这一政治大背景下，《托拉》的正典化可以说是犹太民族痛定思痛的结果，是对民族危机的一种文化反应，对当时已经存在的异族文化(特别是波斯文化)冲击和影响的一种防卫行动。为了用律法重新整顿社会生活，规范犹太人的言行举止，维护犹太民族的纯洁性，以著名祭司以斯拉为首的犹太学者完成了《托拉》文本的编撰工作。《托拉》最终文本的确立的过程即为《托拉》正典化的过程。一般认为全部工作是在公元前444年[①]完成的。

《托拉》的正典标志着犹太文化的核心——一神思想最终确立，标志着被认为是代表犹太信仰最完善形式的犹太教进入了成熟阶段。犹太民族终于有了一个能够连接所有犹太人的最有效的精神纽带。

正典后的《托拉》受到犹太人的极大尊重，发展出了诵读《托拉》的习俗，即定期对《托拉》指定部分的吟诵。按犹太教有关规定，诵读时，犹太会堂的人数必须达到法定教徒人数(即至少需有10名以上成年男子在场)，诵读必须在正式礼拜仪式中进行，必须使用羊皮《托拉》经卷。《托拉》诵读作为犹太教古老礼拜仪式中的一项独特活动，从第二圣殿时代起成为犹太会堂仪式中的一个有机组成部分。然而，人们在追溯它的起源时，仍把摩西看成是该活动的始作俑者。犹太哲人认为，摩西在世时，一直试图在安息日、节日和新月日推行对圣书的诵读活动。后来，从巴比伦返回的犹太先知以斯拉着手对犹太教进行整顿时，把它推广到每周一、四以及安息日午后的仪式中去。这一做法在拉比犹太教初期得到了进一步发展，表现出一定

① 一说于公元前400年正典。

的程式,各诵读部分开始有了特定的名称,每次被请去诵读教徒的人数以及每周诵读内容逐步固定下来。然而,诵读活动真正发展成为一种习俗,具有系统化、程式化的特征,是在《塔木德》时代开始的公元3世纪。这时,以巴勒斯坦和巴比伦为主的两种诵读周期形成。巴勒斯坦诵读习俗根据三年中星期数把《托拉》分成175个章节,这样在三年的时间里正好将全部《托拉》诵读一遍。这一诵读周期习俗在13世纪前后消亡。巴比伦诵读习俗则根据一年中星期数(以犹太历闰年为准)把《托拉》分为54个章节。这样,在一年的周期中正好将全部《托拉》诵读一遍。由于正常年份只有52个星期,加上部分安息日与重大节日重叠,诵读《托拉》活动必须停止,为确保在一年内将《托拉》诵读完毕,故又规定有些安息日诵读的内容必须"拍双"。等到西姆哈《托拉》节到来的那一天,过去一年的诵读《托拉》周期正好完毕,新的诵读《托拉》周期随即开始。这种周而复始的循环,使得诵读《托拉》活动永不停止。目前,这一最初产生于巴比伦的习俗已为全世界犹太人所接受。

犹太会堂举行的《托拉》诵读仪式庄严、热烈,洋溢着一种节日的喜庆气氛。诵读开始前,会众都要起立,目迎《托拉》经卷从约柜中取出,在诵读台上放好。诵读完毕后,会众要再次起立,目送《托拉》经卷放回约柜中去。在诵读过程中,每请一位,人们都要吟诵"祝福我们的祖先"颂词。诵读完毕后,还要把《托拉》经卷高高举起,人们齐唱《摩西在以色列人面前陈明律法》之歌。有幸在这时举起《托拉》经卷,并将经卷展示给会众的人被称为"高升者"(在塞法迪、意大利、东方犹太社区中,则在诵读之前高举经卷)。随后,另一位会众被请上来与之一道将经卷卷起,放回约柜。

被请到讲经台去诵读《托拉》的人数在不同场合有不同规定。一般说来,在周一、周四、安息日午后、禁食节、哈努卡节、普珥节以及赎罪日午后举行的诵读活动中,被请人为3人;在新月节、逾越节和住棚节节期日中,被请人为4人;在三大朝圣节和新年晨祷中,被请人为5人;赎罪日晨祷中,增加至6人;正常的安息日晨祷中,被请人为7人。《托拉》诵读一般在安息日晨祷结束后和附祷开始前进行。

犹太哲人曾制定出一套请诵读人顺序的规定。第一位被请人应来自祭司阶层,第二位应来自利未家族,从第三位起是普通犹太人。如会堂中没有来自利未家族的人,第二位仍从祭司阶层中出;在没有祭司阶层的人在场时,可以请利未家族的人,或一位普通犹太人,但如请普通犹太人作为第一诵读人,则不能再请来自利未家族的人为第二诵读人。在一些特殊场合,上述优先权可以变更,如新郎有权充当第一诵读人(再婚者除外);其他有优先权的人还包括达到举行成年礼年龄的男孩、刚做父亲的人和刚结束息瓦治丧期的人等。

由此可见,《托拉》的正典自然成为犹太文化史上最重要的事件之一。根据犹太教的观点,犹太教的所有教义、信条、思想均直接从《托拉》中产生。在犹太教看来,《托拉》所包含内容如同宇宙一样博大深邃。《托拉》作为《圣经》的核心,理所当然被看成是“一座壮丽的纪念碑”,其影响“甚至远远超过所罗门圣殿”。[①]

《圣经》的正典

《圣经》全书的正典则是到了公元90年才进行,根本的原因同样是与犹太民族的历史遭遇紧密相连,是犹太人对民族危机的一种独特反应。凡熟悉这一段历史的人都知道,此时希腊化的压力越来越大,希腊文化对犹太教,特别是生活在希腊化地区犹太人的影响越来越大。从当时流行、日后收入《次经》和《伪经》中的一系列作品可以看出这一影响程度之烈。虔诚犹太人心中最深层的忧患之一是对那个时代“反对律法”的强大社会倾向的担忧。耶稣基督的出现,尤其是使徒保罗关于福音的思想已经完全背离了传统的犹太教思想。这种背离至少在这样两方面表现得十分明显:“一是保罗否定了传统犹太教的神选观念:他遵奉上帝与亚伯拉罕之约,因而他将教会理解为‘真正的以色列’之说是顺理成章的,但是他又把约的观念从亚伯拉罕‘跳到’基督,囊括了所有信仰基督的人,而不仅仅是犹太血统的犹太人,这事实上是彻底否定了关于以色列的神选观念。第二,这个决裂尤为清楚地表现于他坚持认为只有通过对基督的信,而不是接受律法,人们才能成为神之选民。这样,保罗否定了所有犹太教形式中两个共同的柱石:以色列的神选和对于摩西律法的忠诚。”[②]保罗的“因信称义”观点和传教活动使得诞生于犹太教的基督教在彻底背离“母教”思想的同时得到迅速发展和传播,而圣殿被毁事件似乎在验证基督教关于“新约”的观念。希腊文的《七十子译本》[③]借助语言的优势到处传播,对犹太教思想造成严重威胁。此外,公元70年犹太人举行的反对罗马统治的起义失败,圣殿再次被毁,犹太人开始失去在故土生活的权利,不得不流散到世界其他地区生活,民族存亡到了一个万分危急的关头。

犹太拉比正是在这一形势下在贾布奈学院着手进行《圣经》的正典工作,经过一系列讨论,于公元90年对哪些书卷应当入选,哪些书卷不该收入做出最终裁定,确定《圣经》文本的内容,从而完成了《圣经》的正典化全部过程。这是继公元前444年《托拉》正典以来的一项极其重要的举措,一劳永逸地锁定了犹太教经典应包含的内容,并使得犹太教的经典能够以“一以贯之”之势保持至今。《圣经》的正典化对于犹太教而言意义极为重大,犹太人若不能为其传统信念找出一种永存的形式,不能框定犹太教经典内容的最佳构成,使其具有权威性,犹太教的正统信念无疑要面临巨大危机。事实证明,犹太教之所以能够成为一种有着明确教义和一整套诫命的宗教,主要是它拥有自己“固定不变”的典籍——《圣经》,具体而严格地

① 加百尔等:《圣经中的犹太行迹》,第78页。

② E. P. Sanders: *Paul, the Law, and the Jewish People*, SCM Press Ltd., 1983, p.p. 207—208.

③ 这里指的是包括《次经》在内的《圣经》版本,《次经》内容由于深受希腊思想影响为犹太教所拒绝,而早期的基督教(现主要为天主教)一直将其视为《圣经》的一部分。

对基本教义和信仰做出了界定。

显然,发生在公元90年的正典过程是为了保证《圣经》的全部内容建立在传统信仰的基础之上,维护犹太教的纯洁性,确保犹太教教义的独特性和对全体犹太人的权威性。《圣经》学家加百尔和威勒对《圣经》正典的目的把握深刻,他们一针见血地指出:"(正典化)极力将犹太圣经建立在传统信仰的基础上,而断然拒绝为《七十子译本》的权威性辩护的任何企图。在一定意义上可以说,这是一场防御性运动,其抵制对象是基督教……"[①]从某种意义上来说,《圣经》的正典实际上给了犹太民族一个新的定义,即犹太民族是一个以摩西律法为核心的共同体,犹太教是一个以律法为中心的宗教,律法作用的上升又意味着对律法进行解释的重要性,结果是,能够对律法进行合理解释的犹太知识分子地位的上升和作用加强。在《圣经》正典化后的近两千年时间里,散居在世界各地的犹太人正是以这部《圣经》建立起与犹太历史和耶路撒冷圣殿的联系,维系了犹太人作为一个统一的、有别于其他民族的民族。如塞尔茨所说:"同其他任何原因相比,《圣经》的正典化是犹太散居区得以存在和繁荣的最重要的原因。……通过《圣经》,犹太人作为一个与上帝签约并必须遵守其诫命的民族,保持了共同的特征。正如犹太人所解释的那样,《圣经》在自觉区别于其他宗教教义中保持了犹太一神教,使犹太人避开散居形势下的自然同化之压力,并在他们及其邻人之间严格划定界限。"[②]此外,《圣经》的正典还是人类历史上出现的一场最伟大的文化建设活动,在通过对一本书的权威确立的过程中,知识的力量和知识分子的作用得到了空前的加强,在此之后,围绕《圣经》而进行的一系列文化活动不仅成为犹太历史上,而且是人类历史上,最为持久、最为波澜壮阔的文化活动。

《圣经》的影响是多方面的,其中对西方文学的影响尤为无与伦比。无论是文艺复兴时期,还是现当代的文学都受到它的直接影响。像意大利大诗人但丁的《神曲》,英国著名诗人弥尔顿的《失乐园》、小说家班扬的《天路历程》、德国诗人歌德的《浮士德》等都直接借用了《圣经》的情节或体裁。在莎士比亚的戏剧作品中,至少有25部、共80余处引用了《圣经》的内容。《圣经》对艺术、音乐、美术的影响同样巨大。中世纪出现的绘画,文艺复兴时期的大量艺术作品,大多都从《圣经》中获得灵感和汲取主题。直接反映《圣经》故事的作品也比比皆是。

对《圣经》的翻译历来被视为是重要的文化活动。公元前3世纪在埃及的亚历山大底亚城进行的《圣经》希腊文本的翻译就是这样一种文化活动。所谓《七十子译本》的出现使《圣经》成为西方文化主要传统之一,是基督教思想在西方得以流传的物质基础。在西方近代历史上,无论是英语,还是德语、法语,语言的现代化和规范化都是通过翻译《圣经》取得的,如英语钦定本《圣经》起到了规范现代英语的作

---

① 加百尔等:《圣经中的犹太行迹》,第158页。

② 塞尔茨:《犹太的思想》,第182页。

用;德语是通过路德翻译的《圣经》步入现代并为全体德意志人所接受的,足见《圣经》影响力之巨大。

基督教使用的《圣经》是在全盘接受了犹太教的《圣经》基础上①,增加了被基督教称之为《新约》的部分,继承下的犹太教《圣经》被称为《旧约》。伊斯兰教的《古兰经》中也有相当内容直接来自或借用《圣经》。

《圣经》以外的作品

除了《圣经》以外,《圣经》文化包含的其他作品有《次经》、《伪经》、《死海古卷》等。这些作品大多成文的年代较晚,不过,从文化史的眼光审视,这些作品既是《圣经》文化的不可分割部分,也是《圣经》文化与后《圣经》文化的连接,重要性自不待言。

《次经》

《次经》亦译《经外经》或《圣经后典》,是《圣经》文化的一重要组成部分,共 14 卷(实际上是 15 篇,其中"巴录书"与"耶利米书信"两篇合为一卷)。《次经》成书时间较晚,主要由公元 90 年贾布奈会议决定"正典"《圣经》篇目以外的作品编纂而成。其大部分作品写于公元前 200 年至公元 100 年间。前几卷用希伯来文写成,其余用希腊文写成,表明希腊化影响的存在。《次经》作品与《圣经》作品一样,作者多不为人所知。其中一部分是对《圣经》作品内容的补充或再叙,有的则是《圣经》作品的发展、延伸。《以斯拉上》、《以斯拉下》、《玛喀比上》、《玛喀比下》属于史记文学。《以斯拉上》内容多与《圣经・历代志》等相似;《以斯拉下》记述了公元 70 年耶路撒冷被毁后的历史,但作品表现出强烈的"启示文学"色彩。《多比传》、《犹滴传》、《以斯帖补篇》、《苏撒拿传》、《彼勒与大龙》等卷都是比较成熟的小说,其手法和艺术性均超过早期的小说。《所罗门智训》和《便西拉智训》属于智慧文学类。

《次经》的显著特点是作品情节增强,文体趋于统一,叙事逻辑前后一致。灵魂不朽、复活、救世等内容突出,希腊文化影响明显,形象地反映了纪元前后这一时期犹太人的历史、生活、思想、宗教和传统。

《伪经》

《伪经》是《圣经》文化的又一个组成部分,主要收集《圣经》和《次经》以外的希

① 基督教目前使用的《圣经》有天主教、东正教和新教版本。它们在内容或内容的安排上与犹太教的《圣经》有所不同。

伯来作品。作品大约写于公元前200年至公元200之间,其中多卷托古代名人所作。它没有公认的范围,篇目也不统一。一般认为《伪经》中的作品大致可分为两类:一类是《巴勒斯坦伪经》,由希伯来文和阿拉米文写成;另一类是《亚历山大伪经》,用希腊文和斯拉夫文写成。《巴勒斯坦伪经》篇目有:《十二族长遗训》、《禧年书》、《以赛亚殉难记》、《耶利米语录拾遗》、《先知历书》、《约伯遗命》、《亚当和夏娃传》、《圣颂》、《所罗门诗篇》、《以诺书》、《巴录启示书》、《摩西升天记》、《阿希加尔传》等。《亚历山大伪经》包括:《亚里斯提亚书信》、《西比路巫语》、《玛喀比三书》、《玛喀比四书》、《斯拉夫文的以诺书》、《希腊文的巴录书》等。《伪经》与《次经》一样,相当一部分内容是对《圣经》作品中相关内容的补充和扩展。其显著特点是揭露性作品和启示未来的篇目所占比例较大,与当时人们面临的宗教问题和政治事件结合较紧。作品主题围绕罪恶、受难、救世、审判、新世界的建立展开。基督教思想萌芽的出现说明了基督思想影响的存在。作品思辨和理性的增强则反映了希腊斯多葛派哲学的影响。

《死海古卷》

《死海古卷》是《圣经》文化的最后一个重要组成部分,是20世纪40年代以来发现的。《死海古卷》文献卷帙浩繁,超过了40000多张。已整理出的资料表明,其中有用希伯来文写成,也有用阿拉米文和希腊文写成。从内容上看《死海古卷》共有两大类:一大类是希伯来文《圣经》、《次经》、《伪经》各卷的抄本;另一大类是库姆兰社团所写的文献作品,其中有《创世记外传》、《雅各的祝福》、《摩西的话》、《以赛亚书评注》、《哈巴谷书评注》、《诗篇第三十七评注》、《何西阿书评注》、《弥迦书评注》、《那鸿书评注》、《圣经律法评注》、《大马士革法规》、《感恩诗篇》、《光明之子与黑暗之子之战》等。评注作品的大量出现是《死海古卷》的一个特色,预示着《塔木德》时代的开始。启示文学对末世思想的进一步阐述、描绘是犹太民族在暴力蹂躏下盼望末日大审判的恐怖日子早日来临,获得最后解放思想的直接反映。这些作品可以说既是犹太民族古代文化的尾声,同时也是基督教文化的先声。

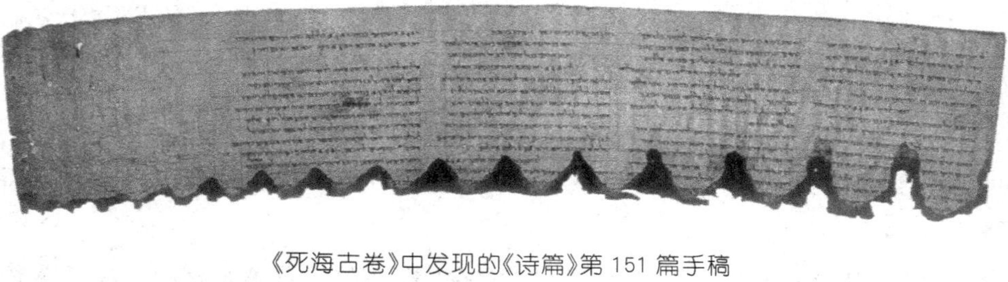

《死海古卷》中发现的《诗篇》第151篇手稿

先知和先知思想

在《圣经》文化一系列成就中,还有一个最为世人称颂、最为独特的组成部分是先知和先知思想的存在。尽管本章在介绍《圣经》重要组成部分《先知书》内容时,对先知已有所提及,这里仍然有必要另辟一节进行单独的论述。因为,从某种意义上说,是先知确立了犹太教追求的目标,在精神上引导着犹太教前进。先知思想的特征决定了犹太教的本质特征,先知的历史就是犹太教形成时期的历史,不了解先知的思想就不可能真正了解犹太教。

先知和先知运动

在《圣经》文化中,先知(prophet)指的是一个特殊的人群,被认为是在上帝的召唤下,站出来为上帝代言,是上帝声音的传播者,是传达神谕的人。因此,先知不是作为个体去言说,而是某种更高、更原初力量的传声筒。"他们将自己呈现给上帝,上帝将自己呈现给他们。上帝令他们说,他们言说上帝。"①因此,尽管先知常被称作宣讲预言的人,但"他们的语言不是推论得出的,而是向他们敞开的,为他们显现的。"②

在犹太文化历史上,先知有广义和狭义之分。广义先知指《圣经》提到的所有冠有先知称号的人,包括士师时代的人物,如撒母耳等;而狭义先知指的是公元前8世纪至公元前5世纪这段时间被称为"正典先知"③的人。我们这里要论述的是狭义先知,因为,只有他们留下了可供人们探究的思想。

这些先知生活的时期是犹太民族内忧外患的时期,民族的盛世已经过去,国势渐微,国内政治分裂,社会贫富悬殊,道德沦丧,社会风气日下;国外强邻压境,亚述、新巴比伦和波斯先后入侵称霸,圣殿被毁,国家灭亡,人民沦为囚虏。先知正是在这种严酷的政治和社会背景下登上历史舞台的。他们以上帝代言人的身份宣告神谕和预言。其所诏示的内容大多是对腐败现实的针砭,对统治者的鞭挞和对民众的教诲和警告。他们在激烈批判现实的时刻,引导人民走向传统;在毫不留情谴责自己民族的过程中唤起人们为民族命运而奋斗的决心。亡国前,他们为国家的危亡而担忧,为民族的警醒而呐喊;亡国后,为国家的沦丧而哀泣,为民族的复兴而呼号。他们以国家的兴衰为己任,以民族的兴亡为目标,以笔作刀枪发表对时局的看法,以火一般的语言表达改革社会的热情,以象征的异象说明未来的必然趋势和理想世界的美景。

① 拜克:《犹太教的本质》,第25页。

② 同上书,第33页。

③ 指《圣经》中有专门篇章记载其思想的先知。

著名的正典先知包括早期的阿摩司、何西阿、以赛亚、弥迦等;中期的西番雅、那鸿、哈巴谷、耶利米、以西结等;后期的俄巴底亚、第二以赛亚、哈该、撒迦利亚、约珥、玛拉基等。

先知是犹太文化发展过程中产生的一个特殊群体,是任何其他民族历史都没有产生过的一个人群。他们一直被视为犹太思想的代表人物。尽管犹太教的传统认为他们是一些替神向人说话的人,神的代言人,实质上他们是当时社会的批评家、政治改革的倡导者和民族的精神导师。

犹太先知从事的社会与宗教活动被称为"先知运动"。这一运动是犹太民族内忧外患年代的产物。大致可分为三个阶段:

第一阶段,亚述称霸时期(阿摩司、何西阿、以赛亚、弥迦四个先知宣讲预言的公元前8世纪中叶至公元前7世纪初)。早在所罗门王盛世、统一王国即已危机四伏。宫廷骄奢无度,贵族内讧频繁,世风每况愈下,民众怨声载道。所罗门王一死,王国随即分裂为犹大和以色列南北两国,双方兄弟阋墙,自相残杀,致使国力日衰,民不聊生。到公元前8世纪时,社会的不平进一步加剧了贫富的分化。国家的式微又召来亚述、埃及等大国的觊觎。从公元前745年起,亚述王提格拉·毗列色三世采取一系列军事行动,对亚洲西部地区造成严重威胁。公元前732年,当时归属于以色列王国的亚兰国为亚述所亡,十年之后(即公元前722),北国以色列京城撒玛利亚遭遇同一命运,众民被掳到亚述各地,北方王国至此沦亡。阿摩司等先知正是在这种严酷的政治背景下登上历史舞台的。他们作为上帝的代言人,宣告神谕和预言。

犹太先知弥迦画像

第二阶段,新巴比伦称霸时期(从公元前586年南国犹大亡于新巴比伦为中心事件,前后约一百年)。这是犹太民族早期历史上最惨痛的一页。公元前7世纪后半叶,亚述帝国国势衰虚,公元前612年首都尼尼微被迦勒底和米底亚联军攻陷,从此一蹶不振。迦勒底人在亚述帝国之后迅速建成一个强大的新巴比伦王国（公元前626—前538），一度成为西亚的霸主。公元前605年，新巴比伦大军在迦基米施战役中挫败向两河流域远征的埃及法老尼哥，继之开始对犹大王国的臣服。公元前597年，新巴比伦王尼布甲尼撒二世率军围攻犹大王国京城耶路撒冷，将国王约雅斤和一批权贵、上层人士掳至巴比伦。公元前587年尼布甲尼撒王再次围攻耶路撒冷，并于一年半后攻陷耶路撒冷，摧毁圣殿，数万犹大王国军民成为巴比伦的阶下囚。生活于这一时期的西番雅、那鸿、哈巴谷、耶利米和以西结等先知，时刻关注着国家的命运，亡国前为民族的危亡而担忧，亡国后为国家的沦丧而哀哭，为民族未来复兴的希望而呼号。

第三阶段，波斯称霸时期（俄巴底亚、第二以赛亚、哈该、撒迦利亚、约珥、玛拉基等先知工作的公元前6世纪下半叶至公元前5世纪下半叶）。公元前538年，波斯王居鲁士（《圣经》称古列王）征服巴比伦，成为西亚地区新的霸主。波斯统治对管辖区内的各民族采取宽容政策，允许他们在各自的民族和宗教事务中保持独立，享受自由，并释放囚居于巴比伦的以色列人回归故里，重建圣殿。这使先知重返故国，重建圣殿的梦想得以实现。公元前538年至前537年。第一批回归者在所罗巴伯的带领下回到耶路撒冷，接着，便举行重建圣殿的奠基礼。这座圣殿于20年后正式落成，以后，回归者络绎不绝。公元前500年之后，又有两批人分别在省长尼希米和文士以斯拉的率领下返回故土。他们一面修复城墙、保卫圣殿，一面编订典籍、改革宗教，为民族复兴而忙碌不息。这一时期的先知有的为重返故里而歌唱；有的为重建家园而疾呼；有的缅怀旧事，对敌国发出诅咒；有的憧憬未来，描绘出理想世界的美景。公元前5世纪下半叶，先知运动进入尾声。原因是，犹太教这时已最后形成，犹太教的核心典籍《托拉》已经编纂成书。一个政治上附属于波斯帝国的犹太政教联合体最终取代了亡国之前独立自主的民族国家，祭司和文士等人士取代了国王和先知，正典后的《托拉》文本最终取代了曾长期作为以色列人精神食粮的先知教诲。

先知思想

通过先知的思想，犹太民族的思想得到“最简洁、最有力”[①]的表达。《圣经》文化史上，先知思想的出现在发展犹太民族的政治、宗教、社会、伦理学说，提出了一系列公平、公正、公义、慈爱、怜悯等概念的同时，促进了社会的公正和政治的清明，净化了犹太民族的心灵，提升了犹太民族的思想境界。

先知思想具有重直观和实践的特征。“他们提出的思想既不是一种哲学也不是一种神学，他们既不沉迷于敏锐的论辩，也不沉迷于学术上的构造。……迫使他

① 埃班：《犹太史》，第48页。

们去思想的是一种强烈的伦理追求——他们为一种不可抗拒的真理所镇服。”[①]先知们的表达是有感而发,极有针对性。

先知并不过多地谈论在自身之中的上帝,而是谈论上帝对人意味着什么,对世界意味着什么。他们并不企求解决宇宙的普遍问题,而是要显示上帝与世界之间的关系。

例如,在先知看来,认识上帝与行公义是同一种东西。先知何西阿说:

我喜爱善良,
不喜爱祭祀,
喜爱认识上帝
胜于燔祭。(《何西阿书》,第6章6节)

先知阿摩司说:

我厌恶你们的节期,
也不喜悦你们的严肃会。
你们虽然向我献燔祭和素祭,
我却不悦纳,
也不顾你们有肥畜献的平安祭;
要使你们歌唱的声音远离我,
因为我不听你们弹琴的响声,
唯愿公平如大水滚滚,
使公义如江河滔滔。(《阿摩司书》第5章21—24节)

先知弥迦说:

世人哪!
上帝已指示你何为善。
他向你所要求的是什么呢?
只要你行公义,
好怜悯,
有谦卑之心,
与你的上帝同行。(《弥迦书》,第6章8节)

① 拜克:《犹太教的本质》,第23—24页。

由此可见,先知倡导的并不是抽象、思辨的伦理道德,而是现实社会中正当的道德操行。在他们看来,在决定社会命运方面,社会正义已被赋予了举足轻重的地位。先知思想中的这种强烈的伦理倾向不仅阻止了思辨的极端主义,防止思想概念化的危险,而且形成了犹太文化以人为中心的传统。

在先知思想的影响下,原先被认为是犹太人的民族神现已被视为世界性的神,一个掌管治理着整个宇宙的神。先知所教导的上帝既不看重礼仪,也不喜爱祭祀,他对人的唯一要求是遵守道德诫命、行善和认识上帝,这一系列观点受到越来越多人的重视和接受。

先知以坚持正义、刚直不阿、嫉恶如仇的大无畏精神,坚定地说出合乎道义的预言和话语,成为一个时代的代表。先知重新界定了犹太人与上帝的关系,改变了犹太人的罪恶与信仰概念。先知弥迦对犹大统治者发出这样的指责:

> 雅各的首领,有神论家的官长啊,
> 你们要听。
> 你们不当知道公平吗?
> 你们恶善好恶,
> 从人身上剥皮,从人骨头上剔肉。(《弥迦书》,第3章1—3节)

对作恶的以色列人,先知以赛亚则这样对他们说:

> 你们举手祷告,我必遮眼不看;
> 就是你们多多的祈祷,我也不听。
> 你们的手都满了杀人的血。(《以赛亚书》,第1章15节)

正是通过先知,"犹太文化为西方知识分子提供了精神上的超越性,即对现实的不完满世界产生一种不懈的改善欲望,产生一种永恒的批判,怀抱一种终极的关切,这也就是所谓知识分子的'抗议精神'"。[①]

先知还是人类历史上最早具体表达大同理想的人。我们已经论述的犹太教的末世论实际上是这一思想的一种具体体现。末世论认为:在上帝的安排下,一个完美的世界终将在世界末日到来之际实现,公正和正义必将获得胜利,整个人类都将获得和平,各民族之间不再有纷争,世间万物都将和睦。先知还认为:生活的目标就是在尘世间建立起一个公正、和平与繁荣的社会。为此他们不吝其详地描绘了最后获得拯救的日子,即理想社会的图景:

① 参见顾晓鸣:《犹太——充满"悖论"的文化》,第256页。

那日子快要到了，
五谷生长，
收割都来不及，
葡萄成熟，
酿酒都来不及，
大山滴流美酒，
漫过了小山丘。
我要把我子民种植在我赐给他们的土地上，
他们绝不会再被人连根拔起。(《阿摩司》第 7 章 12 节)

到那时，举世和平，共享盛世，各民族放下武器，战争不再发生。而这一天的到来就是弥赛亚时代的到来。先知以赛亚对弥赛亚到来时的情景做了生动的描绘：

从耶西的残干上要抽出嫩芽，
有一位新王要从他的后代兴起。
上主的灵要降在他身上，
赐给他智慧、聪明，
赐给他谋略、能力，
赐给他知识和敬畏上帝的心。
敬畏上主是他的喜悦；
他不凭外貌审判；
他不靠风闻断案。
他要以公道维护穷人；
他要保障孤苦无助者的权益。
他要下令惩罚罪人，
他要处死邪恶的人。
他要以正义治理，
他要以信实施政。(《以赛亚书》，第 11 章 1—5 节)

将刀打成犁头，
把枪打成镰刀；
这国不举刀攻击那国，
人们也不再学习战事。(《以赛亚书》，第 2 章 4 节)

犹太先知从宗教教义的角度，运用生动形象的语言，怀着对未来社会的美好向往，描绘了一个理想的社会，表达了人类的大同理想，可以说为后来西方社会出现的社会主义思想提供了最初的胚芽。

先知因超越偶然事件，不受历史事件的约束，其思想也就具有了永恒的力量。正如学者云："先知本是一批思想敏锐的社会活动家，坚强的民族卫士和无所畏惧的时代弄潮儿。……他们的著作所体现的相当程度的民主主义性质、爱国主义精神和对独立、平等的理想世界的执著追求，在人类文化史上将永远有其可贵的价值。"[①]尽管先知的历史使命已经完成，先知的时代早已过去，但他们的功绩并未随着时间的流逝而消失，先知和先知思想已经成为世界文明史上的一份最为宝贵的遗产。先知运动发展了希伯来民族的政治、宗教、社会、伦理学说，促进了民族进步，繁荣了文学创作，在世界文明史上永远留下了光辉的一页。

① 梁工:《圣经文学导读》，漓江出版社，1980年，第524页。

第四章

《塔木德》文化

犹太文化史上的第二个高峰是《塔木德》文化的出现，被称为犹太教“第二经典”的《塔木德》编撰过程就是《塔木德》文化的形成过程。当这一过程结束时，犹太文化已经发展到了一个新的高度，不仅使得犹太教进入了“拉比犹太教”(Rabbinic Judaism)时期，使犹太民族完成了“从圣殿崇拜向书本崇拜”的过渡，使对犹太经典，特别是对《塔木德》本身的研习成为了传统犹太人日常生活中不可分割的部分，使犹太民族成为了一个地地道道、名副其实的以研读经典为生活追求的民族，而且为犹太文化的千年大厦树立起了中心支柱，为随后一千多年犹太文化的发展指明了方向。

《塔木德》文化由《塔木德》、《托塞夫塔》和《米德拉西》等文化典籍共同构成，而《塔木德》则是这一文化的代表和核心。

《塔木德》

《塔木德》被认为是继《圣经》正典之后犹太民族编撰的又一部极为重要的文化典籍。不过，这部被称之为《塔木德》的文化典籍并不是一部普通意义上的书，而是在大约七百年时间内(从公元前200 年至公元 500 年)在以色列地和巴比伦流传的犹太教口传律法及其解释的权威文献总汇。

“塔木德”(Talmud)一词来源于希伯来语表示“讲授”“学习”词义的词根 l-m-d，含“教导”之意。因此，《塔木德》在总体上是一部意欲晓谕犹太人该如何“行”的典籍。《塔木德》与《圣经》一样是一个后来出现的专有词汇，用来指代一部文化典籍。实际上，《塔木德》由两部分组成：第一部分称《密西拿》，第二部分称《革马拉》。

《密西拿》(Mishnah，在希伯来语中含“重述”之意)是对《托拉》中包含的律法内容进行系统梳理、重新阐述的文献集，构成《塔木德》的核心部分。于公元200年前后由著名犹太拉比、巴勒斯坦犹太教公会首领犹太亲王(Judah the Prince)主持编撰成册。《密西拿》问世后，人们发现它实际上并没有囊括它试图囊括的已有律法材料，在犹太人生活的实际应用中还出现了一些律法条例需要有更明确的诠释与补充，稍后隶属于巴勒斯坦和巴比伦犹太学院的拉比分别从各自的研究和理解出发，开始整理遗漏部分并对已经过梳理和重新阐述的部分加以诠释评注，编撰成另外一部律法的释义汇编，取名为《革马拉》。“革马拉”(Gemara)一词在希伯来语中含“补全”、“完成”之意，使用该词显然有比喻补充《密西拿》的遗漏部分并对之未竟事业加以完成之意。《革马拉》内容的编排完全围绕《密西拿》进行，没有自己的体系。由于《革马拉》主要是对《密西拿》涉及的内容进行补充和诠释，而不是另起炉灶，因此，在论题方面少于《密西拿》，只涉及63个论题中的三十多个。尽管《密西拿》是用希伯来文写成，但《革马拉》使用的却是当时犹太人的日常用语——阿拉米语[①]。《密西拿》与《革马拉》合在一起(在早年的手抄本上，《密西拿》和《革马拉》两部分在书页上左右并列)，组成一部更大的书籍，这就是《塔木德》。

鉴于《革马拉》是由两个不同群体的犹太拉比、在两个不同的地方、于两个不同年代分别编撰的，自然存在着两个不同的版本。两个不同版本的《革马拉》则必然导致两个不同版本的《塔木德》出现。因此，《塔木德》有《耶路撒冷塔木德》(又称《巴勒斯坦塔木德》)和《巴比伦塔木德》之分。《耶路撒冷塔木德》由巴勒斯坦地区太巴列犹太学院院长约哈南·巴尔·纳帕哈(Jochanan B. Nappacha，199—279)开创编纂工作，在4世纪下半叶完成。《巴比伦塔木德》的编撰工作最初由巴比伦地区苏拉犹太学院院长阿什拉比(Ashe，352—427)开始，他倾力30年，但没有能够完成便去世，后由苏拉学院院长继任者拉必那拉比(Rabina)于公元499年编撰完成。在编纂过程中，巴勒斯坦的编撰者侧重于巴勒斯坦的传统和实际情况，对《密西拿》进行研究和补充，相对于《巴比伦塔木德》，《耶路撒冷塔木德》内容不够完整，缺乏连续性，但还是反映了当时巴勒斯坦犹太人的生活和思想，具有重要的史料价值。巴比伦的编撰者是从散居地巴比伦的实际情况出发对《密西拿》进行研究和补充。由于《巴比伦塔木德》编撰于《耶路撒冷塔木德》之后，加之巴比伦的政治条件较为宽松，涉及的问题多与散居地犹太实际生活联系密切，所以《巴比伦塔木德》的涵盖面和律法权威性超过《耶路撒冷塔木德》。一般律法问题的争论往往以《巴比

① 尽管两种《塔木德》的《革马拉》部分所使用的语言都是阿拉米语，但却是阿拉米语的两种不同方言。《耶路撒冷塔木德》使用的是西阿拉米语，与《圣经》时代的阿拉米语十分相近，而《巴比伦塔木德》使用的是东阿拉米语，更接近曼达阿拉米语

伦塔木德》作为正确与否的衡量标准。此外,《巴比伦塔木德》卷帙浩繁,总词数多达250万个,分35卷,是《耶路撒冷塔木德》篇幅的7—8倍。正因如此,在历史上,当人们提及《塔木德》时,通常指的是《巴比伦塔木德》。

从题材出发,《塔木德》纷繁的内容又可以分为这样两大类:一是《哈拉哈》,二是《哈加达》。

《哈拉哈》 指《塔木德》(《密西拿》和《革马拉》)中涉及律法部分的内容。"哈拉哈"(Halakhah)一词在希伯来语中含"行走"之义,使用该词显然寓意要犹太人按律法之道行走人生之路,对犹太人的行为进行规范。犹太人用律法规范人生和生活的传统可谓由来已久,《出埃及记》中如是说:"要将律例和法度教训他们,指示他们当行的道,当做的事。"(第18章20节)因此,《哈拉哈》是根据这一思想制定出的用以指导犹太人生活方式的法律体系,因而成为规范和约束犹太人生活的律法准则。这样,对于犹太人而言,《哈拉哈》便是律法的化身,代表着严正的律法权威,教导犹太人"可行什么"和"不可行什么"。在犹太人的传统生活中,《哈拉哈》所涉及的内容均被认为是具有约束力的律法,必须得到遵行。

《哈拉哈》植根《托拉》,但其涉及的范围不仅包括《托拉》中提及的律法,还包括那些并非直接来自对《托拉》律法的诠释,包括由后人根据《托拉》精神新制定出来的律法条款,或做出的律法裁决。

《哈拉哈》对于以行称义的犹太人而言十分重要,不仅规范了犹太人的生活和言行,而且为中世纪犹太律法的进一步延伸确立了模式。正因如此,犹太学者对《哈拉哈》有这样的评论,认为它"是一代一代忠诚的学者为了拯救以色列人而对以斯拉构想的理论所进行的合乎逻辑的发挥。它为整个社团以及每一位成员提供了一套与众不同的行为规范,从而达到了保持犹太意识,使之生生不息的目的。《哈拉哈》塑造了犹太人的生活方式。它引导犹太人的脚步,使之谦恭地与上帝同行。它还竖起了一道堤坝,犹太人得以在它的保护之下免遭那些要把他们从其停泊的地方吞没的异族影响。"[①]今天,守教的犹太人被称为"哈拉哈"犹太人,仍然对《哈拉哈》坚守不移。

《哈加达》 指《塔木德》(《密西拿》和《革马拉》)中非律法成分的内容。"哈加达"(Aggadah)一词在希伯来语中的涵义为"宣讲"、"叙事",该词形象地说明这方面的内容是对《哈拉哈》部分的一种阐释。其目的是通过形象化叙事的方式对《哈拉哈》涉及的律法进行宣讲,以便使抽象的律法内容和涵义能够为普通民众所了解和把握。由于旨在进行宣讲和叙事,因此,《哈加达》涉及的内容和提出的观点本身在权威上与《哈拉哈》不同,一般被认为不具备律法效力,没有约束力。从题材出发,《哈加达》主要是包括神话、传说、故事、逸事、民俗、诗歌、寓言,以及道德反省和引人入胜的历史回忆。《哈加达》部分的存在极大地增强了《塔木德》的文学性,以

① 亚伯拉罕·柯恩:《大众塔木德》,盖逊译,山东大学出版社,1998年,第25—26页。

通俗、简洁的文学手法反映了生活在那一时期犹太民族的传统文化，向人们展示了失去主权地位的犹太人世界仍然是一个生机勃勃、充满活力的动人世界。

《哈拉哈》和《哈加达》尽管涉及内容范围截然不同，形成鲜明对比，但在实际上犹如阴、阳两气，贯穿整部《塔木德》，相辅相成，相得益彰。《哈拉哈》是律法的化身，表达律法的严肃性，《哈加达》是带有道德烙印律法所规范下的自由，反映犹太式生活的活力。《哈拉哈》严肃认真、周密严谨，《哈加达》轻松自如、生动活泼。《哈拉哈》和《哈加达》的结合构成了统一、和谐、完美、丰富的《塔木德》。

《塔木德》产生的神学基础

《塔木德》之所以出现并最终被视为犹太教中仅次于《圣经》的"第二经典"，与当时犹太人中间长期流传的双《托拉》(Duel Torah)观点密切相连。所谓双《托拉》观点指的是：上帝在西奈山交给摩西的《托拉》不是一部，而是两部。一部是人们熟悉并可以阅读的、有固定文本的《托拉》(犹太文化传统上称之为"成文法")，另一部则是没有记录下来的、只是通过口头传下来的《托拉》(传统上称之为"口传律法")。

这一重要、体现在神学上的观点由《圣经》时代犹太哲人[①]最先提出。这些哲人坚持认为口传《托拉》是犹太教的一个重要且不可分割的组成部分，尽管在上古时期主要是通过口头形式一代一代传下来，但实际上，与成文法同一来源，产生于同一时期，也是上帝在西奈山上传授给摩西的。据认为，犹太哲人的这一观点来源于他们对《出埃及记》第 24 章 12 节内容的诠释。这一节的内容是："上帝对摩西说，你上山到我这里来住在这里，我要将石版，并我所写的律法和诫命赐给你，使你可以教训百姓。"著名哲人西缅·本·拉克西拉比对此作了如下的解释，"这段文字应理解为：'石版'指的是'十诫'，'律法'指的是《律法书》，而'诫命'指的是《密西拿》，'我所写的'指的是'《先知书》和《圣文集》'，'使你可以教训百姓'指的是'《革马拉》'。因此，上帝在西奈山把所有的律法都赐给了摩西。"原来只指代《律法书》的"托拉"一词，渐渐成为指代包括整部《圣经》和口传律法在内的所有犹太律法。这一双《托拉》的观点在为口传律法的地位奠定基础的同时，还构筑了作为犹太教第二经典的《塔木德》赖以存在的神学基础。

对于口传《托拉》的地位，不同教派的犹太人看法不一。历史上，拒绝接受口传《托拉》的犹太人团体不止一个。撒马利亚派[②]只承认成文《托拉》，不承认口传《托拉》，凡成文《托拉》中没有提到的均不予承认，其行为规范严格按成文《托拉》中的规定行事。撒都该教派和艾塞尼教派尽管并不拒绝口传律法，但却拒绝承认法利赛教派对口传律法的解释，而是按自身的观点，对成文法做出解释。8 世纪出现的

① 通常指文士以斯拉以后的犹太圣贤，是对拉比称谓出现前犹太著名知识分子的尊称。

② 指受到其他文化同化影响的、原先为以色列王国的臣民。

卡拉派和撒马利亚派一样,主张忠实地遵守成文法,并反对对成文法做任何进一步的解释。犹太教改革派则认为,口传律法并无法律权威,人们可以遵守,也可以不遵守。最近的趋势是将口传律法视为一种指导准则,而不是必须遵循的律法。保守派则倾向在对案例做出裁决时应主要依据成文法,而不是口传律法。

犹太学经堂的出现,实际上就已经表明针对口传律法活动的开展。人们围绕有关律法问题进行讨论,产生了分歧和争执。到了哈斯蒙尼王朝时期,这一分歧增大,出现了两个观点截然不同的派别:撒都该派和法利赛派。正是由于撒都该派对口传法的坚决反对导致其捍卫者——法利赛派对成文法的进一步研读,以证明口传律法乃是成文法不可分割的一部分,是“同一片织物中的经线和纬线”[①]。

《塔木德》产生的社会文化背景

从社会学角度审视,口传律法的出现显然是社会生活的需要,完全可以说是对早先确定下来的犹太人的“宪法”——《托拉》的有关律法条文进行的“释法”活动。众所周知,作为律法书的《托拉》自公元前444年正典以来,一直被视为是犹太人社会的根本大法和日常生活的准则,受到高度重视。社会和人们的一举一动都要对照《托拉》的有关规定,以说明是否正确、是否符合上帝之道,是该做还是不该做。然而,由于《托拉》是一部成文法,文本内容是固定、不可变更的,加之考虑到成文法的简洁性和原则性,许多律法没有得到清晰和具体的阐明,随着时间的推移和生活环境的变化,在日常生活中,对成文法做出进一步解释不仅十分重要,而且势在必行。实际上,只要仔细考察一下口传律法产生的实际过程,便不难看出口传律法的出现完全是犹太人对成文法不断进行“释法”的结果。

对于犹太民族而言,他们不仅仅需要一种信仰,更需要一种生活方式以使之与其邻人区别开来。而这种生活方式只能靠全面指导犹太人行为的律法书《托拉》加以规范和确保。要接受《托拉》对生活的全面指导,先决条件是要知晓《托拉》,要首先让人民了解律法,然后才能指望他们去遵行。

长期以来,犹太哲人一直谆谆教导犹太人开展对《托拉》的研习,并在研习过程中要“慎于判决;广树门生;设屏藩以护《托拉》”[②]。这一教诲实际上成为犹太拉比研读《托拉》活动的指南,并最终导致《塔木德》的出现。“慎于判决”意味着对于需要做出的裁决的问题进行认真研究,对可能做出的裁决仔细审查。肤浅的阅读只能导致草率的判断,要做出审慎判决,必须进行不厌其详的探究,对各种可能的因素都考虑到,并做到有根有据。“广树门生”要求拉比将《托拉》的精神通过尽可能多地招受、培养学生的方式传给后人,使对《托拉》的学习不仅仅局限在少数人的圈

① 柯恩:《大众塔木德》,第9页。

② 施坦泽兹:《阿伯特》,第13—14页。

子里，而是力图达及所有人，确保研习《托拉》的活动在全体犹太人中展开，保证《托拉》的精髓能够在犹太民族中永远代代流传。“设屏藩以护《托拉》”指的是，应对《托拉》进行各种修订，指明各种应做和不应做的事情，以格外谨慎的手段防止人们对《托拉》的无意冒犯和违背，以此维护律法本身的严肃性。我们在《塔木德》形成的过程中可以实实在在地感受到犹太哲人的这一谆谆教诲得到了切实遵守。

当然，犹太人之所以在律法问题上对《托拉》有关条文做出进一步解释还与下面这样一些具体原因有关：

《托拉》上的律法必须澄清和具体化。例如，《托拉》只有：“安息日不可劳作”这一规定，至于“劳作”的范畴是什么则没有任何说明（唯一具体提及的、应该在安息日禁止的劳作只有点火这一项），这就需要口传律法对它做出进一步解释，说明“劳作”的范围，如，书写是否是劳作，阅读是否应该遭到禁止等。以及怎样做才不致违背“安息日不可劳作”这一诫命。

《托拉》上的律法必须扩展和延伸，以便包括那些《托拉》没有提及的事项。例如，《托拉》禁止给牛或驴套上轭，但给骆驼和马套上轭是否合法？

《托拉》对早期的礼仪进行了描述和规定，但对摩西以来发展起来的宗教礼仪没有任何提及，显然必须做出新的规定。

有许多与民众日常生活有关的规则并没有包括在《托拉》的律法中。为了社会生活的和谐和稳定，这类规则显然应该得到补充。例如，《托拉》对损害他人的财产的赔偿有许多具体规定，但由于犹太人当时尚不是一个经商的民族，《托拉》对涉及买卖方面几乎没有任何规定。

此外，《托拉》中列举的一些律法必须得到重新解释以适应新的形势和需要。例如，《托拉》中提出的“以眼还眼，以牙还牙”的律法规定早在所罗门时代就不按字面涵义执行。对这类律法规定做出新的解释显然是必要的。

口传律法除了包括犹太哲人对《托拉》文本的诠释，还包括那些并非直接来自对《托拉》文本的诠释，而是由犹太哲人根据《托拉》精神新制定出来的律法条款。譬如，犹太哲人对犹太人必须庆祝普珥节和哈努卡节的规定，对点燃安息日和节日前夕蜡烛的规定，都是成文法中从没提及过的内容。犹太哲人增加的条文还包括为保障人民遵守《托拉》律法所制定的法规，为了社会的公共福利而制定的有关规定，以及逐渐发展成为犹太社团习俗的某些做法。

《塔木德》编撰的政治背景

导致《塔木德》编撰工作开始的更直接原因应该说与犹太民族当时的遭遇和命运有关，是犹太民族对当时的政治形势和变化了的生存环境的一种反应。

公元70年，当罗马大军在提图斯率领下攻陷了耶路撒冷城池，放火焚毁了第二圣殿，残酷镇压了犹太民族的反抗时，人们开始担心犹太民族的命运，担心犹太民族在过去上千年历史时期中创造出的独特文明形式——犹太文化的命运。没有多少人对犹太民族及其文化的留存报有太大的希望,因为当时中东地区的历史已经清楚地表明:没有一个民族能在失去地域联系和流散状态下将自身的文化传统延续下去,犹太文化的命运自然也岌岌可危,因为“皮之不存,毛将焉附?”客观上说,犹太民族及其以犹太教为核心的犹太文化的确到了生死存亡的关头。

犹太民族如何在失去地域联系的情况下生存?如何在流散状态下保持自身的统一文化传统?如何才能避免在散居地被主体文化所彻底同化?所有这一切都是决定犹太民族是否能最终留存的关键。面对这样的非常状况,以法利赛为代表的犹太知识分子(后人均以“拉比”称之)力挽狂澜,勇敢地担当起挽救犹太民族的历史重任。他们中的代表人物最初在一个被称为贾布奈的犹太学院聚集,带领犹太民族从文化层面入手,逐步建立起了一整套完备的文化防卫机制,把犹太人重新塑造成一个既不再是主要以种族为取向,也不再是以地域或政治体制为根基,而是以文化生活方式为自我认同标准的民族。在他们的率领下,犹太民族不仅最终完成了《圣经》的正典工作,一劳永逸地锁定了犹太教经典的基础,更为重要的是编撰出了被称为“第二经典”的《塔木德》,为犹太文化的千年大厦树立起了中心支柱。经历了这一过程的犹太民族终于成为人类历史上一个不朽的、以文化为认同准则的“圣书之民”。

在贾布奈开始的这一不同寻常文化活动之所以得以发生与一个名叫约翰兰·本·撒该(Johanan ben Zakkai)犹太拉比的远见卓识和睿智有直接的关联。约翰兰·本·撒该在公元30年后开始成为法利赛派的主要代表人物,曾任职于犹太教公会。他与撒都该派就圣殿祭祀仪式、洁净法、民法方面的一系列问题展开过争辩,由于他的努力,对有通奸嫌疑妇女一律施行神裁法的法律终于被废止。作为一名和平人士,他不赞成使用武力,特别是在力量对比悬殊太大的情况下与罗马统治者进行正面的武装对抗。当犹太—罗马战争爆发后,他预见到战争的必然结果,对犹太人起义失败后的前途和命运极为担心。为了民族的前途和保留民族生存的火种,他毅然决然离开圣城。约翰兰·本·撒该的智慧在他设法离开被围困的耶路撒冷城和面对罗马大将韦斯巴芗的过程中得到了充分展示。[①] 当他对罗马大将韦斯巴芗将成为罗马帝国皇帝的预言[②]成为事实后,韦斯巴芗允诺满足约翰兰·本·撒该提出的任何一项要求。然而,约翰兰·本·撒该在这位罗马大将面前提出的唯一要求是为他保留坐落在耶路撒冷以西约40公里、以色列地沿海平原一个名叫贾布奈的犹太学院(在圣殿被毁前,贾布奈学院是圣殿以外为数不多的犹太学院之一,是法利赛派拉比聚集和研读犹太经典的一个场所),以便让他和其他犹太拉比

---

① 据史书和有关文献记载,当时组织和领导犹太人反对罗马起义的奋锐党人为了保证犹太人同仇敌忾,一致反抗,不允许城内的任何犹太人离开,约翰兰·本·撒该是假装病死而由弟子将其藏在棺材中抬出圣城的。详见有关犹太史对此事的记述。

② 据《塔木德》记载,约翰兰·本·撒该系根据《圣经》中“除非是王之手,否则耶路撒冷和圣殿是不会陷落”一言做出这样的预言。

有一个可以“学习”的地方。对于这样一个“微不足道”的要求，罗马大将自然慷慨恩允。约翰兰·本·撒该在要求得到满足后来到贾布奈，率领那里的犹太拉比，在文化层面上发起了一场完全可以被视为“革命”的运动。

最初在贾布奈开始的这场文化运动主要表现在以律法确立犹太民族的义务和同一性方面，具体地说，是用解释《托拉》律法的方法确立民族意识、倡导全民教育、进行一系列文化营建，以及犹太人与圣地和圣殿的精神联系。贾布奈的犹太拉比以其特有的预见性对犹太民族在圣殿被毁之后所面临的一系列危险进行梳理和思考。他们在分析了当时的局势后认识到，在犹太民族面临的一系列危机中最迫在眉睫、最直接的包括：沦为奴隶的犹太人经过世界奴隶市场而消亡的危险；犹太人因散居而互不联系，忘记自己文化（特别是语言和传统）的危险；犹太人在散居地被其他民族文化彻底同化的危险；犹太人的宗教被其他宗教取代的危险等。据此，贾布奈的犹太知识分子通过对犹太经典的认真研读，有针对性地提出了可用来应付这一系列民族危机的具体措施。正是在贾布奈学院，这一精神成为传统。实际情况如同犹太思想家阿哈德·哈姆所说，“起初只是作为保存犹太民族的临时措施很快变成了犹太人的学术中心。从贾布奈，犹太学者在精神上达及并哺育了散居地每一个角落的守教犹太人”[①]。

倘若我们仔细审视这场最初在贾布奈发生的革命，便会发现这场革命与迄今为止人类历史发生过的任何一场革命都不相同，表现得十分独特。首先，无论是它的领导者还是参与者都是清一色的知识分子，从约翰兰·本·撒该、西缅·本·迦玛利尔二世和其他在贾布奈学院的犹太圣贤，到他们的众多弟子无不是读书人。这些后来被冠以“拉比”头衔的犹太知识分子成为这一革命的舵手和主宰。其次，革命的方式是思考、研读加讨论，从文化意义上提出挽救犹太民族和捍卫犹太文化的对策，与刀枪武装无关。所有措施都是基于对律法的解释而提出，例如，法定人数的概念[②]就是来自对“上帝站在神圣的会众中”（《诗篇》第 82 篇 1 节）的解释。他们经过思考、研读和讨论，认为《圣经》中的这段话说明：上帝只有在“会众”面前才会出现，显然“会众”不是个人而是一个群体，只有众多的人才能组成“神圣的会众”。为了对“神圣的会众”做出量的界定，提出了“法定人数”的概念。再则，革命的宗旨不是为了获得政治权力或社会权力，而是为了确立一种精神权威、一种生活方式和一种文化模式，以求规范在新形势下被迫流散漂泊四方的犹太民族的生活方式和精神生活走向。其四，革命提出的所有措施都不是以行政命令的方式贯彻执行，而是以其特有的言辞的力量，话语的感召力影响犹太民众，使之成为广大犹太人自觉接受和遵照执行的“诫命”。犹太拉比坚信“言辞的力量胜过刀枪”，以说

---

① 阿尔弗雷德·高乔克：《理性之光——阿哈德·哈姆与犹太精神》，内蒙古人民出版社，1999 年，第 61 页。

② 希伯来语为“minyan”，其涵义是“数”或“必须达到的数”，等同与法律所说的“法定人数”，即不达到该数，通过的任何决议或法律均无效。西方学者认为，目前法律所说的“法定人数”实际上源于此。

理的方式陈述其提出的措施,真正做到了"以理服人"。正因如此,这一革命在开创了编撰《塔木德》时代的同时,还在人类历史上开创了知识分子掌握一个民族命运的新纪元,对犹太民族的留存和犹太文化的延续,对犹太民族日后的发展和民族生活方式的走向起到了决定性的影响。

《塔木德》的编撰者

《塔木德》是由被称为"拉比"的一群犹太知识分子编撰的。"拉比"(Rabbi)一词在希伯来语中的含义是"我的老师"。拉比是什么样的人?与普通受过教育的犹太人有什么区别?他们在一个什么层面上为犹太民族的前途和犹太文化的发展方向奠定了坚实的基础?

众所周知,作为"圣书之民"的犹太人在世纪之初就是一个没有文盲的民族。在失去民族独立和家园的情况下,犹太民族意识到,唯有保持民族精神的民族才不致消亡,文化传统才不致割裂。而保持民族精神从根本上说在于能否将民族精神的内容传递给下一代,这种传递又是以对下一代的教育为根本保障的。基于这一认识,犹太民族在当时就着手推行全民教育,要求所有适龄犹太儿童(主要是男童)都必须接受教育。这样对于犹太人而言,断文识字(即有文化)是每一个人都已经具有的能力。不过,成为"拉比"必须是不仅有能力和学习热忱的人,而且是被证明有智慧、有学识的人,是被其他已经被认可的犹太贤人对之冠以"拉比"头衔的人(即由同时代人对他们进行了"按立圣职"者)。这样,拉比实际上是所有受教育者中的佼佼者,用今天的话语说,是知识分子中的"精英"。

作为知识分子"精英"的拉比不同于犹太历史上的先知。严格地说,先知虽然伟大和受到世人的尊重,然而,由于他们被视为是上帝的代言人,并不具备独立的人格,所表达的思想均直接来自上帝,而不是来自自身;而拉比则不同,他们不再被视为上帝的代言人,不代表上帝,代表的只是他们自己,因此,所表达的思想纯粹是个人观点,是个人对上帝思想的解释。尽管拉比的思想不能像先知思想因神行具有永恒的魅力,但人的作用在拉比身上得到了充分展现和张扬。

此外,先知尽管谴责一切形式的不公正,却不相信人能够为进步和历史立下法规,他们对犹太民族的唯一要求是以忍受和服从上帝的方式等待救赎。而拉比则号召人们"打开律法书,寻求上帝的指导"①。而打开书本意味着学习和讨论,意味着思考和提出新的看法,意味着对知识的尊重(可以进一步解释为对律法的遵守),对有知识的人的尊重(可以进一步解释为对知识分子领导的服从)。

虽然拉比必须言而有据,言之有理,但他们表达的思想并不具备"圣神性"或只有神才能具有的"权威",因此,从根本上说只有参照性。这就为后人对他们的观

① 《圣经后典》,《马加比一书》,第9章48节,张久宣译,高务印书馆,1989年。

点、立场、意见进行再解释，对他们的思想进行扬弃，甚至“批判”之举敞开了大门。由此，我们可以说，犹太律法的“圣神性”在犹太拉比的手中步下了神坛。

在编撰《塔木德》的过程中，拉比为了从制度上保证运动的文人性质，还逐步确认了一系列重要原则。

原则之一是：犹太教不承认任何特权阶层和特权集团，犹太教“是属于人民大众的，任何研习《托拉》的人都可以成为犹太教的发言人”[①]。在贾布奈以及以后创办的犹太学院，不论一个人的家庭背景如何、社会地位如何、经济状况如何，只要有能力和学习热忱都可以在犹太学院学习。任何人只要被证明有智慧、有学识都可以由其他拉比冠以“拉比”头衔。拉比中最有学识的智者由同仁推举进入犹太拉比会，成为拉比会的执法人或担当拉比会的使者。尽管圣殿时代犹太人中的特权阶层——上流人士和祭司大多也多有学识，但拉比与原先特权阶层的最大区别是：拉比的头衔不是靠继承得来的，而是由每一个当事人用自己的努力和成就争得的。正如当代著名《塔木德》学者施坦泽兹所指出的，拉比阶层的形成“既不依赖于经济地位，也不依赖于血缘关系，而只取决于其成员出色的自我修养。……任何人都可以应邀加入这一阶层并被其吸收，只要能证明他是合格的。”[②]由拉比担当犹太人民的领导人可以说是犹太民族对知识重视的一项具体体现。萨富莱对当时的情况做出了如此描述：“在那些在贾布奈设计规划民族和社区领导机制的人中，没有一个人属于第二圣殿时代上流社会阶层。造就那些上流阶层的因素已经从公众生活中消失。现在犹太社区的领导权和精神生活领导权完全落到了《托拉》学者的手中。使学者与众不同的是同时代人对他们的授职。正是这一授职使他们有资格担当起职责。这些学者被称作‘拉比’。拉比会会长从这些人中挑选出拉比会的执法人和使者。拉比阶层是圣殿被毁后时代的产物。家庭和财产已不再重要。这一新的领导群体由广泛的社会经济生活各界人士组成。唯一衡量标准是学识。”[③]犹太拉比在自觉遵守犹太律法的同时，把研习、解释和传授《托拉》视为人生义务，这样他们自身便成为民族精神中心的化身。这一不承认任何特权阶层和特权集团的原则还反映了“人人平等”的思想。

原则之二是：在西缅·本·迦玛利尔二世的领导下，犹太拉比确立了在裁决有关犹太律法问题时应遵循多数人意志的原则。这项原则除了具有明显的现代民主意识外，更多的是具有知识分子处理问题的特征。在贾布奈学院人们可以看到当拉比对某一律法有不同看法时，他们通常先就这一律法的内容、含义、适用范围等进行研讨和辩论，然后再进行表决。多数人赞同的观点被认为是有约束力的观点，人人都必须遵守。但与此同时，少数人的不同观点并没有因为是“被否决”的意见

---

① Dimont: *Jews, God and History*, p. 165.

② 施坦泽兹:《阿伯特》,第 8 页。

③ S. Safrai: “The Era of the Mishnah and Talmud (70—640),” *A History of the Jewish People*, ed. by H. H. Ben-Sasson, Harvard University Press, 1976, p. 327.

而遭彻底抛弃,相反,这些观点受到应有的尊重,不仅被记录下来在犹太文献中得到永久的保存,而且还在日后讲授给学院的学生。今天,人们可以在《密西拿》和其他犹太文献中看到大量这方面的例子。由犹太拉比确认的这种"特别鼓励辩论,尊重不同意见,并推崇辩证的敏锐"[①]的做法显然是典型的知识分子行为,这一做法的普及无疑使得知识分子的作用得到最大的发挥。

原则之三是:确认律法的进化原则。犹太拉比认为应该用上帝赋予的理性去解释《托拉》,而不是以教条主义的立场对待律法书的文字。因而,他们在解释律法时总是着眼于它的精神。当一条律法由于时代的不同或情况的变化已经过时时,就应该从发展的眼光出发赋予它新的、更能够为人们接受的意义。在拉比的提倡下,在《托拉》中寻找新的含义成为保持犹太教活力的一项重要文化活动。这一原则促进了不同学者和不同学院之间就一系列问题展开辩论的风气。确实,在《塔木德》中,人们可以亲眼目睹不同学者就一系列涉及犹太律法、教义和社会问题各抒己见和展开的种种辩论。这种辩论实质上是追求新思想、新精神、新知识的一种表现。对于这一辩论的意义,犹太史学家萨富莱如是说:"这种辩论促进了犹太思想的发展,导致了各种学习方法的出现,丰富了人民的生活,很快成为一种民族生活中不可缺少的因素。"[②]

犹太贤人希勒尔

由于拉比在《塔木德》编撰过程中的作用,《圣经》后的犹太教被称为了"拉比犹太教"。从事《塔木德》编撰的拉比按时期又被划分为两类:一类称为坦拿,另一类称为阿摩拉。

坦拿专指公元 20 年至公元 200 年间一批研究犹太口传律法,并负责将口传律法记录下来和整理成文的学者。"坦拿"(Tanna)一词来源于阿拉米语,涵义为"教师"。获得坦拿称号的学者前后有数百名。《密西拿》中提及有名有姓的坦拿就有 148 名,其他文献中也有提及。他们中的大多数都是在巴勒斯坦出生并接受教育的犹太学者。犹太教认为,坦拿是著名犹太哲人希勒尔(Hillel,约公元前 70 年—公元 10 年)和山迈(Shammai,约公元前 50 年—公元 30 年)[③]的直接继承人,是最早将犹太口传律法记录下来并对之内容进行深

---

① 塞尔茨:《犹太的思想》,第 256 页。

② S. Safrai: "The Era of the Mishnah and Talmud (70—640)," *A History of the Jewish People*, p. 327.

③ 希勒尔和山迈是犹太历史上最著名的"双哲人"(Pairs, Zugot,指生活在同一时代,观点相左的两学者)。希勒尔代表法利赛派的观点,认为生活中的一切都在变化,不应该用固定僵死法则去限制,因此主张对律法进行温和宽泛的解释,使之能不断适应处于发展变化中的新形势。而山迈代表的是撒该都派的观点,立场保守,态度严谨,注重引经据典,在解释律法时不敢越雷池半步。根据记载,他们在 300 多个问题上立场分歧相左。不过,希勒尔的观点通常为编撰《塔木德》的拉比所接受。

入细致研究的人。

坦拿的活动年代为公元20年至拉比犹太亲王年代(约公元200年前后)。按不同活动时期,坦拿大致由五代人组成。第一代坦拿以约翰兰·本·撒该拉比和迦玛利尔为首,他们在耶路撒冷开设讲授中心。公元70年第二圣殿被毁后,在约翰兰拉比的努力下,坦拿的犹太学院在贾布奈得到了保存,使犹太教的研究得以继续并提高到一个新阶段。随后,其他一些犹太学院在巴勒斯坦纷纷设立,《密西拿》时代开始。第二代坦拿以西缅·本·迦玛利尔二世拉比和约翰兰拉比两门徒埃利扎·本·希尔卡努斯和约书亚·本·哈那尼亚为首。他们作为巴勒斯坦犹太社团发言人去罗马城,设法与那里不断增长的犹太社团取得联系,并企图向罗马当局求情。由于巴尔·科赫巴领导的又一次犹太人起义在135年被镇压,罗马人加剧了对犹太人的迫害,不仅禁止犹太人在耶路撒冷地区居住,而且开始封闭犹太学院,坦拿的研究活动受到了很大影响。第三代坦拿以阿奇巴拉比、以实玛利拉比和哈拉利亚拉比为代表人物。阿奇巴拉比在贾布奈学院遭破坏后,将经学院的中心移向加利利。他是第一个设法在混乱的群众中建立秩序、着手编纂《密西拿》的人。后来,他因坚持犹太教信仰而被杀害,是《米德拉西》时代著名十烈士之一。第三代坦拿为了促使犹太人适应新的形势,千方百计制止由于战争、外流和改宗而导致的人口锐减,用人民衷心向往的民族组织代替旧有机构,设法重新唤起犹太人对圣殿和犹太人荣誉的怀念并使之铭记不忘。他们在研究中对《圣经》诠释制定了准则,促使日后拉比法的发展。第四代坦拿以阿奇巴拉比的门徒西缅·本·约哈伊、约瑟·本·哈拉弗塔拉比以及以实玛利拉比的门徒梅厄拉比为代表。他们在各地开办犹太学院,传播犹太教思想,给犹太人的生活带来了新的动力,极大地促进了拉比犹太教的研究。梅厄拉比对阿奇巴拉比的著作进行了修订,为后人最终完成这部具有历史意义的著作铺平了道路。第五代坦拿的杰出代表人物是拉比犹太亲王。在他的领导下,以犹太人口传律法为主要内容的《密西拿》终于编纂完成,同时也标志坦拿时代的结束。

坦拿出现在犹太历史的转折关头,为了使丧失圣殿的犹太民族永远保持对圣殿的回忆,坦拿们提倡记住圣殿被毁后发生的所有事件的日期,提倡巴勒斯坦和全世界的犹太人继续交纳什一税。他们修订《哈加达》,增加有关圣殿内逾越节献祭和为重建耶路撒冷而祈祷的提示。为了把四散离乡的犹太人联成一个统一体,他们创造了一种能够约束所有犹太人的历法,规定每个月的第一天和其他节日的具体日期,禁止在犹太学院和犹太会堂讲阿拉米语和希腊语,把希伯来语定为犹太人在犹太会堂祈祷用的正式语言,使犹太人有了一条相当重要的语言纽带。不过,坦拿的最主要贡献是对犹太民族口传律法的梳理和编纂。由于几代坦拿的共同努力,几个世纪一直以口头形式流传的口传律法逐步被整理成文,汇集成一部对《圣经》诫律做出具体说明的巨著——《密西拿》。

阿摩拉则专指从《密西拿》编纂完成的公元3世纪至《塔木德》编纂完成的公元6

世纪期间的一批著名犹太学者。“阿摩拉”(Amora)一词来源于希伯来语,意为“代言人”。与坦拿不同,阿摩拉包括巴勒斯坦和巴比伦两地的学者。一般认为巴勒斯坦的阿摩拉由5代人组成,巴比伦的阿摩拉则由8代人组成。他们分别从属于巴勒斯坦境内提比利亚斯、塞佛里斯、该撒利亚等学院,以及巴比伦境内苏拉和蓬贝迪塔学院。阿摩拉的主要任务是研究《密西拿》,设法确定每一句话的出处,或这句话是根据什么律法原则提出来的。阿摩拉在研究过程中发现《密西拿》并没有包括已知的所有口传律法,完全忽略了对《哈拉哈》进行补充的材料,于是开始着手整理这些没有包括在《密西拿》中的材料,编成典籍,终于完成了律法释义汇编《革马拉》。

在编纂过程中,巴勒斯坦的阿摩拉侧重于巴勒斯坦的传统和实际情况,对《密西拿》进行研究和补充,在4世纪中叶完成了被称为《耶路撒冷塔木德》的编纂工作。而巴比伦的阿摩拉则从巴比伦的实际情况出发对《密西拿》进行研究和补充。在较为宽松的政治条件下,经过较长时间的研究,终于在6世纪完成被称为《巴比伦塔木德》全书的编纂工作。

阿摩拉的队伍庞大,有据可考的就达2000人以上。为了保证阿摩拉的研究、审订工作,当时的法律允许他们不赋税,并免于承担各项公共义务。阿摩拉和坦拿一样在维系全世界犹太人方面做出了巨大贡献。由他们完成的《塔木德》成了犹太人日常生活的伴侣,使中世纪的犹太人在面临迫害、逐驱、隔离的情况下,始终有一整套能够保持祖先的传统,发扬犹太人的特征,维护犹太人的独立的基本准则。阿摩拉在长期的研究中还发展了一种独特的论证方法。它在论述问题时既阐明真理,又指出谬误,从正反两方面进行探讨,从而对某一具体律法的运用给以逻辑论述。这种论证形式使犹太人养成了一种合理思维的传统。

《密西拿》的编撰

《密西拿》作为《塔木德》的最初部分和核心部分,其编撰思想和方法在总体上代表和反映了《塔木德》的编撰思想和方法。

一般认为,《密西拿》最初是作为一本教科书而编撰的。在《密西拿》最终编撰之前,许多犹太学院的拉比就前辈拉比对律法的评论和阐释进行了收集和整理,到犹太亲王时代,已经有十余部法规文献被整理成册。犹太亲王和他的门徒对在过去数百年历史上积累下来的成千上万涉及律法的资料进行了系统的梳理,其中包括希勒尔在内的一百多位在历史上留下名字的坦拿对犹太律法的论述。

按照拉比的传统说法,犹太亲王这样做的初衷并不是要把律法固定下来,因为这将有悖于拉比的初衷,而且不符合口传法的基本原则。他编撰的目的只是要为人们的学习和研究提供方便。正因为如此,他记录下了不同权威彼此相左的观点。[①] 然

① 柯恩:《大众塔木德》,第22页。

而，一旦这些论述资料经过仔细审核和梳理，被汇编成册，内容自然固定了下来，《密西拿》作为一部成文典籍的地位也就随之得到了确认。

犹太亲王在编撰过程中使用了犹太民族的传统语言——希伯来语，由于风格自成一体，被誉为《密西拿》希伯来语。这也是希伯来语在现代社会到来之前的最广泛的一次运用。

最终定本的《密西拿》按内容排列，对涉及律法的问题以主题（称为序列）分类，每个序列包含若干个论题篇，每篇又分若干章，章下再分节。《密西拿》共设6个序列，63个论题篇，523章，涉及当时犹太人活动的所有方面：从农事、赐福、祈祷、节日、庆典、礼仪、婚姻、伤害、民事、刑事、借贷、赔偿、继承，到崇拜、献祭、捐献、饮食、圣事、洁净等。在《密西拿》中，不仅对同一件事的不同看法都归纳在一个论题篇中，而且所有相互有关的论题都被联系在了一起。

前面已经提到《密西拿》的主要目的是对源自《托拉》的律法做出新的解释，这一"释法"活动的目标是"对律法的创造性保存、发掘和运用。采用的形式是一代又一代具有相同思想的犹太宗教领袖在学会理解这一'犹太律法'时所采用的形式"[①]。

这里需要特别指出的是，《密西拿》不仅仅是律法条例的罗列，还包括在决定这些律法条例时的判断和裁决过程，其中有做出这些决定的拉比的名字，他们列举的理由，以及重要的不同观点和看法。在这过程中，"一种精神发展起来，将看上去差别很大的成文法和口传律法统一起来，以解释和再解释方式满足变化了形势的需要。"[②]例如，安息日被定在日落稍前一点开始，日落稍后一会儿结束，为的是防止不经心的亵渎。因此，"《密西拿》并非只是一部法典，它是一部圣书，其精心选择了犹太人行为的范例"[③]。它的出现在使各散居地的犹太人有可能通过一部法典维系在一起的同时，还为《塔木德》的出现奠定了基础。

《塔木德》文化的其他文献

《塔木德》文化除了《塔木德》本身外，还包括《托塞夫塔》和《米德拉西》等方面的内容。

《托塞夫塔》

《托塞夫塔》是对犹太教经典《密西拿》所作评注的汇编。"托塞夫塔"（Tosefta）一词来自阿拉米语，意为"补充"，《托塞夫塔》可以看作是对《密西拿》的

---

① 阿尔弗雷德·高乔克：《理性之光——阿哈德·哈姆与犹太精神》，第58页。

② 同上。

③ 塞尔茨：《犹太的思想》，第268页。

补充。《托塞夫塔》的内容与编排形式都与《密西拿》相似,然而篇幅却几乎是《密西拿》的四倍。它的章节安排均与《密西拿》相对应,包括6个序列、60个议论专题论(只有3个专题没有相应的内容)。《托塞夫塔》主要由没有收入《密西拿》的犹太教学者坦拿的作品组成。其中有的是与《密西拿》文本不同的版本,有的是对《密西拿》的解释,还有的是对《密西拿》的增补,以及对增补内容的评述。虽然到目前为止尚不能断定《托塞夫塔》和《密西拿》并存的理由,但仍可以推测,《托塞夫塔》意在补充《密西拿》的不足,记录经过多年考证而确定下来的有关《密西拿》的传说、证据、事例和解释。一般认为,很可能是犹太拉比的一些学生将那些有价值但没有收入《密西拿》的坦拿观点汇编成册,取名为《托塞夫塔》。这些人的观点后来成为巴勒斯坦学院和巴比伦学院中阿摩拉对口传律法进行探讨的出发点和基础。

长期以来,有关《托塞夫塔》著作权以及入选作品的标准一直是人们争论的两个问题。部分《塔木德》学者认为,《托塞夫塔》是尼希米拉比所作,而《密西拿》为梅厄拉比所作。这样的观点如果成立,倒能解释这两部著作之间的许多共同之处,因为尼希米和梅厄都是阿克瓦拉比的学生。不过,由于尚不能拿出尼希米就是《托塞夫塔》作者的有力证据,许多学者偏向认为该书是集体所作,是根据多种来源不同的资料汇编而成,包括一些相互矛盾的材料。和《密西拿》一样,《托塞夫塔》在讨论有争议的问题时往往只罗列相悖的观点,不作定论。

最近的研究表明,无论是《耶路撒冷塔木德》的作者,还是《巴比伦塔木德》的作者,都不知道《托塞夫塔》的存在,因为有许多《塔木德》试图澄清的问题,在《托塞夫塔》中早就得到彻底的阐述和澄清。尽管如此,有证据表明,《托塞夫塔》的作者很可能生活在故土以色列,因为无论是作品的风格还是作品的要义都与《耶路撒冷塔木德》相近,而不是与《巴比伦塔木德》相近。《托塞夫塔》的成书时间有可能在5世纪之后,目前流行的权威版是1881年由祖克曼德(M. S. Zukermande)出版的版本。[①]

《米德拉西》

“米德拉西”是与《塔木德》相关的一个重要概念,被认为是犹太拉比对《圣经》的评论集。“米德拉西”(Midrash)一词在希伯来语中的意义为“解释”、“阐述”、“宣讲”,《米德拉西》作为一部典籍,指一批在稍后收录在《塔木德》中的解经布道书。《米德拉西》按《希伯来圣经》各卷的顺序,对每一卷的内容进行通俗解释与阐述,分别称作该卷的“米德拉西”,如“创世记米德拉西”、“出埃及记米德拉西”等。

在坦拿时代,《米德拉西》就以一种不同的文学类别存在,具有两个清晰的目的。其一是,出于犹太学院的教学需要,帮助澄清与律法有关的议题,设法将犹太

① 参见柯恩:《大众塔木德》,第22页。

律法从《托拉》文本中提炼摘录出来。其二是，出于犹太会堂布道的需要，利用犹太历史上的事件、人物、传说等，通过发挥性的阐述和想像性的解释，宣讲和引申出《圣经》所包含的深刻涵义和教导。在犹太圣贤看来，《圣经》并不仅仅是记录上帝在过去所作的启示，而且是对现实生活中的每一代人说话，关注他们面临的问题。通过“米德拉西”解经法犹太圣贤就有可能从《圣经》中找到对现实生活有意义的内容或关系密切的教导。

《米德拉西》的上述两个目的实际上指出了《米德拉西》的内容也可以分为两种：凡讲解《圣经》中的律法、教义、礼仪与行为规范，说明律法应该如何应用在现实生活中的部分称为《哈拉哈》。凡阐述《圣经》的故事、寓意或秘义的部分称为《哈加达》。前者有较高的权威性，文体庄重严谨；后者富有较强的启发性，文体活泼、想像力丰富。

《米德拉西》作为解释《圣经》的布道书卷 2 世纪就已有雏形，6—10 世纪逐步成书。《米德拉西》对于讲解犹太教有重要的价值，历来被视为是犹太教的通俗性典籍。犹太教家庭的孩子从小就开始学习《米德拉西》，可以说他们对犹太教的理解是从《米德拉西》开始的。

此外，《米德拉西》的解经内容对欧洲文学家具有很强的吸引力，无论是意大利的但丁、薄伽丘，西班牙的塞万提斯，还是英国的弥尔顿，都曾从中获得创作的灵感或文学素材。

《塔木德》的特点和意义

《塔木德》作为一部特定的律法文献汇编，展示的是一个庞大而博杂的“拉比犹太教”。由于它的卷页过于浩繁，呈现的方式又十分独特，故在不少人的眼中，它是一部隐秘、晦涩、难以读懂的“天书”。

《塔木德》有什么样的特点呢？

首先，《塔木德》不是真正意义上的一部书，而是一种传统。当代著名《塔木德》学者纽斯奈尔把《塔木德》视为是“一种富有生命力的传统”[①]。《塔木德》的生命力首先表现在它的开放性上，因为唯有开放具生命力，它邀请每一个读者参加到它的讨论中。“《塔木德》所展示给我们的并不是已经完成的定论，而是对于一个论题的某些要点所提出的一些心得。这些心得使我们可以对争论的事由和问题以及对提出的事实和对这些事实的利用进行重新的构建，其结果就是当我们把握了这份文献的时候，我们同时置身于它的规则之中，加入了它的论证之内。”[②]这种开放性在随后的年代成为犹太人的传统，每一代犹太人都用自己的方式加入其中，对理解

① 柯恩：《大众塔木德》，前言，第 II 页。

② 同上书，第 III 页。

《塔木德》所代表的思想做出自己的贡献。

其次是《塔木德》的思辨性。通过反反复复的思考和争辩,《塔木德》不仅启迪犹太人应思考什么,更重要的是应如何思考。例如,《塔木德》在探究有权还是无权吃掉"节日那天所生的蛋",是否需要赔偿由一头"疯牛"造成的损失时,既没有讨论那个蛋,也没有讨论那头牛,似乎对此漫不经心,但却提出了一些处理人间事务应有的思维方式和基本观念。《塔木德》以其思辨性塑造着求知犹太人的视点,塑造了那些掌握了它思维方式的人的心智。这使得"《塔木德》的辩证法有一种大海般的韵律"[①]。通过对《塔木德》的学习,一代又一代的犹太人经常性地锻炼自己的敏锐,他们的智力从孩提时就变得异常突出。事实上,犹太人所具有的那种不同寻常、不可思议的智慧和精神洞察力不是来源于别的什么东西,而是来源于《塔木德》式的思辨。

第三,《塔木德》是一本昭示高尚教诲的"书",是一部探讨每个人之世俗责任的"书"。引导律法与其中道德规范的准绳乃是义之准绳,其原则之一便是在其面前众生平等,无论大小、贫富、贤愚,均无所偏颇。[②] 长期以来,犹太教对犹太人的基本要求是:不断学习犹太经典,不断对其教义身体力行,不断地在"学"和"行"两个方面完善自身,并努力最终达到完美无缺的境地。《塔木德》为犹太人的恒久学习提供了一个蓝本。而在学习过程中,没有所谓的"学而优则仕"的思想,为学习而学习可以说就是犹太人学习《塔木德》的最根本动因,因为专心致力于研究上帝的律法被认为是每一个犹太人的权利和义务。正因如此,《塔木德》对圣洁的犹太人,上帝的选民的生活产生了惊人的影响。"整个犹太教社会就是从《塔木德》中找到了思维和求索的方式,秩序和价值,而正是这些指导了人们如何去处理公共事务和个人生活。"[③]难怪《塔木德》被犹太思想家阿哈德·哈姆称为"内在律法,具有道德意义的律法",学习《塔木德》是犹太人通向"圣洁"之路。

犹太人与《塔木德》研读

《塔木德》是一部文明的法典,一部在随后一千五百余年指导犹太人生活的法典。它所确立的生活方式为所有犹太人所接受,使得呈散居状态的犹太人成为一个整体,无论犹太人走到哪里,无论犹太人被隔绝多久,无论犹太人生活在世界上的哪一个天涯海角,《塔木德》都始终将他们维系在一起,使他们永远是一个有着同一个认

① 埃马纽埃尔·勒维纳斯:《塔木德四讲》,商务印书馆,2002年,第9页。

② 施坦泽兹:《阿伯特》,第7页。

③ 柯恩:《大众塔木德》,前言,第X页。

同感的民族。

《塔木德》的编撰完成标志着拉比犹太教的确立，犹太教终于从经典犹太教阶段完全过渡到拉比犹太教阶段。犹太人对待《塔木德》的态度犹如对待《托拉》，对它进行不间断的终身学习。守教的犹太人通常每天自觉学习一页《塔木德》，由于存在传统阅读《塔木德》的规范，因此，全世界的犹太人每天阅读的内容和进度是统一的，通读一遍《塔木德》需要七年半的时间。犹太人认为，学习《塔木德》不仅是对智慧的掌握，了解当时的拉比是如何应对新形势的，而且是对人意志的一种考验。

犹太学者历来对《塔木德》有着极高的评价。

千年传统，在耶路撒冷老城学习《塔木德》的塞法迪犹太人

当代法国犹太哲学家勒维纳斯认为《塔木德》“行文风趣，简洁明快，或热嘲或冷讽，都执著于可能性，字里行间保留了口传偶尔变为一种书面诫命的特点，因而有必要唤起人们对当时对话活动的关注，其中每一场讨论都是各抒己见，众说纷纭，歧义迭出，但又毫不专断。每一页都在寻找矛盾，期盼读者的自由、创意和胆识”①。

著名史学家罗斯是这样说的：“《塔木德》在犹太生活中的重要性决不纯粹是学术上的。它是犹太民族许多许多代人智慧的结晶。它里面包含了希伯来思想的每一个方面、人类精神的每一个话题。它的编写时期正好同边远地区的独立生活中心的发展相吻合，而这些中心无论从政治上还是语言上都已经用原先的那个真正的核心隔离了开来。犹太人民正在迈向一个生存形式完全不同的生活阶段，他们将在那些他们的祖先从来没有听说过的国家中，去从事他们以前一无所知的职业，去面对过去从来没有意想到的各种困难。但是，他们却拥有一部法典，并且不只是宗教或律法的法典，而且是一部文明的法典。他们要带着它进入属于自己的新的生活。《塔木德》中如此细致地阐明和描述的生活方式，使得所有以色列人民融为了一个整体，无论他们在哪里，而且无论他们被分成多少政治派别，他们都已经无法分开了。它给了他们那种区别于他人的具有明显特征的印记，也给了他们异乎寻常的抵抗力和凝聚力。它的论证使他们的才智更加敏锐，从而赋予了他们一种不可思议的精神洞察力。……如果说在以后的漫长的岁月里，在任何别的民族都不能克服的环境中，他们仍然能够保持自己的独特个性，那么，首先应当归功于《塔木德》。”②

《塔木德》还是研究犹太民族历史的一种可靠史料来源。它的内容包括训诫、历史、诗歌、寓言、法律、民俗、宗教礼仪，甚至包括农业、建筑、天文地理、医学以及

① 勒维纳斯：《塔木德四讲》，第 4 页。

② 罗斯：《简明犹太民族史》，第 156—157 页。

民事刑事等等。它包含了涉及民法、诉讼法、宗教行为规范和正当生活道路在内的律法和行为准则,对哲学、神学、医学及技术的创见,还有历史事件的描述和来自各类人物生活的趣闻轶事、智慧格言以及民间谚语。因此,完全可以说是反映公元1世纪末到公元500年间犹太古代宗教、哲学、历史、生活习俗各方面的一部百科全书,成为人们了解那一时期犹太人生活和历史的最根本来源。

教会焚烧《塔木德》

《塔木德》对犹太人而言是一所心灵的庇护所,受迫害的犹太人往往在《塔木德》中找到慰藉,学习《塔木德》常常成为受迫害犹太人排遣愤恨和减轻迫害打击造成伤害的方式。犹太历史学家罗斯这样描述道:"对于犹太人来说,……在日常生活中接连不断地遭受屈辱之后,它(《塔木德》)带给他们另外一个生动、安静而和平的世界。它给了犹太人第二种全然不同的生活,完全摆脱了那种日复一日的肮脏。每当一连串的暴力事件平息下来、暴徒们的喊叫声消失之后,他们就爬回了自己那个支离破碎的家,把耻辱的犹太人标志放在一边,开始研读那些发了黄的书页。此时,他们被带回到一千年前的巴比伦学校之中。在那里,他们那痛苦的灵魂得到了真正的安宁。"①

《塔木德》对犹太人而言更是一种力量,一种在恶劣环境下顽强生存下来的力量。这种来自《塔木德》的力量,使得犹太人在通常认为不可能的外部环境中顽强地生存下来。欧洲的非犹太人常常目睹这一切,因而在把《塔木德》视为一种神秘力量的同时,把犹太人顽固不化、拒绝皈依的举动归罪于《塔木德》。基督教会更是对之恨之入骨,在历史上,多次组织对《塔木德》的审判②。在这类审判中,《塔木德》像人一样被带到法庭,接受审判,对《塔木德》的指控通常为异端、淫秽等罪名,然后被判处死刑,拖到大街上接受火刑——当众焚毁。可以说,人类历史上没有任何一部其他典籍遭受《塔木德》那样的"待遇"。《塔木德》所具有的力量从中可见一斑。

正如著名《塔木德》学家纽斯奈尔所宣称:"与其说《塔木德》是一部书,还不如说它是一项(犹太人)精神上的千秋大业。"③

① 罗斯:《简明犹太民族史》,第258页。
② 著名的审判包括1240年的巴黎审判,1263年的巴塞罗那审判等。可参见《犹太教审判》一书。
③ 柯恩:《大众塔木德》,前言,第II页。

第五章

中世纪以来的犹太教

《塔木德》的编撰完成标志着犹太文化进入了一个新时期，犹太文化意义上的中世纪从此开始①。这时的犹太人已经分散在一个地理范围十分广阔的地区，从西亚、北非到欧洲，既有生活在穆斯林社会的，也有生活在基督教社会的。把如此分散的犹太民族在交通和通讯均极不发达的时代紧密维系在一起的不是别的，而是犹太教。事实也证明，在犹太散居史上，犹太教成为事实上维系散居犹太人的唯一纽带。前面我们已经提到犹太教在《塔木德》时代进入了"拉比犹太教"阶段，对犹太经典《圣经》、《塔木德》的研习成为最主要的宗教生活，中世纪以来的犹太教就是沿着这一方向发展的，犹太人在文化方面取得的成就自然集中在对犹太经典《圣经》、《塔木德》的研习上。关于这一点我们将在下一章中叙述。不过，尽管拉比犹太教是中世纪以来犹太教的主流，但它不是犹太教的全部，一些具有不同思想的犹太教派不断出现，并在一定时期得到相应的发展，特别是到了近现代，犹太教不再以一种统一的形式存在，而是分化成为不同的派别，朝着不同的方向发展。

中世纪犹太教

从总体上说，从公元 6 世纪到 18 世纪的一千多年的时间内，

① 一般认为，犹太文化意义上的中世纪在犹太启蒙运动（18 世纪末）结束，本书所使用的犹太中世纪的时间跨度即为这一概念所指的范畴。

拉比犹太教一直在犹太教占据主导地位,甚至完全可以说,拉比犹太教就是这一时期事实存在的犹太教。公元 8 世纪初,巴比伦犹太教教长与拉比学院共同将巴比伦派(即拉比犹太教)律法诠释传播到各国犹太社团。拉比学院不仅培训拉比,而且成了立法机构,对世界各地的犹太社团造成影响并具有一定的权威。其特征之一是《塔木德》得到人们的普遍认可,并成为指导人们日常生活的准则。

拉比犹太教的特点是重视对宗教律法的阐释,而不注重教义的解释和对外族传教。尽管在总体上,拉比犹太教的思想为几乎所有散居在世界各个角落的犹太人所遵循,但这并不表明,拉比犹太教以外的思想对犹太人的生活不具影响力。例如,在宗教律法与世俗律法的关系上,犹太社会仍然承认世俗习惯法在社会生活中的重要地位。此外,拉比犹太教时期,犹太人的宗教习俗还受到其他民族宗教的影响,如公元 6 世纪加利利犹太会堂里出现的细石镶嵌地板图案中有星象、人形、鱼兽的图形,这显然是与十诫的第二诫不可雕刻与制作偶像的诫命相违背的。在一些犹太文献中,出现有描述魂游天庭景象等方面的内容,反映异族民间宗教的影响。

在犹太人内部,拉比犹太教对《圣经》以外经典《塔木德》的过分强调,曾在犹太教内部造成自己的反对派——卡拉派。"卡拉"原意为"呼喊"、"诵读"。卡拉派主张诵读《托拉》,否认口传律法的权威性,即拒绝接受《塔木德》;主张按照《托拉》中的律法严守安息日,过清淡艰苦的修行生活。从 8 世纪起,只承认《圣经》权威而拒绝《塔木德》经典合法性的卡拉派发动了一场反对拉比犹太教的运动。他们谴责《塔木德》信徒曲解犹太教义,用无数混乱不堪的注释破坏《托拉》固有的纯洁性,号召人们回到《圣经》中去。这一争执持续了 400 年之久。卡拉派是中世纪出现的第一个与犹太教主流思想相左的犹太教派别。

10 世纪以后,在反拉比派潮流的影响下,"非正统"的犹太教神学思想朝着两个方向发展,一为理性主义,另一则为神秘主义。

犹太教理性主义的出现显然是受到伊斯兰理性思想的影响。由于伊斯兰文明对当时科学和古代希腊理性的推崇,生活在伊斯兰文明下的犹太学者开始思考如何吸收理性主义,以促使犹太教义适应时代的发展需要。公元 12 世纪,西班牙出现了一个伟大的理性主义犹太神学家、哲学家摩西·迈蒙尼德(1135—1204)。迈蒙尼德生于西班牙科尔多瓦,出身医生,是萨拉丁苏丹的御医,以后定居于埃及。迈蒙尼德努力使犹太教义和当时的科学、哲学相协调。他推崇亚里士多德的哲学,他的著名作品《困惑指南》就是试图用理性主义重新论述传统犹太教,以指引当时处于基督教、伊斯兰教影响下的犹太人如何坚定自己的宗教信仰。迈蒙尼德突破犹太教的繁文缛节,提出一系列上帝存在的论证。他归纳犹太教信仰的 13 条款,被后世犹太教广泛接受。犹太教原无公认的成文信条,迈蒙尼德的 13 条款后来具有了信条的性质。这 13 条款是:

(1) 创造主创造一切并管理一切；
(2) 创造主乃独一无二真神；
(3) 创造主无形无体无相；
(4) 创造主是最先的，也是最后的；
(5) 创造主是唯一值得敬拜之主，此外别无可拜之物；
(6) 先知一切话语皆真实无误；
(7) 摩西是最大的先知，其预言是真实的；
(8) 犹太律法是由摩西所传，不能更改；
(9) 律法永不改变，也不会被取代；
(10) 创造主洞察人的一切思想行为；
(11) 创造主向遵守律法的人赐予奖赏，向践踏律法的人施与惩罚；
(12) 弥赛亚必将来临，要每日盼望，永不懈怠；
(13) 相信死人复活。

摩西·迈蒙尼德对中世纪犹太宗教的发展有重要的贡献，被誉为领导以色列人出埃及的民族领袖摩西后的"第二摩西"。不过，在中世纪，理性主义在犹太人中一直没有得到大的发展，主要是因为拉比犹太教对理性主义持反对态度，拉比甚至禁止犹太青年阅读迈蒙尼德那些具有理性主义思想的著作，以免他们受到理性主义的"不良"影响。

神秘主义产生的历史政治背景与犹太人长期遭受苦难有关，受到非犹太人社会歧视和迫害的犹太人希望摆脱现世的苦难，盼望救世主弥赛亚来临施行伟大的拯救。中世纪犹太教神秘主义思潮于12世纪下半叶至13世纪上半叶一度盛行于西班牙、法国和德国。神秘主义者宣称他们能够依靠神秘的方法释放神奇的力量，来解救犹太人于苦难。在各种神秘主义思潮中，最有影响的是喀巴拉派的观点。他们以神秘的观念解释《圣经》。从口头传播到13世纪先后形成《创造之书》、《光明之书》、《光辉之书》(即《佐哈尔》)等神秘主义典籍，内容夹有天使、魔鬼、魂游家等方面的描述。他们声称，犹太人在地上受苦难，但在天上将得到胜利。传统犹太教中很少涉及、甚至被认为是异端的一些内容在其中得到了强调。由此可见，犹太神秘主义与犹太人对弥赛亚的盼望以一种神秘的方法结合在了一起。

16世纪以来，散居在巴比伦、土耳其、法国、西班牙的犹太社团中屡屡出现假"弥赛亚"事件。假"弥赛亚"事件的出现显然与神秘主义有着一定的联系。1626年出生在土耳其的沙巴特·泽维(1626—1716)就是一例。一些犹太教神秘主义者早就预言1666年为"拯救年"，出自大卫后裔的弥赛亚将在那年来临。沙巴特22岁起在家乡自称是弥赛亚，但不被欢迎。他只好离家出走，往返于埃及与耶路撒冷之间，终于赢得一些人的相信。在所谓"拯救年"前一年的1665年，他回到故乡，奇迹般地得到广大群众信徒的夹道迎接。消息传到欧洲各地，沙巴特已被相信是

1666年将施行奇妙拯救的“弥赛亚”了。信众为此欢歌达旦,富人分散财富给穷人,因为1666年一到,地上财富不再需要了,但1666年来到以后,什么奇迹也没有出现。当年9月16日反而出现另一件“奇事”:沙巴特被带到土耳其君士坦丁堡奥斯曼土耳其皇帝面前。为逃避惩罚,沙巴特公开宣布皈依伊斯兰教。一场假“弥赛亚”来临的闹剧宣告结束。100年后的波兰也出现了一个沙巴特式的人物。他不接受《托拉》和《塔木德》,高举一部名为注释《圣经》奥秘,实为符咒、暗语和神秘冥想大全的《光辉之书》在民众间进行救世宣传活动。此人后被波兰当局驱逐出境,《光辉之书》也被定为禁书。

15世纪以来,欧洲经历了文艺复兴、宗教改革(16世纪)和自然科学革命(17世纪),但这对分布于德国、波兰、立陶宛和土耳其地区的犹太人影响甚微。甚至到18世纪,犹太人仍然生活在基督教与伊斯兰教社会之中,成为城市中等阶层,却在生活上基本保持中世纪传统惯例,严格遵守犹太律法与习俗。犹太教神学仍在神秘主义深重影响之下。波兰立陶宛帝国北部的维尔纳城成为犹太学术中心,被誉为“立陶宛的耶路撒冷”。在其东南部西乌克兰农村,犹太下层民众兴起具有敬虔主义特点的哈西德运动,强调神秘经验,置律法于次要地位,只承认拉比为群众的灵性指导,拥立一些人为“神帅”。哈西德运动的信徒结成互助组织,信仰上不强调忏悔而强调谦卑、感恩、喜乐,完全信赖神的纯善旨意。哈西德运动对犹太教神秘的敬虔主义产生深远的影响。

不过,在这期间,文艺复兴思想和科学思想对犹太人还是产生了一定影响,尽管这种影响只是发生在少数犹太学者和思想家身上。15世纪至16世纪,意大利上层犹太人受到文艺复兴思潮的影响,少数犹太学者开始对传统犹太教持保留批判态度,尤以阿礼利亚·迪·罗西最为突出。他晚年发表《耀眼的亮光》一书,总结了他对有关犹太文献的研究,并运用非犹太人资料考证《塔木德》中各项传说的真伪。宗教信仰上,他仍笃守中世纪犹太教信仰,但并不回避犹太教经典中的矛盾。他认为《塔木德》中的传说具有道德训诲价值,而非历史事实。他以历史观点校订犹太文献中的人和事,由此论证从《创世记》算起的犹太纪年是拉比犹太教后期才开始推行的。他的思想成为19世纪后犹太历史考证学的先河。

17世纪,受西方近代科学思潮的影响,一些犹太思想家对古代传统权威、中世纪经院哲学思维方法提出了疑问。17世纪上半叶,阿姆斯特丹犹太思想家尤里·阿科斯塔公开否认拉比权威及个人灵魂不灭,认为律法书不可能出于神授,因其中包含许多违反自然律的事件。神既创造了自然与自然规律,便不能自相矛盾。而对近代开明的犹太人来说,拉比时期《塔木德》犹太教对他们已格格不入。《塔木德》原统辖犹太教徒日常生活的一切范畴,除“十诫”外,被拉比确认的诫命、律例、典章、规条,共有613条之多。以“要”开始的条款为248条,以“不可”字句开始的条款为365条。在近现代生活中,如此琐碎繁杂的条款实际上已不可能被条条遵守实行。尽管拉比多方面诠释引证,力求变通,但拘泥古制总得不到根本出路。虽然由于传统习惯的影响，《塔木德》精神仍在犹太社团和会堂中居统治地位，但与此同时，以反对用《塔木德》条款禁锢人们精神为特征的理性主义思潮再次在近代犹太社会中抬头。

另一位阿姆斯特丹犹太思想家斯宾诺莎把神的存在及其统一性作为认识世界的前提，认为一切存在皆于神之内，没有神就不会有其他一切，也不能有任何事物被认识，但他怀疑神的超自然存在，认为神即自然体系，在它之外，别无对它的限制。神具有无限多属性，其中为人所知的只有思维和广延两种。世间万物反映了神的各个侧面。斯宾诺莎对神的存在、统一性、无限性赋予新的解释，从这个意义上说，比起笛卡儿哲学观中神仅被用来连接思想与物质世界，他的思想更接近传统宗教观念。斯宾诺莎强调自然界的万物都是必然的产物，人只有在认识必然的情况下，才能不为情感所驱，获得真正的自由。

斯宾诺莎还从一个崭新的角度去理解犹太教和《圣经》。他认为，犹太教不以传播理性真理为其任务，与其他一神教不同，它并无信经、信条，而是信仰某些历史事件，遵行宗教律法，以求今生及死后的福乐。对于《圣经》，他认为，那是在不同时期、不同条件下由不同作家撰写的人类记录，因此必须用历史的方法和文学评论的方法加以考察。他认为，《圣经》是想像力的产物，其中既掺杂着不少需要摈弃的迷信成分，也包含若干放之四海而皆准的真理，能起到教育民众，使他们按公义、仁爱行事的作用。对于犹太礼仪，他认为这些法规曾在巩固犹太人政权方面起过一定作用，如今犹太国已不复存在，犹太礼仪也就失去了存在的意义。

18 世纪，以法国、英国为中心的启蒙运动在欧洲各国兴起，提倡思想、经济、政治、自由和人道主义。德国犹太思想家摩西·门德尔松主张以理性为基础的自然宗教。他认为，犹太教仅为犹太人的特殊律法，并非独特的信仰体系。犹太人应遵守犹太教礼仪，放弃文化孤立的传统，广泛吸收其他民族的文化。他积极促进犹太启蒙运动。犹太启蒙运动使犹太教走向世俗化，因而使犹太人的神成为世俗的神、世界的神。犹太教的启蒙运动并不反对犹太教本身，只反对犹太教传统生活方式和拉比的权威。门德尔松主张改革专注重《塔木德》的传统教育，提倡传播科学新知识和现代化的生活方式。他的这些主张，在接受了启蒙思想的欧洲犹太人的支持下，对传统犹太教造成了巨大的冲击，直接导致犹太教一个新时期的到来。

卡　拉　派

卡拉派是中世纪出现的犹太教一派别。“卡拉派”(Karaism)一词的涵义为“恪守经文主义”，最早出现于 9 世纪，由犹太学者便雅悯·阿尔-纳哈文迪首先使用。卡拉派是对过分注重《塔木德》犹太经典学习而忽视对《圣经》研读的拉比犹太教的一种修正和反动。因此，卡拉派只承认《圣经》的权威，拒绝《塔木德》的合法性，主张犹太教的一切教义和习俗都应以《圣经》为准则。他们把《塔木德》看成是人为产物,不能与上帝直接启示的《托拉》相媲美,因而拒绝在日常生活中遵照执行。尽管卡拉派自认为其基本思想存在于第二圣殿时期的一些派别中,如库姆兰社团、亚历山大底犹太教派以及其他一些非法利赛派、非撒都该派团体,但大多数历史学家倾向于把卡拉派运动的开端定在8世纪,由出生在波斯的安南·本·大卫始创。安南青年时代便在宗教上表现出不赞成拉比犹太教的观点。他只承认《圣经》的权威,而拒绝《塔木德》的合法性。公元761年,在巴比伦担任犹太社区领袖的叔父去世,他原打算继承叔父的职位,然而,巴比伦的加昂却不允许这位敌视《塔木德》的人继承其叔父的职位,非但如此,还将其逮捕,判处死刑。后来他逃出巴比伦,来到巴勒斯坦,在耶路撒冷建造了犹太会堂,开始向拉比犹太教宣战。有关安南的传说虽带戏剧性,但他确实为卡拉派运动的发展做出了重要的贡献。

卡拉派作为一种运动兴起于巴比伦,其黄金时期在10—11世纪的巴勒斯坦。安南死后,该运动由便雅悯·阿尔-纳哈文迪领导。巴勒斯坦卡拉派犹太社区则由丹尼尔·阿尔·库米西建立。他曾向海外卡拉派社区发出呼吁,要求每个社区推举5名代表前来巴勒斯坦居住,从而最终建立了有一定规模的卡拉派社区。卡拉派运动是从批判拉比犹太教开始的。他们谴责鼓吹《塔木德》的拉比曲解犹太教的教义,斥责他们蔑视《托拉》的许多戒律,用无数混乱的评注破坏《托拉》固有的纯洁性。他们反复呼吁人们重视对《圣经》的学习,"认真研读《托拉》,不要相信我的话!"成为该运动的流行口号。在习俗传统上,他们主张复旧。安南带头废除4世纪中叶以来一直沿用的犹太历法,重新使用根据对月亮和农业现象的观察确定的古老历法,改革拉比犹太教制定的有关安息日、节日、婚姻法和禁食等方面的规定。如重新规定所有节日都必须固定在犹太历的某一日期,连犹太新年也不例外;七七节定在星期日,不庆祝哈努卡节;普珥节只在第一个阿达月庆祝;犹太新年不吹羊角号;住棚节不使用卢拉夫束等。在饮食方面,卡拉派严格遵守礼仪屠宰,绝对禁止食用《圣经》上规定不得食用动物的肉;只要是来自不同动物,允许肉与奶一道吃。卡拉派会堂不备座椅,教徒进入前要脱鞋,但无须佩戴经匣。在安息日到来时就熄灭灯火,在寒冷和黑暗中度过安息日。每逢安息日和节日均不能烧煮,并禁止房事。由于不同的婚姻法,卡拉派信徒不能与拉比犹太教信徒通婚。

卡拉派抄写的《圣经》手稿本
(10世纪)

卡拉派运动先后持续了约四百年之久。它打破了犹太人的宗教统一,其思想在当时的犹太教内部造成了分裂。它提出"回到《圣经》去"的口号导致了一种倒退行动的出现，加重了犹太人的宗教义务，但其积极结果之一是促进了人们重新认真研读《圣经》，使争论的双方都努力寻找可靠的《托拉》文本。经过几代人的努力，终于导致马所拉权威《圣经》文本的确定，使《圣经》中每个字的拼写、读音，以及各章各节用什么声调诵读都有章可循，避免了有可能发生的《圣经》文本混乱现象的出现。

卡拉派出现后曾一度流行，大有与拉比犹太教分庭抗礼之势，因此一直受到拉比犹太教的抵制和批判，被认为是犹太教的异端。到 11 世纪，卡拉派所坚持的思想为拉比犹太教彻底驳倒，在民众中失去了影响，并从此一蹶不振。卡拉派失去其影响力以及不再对拉比犹太教造成威胁对于犹太教而言是一件幸事，避免了极有可能出现的犹太教分裂现象。

不过，卡拉派在那以后并没有完全退出历史舞台。作为一个派别，它先后流传到埃及、叙利亚，后又经西班牙和土耳其传入欧洲、美洲。目前世界上仍有卡拉派信徒约两三万。其中的两万余人生活在以色列，另有几千人居住在独联体各共和国，千余人住在美国加州地区。此外，土耳其的伊斯坦布尔有约百十个卡拉派家庭，少数生活在开罗，维持那里的古代犹太会堂和保护卡拉派文物遗产。其精神领袖生活在以色列。

神 秘 主 义

神秘主义(Mysticism)是中世纪出现的一个具有巨大影响的犹太教派别。不过，对于犹太教而言，神秘主义思想应该说源远流长，早在基督教产生之前，就出现过称为“哈西德派”(Hasidim)的犹太人团体。“哈西德”为希伯来文的音译，意为“敬虔者”。此派教徒崇尚古典神秘主义，虔守律法，忠于犹太教的一切习俗、传统，他们只关心宗教，不关心政治，但当宗教的自由受到干预时，他们也挺身而出，参与斗争。所以此派信徒在公元前 2 世纪时，也投入于反对希腊塞琉古王朝安条克四世迫害犹太教的玛喀比起义。但到了起义获得胜利后，他们又回到对神秘主义的虔信和片面遵守律法的狭窄环境中去，直至自身的消亡。

在犹太教反对激进理性主义哲学的运动中，神秘主义扮演着一个主要的角色。犹太神秘主义在中世纪，特别是中世纪后期得到了较为迅速的发展，神秘主义文献也随之产生。中世纪的神秘主义思想可以追溯到《伪经》、《塔木德》、《哈加达》所表达的思想中。这些神秘的思想在中世纪以前基本上以口头形式流传。到加昂时代中期才出现第一批专门阐述神秘主义的著作。《创造之书》是第一部对神秘主义进行系统阐述的重要著作，由一位不知名的生活在巴勒斯坦的犹太学者所著。神秘主义思想在 12 世纪法国南部和 13 世纪西班牙北部地区得到了较为迅速的发展，其中最有影响的是喀巴拉派(Kabbalah)的观点。

“喀巴拉”一词的含义是“接受”。这一派别认为，人是万物中一个具有最大“接

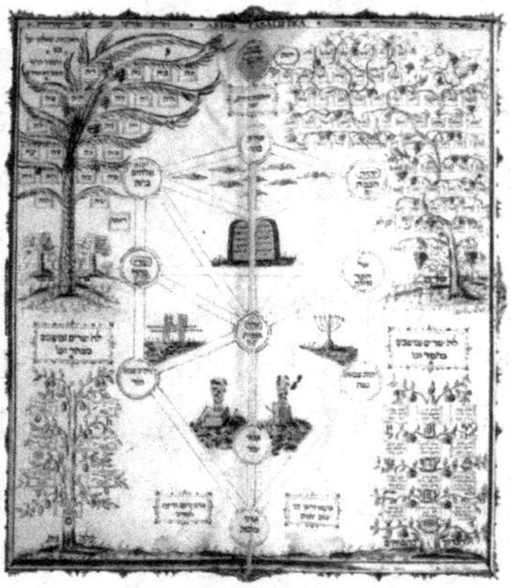

喀巴拉秘义图解

受欲望”的生灵,不但追求物质的东西,而且追求不可触摸之物,如和平、幸福、满足、爱等。而要最大限度满足人的“接受欲望”,就必须首先让人去理解宇宙万物的真正意义,这是一切真正存在的根本。在某种意义上,喀巴拉思想的主旨就是通过对上帝创世秘义解读获得没有得到解释的或尚未知晓的智慧,以满足人的“接受欲望”。

在13世纪早期的西班牙,喀巴拉教义已经在加龙纳(在加泰罗尼亚)的喀巴拉主义者的圈子中间得到确立。这些人曾经在活跃于法国普罗旺斯的早期喀巴拉中心里接受过大量的神秘教义传统教育。加龙纳的喀巴拉主义者包括埃兹拉·本·所罗门和加龙纳的阿兹尔,以及著名的评注家和《哈拉哈》诠释者摩西·本-纳赫曼拉比(史称“纳赫尼德斯”)。布尔戈斯是另一个喀巴拉中心所在地,不过,在卡斯蒂尔,喀巴拉运动由于编撰了《光明之书》(275—1285)达到了巅峰。这本书应归功于坦拿西蒙·巴-约海拉比。《光明之书》(被后人称为圣典)很可能是由一个喀巴拉团体共同完成,其中一位是摩西·德莱昂拉比。除了哲学本身具有的理性倾向外,喀巴拉有助于保存犹太人信仰的活力,对诫命的遵守赋予一种深奥的隐义。

起源于普罗旺斯和西班牙的“思辨喀巴拉”文献以创新、深奥著称,而且作品大多不具姓名。它们不是用希伯来语写成,就是用阿拉米语写成,或者同时使用两种语言。第一部表达中世纪犹太教神秘主义思想的作品《光明之书》,由12世纪普罗旺斯的犹太人编订完成。该书认为天国应当被想像成一个结构严谨的有机体,而不是一个简单的体系,并认为上帝也是一个整体,其内在结构是可以认知的。生活在12到13世纪的犹太神秘主义哲学家盲人以撒尽管没有单部作品留下,然而他对赛菲洛观念的阐述在当时具有很大影响。

中世纪神秘主义文献中出现过的最重要著作无疑为摩西·德莱昂所作的《光辉之书》。该书通过对创世之功奥秘的反复叙述,对造物主10个溢出阶层的广泛解释,说明创世之功和宇宙的继续存在,并以此揭示《托拉》神秘的意义。长期以来,它不仅被看作是犹太神秘哲学的代表作,而且被喀巴拉派奉为“经典”,与《托拉》和《塔木德》齐名。在随后的两个世纪中,由于《光辉之书》的影响,又有相当一批神秘主义著作陆续问世,其中包括意大利的雷卡纳迪、伊本·谢姆·托夫、西班牙的犹太·海亚特等人的作品。

16世纪神秘主义思想在以色列的策费德周围地区得到发展。摩西·本·雅各·科尔多维罗、以萨·本·所罗门·卢里亚、海伊姆·本·约瑟·维塔尔都是当时重要作家。卢里亚提出的新创世论解释了创世、人的堕落及恢复神、人和谐的方法。他的思想修正了喀巴拉的传统观念，在以后的几个世纪里，对喀巴拉的影响特别深远。正是由于他对救世论的新解释，使喀巴拉成为受当时犹太人普遍欢迎的一种思潮。

在这以后的两个世纪中，重要的神秘主义著作大多是评注和汇编。其中以赛亚·本·亚伯拉罕·霍罗维茨的著作影响最大。他的《两块约板》是一部法典，一部对《托拉》进行喀巴拉式评注的汇编集，对东欧犹太人的宗教生活影响极大，并把来源于喀巴拉神秘主义的礼仪和祷词介绍给了那里的人们。在这期间，犹太神秘主义逐渐被不断兴起、壮大的哈西德思想所取代。

中世纪的犹太神秘主义产生的背景是犹太人的苦难。神秘主义企图靠神秘的方法获得神奇的力量以解救犹太人的苦难。他们有的试图预言犹太人获得拯救的年代，有的在人们对"弥赛亚"降临的热切盼望中，自称是弥赛亚或弥赛亚的替身。他们也以神秘的观念来解释《圣经》，认为《托拉》字面之外，还有隐藏的含义，甚至希伯来文的22个字母也有各自的灵意。他们还相信污秽不洁之灵能致人生病，要借助一些神秘的法术来驱鬼治病，因此神秘主义与理性主义是相对立的。神秘主义者经常与犹太人盼望弥赛亚降临人世，施行拯救结合在一起，致使长期以来，散居在巴比伦、土耳其、法国、西班牙的犹太社团中屡次出现假"弥赛亚"事件。一些犹太教神秘主义者预言某确定的一年为"拯救年"，宣传出自大卫后裔的弥赛亚即将在该年来临等等，但日子一过，什么事情都没有发生，这些假弥赛亚的真相就被揭穿，但在神秘主义思想的散布与影响下，假"弥赛亚"的闹剧却仍上演不断。

喀巴拉神秘主义的重要人物和经典

人物

为喀巴拉神秘主义奠定基础的是以利亚撒·本·犹大(沃尔姆斯的)(Elezar ben Judah of Worms，约1125—1230)。他生于德国，师从阿什肯纳兹哈西德主义领导人犹大·赫-哈西德。作为赫-哈西德最得意的门徒，在赫-哈西德谢世后成为阿什肯纳兹哈西德流派的继承人。以利亚撒生活的年代正好是十字军蹂躏犹太人时期。婚后，由于他潜心于犹太经典的研究，家庭生活主要靠妻子经营商店的收入维持。1196年，两名十字军士兵突然闯入他的家中，当面杀死了他的妻子和两个女儿，并将他儿子打伤。不久，儿子因伤重夭折，全家只剩下他一人。1201年，他在沃尔姆斯出任拉比一职。1223年,在美因茨参加讨论与犹太人利益有关的宗教会议,为维护犹太人权益做出了贡献。以利亚撒的成就主要在学术上。他一生撰写了大量学术著作,阐述阿什肯纳兹哈西德主义。其代表作为反映犹太教喀巴拉神秘主义思想的《秘密中的秘密》。该书写于赫-哈西德逝世之后,对阿什肯纳兹哈西德主义的神秘传统进行了归纳。全书由五篇独立章节组成,分别是"创世的秘密"、"战车的秘密"、"圣名之书"、"心理"和"评《创世之书》"。作者在书中大量引用了恩师的思想,并对之进行了发挥。书的内容不仅表明作者的思想深受前辈神秘主义派的影响,而且反映了作者对传统的神秘图像、数字、希伯来字母神奇观念的接受。在此基础上,他声称,曾经向先知显灵的圣荣或荣光,目前仍可在一些神秘物体上找到。他把圣荣或荣光看成是联系上帝和人的一座桥梁。要想获得圣荣或荣光,人必须在虔敬的生活中孜孜不倦地追随上帝,为人要圣洁、虔诚、利他、谦卑、祈祷专心。在他看来,每一次祈祷都会使人与上帝的关系进一层。以利亚撒因对中世纪喀巴拉神秘主义的杰出贡献,被后来的神秘主义者奉为"圣人",他的作品也不断为后人所引用。

喀巴拉运动早期重要人物是一位被称为盲人以撒(1saac the Blind,约1160—1235)的犹太人。有关他的生平不详,人们只知道其父是波斯奎尔斯人,他很可能在那里出生。他本人在自述中没有直接提到失明原因,但13世纪一位喀巴拉学者认为他生来就是盲人。然而,他才智过人,感官敏锐,有记载称他能通过嗅闻空气知道一个人是生还是死。

盲人以撒的主要成就是对犹太神秘主义思想的解释,特别是对"塞菲洛"一词的阐述。他认为塞菲洛是由神创造的一种隐秘、无形的东西,世界上的万物都是塞菲洛在现实世界里的具体表现。盲人以撒作为一名犹太神秘主义者,试图通过对塞菲洛本质的探索,揭示上帝的思想。他认为神秘主义的目的就在于找到一种媒介,以达到与上帝思想的统一,而塞菲洛就是人们所要寻找的媒介。他对于塞菲洛的解释,对犹太神秘主义的流行起到相当大的促进作用,成为中世纪犹太神秘主义思想的一个源头。他的著作其他方面还包括对《创造之书》的评注,对中世纪犹太祈祷书的提示,以及关于神秘主义意图的论述等。

卢里亚(Isaac ben Solomon Luria,1534—1572)是喀巴拉派的重要历史人物,生于耶路撒冷。其父是来自德国和波兰的犹太人,移民耶路撒冷后不久死去。他由母亲带到埃及娘家生活,由富裕的舅父养大。在埃及,他一边研究犹太经典,一边学做胡椒、粮食生意。后来受到犹太教神秘主义思想的影响,在开罗附近尼罗河上一小岛闭门苦读近七年,潜心研读犹太教神秘主义喀巴拉派的经典《光辉之书》及其他喀巴拉学者的著作。1570年,他前往当时喀巴拉教派中心加利利地区的策费德镇。在那里,会见了当时该教派最著名的人物摩西·本·雅各·科尔多维罗,同时开始宣讲自己的神学观点。他试图以犹太教的救赎观与早期喀巴拉教义结合的方式重新解释创世、人的堕落和恢复神、人和谐的途径。他把历史看成是人的救赎与宇宙秩序恢复的一种过程。他认为,人的行为与神秘的创世过程有着密切的联系，因而是宇宙变化的一个有机组成部分。人的救赎和宇宙秩序的复原只有通过消除人间的邪恶才能实现。犹太民族在这一过程中起着决定性作用。他们以对上帝的坚信，对世界秩序恢复的不懈努力，导致救世主弥赛亚降临，从而完成整个人类的救赎。他的这一思想在当时影响深远，吸引了许多信徒，形成了喀巴拉教派中一个极有影响的分支。他本人则被称为"圣人"、"雄狮"。1572 年，死于当地一场瘟疫。他的墓地后来成为犹太教徒朝圣拜谒的一处圣地。

卢里亚一生写作很少，流传下来的主要有 3 首安息日三餐赞美诗。这些诗在当时就印入犹太人祈祷书，流传甚广，是犹太文化遗产的一个重要组成部分。他本人的哲学理想由四位弟子，特别是大弟子维塔尔在随谈录中辑录下来。他的思想在海外犹太人中影响甚广，特别是那种认为上帝在创世后隐退，人类社会自亚当就开始流放，而以色列人的特殊使命就是通过对上帝诫命的遵守使得救赎和弥赛亚时代到来，最后导致宇宙真正秩序的恢复的观点，对 17 世纪出现的救世运动和 18 世纪出现的哈西德教派产生了巨大影响。

经典

犹太教神秘主义思想在中世纪的发展和造成的巨大影响与一系列代表神秘主义基本观点的重要典籍的出现密切联系在一起。其中影响最大的是《创造之书》、《光明之书》、《光辉之书》三部作品。

《创造之书》(又称《创世之书》)是中世纪最早出现的、试图系统解释神秘主义思想的著作。该书由希伯来语写成。作者姓名不详。一般认为是 2—6 世纪生活在巴勒斯坦的犹太学者所作，但为人们所知是在 10 世纪前后。作品用赋予希伯来字母和数目以特殊意义的方式解释《圣经》所包含的灵义。《创造之书》把希伯来字母和数目看成是神的语言的符号，宣称它们存在于精神世界和物质世界之间的空间里，并断言上帝是通过 32 条神秘的智慧途径创造世界的。这 32 条智慧途径的表征为从 1 到 10 这 10 个基本数字和希伯来语的 22 个基本字母。10 个数字分别代表上帝永恒的精神、空气、水、火以及东、西、南、北、上、下；22 个字母则构成人类、时间和世界一切存在物的源头。它们再以不同的组合代表一年的四季、一周的 7 天、天体的黄道 12 宫，植物、人体、甚至上帝的姓名等诸多事物。

《创造之书》作为犹太教早期神秘主义的重要文献，在神秘主义思想发展过程中起到了十分重要的影响。它试图通过赋予希伯来字母和数字以特殊的涵义和运用混杂着东方神秘主义的新毕达哥拉斯主义中的神秘象征精神，来解释《圣经》和寻找神秘思想的根源，继承和发展了以隐喻方式意会犹太教经典的传统，推动了神秘主义思想的发展和在犹太民众中的传播。

《光明之书》是代表神秘主义思想的又一部著作。人们今天看到的样式定型于 12 世纪末。这是第一部集中反映中世纪犹太教神秘主义思想的著作。书的形式与《米德拉西》经典相对应。它主要由希伯来语写成,其中也混杂部分阿拉米语。作品没有留下作者的姓名,但人们一般把它看成是《密西拿》圣贤奈亨亚·本·哈-卡纳所作。哈-卡纳是书的第一节叙述者,被描述为一神秘主义团体的领袖。书的作者充分利用了《米德拉西》所使用的比喻,来表达喀巴拉神秘主义观点。书的手稿和传统版本并无章节之分。目前流行的两种现代版则不同,一种把全书分成130节,另一种分200节。

《光明之书》以象征手法注释《圣经》,通过对希伯来字母的字形和读者的剖析阐发经典所包含的灵义。尽管缺乏系统性,隐晦难解,但它第一次将完整的神秘主义象征体系引进喀巴拉派和整个犹太教。它对上帝的几个溢出阶段,创世之功和宇宙持续存在及其意义的阐述,为犹太教神秘主义的发展奠定了理论基础。

《光明之书》的重要性还在于它是喀巴拉塞菲洛观念最古老的资料来源。书的作者认为,天国应当被想像成一个结构严谨的有机体,而不是一个简单的整体。上帝也被认为是一个整体,其内在结构是可知的。因此,天国在书中被描写成一株树,它的根深扎在上帝的头脑中,它的枝杈则伸向宇宙。该书对造物主的10种象征,对其中包括的女性因素和恶的因素及其分布进行了阐述。这些象征后来发展成神秘主义的中心思想,在《光辉之书》中得到了进一步阐释。书中论及到的其他方面,还包括灵魂的转附以及象征神力流溢的灵性谱系等。

塞菲洛作为犹太教喀巴拉神秘主义用语,指不可知的上帝借以彰显自己是造物主的10个溢出阶段或10种大能。该术语来源于早期神秘主义思想,原指造物主上帝的10种表征之一。在喀巴拉文献中,特别是普罗旺斯犹太神秘主义哲学家盲人以撒的评注中,此语的意义逐步演变,终于成为喀巴拉神秘主义者所使用象征的中心系统。

塞菲洛被认为具有不同的表征,每种表征都有自己的名称。它们的名称和涵义分别是:(1)至尊冠冕,指上帝头脑中的至圣力、圣愿和至圣思想;(2)慧,指上帝造物之计划;(3)智,指世间万物之来源或源泉,以上三种在喀巴拉神秘主义象征体系中指造物主的头部;(4)爱,指造物主的右臂,系圣爱之源泉;(5)大能(亦称法),指造物主的左臂,系公正和惩罚之来源;(6)美,代表圣体或心,是圣慈之来源;(7)恒在,指造物主右腿;(8)威,指造物主的左腿,恒在和威都是爱和大能的低一级具体化形式;(9)根本,指造物主的阳具,系造物主的力量在宇宙中流溢不息的表现;(10)王权,是一种分离的阴性体态。上述九种表征的因素都包含在其中。王权在反映这些表征的同时,掌握着整个创造出的现实世界。盲人以撒认为塞菲洛是一种已知的、由神创造的一种隐秘、无形的东西。世界上万物都是塞菲洛在现实世界里的具体化,而神秘主义的目的就在于找到一种媒介,以达到与上帝思想的统一。

《光辉之书》(又译《佐哈尔》、或《光辉》)是喀巴拉神秘主义派的主要典籍。成书于13世纪后半叶。1291年,第一次在喀巴拉著作中被引用。该书大部分章节被认为是出自13世纪西班牙著名神秘主义者摩西·德莱昂之手,少数章节为后人所加。书的内容主要是对《托拉》、《雅歌》、《路得记》和《耶利米哀歌》加以诠释。它试图通过对创世之功奥秘的反复叙述，对造物主 10 个溢出阶段的广泛解释，说明创世之功和宇宙的继续存在，揭示《托拉》神秘的涵义。书中还对罪恶问题，对祈祷和善功的意义等进行了论述。由于内容晦涩难懂、语言的隐匿性强，长期以来，它一直被看作是犹太神秘哲学的代表作，被喀巴拉神秘主义派奉为“经典”，视为与《托拉》和《塔木德》一样神圣的一部圣书。

亚当卡德蒙（意为“人之祖”）作为《光辉之书》中使用的一种象征，是对塞菲洛的一种形象描绘，说明犹太神秘主义对上帝的人本观念。犹太神秘主义在阐述造物主表征的假说中，以象征的手法，将塞菲洛形容成一个类似人体形状的物体，其头部由“至尊冠冕”、“慧”、“智”构成；右臂由“爱”构成；左臂由“大能”构成；圣体或心由“美”构成；右腿由“恒在”构成；左腿由“威”构成；阳具由“根本”构成；造物主的阴性体态则由“王权”构成。这种亚当卡德蒙观念是喀巴拉神秘主义对《圣经》中所谓上帝按照自己的形象创造了人一说的解释。最早采用人体来说明上帝的表征是古代神秘主义的教科书，其目的可能是为了提供一个较为形象的直观教学手段。学者认为，这一神秘主义的象征来源于《圣经·雅歌》第 6 章 10—16 节对“良人”赞美诗式的形容，对于犹太教而言，雅歌中所说的“良人”即代表上帝。中世纪和近代喀巴拉派在使用这一象征时常有不同的目的。有的用来强调神秘主义的人本观；有的用来缓解其教义的神秘色彩，便于更多的人能接受，有的则用来说明上帝头脑中藏匿的东西。

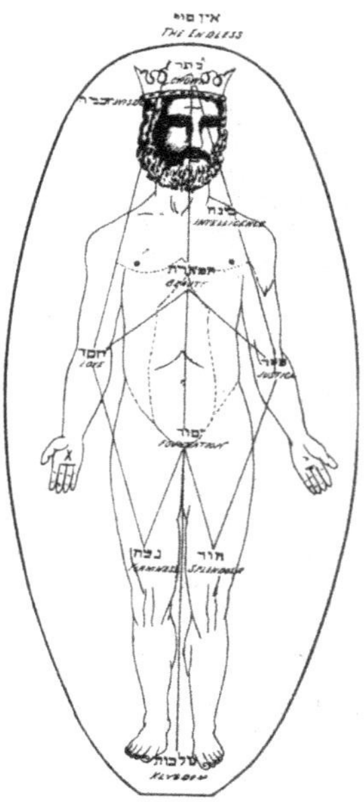

喀巴拉神秘主义
亚当卡德蒙象征

《光辉之书》的构架以及它所包含的神秘象征主义力量，使它对犹太文化产生了永久的影响。它的作者从早期犹太教神秘主义著作中，特别是从《光明之书》、从 13 世纪生活在法国南部普罗旺斯地区喀巴拉学者的作品，衍导出许多象征，然后创造性地加以运用，完成了今日人们所看到的内容。

《光辉之书》主要用阿拉米语写成。书中所反映的救世思想使之在 16 世纪被两度印刷。由于内容晦涩难懂，目前世界上只有修订本或缩写书流传。

救世运动

救世运动是 16 世纪以来在犹太人中反复出现并造成影响的一种宗教运动，亦称为弥赛亚运动。拉比犹太教把救世运动与卡拉派一样视为异端。救世运动借助犹太教“末世论”传统思想,以及利用受迫害民众对救赎的期盼,宣称弥赛亚已经到来,从而煽动起救世的浪潮。

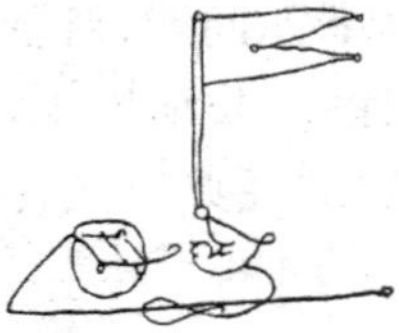

假弥赛亚摩尔科的签名(16世纪)手迹

最早鼓吹掀起救世运动并具一定影响的是假弥赛亚摩尔科(Solomon Molcho,约1500—1532)。摩尔科原名迪奥戈·皮尔斯,生于葡萄牙的里斯本。父母是改信基督教的葡萄牙犹太人。从小学习希伯来语、拉比文学和犹太教神秘哲学。稍后,在葡萄牙高级法院任书记官。当1525年,犹太冒险家流便尼来到葡萄牙时,他深为流便尼的气度所吸引,确信流便尼就是预报弥赛亚即将复临的先行官。他补行了割礼,宣布自己是犹太人,并用希伯来语中国王一词——“摩尔科”作为自己的名字。他以炽热的言语激发葡萄牙犹太人期望弥赛亚降临之心。由于言行过于激烈,遭到流便尼斥责,两人分手。由于担心受到异端裁判所迫害,他离开葡萄牙,前往穆斯林的土耳其,在萨洛尼卡住下。在那里,他宣传救世主义,赢得不少支持者。他宣称救世主弥赛亚将于犹太历5300年,即公元1540年出现。1529年,他在萨洛尼卡犹太会堂讲道,预报1530年罗马将发生洪水,1531年葡萄牙将出现地震。根据《塔木德》传说,救世主弥赛亚将在罗马城门口的病残者和平民中被发现,于是,他穿上破衣烂衫,混在聚集在台伯河桥上的乞丐中生活了30天。在这期间,他开始公开鼓吹救世降临观点,一时竟得到教皇克雷芒的保护。当他的1529年所作的预言实现时,被人们普遍看成是上帝的真正信使。摩尔科曾被异端裁判所抓获,判处死刑,然而,由于教皇出面保护,他幸免于难。1532年,流便尼来到罗马,两人重归于好,共同合作宣传救世主义。后来,他陪同流便尼去德国的雷根斯堡谒见神圣罗马帝国皇帝查理五世,力促罗马皇帝武装改信基督教的犹太人攻打土耳其。谁知,查理不仅不允许,反而将两人扣押,引渡给曼图亚异端裁判所审理。在异端裁判所,他坚持自己的救世思想,拒绝重新皈依基督教,最后,在火刑柱上被活活烧死。

沙巴特(右)与迦沙的拿单(救世运动)

欧洲历史上出现的规模最大的一次犹太救世运动是17世纪的沙巴特运动(Sabbteanism)。这场运动由于最终的可耻结局而被称为假救世运动。运动由自称是救世主的犹太人沙巴特·泽维掀起。当时的欧洲不断出现对犹太人的新迫害,特别是东欧犹太人在1648年至1658年的10年中,有近10万人丧生。先是反对波兰的哥萨克起义,而杀人的屠刀却对准“异教徒”犹太人,数以百计的犹太居住区被夷为平地,犹太文化被毁灭。仅在内米罗一地,一天之内就杀死了6000犹太人。当以赫米尔尼茨基为头目的哥萨克被镇压后,俄国又从东面侵入立陶宛,瑞典人从西面侵入波兰。乌克兰、沃吕尼亚以及波多里亚的犹太人同时成为入侵者和被入侵者的牺牲品。欧洲各地虔诚的犹太人,在犹太神秘主义思想的影响下,把这场深重的灾难看成是救世主降临之前的阵痛。那种世道越是黑暗,犹太人的救赎越是临近的救世观变得日益强烈。当沙巴特宣称自己就是被上帝选定的救世主时,大批受难犹太民众不假思索地予以接受。在不到几年的时间内,沙巴特的追随者遍布欧洲和北非一些城市。1665年,当沙巴特返回士麦拿时,他受到了信徒的狂热欢迎,连英国驻土耳其大使也加入欢迎的行列。在汉堡、阿姆斯特丹、伦敦的犹太人听到这一消息后兴奋不已,波兰和俄国的犹太人激动地上街游行,挥舞着印有沙巴特像的旗帜欢迎弥赛亚降临。基督教中信仰基督复临派人士对此也是坚信不疑。认为沙巴特在一两年内就会在耶路撒冷加冕成为犹太人的王。全世界的犹太社团都接到犹太人的救赎近在眼前的预告,人们对救世主降临的热望空前提高。据说,阿姆斯特丹的拉比只因对此表示了一下怀疑,差一点被狂热的公众用石头砸死。当沙巴特被土耳其当局逮捕后,人们对他的使命仍坚信不疑,成千上万的信徒从四面八方涌向关押他的加利波利岛。另有几十万人整装待发,一有信号就将立即奔赴那里。然而,被关押的沙巴特为了保存自己的性命,选择了皈依伊斯兰教。沙巴特叛教的行径被揭发后,一些信徒仍拒绝放弃信仰。他们坚持认为沙巴特皈依伊斯兰教也是“救世主降临之前的阵痛”,坚信他还会回来拯救他们。在土耳其、巴尔干半岛、意大利和立陶宛都保留着信徒集会的地点,其影响直到18世纪后半叶还没有完全消失。

沙巴特救世运动中的沙巴特·泽维

在沙巴特运动之后,受到重创的救世运动曾有过一个短暂的回光返照。一个名叫弗兰克(Jacob Frank,1726—1791)的犹太人创立了高举“救世”旗帜的弗兰克派。弗兰克原名为雅各·本·犹太·莱布。生于波兰的波多里亚,其父是一个信仰正统犹太教的犹太商人。他本人也一度当过商人,经营布匹、珠宝和其他商品。他对犹太教神秘主义很感兴趣,青年时代的大部分时间是与沙巴特运动的信徒一起度过的。1751年,他去土耳其游历,自称是假弥赛亚沙巴特·泽维转世化身,执行上帝救世使命,并改用现名。四年后,他回到波兰,建立了弗兰克教派,鼓吹经上帝选择的人不受道德律法的约束。该教徒既拒绝接受《圣经》,也否认《塔木德》的权威。他还让信徒称其为“圣老”。1756 年,他和他的信徒被犹太拉比革出教门。他开始寻求天主教的保护。1757 年在天主教的支持下,与拉比学院代表公开辩论,诋毁《塔木德》为亵渎上帝之书,并导致利沃夫发生焚烧《塔木德》事件。在 1759 年的另一次辩论中,不少弗兰克信徒接受洗礼。然而,天主教会很快对这一教派的行动产生了怀疑,于 1760 年以异端罪将弗兰克逮捕,监禁在杰斯托科瓦城堡中。1772 年,将其流放。1773 年,俄国占领波兰,他获得释放。1786 年,他定居在德国的奥芬巴赫,自封男爵,在信徒的簇拥下过着豪华舒适的生活。他死后,其女夏娃继位继续宣传他的主张,并大肆挥霍这一教派积累的财富。1816 年,夏娃去世,该教派迅速瓦解,许多人改奉天主教,融入波兰贵族阶层。

对于绝大多数犹太人而言,救世运动,特别是沙巴特运动,给他们带来的是绝望和恐惧,使这个备受迫害的民族的心灵遭到一次又一次的伤害和打击。经过这一运动之后,犹太人开始逐步摈弃犹太教神秘主义哲学。

哈西德主义

哈西德主义(Hasidism,又译“哈西德派运动”)是 18 世纪在东欧出现的犹太教的一个虔修流派。该主义由生活在波多里亚的以色列·本·以利撒美名大师创立,后由他的两位门徒雅各·约瑟和多夫·贝尔发扬光大,逐步发展成近代犹太教历史上最大规模的一场运动,到 19 世纪初已吸引了半数以上生活在东欧的犹太民众投身其中。

庆祝西姆哈《托拉》节的哈西德信徒

哈西德主义兴起之时,正是全世界犹太人遭受沉重打击之日。特别是生活在波兰的犹太人,他们不仅面临日益严重的外部威胁,在政治、经济、社会方面遭受非犹太人社会的迫害,而且遭受沙巴特·泽维领导的假救世运动的打击。这一运动不光彩的结局使他们内心极为沮丧,整个身心都为绝望与恐惧所占据,企图在宗教上寻找新的慰藉成了绝大多数犹太人的愿望。由于传统的拉比犹太教对犹太经典的过分强调,以及对犹太律法的过度维护,不能给民众精神慰藉,失去对绝大多数中下层民众的吸引力,使犹太人自中世纪以来再次面临信仰上的危机。哈西德主义正是在这危机中,以一种不同于拉比犹太教的传统观发展起来。哈西德主义很可能算不上是一种新的信仰,但它至少可以说是一种新的派别,一种充满欢乐、狂喜、谦卑和道德的宗教派别。它所强调的乐观、自信、注重情感的宗教观使沮丧的犹太人看到了希望，以空前的热情投入其中。

犹太教哈西德派运动是由以色列·本·以利撒(Israel ben Eliezer Baal Shem Tov,1700—1760)，通称"美名大师"的犹太人创立的。据说他生于波多里亚喀尔巴阡山区一山村，幼年父母双亡成为孤儿。早年曾在当地犹太学堂当过教辅人员和犹太会堂的守门人，同时，学习犹太教神秘主义，特别对卢里亚思想感兴趣，逐步形成自己的神学观念。在与家道殷实的学者以法娃之女结婚后，隐居喀尔巴阡山，潜心于神秘主义研究，生活靠掘石灰维持。在这期间，逐步掌握草药的药用知识。1735年前后成为一名土郎中，利用草药和咒符为百姓治病，因在行医过程中经常使用神的秘名，故被人称为"美名大师"。尽管这一经历为他在百姓中赢得一些声誉，但他的追随者以及后来哈西德运动领袖有意略去这一经历。约于1736年，他定居波多里亚的爱德热波村，专门从事教义传播活动。

以色列·本·以利撒美名大师在青年时代就对《塔木德》不感兴趣。他喜欢森林和原野，常在大自然中邀游。经过多年苦思冥想和对犹太神秘主义哲学的研究，他决心放弃改革宗教的想法，从事宣讲神赋予他的使命。他不是哲学家，也没有留下任何神学体系，但他承认最古老的宗教真理。他认为宗教的本质不存于礼仪和律法，因为礼仪和律法本身不能构成宗教。宗教意味着同上帝建立活的联系，而最有效的手段就是祈祷。他宣扬人人平等的观念，创造出一种使所有人能在一种真正平等气氛中无拘无束相会的场所。他的信条很快传遍东欧各地区，成千上万人前来听他讲道，接受他的启迪，请他为自己祝福并和他一道热情地祈祷。他生前就被奉为犹太圣人"柴迪克"。人们对他的言语深信不疑，他的人格、习俗和个性都受到信徒的绝对崇拜。他所开创的哈西德派运动经过短短几十年的传播，成为近代史上最有影响的犹太教运动，吸引了东欧半数以上的犹太人，至今仍有不少哈西德派信徒生活在世界各地。由他创立的哈西德主义成为一种促使犹太人宗教生活充满生气和道德理想的思想。不过，他本人不是学者，没有留下任何著作，其思想主要在门徒雅各·约瑟的著作中得到保存。

尽管以色列·本·以利撒是哈西德派运动的创始人，但这一运动的实际领袖却是多夫·贝尔(麦兹里奇的)(Dov Baer of Mezhirech,1710—1772)。多夫·贝尔被称为"伟大的马吉德"，生于立陶宛的沃尔哈尼亚。青年时代师从著名的《塔木德》学者法尔克学习犹太经典。后来成为罗夫诺等地区的传道士。早年深受喀巴拉神秘主义者卢里亚影响，信奉神秘主义。后因自我苦行患病，求助于哈西德派思想创始人、美名大师以色列·本·以利撒帮助。病愈后，开始对哈西德主义发生兴趣，成为美名大师的追随者。尽管他在思想上受到美名大师的影响，所有的哈西德派文献都把他说成是美名大师的嫡系门徒，然而事实上，他是哈西德运动中具有独立思想的人士，对哈西德思想常常做出自己的解释，因而被誉为"伟大的马吉德"。美名大师死后，他与美名大师的另一位门徒雅各·约瑟在继承问题上发生冲突。

最后,他成功地被确定为美名大师的继承人。

哈西德运动在多夫·贝尔的领导下,发展成为一场有组织的运动。他建立起哈西德派系系统,设立法庭,注重在有学问的拉比中发展信徒,并派他们四处布道,宣扬哈西德派观点,终于把半数以上的东欧犹太人吸引到这一运动中来。多夫·贝尔死后,哈西德派运动的领袖几乎全都由他的门徒担任,他因此而被认为是哈西德派运动的真正领袖。

多夫·贝尔没有留下任何著作,他的思想主要通过其门徒的作品保存下来。他推崇人们对"柴迪克"[①]的崇拜,称柴迪克的权威来自与上帝的直接接触,是犹太社区与上帝联系的中介人物。他还主张人人都应当通过虔诚、发自内心的祈祷与上帝建立直接联系。他认为,既然上帝是无时无处不在,人们的祈祷就不应该受时间限制,凡事凡时只要有祈祷的冲动都可以进行祈祷。祈祷只要是发自内心就能够与上帝建立活的、直接的沟通,获得上帝指示和心灵上的慰藉。此外,他还将欢快的因素引进哈西德主义,主张人在祈祷时应欢快、乐观,富于热情,使受到生活重压的人、或沮丧的自我得到慰藉,从而增强犹太宗教生活中的诗意和情趣,使受压迫的犹太民众主动触及犹太价值的核心。

严格说来,哈西德主义也算不上是一种新兴的犹太教哲学,而是从一个崭新角度对某些固有犹太教思想的重视和强调。这些思想存在于《圣经》、《塔木德》之中,但更多地存在于犹太教喀巴拉神秘主义思想之中。因此,哈西德主义被称作"服务于民众的神秘主义"。

哈西德派强调感情,贬低估燥无味的经典研读。它的创始人认为,宗教的本质不在于礼仪和律法。虽然他们不否认礼仪的约束力,但在他们看来,礼仪本身不能构成宗教。宗教意味着同上帝建立活的联系,而对此最有效的手段就是祈祷。所以,对于真正的哈西德派来说,不论何时,只要有祈祷的愿望就可以祈祷。至于祷词,可以诵读,也可以在祈祷中随着即兴的曲调唱诵。它还认为祈祷不应受时间的限制,因为祈祷不是履行义务而是出自内心的愿望。它还主张祈祷时应全心全意,而入迷被看成最佳状态,因此,哈西德派信徒常常在礼拜活动中或祈祷时大声呼叫,纵情歌舞,甚至狂动乱舞,以求进入狂喜入迷状态。

哈西德派的这一偏离传统的做法,引起了正统派拉比的强烈不满。1772 年在东欧召开的"四省会议"甚至宣布禁止它在波兰和立陶宛公开活动,不许自己的信徒与哈西德派信徒交往。然而,由于哈西德主义信条表达了犹太民众的深切要求,增强了宗教生活中的诗意,即人的因素,鼓励被压迫的犹太民众去触动犹太价值的核心,在东欧犹太人中有较大的影响力。第二次世界大战期间,数百万犹太人被屠杀,哈西德派遭到沉重打击。现在,坚持这一教义的犹太信徒主要生活在美国、以

① 传统犹太教认为"柴迪克"是实际支撑世界的义人。他们被认为是最虔诚、最有知识的人和楷模,世界因他们的存在而存在。

色列等地。

哈西德派还包括一个分支——**慧智知派**。其名称是以希伯来语中智慧(Hokhmah)、智能(Binab)和知识(Da'at)三词首字母组合而成。该运动支派由利亚德的西纽尔·扎尔曼于1777年创立,遵奉哈西德派三条基本教义,即依附、热心、专诚,但特别强调理智在灵性奋斗中的重要作用,因而被看成是"哲学"方式派。慧智知派理论集中反映在西纽尔·扎尔曼的《警语集》以及其长子所著的《入迷导论》和门徒的一些著作中。慧智知派认为,智慧、智能和知识是上帝头部的塞菲洛,代表圣灵的计划,与代表上帝在创世过程的情感塞菲洛部分相比是属于较高一级的塞菲洛。该派还认为鉴于人是按照上帝的形象创造出来的,人所具有的塞菲洛成分的顺序也应与上帝所拥有的一样。在塞菲洛溢出(或释放)过程中,情感部分总是出现在智力部分之后。因此,人的宗教感情应该产生于对上帝的入迷沉思。如果一个人试图颠倒这一过程,把宗教感情放在第一位,那么,他就不会具有真正的信仰。扎尔曼之子在他的《入迷导论》中对这一点作了详细的论述,并向人们讲授如何才能到达真正的入迷状态。

对于慧智知派而言,哈西德派所主张的"否定存在"的观念指的是这样两件事:(1)物质世界在人类看来似乎是有形的、确确实实的存在,而在上帝看来,却不代表任何东西,可以说是不存在的。慧智知派由此认为世界上除了充满了上帝的光辉外一无所有;(2)否定存在指的是在对上帝沉思过程中忘却自我,超越自我,只有这样,真正的自我(灵魂中神的火花)才会显现。该派提倡在生活中遵守神的律法,但反对过度禁欲。

哈西德派慧智知派运动创始人西纽尔·扎尔曼(利亚德的)(Shneur Zalman of Lyady, 1745—1813)生于白俄罗斯的利翁兹龙,自幼刻苦学习犹太经典,很快掌握了《塔木德》和《哈拉哈》基本要义。与此同时,还学到了不少数学和天文方面的知识。20岁时,不顾岳丈的反对,离家前往梅齐埃克,师从哈西德派祈祷大师多夫·贝尔,学习哈西德思想。多夫·贝尔对他的知识十分赏识,请他做自己儿子的家庭教师,并指定他编纂一套新版犹太法典。该套法典后来由于大火,只有部分保存下来,于1814年出版。尽管如此,仍被人们看成是一本重要的《哈拉哈》著作。1772年,多夫·贝尔死后,他一跃成为哈西德派一位主要的思想家,其思想在白俄罗斯和立陶宛犹太人中间传播。1777年,成为北部俄罗斯地区哈西德派领袖。在卢巴维奇镇着手创立慧智知派运动。为使信徒了解和掌握这一支派要义,他撰写了《警语集》。该书于1797年完成,1814年出版,被视为第一部系统阐明哈西德派信条的著作。从此,他的思想在东欧犹太人中得到最广泛的传播。

哈西德运动反对派领袖维尔纳加昂死后,西纽尔·扎尔曼被指责为宗教狂热分子、危险的政治人物,于1789年遭沙俄当局逮捕,关押在圣彼得堡。后因指控不能成立获释。获释后,他曾在利亚德居住。拿破仑向莫斯科挺进时期,他逃往南部,卒于乌克兰。他创立的慧智知派运动由其长子和门徒领导并发扬光大,一直延续到20世纪才逐步失去其影响力。

现代犹太教

拉比犹太教自出现以来,一直主导着犹太人的生活,是犹太教的主体。尽管在这期间出现过一些不同的派别(如上面提到的卡拉派等)对其思想和地位进行过挑战,但均没有能对其权威造成真正影响,或撼动其在犹太人信仰生活中的主宰地位。拉比犹太教作为一个不变的信仰体系流传下来。然而,自19世纪起,在犹太启蒙运动的冲击下,流传一千多年的传统犹太教再也无法作为统一体支撑下去,犹太人开始对传统做出不同的解释并因此分化成不同的派别。严格恪守犹太教传统信仰、律法和礼仪的一派成为了正统派,与正统派对立、希望对传统教义进行大刀阔斧改革的则是改革派,而介于正统派和改革派之间的为保守派。各派形成了自己的思想体系,都拥有自己的追随者,以及独立的组织形式。不同教派的出现标志着犹太教现代时期的到来,也是一个真正的犹太教多元化时代的到来。

改　革　派

犹太教改革派(Reform Judaism)是最早从传统犹太教分裂出来的一个派别,作为一种运动开始于19世纪初的西欧,后在美国得到发展和壮大。导致这一运动出现的背景是:犹太哈斯卡拉运动[①]的掀起以及法国大革命的影响。哈斯卡拉运动使犹太人摆脱了与世隔绝的状态,从传统的束缚中解放了出来;而法国大革命使得西欧犹太人在政治上得到了解放,在社会中的地位有了很大的改善,取得了公民权和社会平等的地位。这一变化(即解放)使得犹太人从一个完全不同的角度看待犹太教,开始认为传统的犹太教不仅使他们在精神上受到压抑,而且在社会上受到歧视和限制,于是开始放弃犹太教的某些信仰,甚至完全放弃犹太教,例如,从1802年到1812年,柏林二分之一犹太人宣布脱离犹太教。正如开普兰所描述:"在进入19世纪之前,所有的犹太人都曾把犹太教看作是一种特权;但也正是从这个时候开始,大多数犹太人便把它看成是一种负担了。"[②]面对这种新情况,犹太教内部产生了希望对已经存在了数千年的犹太教进行改革的愿望和要求,以适应现代社会和现代思想的需要,增强犹太教的吸引力,满足具有自由思想犹太人的需要。

主张对犹太教进行改革的人士认为:犹太教是犹太人民的一份宝贵的精神遗产,是犹太人民在其漫长的历史进程中所形成的学说、价值观和人生观的最优秀的

---

① 具体过程请参阅第九章有关部分。

② 摩迪凯·开普兰:《犹太教:一种文明》,山东大学出版社,2002年,第3页。

一种体现。宗教的原理、思想、传统，如同所有的人类组织一样，要经历一个发展演变的过程。犹太民族传统的一个重要方面是它的伟大创造力，这一创造力的存在有助于造就出特定时代要求的宗教观。这就是发展和进步，这一演进的历史进程是持之以恒、不断前进的。任何一代人都有权"背弃"过去，踏上一个新纪元。每一时代都被赋予了和其他时代相同的权利，甚至可以说是义务，即在这一创造性链条中铸造出新的一环。和前人相比，当今一代人并不是无足轻重的，而是更伟大的，因为他们必须在犹太教的进一步发展中扮演主角。如果每一时代都为犹太文化遗产做出自己的贡献，那么，犹太教必将长盛不衰，不断地升华到一个更高的境界。这一观点是犹太教早期改革派理论家盖革的主要思想，是理解改革派思想的一把钥匙。改革派作为犹太教的一个重要派别，它的出现完全可以说是犹太民族接受启蒙思想，摆脱隔离状态，开始融入西方主流社会后的一种必然反应。

改革派的改革最初是从改革礼拜仪式开始。被称为"犹太教改革之父"的雅各布逊拉比在德国泽森镇主持了首次改革礼拜，准许男女混坐，并有唱诗班和风琴伴奏，祈祷和讲道均不使用传统的希伯来语而是改用德语。雅各布逊还以男女少年的成年礼替代了传统的专为男童的成年礼，并把礼拜中有关作为个人的弥赛亚的词句一律删除。1815 年雅各布逊又在柏林主持了改革礼拜。他的这一系列做法实际上"为犹太教植入了一种全新的因素"[①]。从此，犹太教改革派的仪式又传到丹麦、汉堡、莱比锡、维也纳和布拉格等地。塞缪尔·霍尔德海姆拉比（1806—1860）把犹太教改革派的礼拜仪式更进一步简化，祈祷的人不需要再遮盖头部，犹太教徒不再禁忌任何食物，其他许多《塔木德》规定的限制也被取消。

1843 年，德国犹太教改革派的领导人和拉比召开会议并发表了宣言。宣言内容为：(1)犹太教是不断发展的宗教；(2)《塔木德》对现代犹太人没有约束权威；(3)不寻求弥赛亚降临，犹太人生活的国家就是该犹太人的祖国。这一宣言标志犹太教改革派正式形成。

19 世纪后期，大批欧洲犹太人移居到美国，从而也把改革派思想带到了美国。其中较有影响的人物是从波希米亚移居美国的以撒·怀斯拉比（1819—1900）。怀斯到美国后，先后在纽约和俄亥俄的辛辛那提把原来的正统派犹太会堂改成改革派会堂，并在南卡罗莱纳的查尔斯顿建立了改革派基地。1875 年他又在辛辛那提建立了美国第一个改革派拉比学院，即现在的希伯来联合学院。由于美国开放的社会和高度发展的现代化生活方式，犹太教改革派在美国的发展很快。到 19 世纪末，犹太教改革派已超过犹太教正统派，在美国犹太人中占多数。1889 年美国犹太教改革派拉比组织——美国拉比中央会议成立。与欧洲改革派一样，美国改革派犹太教内部也有温和派和激进派之分，而且一些极端派别远比欧洲改革派更为

---

① 大卫·鲁达夫斯基：《近现代犹太宗教运动：解放与调整的历史》，山东大学出版社，1996 年，第 167 页。

激烈地反对传统。但多数仍属于温和的改革派。1885年美国犹太教改革派通过了《匹兹堡宣言》,强调犹太人只是一个宗教团体,而不是一个民族社团。并声称犹太教改革派是理性的宗教,其道德规范适合于未来社会的发展。进入20世纪后,犹太教改革派中的一些激进的信条被进一步修改,变得更加温和。在斯蒂芬和西尔弗等人领导下,1937年改革派拉比开会后发表了《哥伦布斯(俄亥俄州)纲领》,提倡恢复传统习俗和仪式,主张用希伯来语做礼拜。20世纪后半叶,美国拉比中央会议继续讨论如何继承改革运动的精神,刊行适合时代的新祈祷书,并研究有子女而无配偶者参加犹太教会问题,以及妇女在会堂的地位,妇女可否担任拉比,如何对待同性恋等问题。

目前,改革派犹太教徒主要集中在美国和西欧。美国大约有350个改革派犹太会堂,改革派信众约120万人,被组织得井井有条。希伯来联合学院是改革派培养自己拉比的神学院,在美国有3个校园,在以色列有1个。

可以说,改革派的思想中打上了具有明显理性主义因素的发展观的烙印,是近现代以来世界宗教世俗化倾向的一种反映。改革派以坚决反对犹太教中僵化的观点和刻板墨守成规的做法著称。在具体做法上,改革派简化了在犹太会堂举行的安息日礼拜仪式,在礼拜时不戴无沿圆顶帽、祈祷披巾,对祈祷书进行大刀阔斧的修订,在祷告中删去有关锡安的内容,在礼拜仪式中大量使用日常通用语而不是希伯来语,将器乐引进礼拜仪式,摈弃犹太饮食法,实行男女混坐等。这使得犹太人在保持犹太人身份的同时也成为他们所在国的"伙伴公民"。

不过,由于改革派运动,特别是在它的早期,主要关注的是犹太人生活的现状,为了将犹太教和现代精神相融合,常常不惜以抛弃过去(指犹太人的传统和律法)为代价。而且,在一个时期,改革派曾试图清除犹太教中所有与理性不相适应的部分,在强调理性的同时忽视情感。其结果是,尽管理性为心智所钟爱,却不能满足情感的要求,也无法带来心灵的慰藉、平静或幸福,这显然有悖于宗教存在的理由。所幸,改革派运动对此有所察觉,主动对自己的立场和行为进行不断地修正。正因如此,改革派自出现以来就一直处于一系列变化之中,可以说是现代犹太教各种流派中变化起伏最大、最有戏剧性的一种运动。从1843年的德国宣言,到1869年的《费城纲领》和1885年的《匹兹堡纲领》到1937年的《哥伦布斯纲领》,再到1976年《旧金山纲领》,可以看出改革派在其宗教观念、基本原则、生活方式方面的变迁。

19世纪的改革派基本完全不赞成犹太复国主义,但在第二次世界大战后,由于纳粹对犹太人的大屠杀,改革派开始改变立场,支持犹太复国主义和以色列在巴勒斯坦建国。支持犹太复国主义并非改革派唯一的激烈转变。到20世纪80年代,仪式和庆典也改了,许多人戴上无边圆帽、披上祈祷披巾。新祈祷书的一些部分较直接地以传统的祈祷书为样板,希伯来文得到使用。为男孩女孩举行成年礼变得必要起来。在祈祷时弯腰和晃动身体更能被人接受了,能听到人们关于挑选一部犹太律法的大量言论。不过,这种变化到目前为止主要是个人的决定,而不是改革派的集体意见或决定。

应该说,改革派运动自出现以来对犹太人的思想和生活方式造成了巨大影响。目前,改革派代表了犹太人中最开放的阶层,例如,在社会活动上支持反种族歧视和民权运动,支持犹太人和非犹太人通婚。一方面改革派的运动影响着犹太人的生活;另一方面犹太人的现实生活又对改革派运动的发展产生影响。应该说,这种相互影响的互动关系是现代生活中的宗教与世俗生活相互影响的结果。可以预见在21世纪,随着科学技术的进一步发展,世俗化进程的加快,宗教运动的世俗成分必然呈现增多的趋势,变化了的社会生活也会直接对宗教产生影响。

改革派在美国的壮大和发展不仅影响着美国犹太人的思想和生活,而且对世界其他地区的犹太教运动和犹太人生活都产生了不可忽视的影响[1]。例如,1972年第一位犹太女性在希伯来联合学院被授予拉比圣职,从而打破了千百年来拉比一职一直由男性垄断的局面。近20多年来它还对以色列犹太教产生了冲击。如,1980年,美国培养改革派拉比的希伯来联合学院培养了以色列的第一位犹太教改革派拉比,从而打破了在以色列犹太拉比由正统派一统天下的局面。近年来改革派又在皈依、结婚、界定谁是犹太人等问题上与以色列犹太教正统派发生正面冲突,并对以色列政府施加压力,在这种压力下,以色列政府于2000年第一次在预算中增加用于改革派的经费。

第一位成为改革派拉比的妇女在按立圣职仪式上

改革派运动的自身发展历史进一步证明犹太教是一个进化、发展的宗教。改革派在一系列涉及犹太教传统问题上的立场变化与广大犹太人对犹太教观念的变化有着直接的联系,同时折射出它所处的社会环境的推动作用。犹太人按照自己的理解,根据现实需要解释教义,解决新形势下犹太人面临的种种问题的传统得到了发扬。

正 统 派

犹太教正统派(Orthodoxy)应该说是犹太人的母系宗教派别,就好比天主教是基督教的母系宗教一样。然而,"正统派"作为一个术语的使用却是在犹太教改革派出现之后,是为了应对改革派对传统教义提出的挑战。正统派自认为是对传统犹太教的"正统"继承,改革派的出现使传统犹太教受到很大冲击,坚持传统观念的

[1] 改革派在美国以外地区通常被称作"进步犹太教"(Progressive Judaism)。

犹太人认为,改革派运动背叛了犹太教。为了对付这一所谓的"叛教"举动,他们提出了自己的主张(或者说重申了传统犹太教的主张),故形成了所谓的正统派。

表达欢庆之情的正统犹太人

一般说来,正统派坚持犹太教信仰与传统,认为成文法《托拉》和口传律法《塔木德》都是权威的、传之万世而皆准的经典,具有永久的权威,是犹太人生活的唯一准则。正统派还认为除遵守各项诫命、律例、规条外,还需遵从拉比法庭依据犹太律法所作的裁决;并按犹太教规定自办学校;安息日及一切圣日不乘车,男子终日遮盖头部,在会堂中实行男女分坐,男子戴无沿圆顶帽和祈祷披巾,在礼拜中坚持使用希伯来语,不使用器乐等。不赞成犹太人和非犹太人之间的通婚。

正统派坚持对上帝的超验阐释,拒绝理性的检验。在正统派看来,这些来自西奈启示的诫命和律法是神授的,因而是永恒不变的。人只能通过对它们的研读发掘其内在涵义,而不可对之更改和摈弃,因为,在他们看来,犹太律法和礼仪有"一种内在的、本身固有的神圣性,必须被视为目的本身"①。此外,他们还认为,解放不应被视为是犹太人的主要目标,尽管解放是一种犹太人必须达到的状态。犹太人必须把解放视为"犹太人履行其使命的新条件,一个新考验——这甚至远比受迫害的考验更为严峻"②。在生活中,人不应当把追求生活幸福当作生活的唯一目标,成为一个品行正直和高贵的人比什么都重要。而做一名守教的犹太人有助于塑造人的品行,使之变得正直和高贵。19 世纪的拉比参孙·拉菲尔·赫尔施是正统派这一思想的阐述和捍卫者。

不过,正统派也处于变化之中,内部也并非铁板一块。它虽坚持不变,事实上也在变化之中。今天,犹太教正统派事实上存在三个支派:一为极端正统派,是犹太教内的基要派。这一派的思想还停留在中世纪,对一切现代事务、现代科学、包括以色列国的成立,统统反对,笃信救世主弥赛亚将来临,拯救以色列人。这一部分人通常离群索居,从衣着、发型到日常生活的所有方面都与众不同,基本不与外界交往。由于他们的人数很少,对犹太人的生活影响不大。

一为现代正统派,亦称新正统派。今日大部分正统派犹太教徒属于这一类型。他们承认《托拉》和《塔木德》的权威,遵守安息日的各种传统节期,遵守食物禁忌与《托拉》中关于个人与家庭的道德规定。他们认为,对律法,《圣经》的习俗传统,以及被叫做"托拉"的一整套体系,犹太人不应当像改革派那样根据它们是否在逻辑

① 鲁达夫斯基:《近现代犹太宗教运动:解放与调整的历史》,第 247 页。
② 赫尔施:《书信 19 封》,第 167 页。

上与我们的思想一致而进行选择，而应该表现出对过去的尊重，积聚丰富的情感欣赏这些犹太精神总汇在其历史上发挥的作用，并努力使之具有的延续性不在自己的手中断送。但与极端正统派不同的是他们强烈支持犹太复国主义。此外，他们在重申坚持传统信仰和礼仪时，实际上也对某些教义作了调整，并主张容纳现代科学文化。在习俗方面，允许教徒着现代服装，礼拜使用现代通用语言，男子不必留须与穿黑大衣戴黑帽。妇女也不必戴假发蒙头等。在子女教育上，除了学习犹太经典外，还学习世俗知识、科学技术。因此，他们代表的并不是犹太中世纪的犹太教，而是包含一定现代意识的新正统派思想。世界上绝大多数坚持正统思想的犹太人都属于这一派别。

除上述两派外，还有一派称“哈巴特”(Habad，含“智慧、理解、知识”之义)。由于他们最早出现在波兰的卢巴维奇镇(Lubavich)，故亦被称为“卢巴维奇”派。从广义上看，这一派是哈西德主义的分支，属一种神秘主义教派，主张教徒与神灵交流，提倡宗教狂热。他们类似古代犹太教的敬虔派，往往聚居一处，崇奉一个能通神灵的拉比圣徒为领袖，称为“柴迪克”。礼拜时多唱圣诗，直到引起宗教狂热的程度。正统派中这一派与极端正统派一样坚信救世主弥赛亚复临，但具有传教倾向，他们中的不少人被派往世界各地，高举为所有犹太人服务的旗号，宣扬犹太教传统思想。特征是男子多蓄须，穿黑色外套，戴黑色宽沿帽。

20 世纪最受追随者爱戴的卢巴维奇运动领袖、
圣人门纳赫·施尼尔森

在今日以色列，正统派占据宗教生活的主导地位，通常通过由其控制的以色列大拉比院，以及该派别政党在议会中的席位和在联合政府中担任的职务对以色列政治、社会生活和犹太人产生影响。

应该承认,正统派是犹太教现代诸派别中对传统最为固守的一个派别,在对传统文化的了解方面,没有其他派别像他们那样深入、透彻。每一个正统派成员都对犹太教的内涵、经典和礼仪有深厚的把握。塞尔茨指出:“传统,一直保持同一性这一精髓,因为正是靠同一性,它才保有自己的潜力、价值和活力。”[①]正统派的存在还使得人们在面对现代化问题时不会轻易将犹太人一代一代遵循的传统丢失和葬送。

保 守 派

保守派(Conservative)是19世纪后期形成的一个介于正统派和改革派之间的派别。在某种意义上,它的出现是为了纠正改革派的一些过于激进的思想和做法。保守派虽然使用了“保守”一词,但实际上是介于正统派和改革派之间的一个开明派。保守派在宗教思想上与改革派有一个共同的主张,就是要协调犹太教与现代科学之间的关系。他们对救世主的信仰与正统派不同,认为重要的是在地上建立公义,而不在于出现一个救世主。保守派与正统派另一个重要的不同点在于不坚持《托拉》为永恒不变的真理,因为现实情况不断在变化,过去的规则需要不断调整,尤其来自拉比的口传律法《塔木德》更可以灵活处理,变通实行。认为宗教的意义不在拘泥形式而在于领会实践其精神。但是保守派与改革派也有不同之处,如在宗教仪式上仍重视其象征意义,坚持男婴应受割礼,犹太饮食法中的若干禁忌仍须遵行,节期也必须遵守,礼拜可以用希伯来语与英语或本族语言并用,在安息日前夕,家中要点燃蜡烛等。所以保守派原则上基本接受犹太教的律法和传统的礼仪及习俗,如在犹太会堂戴帽和使用祈祷披巾。保守派特别重视的一项原则是把犹太宗教与犹太文化、犹太民族结合起来,从文化角度支持犹太复国主义。

保守派神学院女生

① 塞尔茨:《犹太的思想》,第3页。

保守派受到德国历史学派和浪漫主义思潮的影响，设法在犹太人的历史传统中寻找合法性的依据，主张自然的进化论。它既不想破坏理性，又不想过分地扭曲对于传统情感的依恋，于是求助于犹太人对自身宗教的一种忠诚感。

保守派运动在美国得到发展，成立了自己的犹太教神学院，培养保守派拉比。著名犹太学者所罗门·谢克特在1902年以后改组了19世纪80年代的保守派运动，后者在精神上原本和正统派十分接近。这个新教派迅速发展成一个新运动，一个既富有美国特色，又体现犹太传统的新运动。它通过心照不宣的、效果良好的忽略改造了律法，不过，律法在理论上从未被否认过。保守派采纳了许多改革派和基督教的宗教习俗，譬如，在犹太会堂中设立家庭专用长椅和演奏现代音乐等。

重建主义

重建主义(Reconstructionism)是从犹太教保守派中分裂出来的一个派别，于20世纪30年代兴起于美国，其发起人是莫迪凯·卡普兰拉比。重建主义鼓吹犹太教是一种不断演进的宗教文化，并非犹太人生活中一个孤立部分，既是宗教又是文化，是犹太民族的标志。重建主义反对有一个超然的上帝同其选民立约的说法，因此也不承认《圣经》是上帝的启示。

犹太教重建主义
创始人卡普兰拉比

重建主义的基本原则是卡普兰在《犹太教：一种文明》一书中提出的。卡普兰认为，犹太人要在现代社会中生存和发展，就必须在犹太人的历史和文化的基础上重建他们的生活。而在犹太文化基础上发展起来的新思想将使整个犹太民族团结起来，而不管其教派、信仰和习俗如何。由于犹太文化比各种不同教派的信条、教义更具有凝聚力和犹太特点，所以所有的犹太人可以不分教派和信仰程度保持其特有的方式生活。为了保持和强化犹太文化的犹太性，犹太人应该珍惜构成他们共同遗产的各种要素，如语言、艺术、宗教礼仪等。但犹太人还应该学会尊重他们之间的差异和多样性，正是这些差异和多样性才使犹太人生活丰富多彩。犹太人还须愿意接受不断的变化和创新，应该懂得变化和创新才是具有活力和发展的表现。宗教应该与人类知识的发展有机地联系。犹太人应该自由地、多样化地发展他们的宗教活动，同时也应自由地与其他民族交往，并用他们的思想去影响其他民族，加强人类的团结，促进人类的自由、正义和和平。

重建主义的核心思想是：犹太教作为一种不断发展的文明，必须随着环境、时间和地点的不断变化而变化。犹太教作为一种文明的宗教性，最充分地表现在这种文明所揭示的人类存在的涵义和价值中，表现在“同上帝的斗争中”和家庭、犹太会堂、社区的宗教仪式上。重建主义把上帝看成是一种宇宙力，是实现人的道德价值和理想的保证。而犹太宗教被视为是永久追求道德完善犹太人文化的最高表现。它不否定文明的世俗因素,这些因素是组成犹太精神风貌的宝贵的和不可分割的一部分。重建主义对犹太教的态度是历史实用主义的,把犹太教看成是为犹太人谋福利的一种手段。认为,传统应当指明道路,但不能束缚所选择的自由。犹太人不仅应该容忍犹太教中各种教派的存在,而且应该学会评价这种多样性。

重建主义尽管在许多立场上与改革派的立场近似,但它们之间存在着根本的理论分歧。重建主义认为改革派的致命弱点在于改革派否认犹太教和犹太民族性的天然联系,不把犹太人看作是一个民族,而视为一个宗教团体,这无疑是对于历史的背叛。重建主义认为犹太人和犹太教是不可分割的,因为犹太教几乎是犹太人的唯一标志,否认犹太的民族性其实也就否认了犹太教。

在政治上,重建主义坚决支持犹太复国主义,也支持以色列国的建立,但同时又强调全世界的犹太人都应该具有一种精神上的"犹太民族主义"。以色列并不能成为全世界犹太人的国家,而应该作为一种犹太文化的摇篮以及全世界犹太人的生活榜样和精神中心。

1935 年建立了重建主义犹太基金会,并开始出版双周刊《重建主义者》。在 40 年代和 50 年代,该基金会还出版了一系列新的宗教书籍,包括一些安息日和宗教节日的祈祷用书。1968 年基金会在费城开办了一个重建主义拉比学院,培养自己的拉比。

尽管在某些方面,重建主义比犹太教改革派更为极端,但一般还是把它归于犹太教保守派的左翼。卡普兰本人也一直与犹太教保守派保持紧密联系,并长期在纽约保守派的犹太神学院任职。犹太教正统派联盟则宣布不能接受重建主义的观点。重建主义运动的成员也大多来自保守派和改革派。重建主义的犹太会堂和宗教仪式也与犹太教保守派相似,只是多了一些补充的祈祷内容。正因如此,重建主义在犹太人的生活中没有造成大的影响。

尽管构成现代犹太教的上述派别——改革派、正统派和保守派(包括重建主义)在一些信仰和实践上有很大的分歧,正统派与改革派之间在某些观点与实践上甚至尖锐对立,但它们并不是主张各自独立的宗教,只是在一个共同宗教中意见不同的数个成员而已。事实上,在某些方面它们彼此的分界线甚至无法明确地划分,特别是介于三派之间的保守派,在维护基本信仰、信条等方面靠近正统派,但在作为"开明派"的一些方面,又不断向改革派靠拢。作为本来就出自一个源头、由一个历史共同命运联结的宗教派别,将由于共有一个关于人类幸福未来的宗教原则与持久不变的一神信仰而在各自的立场上对传统内涵和涉及范围贡献新的思想,共同演绎一个丰富多彩的犹太教多元化时代。

第六章

拉比文献

从《塔木德》编撰完成的 6 世纪到 18 世纪的一千多年，犹太人在文化方面取得的最重要成就和最丰富成果体现在拉比文献上。在这期间，数不清的拉比为此贡献出了毕生的精力和才智，他们在拉比文献撰写上所取得的成就成为犹太文化最为宝贵的遗产之一。

这里所讲的拉比文献指由犹太学者撰写，以评注、法典、答问为主要内容的作品。这些作品大多出于犹太拉比之手，故冠之以拉比文献(rabbinical literature)。它最早出现在《塔木德》编撰完成之后的中世纪，是犹太文化中一种独特的文化现象和形式。它的产生与犹太民族的独特历史紧密相连，并组成中世纪犹太文化的最主要部分。拉比文献的写作形式首先由巴比伦的加昂开创，随后逐渐扩大到所有犹太社团。产生拉比文献的中心并不固定，而是随着犹太文化中心的变迁而变化，中世纪结束前产生拉比文献的中心已经转移到东欧斯拉夫国家。拉比文献的风格继承了《塔木德》的编撰风格。拉比文献作品不计其数，作者也是数以千计，可以说大凡有犹太人居住的国家或地区都产生过拉比文献。

拉比文献按类型大致可分为三类：(1)评注类。主要指对犹太经典的内容、来源、语义、涵义进行注释、评论的作品。(2)法典类。主要指犹太人在散居期间根据变化了的形势制定出的准则或义务，以规范约束人们的生活、行为的作品。(3)答问类。主要指解答犹太人在日常生活中碰到的或是与犹太传统、教义、习俗相悖的问题,或是人们想进一步了解的有关犹太经典、文化、传统方面问题的作品。

拉比文献的主要撰写者通常涉及上述三类作品,只是各人的重点有所不同。

评　注

评注可以说是早期犹太诠释作品的延伸。不同之处是它不再仅限于对犹太经典进行字面、意义等方面的诠释,更多的是发展对经典的评论,以便更好地把握经典的原本意义。9 世纪,巴比伦加昂泽马写出了《定规之序》一书,对《塔木德》中的字句和有关段落进行评注,被认为是评注的开山之作。此风一开,便不可收拾,撰写评注很快成了犹太学者的一项职责。著名的评注家有 11 世纪西班牙犹太学者阿尔法西。他撰写的《律法之书》被视为小《塔木德》,成为《塔木德》研究人员必读书籍。12 世纪另一位西班牙犹太学者、哲学家迈蒙尼德也在评注文献方面做出了贡献。他采用对口传律法原则进行系统分析的方法,从逻辑上评论《密西拿》,从而突破了过去以释意为主的评注法。在法德地区,评注以一种不同的方式发展。学者们通过对经典字句的系统评注,创立了一整套培训研究犹太经典学者的新方法。其代表人物是拉希。

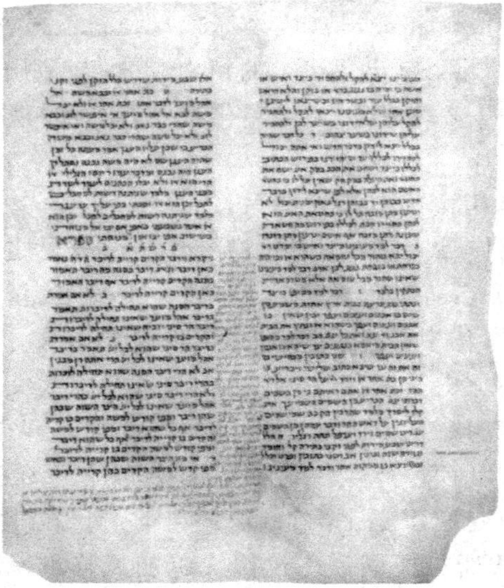

留存下来的最早评注手稿(11 世纪)

由一大批《塔木德》学者集体撰写的《托萨福》是一部著名的评注杰作。《托萨福》属于中世纪出现的拉比文学评注类的一个重要组成部分,主要包括犹太学者对犹太教经典《塔木德》30 个段落所做的系列评注。它不是出自某一个学者的手笔,而是生活、学习在 12—14 世纪著名的美因茨犹太学院师生集体智慧的结晶。参加撰写《托萨福》的有拉希的两位女婿梅厄·本·撒母耳和犹大·本·拿单,然而,最著名的《托萨福》撰写者却是拉希的孙子雅各·本·梅厄·塔姆。《托萨福》最早只是不同个人在不同场合确定下来的,成书时间为 200 年左右。

《托萨福》不同于拉希对《塔木德》文本做系统阐述式的评注,而是对个别章节或论点做出具体评注。这些评注通常以拉希的评注作为引子或议题的起点,对被论述的有关章节或论点的确切涵义作详尽的论述和解释。这样一来,《托萨福》往往会得出与拉希观点相左的新看法,为研究《塔木德》的学者提供另一种可供参考的观点,扩大了《塔木德》文本的内涵。许多《托萨福》章节在开头部分就对所要评注内容语言的内核做出相应的说明和注释，以期在正确理解文本涵义基础上开展评注。一些《托萨福》撰写者还常常就文本内容提出问题，然后再设法回答这些问题。回答的过程便是一系列阐述和注释，其方法与《革马拉》相似。从 15 世纪起，它与《塔木德》同时刊印在一起，成为书中之书，足见评注对于《塔木德》学习的重要性。

13 世纪以后，评注文献首先在西班牙犹太学者手中得到了较大发展。纳马尼德斯写下了对《塔木德》3 个主要序列的评注。他的学生阿德瑞特完成了对 3 个主要序列中的 16 个专论的评注，在当时的学术界颇具影响。14 世纪，著名《塔木德》评注家亚设·本·约希勒把西班牙犹太学者对《塔木德》的研究推向一个新阶段，他本人写下的大量评注影响了整整一代人。15 世纪是犹太史上的一个动荡时期，欧洲的评注活动趋于平缓，没有出现有影响的学者和作品。生活在故土以色列和埃及的一些学者则成就显著，写出了不少为后人传颂的作品，其中尤以贝尔蒂诺罗对《密西拿》的评注引人注目，成为《密西拿》评注经典。16 世纪，犹太学研究中心开始转移到波兰，评注活动也在那里得到了发展。雅各·本·约瑟夫·波拉克、所罗门·本·约希勒·卢里亚都是这一时期犹太教经典的重要评注家。17 世纪，主要的犹太教经典评注家则是海勒和希夫。海勒的《我的补充》是一部有重要学术价值的著作，是研究《密西拿》的必读参考资料。18 世纪，最有名的评注家是雅各·约瑟夫·法尔克。他的评论以分析见长，是研究《塔木德》青年学者的指定参考书。

学习犹太人经典的意大利犹太人（15 世纪作品）

法　　典

法典是犹太诫命的自然延伸。它以犹太人散居在不同地区的现实为基础，制定出旨在规范犹太人宗教、生活等方面行为准则的产物，由巴比伦犹太社团开创，一直延伸到中世纪末。犹太法典的产生是犹太人散居生活实际需要的结果。犹太人自流散以来，各犹太社团之间一直缺少一个统一的权威机构，律法变得越来越复杂，人们需要有法典来规范犹太人的生活。第一个做出这一反应的是巴比伦犹太社团。该社团制定了一系列影响深远，适用于散居犹太社团的法典。沙巴的阿哈所编的《教义问题汇编》完成于 8 世纪，是第一部将《托拉》与《塔木德》有关内容结合在一起的法典。耶胡达所著的《教义决择》是另一本有影响的法典作品。在其他地区，西班牙学者阿尔法西所撰的《律法之书》是迈蒙尼德时代以前最重要的一部研究《塔木德》的法典。然而该书缺乏系统性，所论述内容过于分散，难以总体把握。迈蒙尼德所著的《密西拿托拉》(又称《第二律法》),则是一部对犹太律法体系进行系统归纳和梳理的经典作品。法德学派的法典编纂家则从具体法典入手,写出了有关民法、婚姻法、屠宰法一类的法典,试图通过具体法典的制定来对犹太人的生活进行规范。13世纪,法德地区产生的第一部较有影响的法典是摩西·本·雅各写的《戒律大典》。书中将《塔木德》中613条戒律分成训诫和禁戒两大类,并指出这些戒律的具体来源。随后,以撒·本·约瑟夫写出了另一部名为《戒律小典》的法典,为普通人提供了一本习读的法典读本。13世纪的意大利学派也有法典问世。不过,这一时期最有影响的犹太社团是西班牙犹太社团。该社团所著法典与法德学派的法典相比,除了较为系统化、较少宗教色彩外,受传统影响也较小,如所罗门·亚伯拉罕·阿德瑞特的《住家律法》、《教育之书》都具有这一特征。亚设的《概要》是13世纪一部主要法典。该法典是对《塔木德》的每个段落章节进行深入研究的产物。其子雅各所撰的法典,以整个犹太律法为基础.但剔除了那些圣殿被毁后不再执行的律法。该法典内容清晰,风格明快,分析透彻,在以后的若干世纪中一直是许多大型犹太社团所使用的权威本。16世纪出现的最伟大法典编纂家是约瑟夫·本·以法莲·卡罗,他的《约瑟之家》是一部规模十分宏大的法典,前后花了35年。该书追踪律法的发展,引述不同时代学者的不同观点,从中得出自己的结论。卡罗的另一部法典著作是《布就之席》,其影响超过《约瑟之家》。不过,该作品反映的主要是塞法迪犹太人的观点,为了使之完善,为全体犹太人接受,波兰的法典编纂家以瑟利斯在题为《台布》的著作中对此作了评注,在广泛引证阿什肯纳兹犹太人传统的基础上,扩大了法典的适用范围。在这以后,未有重要的作品出现。显然,产生法典文献的顶峰时代已经过去。

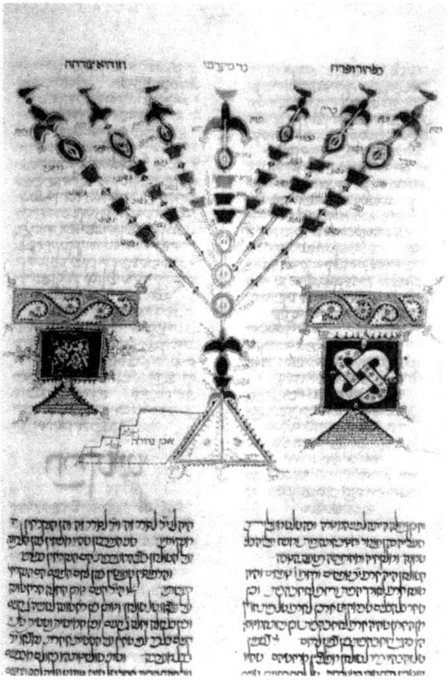

西班牙发现的《密西拿托拉》手稿(约1460年)

答　　问

答问是为了解答流散时期犹太个人和社团提出的种种法律问题的产物。它在反映中世纪一千多年犹太人生活方面最具代表性。答问不同于评注、法典,本身并无系统和规则，主要是针对不同地区和不同时代人们实际提出的问题而作，因此，尽管数量巨大，却无法以具体某个篇目代论，只能以整体而论。

答问主要由对犹太人或犹太社团提出的与犹太传统、教义、生活、习俗，或与犹太经典、文化有关问题做出的书面回答构成。撰写答问的传统开始于《塔木德》时代，到加昂时代正式为拉比犹太教所接受。历史上，几乎每个犹太拉比都或多或少地从事过答问的写作活动。答问的出现与犹太民族被赶出家园有关。自犹太人于2世纪大规模在世界各地散居以来，如何在分散的犹太社区保持信仰和文化的统一，便作为问题提了出来。人们往往把在新环境中遇到的新问题向犹太权威机构或著名拉比提出，以寻找解决这些问题的答案。犹太权威机构或著名拉比做出的答复则被视为犹太法典的补充，具有普遍的指导作用。由于答问触及犹太人生活的方方面面，这使得所有犹太社团在解决各自面临的问题时有了一个统一的标准，增强了各地犹太生活方式的趋同性。此外，答问的出现还使得各犹太社团之间的联系和接触加强，使生活在边远地区的犹太学者与犹太文化中心地区犹太学者保持一种不间断的联系，使犹太人的精神联系得到最大限度的维系，有效地克服了因遥远的地理距离造成的各犹太社团之间的分离状态。

《答问》自出现以来一直没有中断过，不断变化的世界需要不断更新的解释。依据历史，《答问》可大致分为三个阶段。从7世纪到12世纪为第一阶段。作品大多出自巴比伦加昂之手。其特点是简洁、明了。当时的答问主要集中在犹太宗教礼仪方面，对在全世界范围内规范犹太宗教生活发挥了重大作用。其中阿姆加姆加昂写给西班牙一犹太社团的答问最为著名。在北非，阿尔法西等人留下了相当数量的答问，而迈蒙尼德所作的《致也门犹太人信件》是答问中的一篇杰作。在法国，格尔绍姆和拉希均撰写过许多答问，可惜他们的作品未能流传下来。12世纪以来，答问的篇幅增长，答问的作者开始有意识保存自己的作品。从13世纪到15世纪末为第二阶段，这一阶段犹太文化中心已转移到西班牙和法德地区，有影响的答问作者主要来自这些地区。答问试图回答的是西班牙和法德地区犹太人在生活中碰到的实际问题。最主要的答问作者有阿德雷特和亚设。阿德雷特写出过7000篇答问，流传下来的3000篇中约有一半与民法、商业活动有关，揭示了当时西班牙犹太人的生活。另一半反映的是人们的宗教生活和哲学思想。在亚设所撰写的1500篇答问中，中心议题与口传律法有关，强调犹太社团有权对犹太人的经济、精神和道德生活进行规范。德国流传下来的答问汇编从数量看并不很大，却充分反映了当时犹太人的状况。罗滕堡的梅厄撰写了数千篇答问，以期回答人们在向非犹太人放贷利息、税收、教师的工资和进出口方面提出的各种问题。雅各·莫爱林留下的200篇答问主要是论述民法和家庭生活两方面的问题。意大利犹太学者约瑟夫·科隆所撰的答问反映的是意大利犹太社团的生活。他与其他一些答问撰写人除了讨论犹太人职业、学术、宗教等问题外，还对犹太人的精神自由，以及犹太人与所在地社会生活的冲突问题进行了讨论，从一个侧面反映了当时意大利学术气氛的宽松和开放。从15世纪末到18世纪中叶为第三阶段。随着西班牙犹太人被集体逐出,犹太文化中心开始向其他地区转移,从地中海地区逐渐转向东欧。土耳其总拉比以利亚·本·亚伯拉罕·米兹腊希是该国著名的答问撰写人。他所写的答问反映了土耳其犹太社团的生活和自治状态。在开罗担任40年总拉比一职的大卫·本·所罗门·伊本·阿比·齐姆拉撰写了3000多篇答问,其中1300篇保留至今,生动地勾勒出东方犹太人的生活画面。这一时期答问所反映的犹太人生活明显不同于前一时期。在东欧,人们关注的重点是法律,日益加剧的孤立导致日益加剧的迫害,有关税收、强行征兵、宗教问题被更多地提了出来。

与其他类型的拉比文献不同的是,答问的撰写过程并没有随着现代社会的到来而终止,尽管随着犹太人解放时代的到来,答问对犹太生活的影响开始减弱。现代史上出现的答问主要集中讨论现代生活对犹太人的影响和不同派别对面临问题的争论上,表现出越来越强的学术性。以色列国成立后,答问的作者面临如何解答在一个现代民主国家进行治理和保持文化传统等问题。

在拉比文献中,无论从作品的数量,还是从内容的涵盖面来说,答问都是最庞大的一类。由于它的出现主要是为了解答流散时期犹太个人和社团提出的与当时日常生活密切关联的法律问题,因此,答问本身并无系统和规则,是根据不同地区和不同历史阶段的实际需要撰写出来的。它的重要性不仅仅在律法方面,更主要的是在史学方面。它几乎触及一千多年来犹太生活的各个方面。大到犹太社团的社会、习俗、传统、思想、感情、宗教、生产、生活,小到人们日常生活中的饮食起居,无一不反映在其中,是研究犹太民族历史、民俗民风不可或缺的第一手资料。历史上出现过的答问面广量大,其特点是写出来的多,保存下来的少;手稿形式多,收集成册的少。从巴比伦加昂时代起,答问便开始出现,几乎每个犹太拉比都或多或少地从事过答问的写作活动。而有影响拉比的答问或由其本人收集,或由他人收集,在一个时期内,成为犹太法典的补充,或为以后法典的制定奠定基础。目前,以色列的希伯来大学和巴尔—伊兰大学正在对流传下来的答问进行系统的梳理、分类。对答问的研究已成为犹太学中的一门新兴学科,越来越受到犹太学者的关注和重视。

18世纪下半叶开始的哈斯卡拉运动(即犹太启蒙运动)极大地改变了犹太人对外部世界的看法和对本民族前途的观念。犹太人的生活开始从以宗教为主向以世俗为主过渡。以宗教生活为基础的拉比文献也因此逐渐沉寂下去,最后终于为新的文化成果所取代。

拉比文献是经典犹太文献的继承和发展,其主题和风格与《圣经》、《塔木德》文献一脉相承。尽管它是以宗教为中心,以犹太教所关注的问题为主要内容,然而,由于犹太文化的一贯传统,犹太人在阐述其宗教观或具体教义时大多不是抽象的条例、法则,而是以一系列优美的故事、传说等为载体。这些从宗教出发的评注、法典、答问便成为犹太文学宝库中一个有机重要组成部分。至今,仍然是那一时期丰富多彩的犹太生活最主要、最生动的形象体现。加上这些作品大多出于犹太文士之手，无论是在内容的安排、语言的运用、意境的体现上都达到了较高的水准，具有永久的艺术魅力。

重要拉比文献作者

拉比文献基本由个人撰写，其中著名拉比的贡献卓著，他们的出现以及取得的成就直接影响拉比文献的发展和对犹太人生活的影响力。了解这些拉比的个人经历和具体成就显然十分重要。以下是一些重要拉比文献作者的简况介绍。

萨阿迪·本·约瑟(Sa'adia ben Joseph,882—942) 中世纪犹太评注家、哲学家。通称萨阿迪加昂，阿拉伯名赛义德·伊本·优素福·法优密，生于埃及。从小致力于犹太经典和世俗知识的学习。20 岁时编撰希伯来—阿拉伯语辞典一部。23 岁与卡拉派发生冲突离开埃及。在巴勒斯坦太巴列居住一段时间后，又迁居巴比伦。他曾与巴勒斯坦加昂阿伦·本·梅厄就犹太历法发生争执，为此撰写了《辨别》一书，为传统犹太历法辩护。该书论述有力，其观点终为大多数犹太人所接受。928 年，巴比伦犹太领袖大卫·本·撒该任命他为苏拉学院院长。在任期间，对《塔木德》经典进行了系统整理，撰写著作若干。在他的领导下，苏拉学院恢复了原有的声誉，吸引了大批来自各地的学生，巴比伦以外的犹太社团纷纷就有关律法问题请教苏拉学院。两年后，他与撒该就一项诉讼产生意见分歧，两人关系决裂。撒该运用其影响将萨阿迪革职；萨阿迪虽进行了反击，但最终被迫隐居。七年后，在犹太长老的调解下，两人捐弃前嫌，重归于好。萨阿迪再次出任苏拉学院院长。

萨阿迪在隐居期间潜心于学术研究，完成了著名的哲学著作《信仰和评价之书》。该书受到希腊哲学和伊斯兰哲学唯理派的影响，旨在以理性方式说明犹太教的神学观念，被视为中世纪前期最有影响的一部犹太哲学著作。在语言学方面，他完成《语法》和《70 个独见词的解释》两部著作。他还撰写了大量对《圣经》的评注，并将《圣经》译成阿拉伯文，为中世纪不识希伯来语的犹太人提供了学习《圣经》的机会。时至今日，也门的犹太人仍用他的译本。他的一生是在与卡拉派和二元神学的诺斯替代派斗争中度过的。他对犹太教和犹太传统的坚决捍卫，将犹太学术研究引入一个新的时代。迈蒙尼德曾指出：若不是萨阿迪，《托拉》很可能早就从犹太人手中消失。可见其贡献之大。

格尔绍姆·本·犹大(Gershom ben Judan,960—1028) 犹太学者，中世纪拉比犹太教权威。生于法国梅斯，后主要生活在德国的美因茨，并在那里创建自己的学院。他领导下的学院率先引进巴比伦和巴勒斯坦学院对犹太经典的研究成果，从而极大地促进了西欧犹太教研究的开展。格尔绍姆的渊博学识和无与伦比的领导才能使他成为当时欧洲犹太社团一位权威人士。针对中世纪欧洲社会面临的问题，他曾提出和参与制定了一系列法规，以法律的形式规范人们的社会准则，对中世纪欧洲犹太社会准则的形成产生了极为深远的影响。为此,他被誉为"散居犹太人之光"。经他提出或由他参与成为法律的重要法规有:

1. 犹太地方法院有权对犹太事务做出裁决。这不仅包括当地犹太社团的成员,而且包括任何不属于本地犹太社团,而来到该地的犹太人。这项法律有效地防止了外来者在违反当地犹太习俗后,以他所属社团并无这一习俗为借口,扩大了犹太法律的实用性。

2. 原告有权中止在犹太会堂举行的祈祷,以使其有机会向会众陈述与自己有牵连的案子。这一规定有效地保证每一个受到指控的犹太人向整个犹太社区申诉的权利,以获公正处理。

3. 如犹太会堂的产权为某一个成员所有,财产拥有人无权以个人理由阻止他人参加在该犹太会堂举行的宗教仪式。对一个人关闭犹太会堂的大门就意味着对所有人关闭犹太会堂的大门。

4. 丢失物品的人有权要求所属教会将得到该物品却秘而不宣的人革出教门,以此保证获得意外之财的人有义务报告所得的法律得到遵守。

5. 在决定犹太社区事务时必须实行少数服从多数的原则,以保证犹太社区的团结。

格尔绍姆还为维护犹太家庭的稳定确立了一夫一妻的婚姻制,制定了禁止犹太人重婚和废除犹太男子任意休妻权的法规。此外,在他的影响下,欧洲犹太社区还做出了禁止私拆他人信件,禁止辱骂曾经被迫改宗但现在已重新恢复犹太教信仰的人,禁止犹太人租用曾无理驱逐犹太房客的人的住房等项规定。

格尔绍姆另一项重要贡献是校对整理出一部《塔木德》权威版本。在现代印刷技术普遍推广以前,《塔木德》文本十分珍贵稀少。人们只能以口头方式传授其内容。少数流传下来的文本经多次转抄出现了相当一部分的错误,不同地区犹太人所拥有文本的差距越来越大。为了维护犹太经典的权威性和统一性,迫切需要推出一部权威本。格尔绍姆正是在这一情况下担当这一校对工作。他经过多年努力,终于完成了这一使命。由他亲自签署的一套全本《塔木德》,成为全世界犹太人接受的《塔木德》权威本。他还对《圣经》文本进行了校对。

作为一位《塔木德》学者,他生前对《塔木德》作了一系列评注,但这方面的著作大部分遗失,只有那些由著名犹太经典评注者拉希引用的内容保存了下来。除此之外,犹太祈祷书中亦保存了他的部分作品。

阿尔法西(Isaac ben Jacob Alfasi,1013—1103) 犹太学者,《塔木德》评注家。生于北非(今阿尔及利亚境内)名为卡拉特·汗马德的小镇,在突尼斯的凯鲁万接受犹太经典教育,完成学业后在摩洛哥北部菲斯定居。对于犹太教经典的精深了解和渊博知识使他的声望雀起,成为所在地区以及周围犹太社区的公认学术权威,常被请去解决犹太人面临的疑难问题。当时经商的犹太人常遭土匪和海盗绑架袭击,当问及该如何对待犹太被掳人员时,他认为想方设法使犹太被掳人员获释是每一个犹太人的应尽义务。他的这一看法后来为所有犹太人社团接受，无论什么地方发生了扣押绑架犹太人事件，当地的犹太社团都会想方设法组织营救。他还公开反对在祈祷中使用阿拉伯语声调。

阿尔法西一生的大部分时间都是在菲斯度过。除了处理当地犹太人事务外，一直从事评注撰写。1088 年，当他 75 岁时，突然受到菲斯地方当局的指控，据说是早年的两个仇人告发了他，但罪名不详。他被迫逃亡在外，最初在西班牙的科尔多瓦安身立命，后去卢塞纳，他被当地犹太人社团拥为领袖，并创建了一所《塔木德》经学院，有力地促进了《塔木德》研究在西班牙的开展。他的这一举动，为犹太教研究中心从东方转移到西方奠定了坚实的基础。

阿尔法西到西班牙后完成了他的巨著《律法之书》。这是一本研究《塔木德》的法律汇编，全书主要用阿拉米语写成，部分章节使用了阿拉伯语。《律法之书》实际上是《塔木德》的缩写本，因而有“小塔木德”之称。书中略去了《塔木德》对《哈加达》的所有评论，浓缩了对《哈拉哈》的讨论，只集中讨论适用于作者所处时代的宗教律法。《律法之书》的一大特点是对那些《塔木德》中没有进行专项讨论、但却零星多次提及的有关律法进行梳理、归纳，最后集中起来，冠以“次要律法断案”的标题，使人们明了在碰到这类问题时如何依法行事。书中还根据作者对法典的精深理解，突出作者对《巴比伦塔木德》各项裁决的观点，使作品带有鲜明的时代感，更有利于为同时代人所接受。自它问世以来，一直被看成是犹太教法典的一部经典之作，作为中世纪犹太学者断案的一种标准，长期指导着犹太人的生活，并成为后人对《塔木德》进行进一步研究的新起点。该书被认为是迈蒙尼德《困惑指南》发表以前最重要的一部研究《塔木德》的法典，一直到今日仍与《塔木德》印行在一起，供研习者使用。

拉希（Rashi，1040—1105）　中世纪著名《圣经》及《塔木德》评注家。原名为西罗姆·本·以撒。生于法国特鲁瓦。早年随父学习犹太经典，后去沃尔姆斯、美因茨犹太学院学习，受到当时许多著名犹太学者的教诲。25 岁左右学成返乡，以种植葡萄为生。30 岁时，在家乡特鲁瓦办起自己的学院，招收弟子，从事犹太经典研究。拉希是第一位对整部《希伯来圣经》进行系统评注的欧洲犹太学者。他的《圣经》评注语言生动、深入浅出，用通俗语言解释涵义不清或过于专门的词语，与当时流行的西班牙学派风格适成鲜明对照。他的解经法一经形成，便受到人们的普遍欢迎，不仅影响法德地区犹太学者，而且影响许多基督教学者。后来出现的研究《圣经》的维多利亚学

德国沃尔姆斯犹太会堂中的“拉希讲学室”

派,以及方济各会学者尼古拉无一不深受其影响。而尼古拉对《圣经》的评注还是钦定本英文《圣经》译本的主要根据。

拉希的主要学术成就在于对《塔木德》的研究,他撰写的《塔木德》评注,风格清新、言简意明,研究水平大大超过前辈学者,并为以后的《塔木德》研究树立了风范。从 13 世纪起,几乎所有《塔木德》学者都遵循他所确定的标准,引用他的论述。经他注释和修改的《塔木德》文本是公认的权威本,一直为人们所接受。拉希还是一位解答犹太人在散居生活中面临一系列问题的权威人士。他所撰写的三百五十余篇答问,从犹太律法的角度回答了各犹太社团在各自不同生活环境中遇到的种种问题。这些带指导意义的回答对规范中世纪犹太人的生活起到了积极作用。由于这些答问涉及当时所有发生的重大事件,所以还是人们研究那一时代犹太生活的重要资料。

拉希的晚年生活受到第一次十字军东征的影响。他的许多亲人和好友都死于十字军的屠刀下。中、北欧犹太人的生活因此发生了根本性的变化,犹太人与非犹太人在基督教占统治的社会中的友好相处时代宣告结束。他本人的健康在这一打击下开始恶化,最后终于再也无法写作。然而,他所开创的拉希学派却在他的后代和门徒手中得到发展和光大。由于他们的努力,拉希的思想作为一种具有特色的体系开始在中世纪的欧洲流传。当 15 世纪西班牙犹太社团和犹太文化中心被暴力摧毁后,他所倡导的学派终于成为在西方社会占主导地位的一个犹太学派。

伊本·埃兹拉(Abraham Ben Meir Ibn Ezra,约 1089—1164) 西班牙犹太评注家、诗人、旅行家、哲学家。生于西班牙图德拉。青年时攻读犹太教经典,造诣颇深,与著名犹太学者犹太·哈列维有密切联系。由于缺少谋生的一技之长,一生贫困。他曾有 5 个儿子,但只有一个存活下来。他的一生可以分为两个阶段:第一阶段主要生活在西班牙,间或也去其他地方一游;1140 年后为第二阶段,主要以游历为主,在这一阶段,他开始了长达 20 年的流浪生活。导致他做出这一决定的主要原因是他唯一存活下来的儿子皈依了伊斯兰教,他希望通过对东方诸国的游历使儿子能够重新回到犹太教中来。他先后到过的国家和地区有北非诸国、埃及、故土以色列、伊拉克、罗马、罗卡、比萨、维也纳、法国、英国等,约在 25 年后,才返回西班牙。

伊本·埃兹拉学识渊博,一生著述甚多,即使是在游历的 25 年中,也从没放下手中的笔。他的许多重要作品都是在游历中写就。学术成就主要在《圣经》评注方面。他的评注基本上是词义解释,间或也包括一些哲学方面的评注。尤其值得一提的是,西班牙哲学思想通过他的评注作品传到了西班牙以外地区。而他对科学知识(如天文学、数学)的掌握,使他成为第一位用科学方法对《圣经》进行评注的评注家。17 世纪伟大哲学家斯宾诺莎就曾从他的评注中受到启发。

他的其他作品包括诗歌、希伯来语语法分析、哲学研究、天文学、数学等。在诗歌创作方面,他是当时西班牙学派中第一位运用对话体的诗人。在诗歌中或是与动物,或是与无生物体,或是与抽象观念对话,给人以亲切感。

亚伯拉罕·本·大卫（Abraham ben David of Posquieres，约 1125—1198）　法国《塔木德》学者。又称拉维德（Ravad）。生于法国普罗旺斯地区，是著名犹太教学者摩西·本·约瑟和梅舒尔曼·本·雅各的门徒。多年的悉心研究，使他一跃成为他那个时代最著名的《塔木德》学者。他还是一名成功的纺织品经销商，为他带来万贯家产。他像历史上许多犹太富翁一样，慷慨兴办教育事业。他不仅在尼姆附近开办犹太经学院，而且资助经学院中所有需要资助的学生。在学术研究方面，他擅长评注，是一位享有盛名的阿尔法西法典的评注家。而他对迈蒙尼德的《密西拿托拉》的评注尤为引人注目。为此，被同时代誉为"伟大的评注家"。他对迈蒙尼德在著作中不注明来源的做法持强烈的批评态度。他还从自己的精深哲学知识出发，反对迈蒙尼德把犹太教教条化的倾向。

他一生撰写了大量对《密西拿》的评注，用自己的智慧对《塔木德》中没有论述透彻的模糊段落做出解释。不幸的是，这方面的作品大部分遗失，只有两部流传下来，他一生培养了若干著名学者，其中一个叫做以撒·哈·科亨的门徒成为第一位对《耶路撒冷塔木德》进行系统评注的学者。另一个叫亚伯拉罕·本·内森的门徒则是名作《哈·曼赫格》的作者。

迈蒙尼德（Moses Maimonides，1135—1204）　中世纪犹太教首屈一指的犹太神学家、哲学家。出生在西班牙境内科尔多瓦名门，早年从其父和其他大师学习犹太经典。约于 1159 年举家迁往摩洛哥境内菲斯城，继而在巴勒斯坦停留数月，转往埃及，定居于开罗附近弗斯塔特。迫于生计，乃利用丰富的学识开业为医。不久，任埃及著名穆斯林军事领袖萨拉丁苏丹及其子艾尔阿夫勒的侍从医生；同时，成为犹太居民中的领袖，讲解犹太教义，帮助解决各种问题。

以色列和西班牙发行的印有迈蒙尼德像的邮票

迈蒙尼德著述很多。其第一部重要著作是 23 岁着手用阿拉伯文撰写的《密西拿评注》，注释单词，析解语句，大量引用考古学、神学或科学资料，33 岁始告成。其后，又用十年精力完成具有划时代意义的巨作《密西拿托拉》。此书用流利的希伯来文写成，根据公认的《哈拉哈》基本原则，系统介绍犹太教全部律法和教义。该著作语言简练、内容丰富，易学好懂，有小《塔木德》之美称。他在书中归纳出的犹太教信仰 13 条款，为后世犹太教徒广泛接受。犹太教原无公认的成文信条，13 条款弥补了这一空白，事实上起了信条的作用。从此，确立了迈蒙尼德作为著名犹太教学者的地位。1176 年起，迈蒙尼德着手撰写宗教哲学经典著作《困惑指南》，历时 15 年完成。迈蒙尼德称他是为那些既信仰犹太教，又有一些哲学知识的人写这本书的。他从亚里士多德的理性主义出发，对犹太教神学教义进行了广泛而系统的研究，涉及上帝观、创世、先知、人类知识等重大问题，旨在坚定因基督教、伊斯兰教影响而动摇了的犹太人的宗教信仰。《困惑指南》出版后，在犹太人中引起强烈的反响，同时在非犹太人中引起巨大震动。该书用阿拉伯语写成，但很快就被译成欧洲多种文字。不仅为以后的犹太哲学奠定了基础，而且对中世纪讲拉丁语的基督教界的哲学思想也产生一定影响。鉴于他对中世纪犹太教的重要贡献，人们把他誉为继领导以色列人出埃及的民族领袖摩西之后的“第二摩西”。

以撒·本·摩西(维也纳的)(Isaac ben Moses of Vienna，约1180—1260)　中世纪犹太教口传律法《哈拉哈》编撰家。家世不详，自称生于波希米亚。为研究《塔木德》要义，在德、法著名犹太学院度过了青年时代。求学期间，他曾先后听过不少著名学者的课，其中包括亚伯拉罕·本·阿泽雷尔、埃雷拉·哈列维、巴黎的列昂、科谢的萨姆森，后终于成为中世纪著名《塔木德》学者。

以撒以其巨编《光已布下》闻名于世。该著作反映的是阿什肯纳兹犹太社团当时流行的口传律法。在编排上，作品与《塔木德》序列相对应。全书分为两大部分：第一部分是律法。涉及的内容包括祈祷、礼拜仪式、饮食法规、家庭、婚姻等；第二部分主要讨论安息日和犹太节日。在书中，作者主张对口传律法《哈拉哈》的解释必须严谨，反对自由发挥。为此，他在书中大量引用加昂派所著的评注、法典、答问，并参照《耶路撒冷塔木德》中的有关条目。其内容经常被后世《哈拉哈》学者所引用。1862年前，《光已布下》主要以手抄书流传，内容和编排次序各不相同。《光已布下》尽管是一部主要讨论犹太教口传律法的作品，但由于书中对中世纪法兰西、德意志、意大利等地犹太人生活有详细的介绍，历来受到史学家的重视。

梅厄(罗腾堡的)(Meir of Rothenburg，约1215—1293)　13世纪德意志著名的犹太拉比。生于德国，从小随父学习犹太教经典，并师从德意志和法国一些著名学者。1242年，巴黎发生了一起最为轰动的焚书事件，当时被焚烧的《塔木德》文献有24车之多。梅厄亲眼目睹了这一事件，悲愤之余写下了著名的诗篇《试问还要焚多少》。后来，该诗成为阿什肯纳兹犹太人每逢阿布月初九禁食日必诵的篇章。回德意志后，成为拉比，主要在罗腾堡任职。与此同时，从事犹太教律法研究，召收弟子。他对《哈拉哈》有较深的研究，撰写了大量答问，流传下来的有一千余篇，现已成为研究中世纪德意志犹太社团组织和习俗的重要资料。他还撰写了大量《塔木德》评注，许多教诲见诸于门徒的著作中。由于学术上的成就，被阿什肯纳兹犹太人视为律法权威。

1286年，神圣罗马帝国鲁道夫一世成为德意志统治者，企图使犹太人成为“国有农奴”，剥夺他们的政治自由和财产。面对这一情况，梅厄决定率家人和弟子离开德意志前往巴勒斯坦，途径伦巴第被捕，监禁在阿尔萨斯境内监狱中。鲁道夫一世声称，犹太人若交纳两万马克白银就可释放梅厄，然而，梅厄坚决反对犹太社团为他筹集赎金的努力。他担心此风一开，可能会有更多的犹太人成为反犹太统治者获取财富的猎物。为此，他被关押了七年，最后惨死在狱中。统治者在梅厄死后13年才将其遗体交给犹太人安葬。由当地犹太社团葬在德国沃尔姆斯，为其树立的墓碑一直保存至今。他因宁愿将牢底坐穿，也不愿屈服于敌人讹诈的大无畏勇气，被中世纪的犹太人称为“散居之光”。

亚设·本·约希勒(Asher ben Jehiel，约1250—1327) 《塔木德》评注家。生于德国，是罗腾堡梅厄拉比的得意门生。恩师梅厄过世后，他成为当时德国犹太人的领袖。1303年，德国当局开始迫害犹太人，他被迫逃往法国，后转赴西班牙。先在巴塞罗那定居，一年后受到阿德雷特犹太会堂拉比的信任和支持，出任托莱多拉比，并创办犹太教高级学院。鉴于他的学识，欧洲各地都有人慕名前来该学院学习。阿德雷特拉比死后，他被公认为是西班牙犹太人以及欧洲犹太人的精神领袖，他所领导的犹太法庭受到政府的全权委托，具有包括判处残肢权在内的各种惩罚权。

他于1307年至1314年编纂的法典《依法断案记》，给他带来巨大声誉。该法典通过对具体案例的分析，说明了应该如何直接从《塔木德》律法中得出法律结论的方法。该著作的立论主要是以《耶路撒冷塔木德》为依据，分析了《塔木德》律法。他认为，《塔木德》律法是犹太法律的最高权威。凡是与之相抵触的法典一概可以不予遵守执行。他还把法德地区犹太学者严谨精密的学风带到西班牙，在法律问题上更是主张从严掌握。在他对犹太教经典研究问题上，他竭力主张采用《托萨福》学者的学风。在他的影响下，西班牙犹太学者逐步摈弃对科学知识的追求，而转向对《塔木德》的研究。

雅各·本·亚设(Jacob ben Asher，约1270—约1340) 犹太法典及《圣经》评注家。生于德国，其父是著名犹太文献编纂家亚设·本·约希勒。从小随父亲学习《哈拉哈》，深受父亲的影响。1303年，因德意志发生迫害犹太人事件，父子逃离德国，流亡西班牙。最初住在巴塞罗那，后搬至当时犹太文化中心托莱多。雅各从不追逐个人名利，主张为犹太民族的集体荣誉钻研犹太经典，生活十分贫困，但从不接受拉比职位的供奉。他学识渊博，著述甚多，完成的第一部重要作品是对其父断案文献的选编。在名为《亚设拉比断案摘要》一书中，他略去了原著的大量铺陈，只保留断案结论，使观点更突出明了。

雅各的最高成就是他所著的犹太教律法汇编《四类书》。该书可称为一部鸿篇巨著。全书分成四个部分，由1700章节组成，包揽了几乎所有的犹太律法。它的最大特点是把全部律法系统分为四类，为后人在研究犹太律法分类方面确立了标准，成为日后两百多年律法汇编的典范。此书选材严格，风格简朴清晰。作者将法德地区犹太人的研究风格和西班牙犹太人的研究风格结合起来，写出了一部为全世界犹太人都能接受的作品。书中所收大部分律法主要根据《塔木德》时代以后犹太学者的研究成果，而不是《塔木德》本身。到了15世纪，它已成为除《圣经》以外犹太人最常见书籍，各位拉比断案也多以此为据。

阿尔博(Joseph Albo,约 1360—1444) 犹太哲学家。生于西班牙,师从哲学家哈斯达伊·克莱斯卡斯。他博学多才,除了犹太教外,一生学过基督教神学、伊斯兰教教义、数学和医学。因此,他不仅谙熟不同时期的犹太思想、犹太古典神学、拉比犹太教和犹太哲学,而且是一位颇有造诣的伊斯兰哲学家和基督教神学家。他所生活的年代是犹太人受严重迫害的年代。西班牙不断发生强迫犹太人改宗和驱逐犹太人事件。1413—1414 年,西班牙在托尔托萨举行著名的托尔托萨辩论会,分别由犹太学者和基督学者参加,以对犹太教和基督教进行决定性的辩论。阿尔博作为一名与会的犹太学者,不仅出色地解释了犹太经典,捍卫了犹太教的合理性和科学性,而且为犹太教赢得了巨大声誉。后来,他根据这一经历,于 1425 年完成了他的代表作《教理之书》。

《教理之书》是一部着重介绍犹太教基本教义的书籍。由于它是在严重排犹气氛下完成的,因此,它不仅是对犹太教教义的阐述,而且是对犹太教教义的捍卫和辩护。全书由四部分组成。作者在书中把犹太教归纳为三个基本点,六条主要信念,八则辅助信条。三个基本点分别是:上帝的客观存在、神的启示以及神对人类的奖惩法则。六条基本信念为:创世是一种从无到有的过程;摩西作为最伟大先知是至高无上的;摩西的戒律具有永恒效力;人类的完善取决于对诫命的遵守;相信死者最终会复活;坚信弥赛亚最终到来。八则辅助信条都与三个基本点相关,是对它们的具体阐述。不过阿尔博并不把上述六条基本信念看成是决定性的,一个人即使不全部接受这六条基本信念也可以成为一名好犹太人。阿尔博在这里着重强调的是诫命的约束性。他把诫命看成是人类最完善的法,目的是使人能获得真正的幸福。

贝尔蒂诺罗(Obadiah ben Abraham Yaré Di Bertinoro,约 1450—1515)拉比犹太教学者,《密西拿》评注家。具体出生地不祥,但他的姓表明其祖籍在意大利北部的贝尔蒂诺罗。1485 年,离开居住地喀什特洛前往故土以色列访问。在三封分别给父亲、兄弟和一位不知名朋友的信中,他详细描述了自己的访问见闻。这些信均用希伯来语写成,由于包括大量有关当时故土以色列的地理、历史、文化第一手资料,被认为是希伯来游记文学中的上乘之作。他的这次访问一共持续了三年。在这期间,他先后到过加沙、希布伦、伯利恒,最后到达耶路撒冷,并做过耶路撒冷一贫困犹太社区的领袖。1492 年,西班牙驱逐犹太人事件发生后,他曾成功地协助重建犹太社团生活,为改善塞法迪犹太人的生活条件做出了贡献。

贝尔蒂诺罗的主要学术成就是对《密西拿》的评注。他在吸收前辈学者,包括拉希、迈蒙尼德、亚设等人研究成果的基础上,以明确、简练的笔法,对《密西拿》的每一序列进行讨论,而且对它的学习和整个文本进行了解释,并把它们与《革马拉》进行了比较和参照。评注自 1548 年威尼斯首次刊行以来,成为研究《密西拿》的必读材料。在那以后印刷的标准本《密西拿》没有哪一版不印上贝尔蒂诺罗的权威评注。此外,他还撰写过对拉希评注的评论,以及宗教礼仪诗篇。

卡罗(Joseph ben Ephraim Caro,1488—1575) 16 世纪著名犹太法典编纂家。

生于西班牙，幼年时被带到土耳其，后在埃迪尔内定居。年轻时攻读犹太经典，成为著名的《塔木德》学者。1536年，移居故土以色列，在策费德居住，成为第一批由著名雅各·贝拉伯拉比任命的四个学者之一。稍后，负责当地拉比法庭工作，并兼任一所《塔木德》经学院院长。

卡罗一生著述甚丰，其中《约瑟之家》是规模最为宏大的一部犹太法典。从1522年动笔，直至1554年才完成。它是一部系统论述口传律法的论著，对犹太教的每一个戒律的涵义进行了追踪和评述，把从《塔木德》形成时代到成书年代所有发展阶段的权威观点都包括进去，最后提出自己观点。不过，他最负盛名的传世之作是《布就之席》。该书的最初目的是为青年学生理解他的著名法典《约瑟之家》所写。全书由四部分组成，每一部分由若干自成系统的章节组成，条理明晰，易于接受。自1564年出版以来，一直受到犹太教徒的重视。时至今日，正统犹太教徒仍把它看成是权威法规。卡罗的其他著作还有：对《约瑟之家》的补充修正卷，答问一卷，对迈蒙尼德《密西拿托拉》的评注等。

以瑟利斯（Moses ben Isserles，约1525—1572） 犹太学者、法典编纂家，又称"雷马"。生于波兰，在卢布林接受教育。他是著名学者沙洛姆·沙克拉的学生、女婿。其父身前在克拉科夫以他的名义建造了一座名为雷马的犹太会堂。他本人则是克拉科夫一所犹太经学院的缔造者和领导人。稍后，被任命为克拉科夫拉比犹太教法庭庭长。他知识渊博，对犹太哲学和神秘主义有精深的了解，能够从两者的结合中得出犹太人应该遵守的律法。他还是一位公认的律法权威。他与当时许多著名学者有广泛的联系。这些人士中包括著名法典编纂家卡罗。

以瑟利斯是波兰犹太社团中出现的第一位著名文士。他在学术上的建树，促进了当地犹太社团的学术研究水准的提高。在他以前，犹太教律法汇编大多反映塞法迪犹太人的观点，而人口占多数的阿什肯纳兹犹太人的习俗不是被忽视，就是遭遗忘。卡罗所著的律法汇编《布就之席》就是一例。为此，以瑟利斯在广泛引证阿什肯纳兹人习俗和传统的基础上，写下了评论卡罗《布就之席》的论著，取名为《台布》。其涵义是用他的"台布"去盖卡罗的"布就之席"，使卡罗在书中发表的观点能为全体犹太人所接受。这对犹太法典逐步走向统一起到了积极作用。以瑟利斯在其他方面的著作还有《答问卷》等。

海勒（Yom Tov Lipmann Heller，1579—1654） 拉比、犹太教学者、《密西拿》评注家。生于德国的巴伐利亚。青年时代去布拉格师从本贝扎雷。18岁时就被任命为拉比犹太教的法官。1625年，担任维尔纳拉比犹太法庭庭长。两年后，被召回布拉格，当选为该地区大拉比。神圣罗马帝国皇帝因战争耗费巨大而对波希米亚境内犹太人课以重税。他因负责监督征税事务，引起犹太社团反对，后受人诬告蔑视国家和基督教，被罚巨款并遭短期监禁，剥夺担任拉比资格。从1631年起，在波兰境内任拉比，又引起争议。他在被称为"四省会议"的拉比大会上竭力主张恢复禁止买卖拉比职位的发令，遭到富有犹太人的反感，最终被驱逐出境。1643年，出任克拉科夫大拉比,并领导当地犹太经学院工作,直到逝世。1648 至 1649 年发生在赫米尔尼基的屠杀犹太人事件给他以很大的打击,为此写下了许多忏悔作品。

海勒的声誉主要在犹太教研究方面,特别是对《密西拿》的评注。他的主要著作是《我的补充》(1614—1617)。在作品中,他提出了对《密西拿》语言的界定,建立了正确阅读法,对《密西拿》文本矛盾之处做出了相应的解释,指出著名《密西拿》评注家贝尔蒂诺罗对《密西拿》评注的出处。该作品所包含的精深知识,加之由文体明晰的希伯来语写成,使得该作品广为流传。现在在大多数《密西拿》版本中都可以见到他对亚设法典的评注等作品。他的自传则生动地反映了他那个时代犹太社团的生活和历史。

第七章

历法、节日、人生礼仪和文化用品

历法、节日、人生礼仪和文化用品属于犹太文化的有形部分。犹太文化特征的“可触及”部分主要是通过它们来体现的，因此，它们的存在和在实际生活中的使用在反映犹太文化特色的同时，事实上决定了犹太式的生活。

历　　法

犹太民族对时间的划分有着鲜明的个性，是世界上首先以日、周、月、年为时间/历法周期的民族。统一的成文犹太历尽管是在公元359年制定出来的，但是，犹太人的历法传统在公元前5世纪前后就基本定型，并一直为犹太人所固守）。

日

日是犹太历的基本单位。然而，犹太人对日的概念与一般人习惯认为的概念有所不同，是“夜晚＋白天”，即一个夜晚加一个白天为一日。日落（夜的开端）为一天的开始，从第一个日落到第二个日落为一天。也就是说，对于一日而言是夜晚在前，白天在后。这一记日传统的根据主要来源于《圣经》。《创世记》的开篇如是说：

> 起初,上帝创造天地。地是空虚混沌,渊面黑暗。上帝的灵运行在水面上。上帝说:"要有光。"就有了光。上帝看光是好的,就把光暗分开了。上帝称光为"昼",称暗为"夜"。有晚上,有早晨,这是头一日。(第1章)

据此,犹太人在认为世界(包括时间在内)是上帝创造的同时,把光看成是最早的创造物,由于光是从无有和黑暗中创造的,因此从排列顺序上说是黑暗(即"夜")在前,光(即"昼")在后。由于日落的时间每天都不同,这样,"日"的起止(即每天开始和结束的)时间也都不相同。在古代,日落的时间主要依靠对天空的观察,今天则主要依靠计算。

这一独特的记日方式对于平常的日子可能没有太大的影响,但对于节日而言,特别是节日的庆祝活动而言,则完全不同。由于这一记日方式的存在,使得所有犹太节日的开始都是在我们习惯认为的"前一日"的晚上。这样,节日的庆祝也应该在晚上开始。例如,安息日虽然按照通用的日历是在星期六,但是,根据犹太记日法,它的开始应该是在星期五晚上。为了方便民众的生活,目前印制的犹太历已经将每天日落的时间标明。犹太媒体也会刊登或发布这方面的信息。这是我们与犹太人交往中应该特别注意的一个方面。

周

在犹太人的观念中,周是时间划分中的最重要的单元。由于周的来源与自然规律无关,完全是人为决定的,因此,周的划分可以说基本上体现了一种以宗教为取向的犹太文化特征,因而具有特殊的意义。尽管周的概念在两河流域文明中已经出现,但真正作为一个时间划分单元,在生活中使用,具有我们今天所接受的概念并传播到全世界,主要是犹太人对它使用之使然。

对于犹太文化而言,一周之所以为七天是因为上帝创世的六个劳作日和一个休息日子之和。在希伯来语中,每周的六个工作日没有专门的名称,用"第一天"、"第二天"……"第六天"统称。休息日则不同,有专门的名称:"安息日"(Shabbat)。鉴此,周与周之间的分隔是以"安息日"实现的。由于"安息日"是一个非常特殊的日子,被称为"圣日"。这样,守"安息日"便是守"圣日",因而,也就自然成为犹太人日常生活中最重要的活动。关于这一点我们在节日一节中将作重点介绍。目前,世界上通行的周(即星期)的概念和计算方法均来自犹太人。

月

犹太记月方式是根据月亮圆缺周期计算。从第一个新月到第二个新月为一月。在古代,新月的到来主要是通过肉眼的观察决定,4世纪后,由于计算日益精确，历法家的计算成为主要方法。犹太历一年分 12 月，每月天数为 29 或 30。一般认为，犹太历法是在古巴比伦历法的基础上，通过一定的改造而形成的，因此巴比伦的月份名为犹太历月份的通用名。

年

与中国的历法一样，犹太历法不是简单的太阴历或太阳历，而是一种属于将太阴历与太阳历结合在一起的历法系统。因此，年的计算方法比较复杂。犹太历中的正常年份称为“平年”，共有 12 个月，在 353 天到 355 天之间。由于犹太历的一个平年与太阳历的一年相差 12 日左右，为了使其间季节保持一致，采用定期插入附加月（即闰月）的方法。根据天文学家的计算，一个太阳年等于 12 又 7/19 个太阴月，即在 19 个太阳年中必须增加 7 个太阴月，才能使太阳年和太阴年大体保持一致。于是，在犹太历中，每 19 年中有 12 个平年、7 个闰年。犹太历的这一做法看上去似乎与我国的传统历法相同，然而，事实并非如此，个中原因是完全出于宗教，即为了避免某些宗教节日与星期中的某些日子相遇（按犹太教教规，赎罪日不得在星期五和星期日，住棚节的第七天不能在星期六等），犹太历法学家采用了一些复杂的计算规律，在一年中或是增加一日，或是减少一日，其结果是除平年、闰年之外，还出现了大年（指在正常年份增加一日）和小年（指在正常年份减少一日）现象。这样，犹太历中的大年为 355 日，若正好又是闰年则为 385 日。小年为 353 日，若正好又是闰年则为 383 日。此外，犹太历法闰年增加的月份安排在一个固定的月份（亚达月）之后，称之为闰亚达月，而不是中国历法的做法。

犹太历记年的起始“元年”以上帝创世开始，这一做法始于中世纪，是当时人们对《圣经》仔细研究、解读的结果。据《圣经》记载推算，至公历 2000 年，上帝是在 5760 年前创世的，因此，公历 2000 年对于犹太历的年份而言，就是 5760 年。这样，犹太历与公历比较，早了 3760 年。由于西方传统上把耶稣诞生之年视为公历的元年[①]，因此，犹太历的 3760 年即为公历的元年。犹太历与公历之间的换算是：把犹太历换算为公历的公式是：犹太历的年份—3760；而把公历换算为犹太历的公式是：公历年份＋3760。考虑到犹太历是在公历 9—10 月间换年，因此在换算犹太历与公历时需分两段计算，当换算成犹太历时，若在 9 月 15 日前需减少一年，若在公历 9 月 15 日后则需增加一年。

犹太民族在历史上对犹太历有过两种分法：寺历和民历。寺历指第二圣殿时期（始于公元前 516 年）之前，以《圣经》中记载摩西率领以色列人离开埃及的尼散月为元月的历法。在犹太人看来，离开埃及是民族摆脱奴役、获得新生的标志，以它为一年之首不仅有文化上的意义，还具有宗教上的意义。寺历有时亦称为“教

① 目前一般认为耶稣诞生于公元前 6 年，但此事对公历的记年已没有影响。

历”。民历指第二圣殿时期以后,一直在民间通用的、以提斯利月为元月的历法。提斯利月是以色列地地区收获季节,而收获被普遍认为是新的一年生活的开始。现在民历已成为犹太人的通用历法,提斯利月的第一天遂成为犹太新年。

目前通用的犹太历法是在9世纪中期确定下来的。当时巴比伦的萨阿迪·加昂拉比废除了以色列地在决定何时为年添加月份、决定月份开始日期的具有的所有相关优先地位,制定出了一个后来为所有流散地犹太人都遵守的永久历法。

犹太历对于犹太民族而言十分重要,因为,所有的犹太节日的日期都依据犹太历而定。那种把犹太人的生活看成是围绕犹太历进行的说法无疑是十分正确的。

节 日

犹太民族与其他民族一样拥有众多节日。不同民族往往拥有不同的节日和节日的庆祝方式,内涵迥异、风格万千的节日及其庆祝方式常常是一个民族有别于其他民族的重要标志,也是该民族文化的重要组成部分。犹太节日作为犹太文化的一个极其重要的组成部分,赋予了犹太民族日常生活的犹太特色,在很大程度上,也正是因为这些犹太节日的存在使犹太民族在文化上(特别是日常生活中)不同于其他民族。

犹太节日的来源和含义不尽相同,然而,却有一些基本特征是大多数犹太节日共有的。特征之一是,几乎所有的节日都与整个民族的历史经历相关联,而不是来源于某个个人的事迹或生平。如逾越节是回顾整个民族在摩西带领下摆脱奴役和获得解放的过程;七七节是感念犹太民族从上帝手中获得圣书法典;住棚节是追思上帝对犹太民族在旷野游荡的庇护;哈努卡节和普珥节是纪念犹太民族免于灭亡,并最终战胜对手;犹太新年和赎罪日则集中在犹太人的忏悔和希望开始新生活上。特征之二是,几乎所有的犹太人传统节日都具有强烈的宗教色彩,很少有节日属于纯粹意义上的世俗节(20世纪新增的节日例外),明显地反映出犹太文化规范,就连犹太新年也是如此,它被看作是“忏悔十日”的开始,并作为“敬畏的日子”,站在上帝面前接受审判。特征之三是,几乎所有的节日庆祝方式都是一种文化教育活动,而不仅仅是家人朋友之间的聚会,或简单的节日美食大餐。犹太节日的这种全民性、宗教性和教育性,使每年周期性到来的节日变成了犹太民众一遍又一遍地重温本民族的历史、传统、习俗,一遍又一遍地接受本民族宗教的教育,一遍又一遍地反思犹太人历史使命的特殊日子,在维护民族团结,保持犹太民族固有文化,增强犹太人的使命感等方面起到了重要的作用。正是这几大特征的存在,造成犹太民族节日在总体上与其他民族节日的带有本质上的差异,同时也赋予这些节日更具强烈的犹太属性。了解犹太节日及其含义是我们了解犹太文化的一个重要方面。

犹太节日主要有:安息日、犹太新年、忏悔十日、赎罪日、逾越节、七七节、住棚节、哈努卡节、普珥节、西姆哈《托拉》节、三周哀悼期、阿布月初九、拉·巴-奥默节、树木新年、新月节、独立日、大屠杀纪念日、耶路撒冷节等[①]。

这些节日中大部分是传统的，但也有现代的。根据犹太传统，这些节日通常依照不同性质被分为不同的类型，其中有“圣日”、“敬畏节”、“朝圣节”、“一般节日”以及“纪念日”之分。安息日被认为是最重要的节日，为“圣日”；犹太新年、忏悔十日和赎罪日为“敬畏节”；逾越节、七七节和住棚节则是“朝圣节”；哈努卡节和普珥节属于“一般节日”；“纪念日”包括：三周哀悼期、阿布月初九、拉·巴-奥默节、新月节、树木新年、独立日、大屠杀纪念日、耶路撒冷节等。

圣　日

安息日(Shabbat)

安息日可以说是所有犹太节日中最为特殊，也最为重要的节日。安息日在希伯来语中的发音为“Shabbat”(沙巴特)，该词的动词词根为 shavat，涵义是“休息”、“停止”。根据犹太传统，安息日是一周的第七天，是计时单位周与周的分隔，表示自然时间的中断。犹太教把安息日看成是“圣日”，一个休息的日子。安息日制度源自“摩西十诫”中的第四诫，规定犹太人必须守安息日：“要谨守安息日为圣日。你有六日可以工作；第七日是单独归我的安息日。这一日，无论是你、你的儿女、奴婢、牲畜，或侨居的外族人，都不可工作，因为上帝在六日内造天、地、海和其中的万物，第七日便安息了。所以上帝赐福安息日，定为圣日。”

根据犹太教的教义，安息日制度是同下面这样一些观念联系在一起的：

1. 与上帝创世联系在一起。上帝创世是在六天内完成的，第七天上帝休息了。人作为是上帝按照自己模样创造出的生灵，应该效仿上帝的样子，六天工作，第七天休息。
2. 与神圣的观念联系在一起。“你们要圣洁，因为我你们的上帝是圣洁的……要守我的安息日。”守安息日成为犹太人是否保持圣洁的一种衡量标准，努力使安息日的生活神圣、圣洁成为犹太人的生活目标。
3. 安息日是上帝与以色列人立约的标志和象征，所以犹太人要以世世代代守安息日为永远的约。当上帝在西奈山将《托拉》交给犹太人时，犹太人是以世世代代守安息日作为保证的，是上帝和犹太人永远的立约证据。因此，守安息日成了犹太人作为“上帝的选民”永远不能废除的义务。

安息日是所有节日中唯一在摩西十诫中被提及的节日，《圣经》中有三十多处

① 历史上还出现过的节日包括：基大利斋日(对犹太历史人物基大利被杀害事件的记念)。

提及,《塔木德》更是有上百处涉及与安息日有关的习俗、礼仪和禁忌。显然,安息日不是一般意义上的节日或休息日,而是犹太历上最重要的日子,代表犹太文化的一个重要聚焦点。有一犹太传统甚至认为,犹太人的时间划分就是从安息日到安息日,足见安息日的重要。

安息日从星期五日落时分开始。由于每天日落时分不同,确定安息日日落时分便十分重要。传统的做法是依据人肉眼的观察,当天上有三颗星星可以被看到,或者在日光下分不清白线黑线即为日落开始。今天,确定日落时分已经主要根据天文学家的计算,所有犹太日历、报纸都事先刊登当地安息日开始和结束的时分,以方便民众。

由于安息日是上帝专门吩咐要过的节日,因此,犹太人对过安息日通常用"守"字,称守安息日(observe Shabbat),以表示是对上帝诫命的"遵守"。守安息日的活动主要以家庭为单位,以突出家庭在犹太人生活中的重要性。在外的犹太人通常都会在日落前赶到家,男子洗澡、换衣,到犹太会堂,参加在那里举行的安息日前夕礼拜仪式。作为家庭主妇,女子则在家准备好安息日晚餐,并在日落前点上安息日的蜡烛(通常为两支,一支代表记住安息日,另一支代表守安息日),感谢上帝带来神圣和欢乐的气氛。犹太会堂的安息日礼拜结束后,参加礼拜的人回到家中,与家人坐在桌旁,在祝福和祈祷中开始安息日晚餐。晚餐的传统食品是安息日面包(称"哈拉")、葡萄酒,以及一周中最美的菜肴。在安息日晚餐开始前,一家之长先端起一杯葡萄酒,进行祝祷(Kiddush),并分享葡萄酒。然后,举起两块哈拉面包(代表上帝在犹太人出埃及的路上赐给犹太人的双份食物),再次进行祝祷,并将盐撒在面包块上,大家分食。接下来是安息日晚宴。晚餐结束时,要诵读餐后祝祷。

安息日上午的主要活动是全家人去犹太会堂参加礼拜仪式。每逢安息日上午,犹太会堂通常是一周内人最多的时候,除了祈祷和读经外,犹太拉比会在这一天的礼拜仪式上布道。犹太人的成年礼通常在这时的礼拜仪式上举行。安息日下午通常先午休,然后或是去犹太会堂学习《塔木德》等经典,或是在家自己与家人一起研读犹太经典。安息日日落后,要举行安息日结束仪式,家人围站在一起,诵读祝祷,传递香坛,点燃并熄灭"四方烛"(一种特制的蜡烛),然后唱迎接新的一周到来的歌。尽管在即将到来的一周要劳作、受到生活、社会各种烦恼所打搅,但又一个安息日将会在六天后到来,为生活带来了希冀。

安息日的宗教文化涵义深远。从宗教出发,犹太教认为这一天是献给上帝的。在传统犹太文化中,与上帝交流、祈祷、学习经典是最重要的活动,安息日(不劳作)为这些活动提供了时间上的保证。犹太会堂也正是由于守安息日的传统成为犹太人共同祈祷、共同学习的聚集场所,成为"一个非地域共同体的地域中心"。事实表明是安息日推动了犹太会堂的发展。

安息日的社会意义在于所有人,包括仆人和外邦人,都不再工作。在安息日,主人和仆人的区分消失,代表了平等的观念。安息日最主要的特征是"休息(即不工作)”,包括不从事任何劳作、不做生意、不购物、不生火、不旅行、不写字等(《塔木德》中明文规定有39种工作不可在安息日做)。安息日还是欢乐的日子,人们通常会换上最好的衣服,吃最好的食品。许多悲伤的日子,如三周哀悼期、治丧等,到安息日这一日自然中止。

守教的犹太人认为遵守安息日的诫命甚至比生命还要重要。例如,迈蒙尼德说过:“一个人即便违反了《托拉》中所有的律法,仍被认为是,但显然是有罪的,犹太人。但是如果他亵渎了安息日,就不再被看作是犹太人了。安息日是犹太性的最后一个特征,不守安息日的犹太人,如果不是全然不可能,也是难以想像的。”① 在过去的2000年中,守安息日成为犹太民族存在的一种象征。历史上看,遵守安息日和保存犹太民族这两者之间有不可分的紧密关系,故有“与其说犹太人守住了安息日,不如说是安息日保住了犹太人”之说。

敬　畏　节

犹太新年(Rosh Hashanah)

犹太人庆祝新的一年开始的节日。节期为犹太历提斯利月初一。《圣经》中并没有将这一天作为新年节日对待,只是规定这一天是人们“当守为吹角的日子”(与《圣经》中提及的“吹号节”重叠)。由于这一天正好是一年中的第七个新月节(根据犹太寺历),和一周中第七天为神圣的安息日一样,具有特殊的文化含义。故人们把它当作一个特别神圣的日子来庆祝。第二圣殿时期,民历的普遍采用使这一天成了新年的第一天,逐渐成为庆祝新的一年周而复始的特殊日子。

犹太新年由于是包括赎罪日在内,为期十天敬畏日的第一天,因而首先是忏悔的日子,赎罪的日子。人们在这一天要回顾自己在过去一年的言行,反省自己可能犯下的罪孽;犹太教认为所有的人在这一天都要受到上帝的审判,因此犹太教徒也把这一天称作“审判日”。庆祝新年的方式之一是去会堂参加新年宗教仪式,人们要进行三次祈祷,三次吹响羊角号,号声既表示对上帝的敬畏,也表示对上帝的信仰。虔诚的犹太教徒还要在午后到海边、河边或有流水的地方,举行赎罪仪式,诵读《圣经·弥迦书》中一节“将我们的一切罪投于深海”,三次摇动衣服的边,表示抛弃了罪孽而变得纯洁。有人还把反省到的过去一年的罪过写在纸片上,投入火中,表示洗清了自己的罪。

犹太新年尽管是敬畏和忏悔的日子,但却不应认为是痛苦和悲哀的日子,而应该是喜庆的日子,因为上帝对罪孽的赦免可以确保幸福的到来。全家人通常在这一天团聚,在新年晚宴上要吃苹果蜜饯和蘸有蜂蜜的面包,以象征今后一年的日子

---

① See Pinchas Peli: *Shabbat Shalom*, p. 5.

将会甜蜜幸福。人们还互送贺年片和新年礼物,不少人还外出旅游,以示欢乐。

正统和保守派犹太教徒通常庆祝两天,改革派犹太人则只庆祝一天。

忏悔十日(Ten Days of Penitence)

指从犹太新年到赎罪日的10天。这10天是犹太人反省过去、忏悔自身的日子,作为节期对待。《圣经·何西阿书》第14章写道:"以色列啊,你要归向雅赫维你的上帝。你是因为自己的罪孽跌倒了。当归向雅赫维,用言语祷告他说:'求你除净罪孽,悦纳善行,这样,我们就把嘴唇的祭仪替牛犊献上……'"犹太教认为,犹太人在犹太新年到来时要站在上帝面前接受审判,但上帝的判决要在赎罪日这一天才会做出,故对犹太人来说,这10天是一年中最严肃的时期。犹太教认为,上帝只赦免人对上帝犯下的罪孽,而不会赦免人对他人的过失和冒犯等罪,除非人在取得上帝宽恕之前,先已取得被冒犯人的宽恕,这类的罪才能得到赦免。因此,犹太人在这期间总要设法登门拜访自己周围的人和与之有过交往的人,请求他们原谅自己在过去一年中可能犯下的冒犯言行。在虔诚的犹太教徒家中,所有家人会在这期间聚在一起,相互请求宽恕,结果出现了夫妻之间、父母子女之间、兄弟姐妹之间相互请求原谅的现象。同时,根据不能宽恕他人的人也是不会获得上帝宽恕的观点,犹太人通常在此期间还要清除头脑中对他人的憎恨和厌恶一类的想法,以示对他人的宽恕。这一节期和传统,对促进犹太民族的认同和内部团结显然是十分有益的。在这期间,人们习惯上还要到已故亲朋好友墓地表示悼念。

赎罪日(Yom Kippur)

赎罪日是犹太民族主要节日之一。时间为每年提斯利月第十日,是忏悔十日的最后一日。这一天是犹太人一年中最庄严、最神圣的日子。对于虔诚的犹太人教徒而言,还是个"禁食日",在这一天完全不吃、不喝、不工作,并到犹太会堂祈祷,赎回他们在过去一年中所犯的或可能犯下的罪过。由于是最神圣的敬畏日,全世界的犹太人,包括不很虔诚的犹太人通常也会在这一天去犹太会堂祈祷,参加特别祈祷仪式。

赎罪日来源于《圣经》。《利未记》(第23章26—28节)如此说:上帝晓谕摩西说:"七月初十是赎罪日;你们要守为圣会,并要刻苦己心,也要将火祭献给雅赫维。当这日,什么工都不可做;因为是赎罪日,要在雅赫维——你们的上帝面前赎罪。"出于"在这日要为你们赎罪,使你们洁净"的诫命,犹太人在赎罪日当天进行一种古老的赎罪仪式:挑选两头掂阉过的公山羊,由大祭司当着会众的面在祭坛上将其中一头宰杀,作为全体以色列人对上帝的献祭;然后,大祭司用双手按在另一头活着的山羊头上,承认以色列人可能犯下的种种罪孽,把这些罪统统归到羊身上,然后派人把这头羊送到旷野去，让它承担以色列人的一切罪孽。

现在这一古老的赎罪仪式已废，只有少数正统犹太教徒还每年举行祭坛式赎罪仪式，不过宰杀的不再是羊，而是鸡，通过宰杀和献祭，为犹太人赎罪。大多数则通过祈祷和忏悔表达赎罪愿望。

犹太会堂在赎罪日全天都举行宗教仪式，有晚间仪式、上午仪式、下午仪式，接着是纪念仪式和结束仪式。在晚间仪式上，传统的开始仪式是：拉比手捧《托拉》经卷，全体会众面对开启的约柜肃立，诵读传统的《柯尔·尼德拉》祷文。

《柯尔·尼德拉》是犹太人在赎罪日祈祷开始时吟唱的一段祷文。它是一种起誓祷文，不包括任何对上帝的赞美之词。犹太人试图通过对这一祷文的吟唱说明在过去的一年内凡是他们在违心、不知情和仓促情况下许下的愿、发出的誓和做出的允诺都该当被视为无效和不算数的，并希望由此得到赦免。有关这一祷文产生的年代与背景已难以查考，据有些文献说，西班牙曾在7世纪强迫居住在那里的犹太人改变宗教信仰，并要求这些人起誓，从今以后信奉基督教。这些被迫起誓过的犹太人后来唱起了《柯尔·尼德拉》，不仅表示他们当时的起誓无效，还表明他们今后可能做出的其他类似誓愿，也应当视为无效。不论这一说法是否成立，有一点可以确定，即这一祷文最晚在8世纪就已在犹太会堂中吟唱。《柯尔·尼德拉》最初曾受到犹太拉比的反对，因为它使人联想到誓言既然可以在赎罪日视为无效，也就不必加以认真对待。然而，祷文还是在犹太人中得到流传，人们解释说，《密西拿》也允许宣布个人的允诺无效，何况在现实生活中，犹太人总免不了有时要被迫做出某些违心的允诺。

在历史上，排犹势力经常以此为据，怀疑犹太人在基督教国家法庭上所作誓词的可靠性，并攻击犹太人的誓言全是骗人的谎言，致使犹太人一再做出解释性说明。如1860年，一本包括《柯尔·尼德拉》在内的祈祷书在说明中解释，该祷文不包括法庭上的誓言。19世纪中叶，德国犹太教改革派为了避免误解，从祈祷书中删除了这段祷文。但到了1861年，又在祈祷书中重新刊出。

《柯尔·尼德拉》祷文尽管拥有希伯来文本，但在犹太人中流行的却是阿拉米文本。按规定，《柯尔·尼德拉》必须在赎罪日日落之前开始吟唱，并要一直唱到日落。习惯上，祷文要反复吟唱三遍，为的是使迟到者也能加入。吟唱《柯尔·尼德拉》的曲调深沉、悲壮、哀婉动人，仿佛在叙述犹大民族那漫长而不幸的历史，被誉为犹太音乐的代表作。贝多芬曾把这一曲调在他的c小调四重奏中运用。1880年，作曲家布鲁奇因这支曲调在他谱写的大提琴曲上的运用而闻名天下。

在纪念仪式上，人们回忆已故亲友，诵读怀念和为他们祈祷的《卡迪什》。在结束仪式上，要表达对以色列上帝的希冀和信仰，再一次诵读《舌码》，重复三遍“祝福上帝荣耀王国之名到永远”，以及七遍“我们的主是上帝”。最后，象征赎罪日结束的羊角号吹响，号声示意上帝已赦免犹太人的罪过，生活已经翻开了新的一页。

拉比和赞礼员在主持仪式时要穿上特别的白袍，以象征纯洁、悔悟、死亡。人们通常用第一人称复数“我们”而不用“我”表达对自己罪过的忏悔,因为犹太人认为他们是一个整体,应集体承担个人犯罪的责任。

赎罪日要告诉人们的第一件事是承认自己犯有罪过,并对此表示忏悔。第二是要求人们通过忏悔、赎罪活动,不再重犯以前做过的错事和用实际行动改正自己犯下的罪过。

在今日以色列,这一天全国上下几乎一切活动都停顿下来,不出版报纸,不播放任何电视和广播节目,没有公共交通运输。所有学校、商店、餐馆、娱乐场所和机关企事业都 24 小时关闭。整个国家沉浸在一片肃穆之中。

朝圣节

朝圣节是犹太人的三大主节——逾越节、七七节、住棚节的总称。作为一类节日,其共同点是:(1) 圣殿被毁之前,要朝觐献祭。《圣经》中规定,一年当中所有犹太男子都必须在逾越节、七七节和住棚节三次来到上帝面前,同时每次不得空手而来,必须带上祭品。这样,每逢节日来临,以色列地境内的犹太男子都要带上刚刚收获的果实,前往耶路撒冷圣殿里献祭,以示对上帝的虔诚。(2) 具有农业性质,逾越节庆祝大麦开镰收割,七七节庆祝小麦收割结束,住棚节则庆祝一年的收获结束。人们在感谢上帝恩赐之余,总要欢快庆祝一番,故亦称作“三大快乐节”。(3) 与犹太历史和宗教联系在一起,成为犹太民众重温本民族教义,反思自己历史命运的文化教育活动。逾越节与犹太人摆脱奴役,获得自由相联系;七七节与犹太民族集体与上帝立约相联系;住棚节与摩西遵从上帝旨意,率领以色列人出埃及的传说相联系。

逾越节(Pesah/Passover)

尽管一些学者认为逾越节可以一直追溯到希伯来人的游牧时代,很可能还是闪族牧民共有的节日,但它今天对犹太人的涵义却是来源于《出埃及记》。据《出埃及记》记载,因饥荒逃到埃及的以色列人在数百年的休养生息后人口增长很快,这引起埃及统治者法老的恐慌,遂下令将埃及境内的以色列男婴统统杀尽,以免其繁衍后代。同时,对以色列成人进行强制性奴役,罚其终身苦役,致使以色列人处境十分悲惨。上帝得知他的选民竟遭受如此之苦难,命令摩西率领以色列人举族离开埃及,返回到“应许之地”迦南定居生活。谁知,憎恨以色列人的法老却不愿失去为其服务的奴隶,有意刁难,不让以色列人离去。在上帝的授意下,摩西和亚伦先用魔杖威力变蛇、变水为血和蛙灾,后用虱子、苍蝇、兽疫、烂疮、雹子、蝗虫和黑暗等灾难威胁法老。尽管每当一种灾难降临时法老都同意让以色列人离开,但灾难一消除,法老又出尔反尔。上帝大怒,决定用第十灾,即杀死埃及地所有长子和一切头生牲畜的办法迫使法老屈服。为了防止错杀以色列人,上帝命令摩西吩咐以色列人事先在自家的门楣和门框上涂抹上羊血，上帝见有羊血的人家就“逾越”过去。果然，上帝在尼散月(公历 4 月前后)14 日晓击杀埃及境内头生人畜时，以色列人全都安然无恙。法老摄于上帝的威力，同意以色列人离开埃及。以色列人为感恩上帝对以色列人的拯救，把每年尼散月 14 日起的 7 天定为逾越节。

今天，逾越节是整个犹太民族不忘历史，缅怀祖先，倾诉苦难，庆祝在上帝恩眷下摆脱苦难，获得自由的日子。节日最隆重的活动是在逾越节首日举行的逾越节家餐，席间食用有象征意义的各种食品，并通过诵读《哈加达》[1]讲述和回顾以色列人出埃及的历史。

逾越节家宴(Seder)是庆祝逾越节时吃的第一顿晚餐，也是庆祝逾越节的最主要活动。正统犹太人家要使用一套专供逾越节使用的餐具。晚餐上每人通常喝四杯酒，开始和结束各一杯，席间两杯。四杯酒纪念祖先在埃及受的苦难以及在上帝的指引下，摆脱奴役，回到迦南地的历史事件。家宴开始时，家中长者举杯为节日祝福，这是要喝的第一杯酒。全家人净手，家主把生苦菜或其他生菜蘸醋或盐水分给每一位用餐人。然后，将象征古代逾越节供品羔羊的羊胫骨和煮鸡蛋自特殊的逾越节家宴盘中取出，人人吟诵祷文。斟满第二杯酒后，家中最年幼者就此节日礼仪分别提出四个问题。全家人依次诵读《哈加达》，复述《出埃及记》中有关犹太人摆脱奴役、获得自由的故事对上述问题做出回答。回答完毕后，喝第二杯酒。随后，全家人再次净手，分食无酵饼和蘸有酒酿果酱的苦菜，然后开始上主菜。主菜用毕，家中年幼者要找出事先藏起来的半块无酵饼，作为甜食全家人分食。这半块无酵饼象征古代在家宴时所食的逾越节羔羊肉。接下来，斟第三杯酒表示对上帝恩惠的感谢。全家人在齐诵《颂赞诗篇》声中，将这杯酒一饮而尽。接下来，斟第四杯酒，同时将桌上摆放的以利亚杯斟满。打开家门，诵读一段欢迎先知以利亚光临的祷词，据说以利亚很可能会突然出现在逾越节的家宴上，预报救世主弥赛亚的降临。家宴在饮完第四杯酒后，在“明年相聚在耶路撒冷”的祝词中结束。

四问是犹太人在逾越节家宴上必须提出的四个问题。这四个问题通常由家中最年幼者或参加人中年纪最轻者提出。四问以“今晚为什么与所有其他晚上不同?”开头。问题涉及所吃的无酵饼和苦菜，以及蘸沾和倚着用餐的做法。其目的是使做父亲的能完成《圣经》中的诫命：把以色列人摆脱在埃及为奴命运的历史讲给儿子听。问题的答案在诵读《哈加达》和回顾以色列人出埃及的历史过程中不断得出，直至逾越节家宴结束。最初，这一习俗并无固定的内容和程式，是在第二圣殿期间犹太人在逾越节家宴交谈中自然出现的，以后逐渐固定下来，成为传统。

四问的内容也是逐渐固定下来的。最终只有三问，涉及无酵饼、加佐料和只吃烤羊肉的问题。其中第三点(与犹太人献给圣殿的逾越节羔羊有联系)在第二圣殿被毁后已无必要，故为倚着吃的习俗所代替。吃苦菜的问题是后来增加的。从《密

① 一种专门用于逾越节家宴的读本。

西拿》时代到中世纪后期,四问一直由父亲或者其他成年人提出。随后,改为由家中最年幼者提出。在没有孩子的情况下,问题由妻子提出。在没有孩子也没有妇女参加的情况下,也得有人来发问。

目前最为流行的四问内容为:"在所有其他晚上,我们可以既吃有酵的面饼,也可吃无酵的面饼,为什么今晚只吃无酵饼?在所有其他晚上,我们可以吃各种各样的蔬菜,为什么今晚要吃苦菜?在所有其他晚上,我们连一次都不用蘸,为什么今晚要蘸沾两次?在所有其他晚上,我们既可以坐着吃,也可以倚着吃,为什么今晚我们大家都倚着吃?"

逾越节不仅是犹太人最古老的节日,也是最重要的节日之一。在以色列国内和改革派犹太人中间为期七天,其他犹太人则庆祝八天。在节日期间,最重要的习俗之一是,人们不吃有酵的面食,只吃无酵饼。有的人还穿上白色亚麻布衣服,表示喜庆、欢乐、神圣、宽容。以色列人还利用这一节日去耶路撒冷圣殿山和西墙朝圣。

七七节(Shavuot/Pentecost)

据《圣经·利未记》记载,从逾越节算起,七个星期之后希伯来人要庆祝七七节。两节期相隔 49 天,再加上一个安息日恰好 50 天,故亦有人称之为"五旬节"。这是犹太民历一年中最后一个主要节日。

七七节原是个农业性节日,每年这个时候小麦成熟,人们通过欢庆收获来感谢上帝的恩惠,并祈求保佑来年再获丰收。七七节献祭的方法是:用刚收获的新小麦面做成的发酵饼两只,加一头一岁的羔羊献给上帝。它恰恰与除酵节相对,除酵节标志着大麦收割的开始,而七七节表示小麦收割的结束。人们通过节日献祭,重吃发过酵的饼,再次恢复平日生活习惯。到拉比时代,人民把该节日与摩西在西奈山向以色列人传授《十诫》联系起来,从而赋予七七节以新的含义。对于今天的犹太人而言,这种新含义的意义已远远大于原来的涵义,七七节成为人们纪念上帝在西奈山上显现,与以色列人集体立约,从而创立了犹太教的日子。对于犹太人来说,逾越节象征犹太民族的诞生,七七节则象征着犹太教的诞生。

在七七节的宗教仪式上,人们要诵读《出埃及记》中有关摩西在西奈山上朝见上帝和传达上帝的十条诫命和各种教规法典的章节。这一天也是犹太会堂举行隆重的成年礼仪式的时候。凡年满 13 周岁的犹太人少年均要参加这一仪式,表明他们像自己的父辈先人一样,已与上帝缔约,决心承担宗教义务。

此外,犹太人还要在会堂中诵读《路得记》。《路得记》记叙了一个摩押女子对犹太教和犹太民族的热爱和忠诚,还记述了大卫王的家谱。

犹太人习惯在七七节吃肉类食品、奶制品和蜂蜜。餐桌上要放两块用新麦面做的饼,作为向上帝献祭的标志。多数人家要烤一只有四个角的长面包,做一种三角形的团子,里面放有苹果、奶酪等。同时,为孩子做一种称为"西奈山"的馅饼,以鼓励他们牢记自己的宗教并努力学好犹太教的经典《托拉》。

住棚节(Sukkot)

住棚节开始于赎罪日后第五天，即提斯利 11 月 15 日，共持续 8 天。在这期间，除老弱病残者外，人人都要住在临时搭起的棚舍中，又称“结庐节”。该节日最初也是农业性节日，是农人喜庆丰收的日子。这时地里的庄稼收割完毕，场上的粮食都已进仓，摘下的葡萄已酿成酒，农人开始举行庆祝活动，在果园或葡萄园内用葡萄、无花果等七种植物枝条搭起临时棚舍，在他们的田地里和棚舍中度过收获季节的最后几天，以此感谢上帝的恩赐。这是一个欢乐的节日，姑娘们身穿洁白的服装，在葡萄园中起舞、歌唱；夜晚，还有人手执火把前来助兴。

节日的最后一天实际上与传统的汲水节[①]重叠，因此，在这一天要举行求雨仪式，老人们不停地祈祷，青年人和孩子在田野里载歌载舞，希望天公作美，大发慈悲，普降甘露。如果能遇到滂沱大雨，人们的欢乐便达到高潮。

《圣经·利未记》中把献祭作为住棚节三个内容之首，规定：这是上帝的节期，要将火祭、燔祭、素祭献给上帝。于是，古代犹太人要在这一日带上收获的谷物、水果，去耶路撒冷圣殿朝圣，并形成一种习俗。

同逾越节和七七节一样，住棚节的庆祝活动也渐渐与犹太人的宗教和历史联系在一起。《圣经》中说：“以色列家的人都要住在棚里，好叫你们世世代代知道，我领以色列人出埃及地的时候，曾使他们住在棚里。”这样，住棚节便与上帝引导以色列人逃出埃及，并为其建棚的传说联系了起来，成为犹太人庆祝这一活动的中心涵义。

现在，每逢住棚节来临，人们都要搭起棚舍，纪念其祖先出埃及、进入迦南前 40 年的帐篷生涯和上帝对以色列人的荫蒙庇护。棚舍要搭成简易和非永久性状，以象征当年犹太人的历史遭遇。棚内可用花和水果装饰。以色列政府还派人修剪树木，把剪下的枝条分发给人民，以满足搭棚之需。

住棚节的第一天和最后一天，犹太会堂还要举行特别仪式庆祝节日，人们要手持用棕榈枝等扎成束的卢拉夫挥舞。

一 般 节 日

哈努卡节(Hanukka)

哈努卡节不是《托拉》上记载的节日，而是为了纪念公元前 165 年犹太民族反

---

① 由于犹太人的大流散，不再生活在故土，求雨已没有必要，这一节日被淡忘。不过，自以色列重新建立以来，以农业活动为主的基布兹竭力恢复这一传统节日，但庆祝主题已不再是求雨，而是变成了庆丰收。

抗异族企图消灭犹太教起义胜利、收复耶路撒冷、洁净第二圣殿并把它重新献给上帝的日子。

公元前168年，统治巴勒斯坦的塞琉古王朝安条克四世为了强制推行“希腊化运动”，宣布犹太教非法，并采取各种严厉措施消灭犹太教，其中最令犹太民族不能容忍的是在耶路撒冷犹太人圣殿里竖起希腊神祇奥林匹亚宙斯的祭坛，在上面用犹太人视为不洁的猪进行献祭，并强迫犹太人食用猪肉，对不从者格杀勿论。这一仇视犹太教的做法导致了一场反抗塞琉古王朝统治的犹太人起义。三年后，以犹大·玛喀比为首的起义取得了胜利，耶路撒冷为犹太人收复。犹大·玛喀比下令净化圣殿，清除异教痕迹，重建犹太人祭坛(故亦称“净殿节”)，并规定了庆祝这一胜利的活动日期。

哈努卡节从基斯流月(犹太历9月)25日开始，延续八天。八天的节期与两个传说有关：一是玛喀比士兵因战斗而无法庆祝为期八天的住棚节，故以此作为补偿。二是收复、净化圣殿后，在打算点燃圣殿中的“七枝灯台”时，人们只找到了一小罐专门用于圣殿的灯油，犹太律法规定用于圣殿的灯油须从橄榄中提炼，并由掌管圣殿的大祭司经过一番洁净礼仪后才能使用。而无论是制作还是去外地取来这种净化过的灯油，均需要八天时间。然而，由于上帝对犹太人的恩赐和垂注，奇迹发生了，这一小罐原本只能燃用一天的灯油竟然一直燃烧了八天。根据这一传说，该节日最主要的仪式是点燃九枝灯台(专门为庆祝哈努卡节使用的一种灯)，第一天点燃灯台一支灯盏，以后每天增加一支灯盏，一直到第八天结束。故也有人称之为“光明节”。

犹太人是一个不事张扬的民族，通常不在众目睽睽下，而只在家里奉行犹太人的律法。但有趣的是，有关哈努卡节的诫命却包含了“散播神迹”这样一个概念，即让越多的人知道越好，因此，哈努卡节使用的灯台通常要摆放在窗帘拉开的窗台上，以便让外面的人能够看到。

为了表达对于出现“奇迹”的喜悦，哈努卡节的第一天晚餐通常是正式而盛大的，常有亲朋应邀参加。晚餐前，先点上烛台，互相祝贺。传统必食用的特定食品是油炸土豆丝饼。食用油炸食品是为了使人联想起上帝所行的奇迹。晚餐结束后，人们，特别是儿童，还要玩一种旋转陀螺的游戏。

以色列建国后，为弘扬玛喀比起义包含的“民族团结，共御外敌”的精神，行政当局总要在室外点燃大型九枝灯台，组织各种体育活动，其中最主要的是火炬长跑。

普珥节(Purim)

普珥节是为纪念犹太人由于以斯帖王后的勇敢和机智，挫败哈曼企图把波斯全境的犹太人斩尽杀绝阴谋而设的节日。时间为亚达月14、15日两天。普珥节的故事出自《以斯帖记》：波斯宰相哈曼为人生性残暴，对犹太人怀有偏见，阴谋要灭绝波斯境内的所有犹太人。他用抽签的方式选定了屠杀日期为亚达月 13 日，并得到国王的准许调动军队。王后以斯帖，一位秘密信奉犹太教的犹太女子，用智慧说服了国王，使国王改章易策，不仅及时粉碎了哈曼的阴谋，而且将哈曼及其同党、家人一举斩尽杀绝，从而解除了波斯犹太人面临的灭顶之灾。为庆祝这一奇迹般的胜利，犹太人定亚达月 14、15 日为普珥节（“普珥”在波斯语中意为“抽签”）。

普珥节前一天，正统犹太教徒要禁食一天。在普珥节这天，犹太会堂要举行特别仪式，宣读《以斯帖记》。每当哈曼的名字被提及，参加宗教仪式的孩子都要用竹条，或棘轮做成的噪声器发出“啪啪”声，以示对他的谴责。

《圣经》规定：“在这两日设筵欢乐。”为此，每逢普珥节来临，人们都要设宴，开怀畅饮，吃一种烤制的，叫做“哈曼的耳朵”的小饼。同时，家家还要点起灯火，举行各种各样庆祝活动，其中最常见的是篝火晚会，年轻人带上面具，围着篝火载歌载舞，尽情狂欢。故亦有人称之为犹太人的“狂欢节”。

纪　念　日

西姆哈《托拉》节（Simhat Torah）

西姆哈《托拉》节，亦称“转经节”或“欢庆圣法节”，是犹太人庆祝《托拉》的节日。时间为住棚节的最后一天。是周期为一年诵经活动的至起日。为了保证一年内能将犹太教经典《托拉》学完一遍，整部《托拉》根据犹太教历书上的周数分成相应的若干诵读节。西姆哈《托拉》节这一天，正好是宣读《托拉》的最后一部分。为了表达犹太民族对《托拉》的学习热忱，要在读完《托拉》最后一部分的同时，立即开始《托拉》第一部分的诵读。因此，这一天既是上一年《托拉》学习结束的一天，也是下一年《托拉》学习开始的一天，首尾相连，象征犹太人对《托拉》的学习永不间断。

西姆哈《托拉》节是一个喜庆的日子，在这一天，男女老少都要到犹太会堂参加庆祝仪式。仪式的高潮部分是所有的人排成一队，将经过一年的诵读已经卷到尾的《托拉》经卷完全展开，然后从左向右重新卷起，以便接下来从头诵读，重新卷起的《托拉》经卷被人们扛在肩上行进，参加庆祝的人们边走边唱边舞，通常还要向儿童分发上面印有“欢庆、欢庆西姆哈《托拉》节”字样的小旗，以便使他们边走边挥舞。在以色列，这一庆祝仪式已不限于犹太会堂，许多城市在城市广场举行，人们常常要手捧经卷狂舞数小时以示庆祝。

三周哀悼期（Three Weeks）

三周哀悼期实际上是节期，是从塔模斯月 17 日到阿布月初九的三个星期。这是耶路撒冷城被尼布甲尼撒领导的巴比伦军队攻破到圣殿最后被焚毁的历史性三周。传统上这三周一直被认为是犹太历史上最悲痛的时期之一。犹太人不仅失去了圣殿,而且失去了家园。失国之痛深深烙在犹太人心中。为了使犹太人能永远牢记这一历史事件,各种与此有关的习俗发展起来。在这三周时间内,有诸如不能嫁娶,不能诵读有关祝祷,不吃时鲜水果,不穿新衣裳等限制。此外,阿什肯纳兹犹太人和塞法迪犹太人还有各自不同的习俗,如阿什肯纳兹犹太人在这期间不理发、不修面,从阿布月初一起不食肉和不饮酒,直到初九后才开斋,而塞法迪犹太人则从阿布月初一起才禁止理发、修面,吃斋食也要等到阿布月初九前的最后一个星期日到来时开始。不过,上述所有限制在安息日到来时均自动失效,因为对犹太人而言,安息日是不允许吊丧志哀的。一般说来,在这三周中,时间越接近阿布月初九,悲哀的气氛应该越浓,心情越沉重。阿布月初九这一天的悲哀气氛达到高潮。人们往往要禁食一日,不仅不吃不喝,还不穿皮鞋、不擦油打扮、不洗漱,以及不进行房事。由于圣殿被焚的火从初九一直烧到初十的中午才熄灭,上述一些限制要延续到初十中午后才中止。在这三周的每个安息日,都要加诵一段特别的先知训导,以志纪念。

阿布月初九(Tisha b'Av)

阿布月初九又称犹太哀悼日或纪念耶路撒冷被毁日。犹太人悼念历史上一系列悲惨事件的纪念日。犹太人认为,犹太历史上的许多重大悲惨事件都发生在这一天,如第一圣殿和第二圣殿被毁;195 年伯沙公城沦陷,犹太人第二次反罗马起义被镇压,耶路撒冷城被夷为平地;1492 年西班牙大规模驱逐不愿改宗的犹太人,因而将这一天作为纪念日。许多犹太人都要在这一天禁食 24 小时,诵读《耶利米哀歌》以示悼念。正统犹太教徒要在前三周,起码前九日,开始纪念这一日子。在此期间不得举行任何庆典、欢宴、婚礼。这一天也被当成犹太民族的不幸日。

拉·巴-奥默节(Lag ba-Omer)

拉·巴-奥默节是犹太民族数“奥默”,即大麦捆计数期,期间的一天,时间为第 33 天,即犹太历以珥月 18 日,介于逾越节和七七节之间。犹太教规定,这一天半志哀期的禁令暂停执行。如果希望,可以在这一天嫁娶。人们往往要在这一天进行庆祝。民间庆祝活动包括第一次为满三岁儿童理发,玩耍象征虹的弓箭,围篝火跳舞等。有关使这一天成为节日的来源有不同说法,其中之一是:犹太人在逃离埃及,来到西奈旷野时,水和粮草都已用完,面临死亡的威胁。就在这紧要关头,出现了神迹,天上降下了吃起来像似蜜制糕饼的吗哪,犹太人终于有了食物。为了纪念这一神迹,人们把吗哪降落的第一日定为拉·巴-奥默节。另一种说法是,一场使

24000 名阿克瓦拉比学生丧生的瘟疫在这一天终于平息下来。在中世纪，拉·巴-奥默节被看成是“学者节”，而今天在以色列被人们看作是“学生节”。犹太教喀巴拉派把这一天当作著名大拉比西缅·本·约亥的忌日。因此，在以色列境内上加利利地区，正统犹太教徒纷纷在这一日前往参谒大拉比西缅·本·约亥墓。

树木新年(Tu Bishvat)

树木新年日期为犹太历细罢特月 15 日(约公历 1—2 月)。这是一个独特的节日，是欢乐自然的节日。犹太人认为过冬后的树木在这一天开始重新生长，自然界在这一天恢复生机。据《塔木德》记载，将这一天定为树木新年是由于以色列地区的冬天的雨季在这一天结束。犹太教认为树木和庄稼果实的命运在这一天定下，因此要在这一日进行祈祷，祈求香橼树枝叶茂盛，以便在住棚节到来时人们可以获得大量欢庆所需的香橼树枝条。犹太人通常要在这一天吃 15 种不同的水果，特别是生长在以色列地区的七种。在吃水果时还要诵读《诗篇》第 104 篇，以表示对自然的赞美。

19 世纪末以来，在巴勒斯坦定居的犹太人特别重视这一节日，把这一天视为犹太民族复兴的象征，视为将沙漠改造成良田的象征。以色列国成立后，又将这天定为植树节，以绿化国家。在这一天，所有以色列人都要到郊外植树。特别是青少年都要参加庆祝植树节的活动。庆祝活动通常由犹太国民基金会的代表主持。人们通过植树，表达要像树木一样在犹太人的国土上扎根的爱国意愿。现在除了植树外，这一天的活动还包括祭扫烈士墓。

新月节(Rosh Hodesh)

按犹太教规定犹太历每月之首为新月节。新月的出现，表示又一个新时期的开始，因而具有强烈的象征意义，对以色列人来说，它象征新生活的开始、改过自新后日子的开始和与上帝重新和好的开始。新月节既是个庄严的日子，更是个喜庆的日子，故这一天不得禁食或哀悼。现代礼仪主要是在此日之前的安息日诵读祝词，歌唱或诵读赞诗篇中涉及新月节的部分。

新增加的纪念日

以色列国建立后，为了纪念一些重要事件，确定了新的纪念日。这些节日主要是在以色列庆祝，它们分别是：

独立日(Independent Day)

独立日即以色列国庆节。根据 1947 年 11 月 29 日联合国大会以超过 2/3 多数票通过的巴勒斯坦分治决议,犹太人全国委员会于 1948 年 5 月 14 日在特拉维夫博物馆举行立国仪式,正式宣布以色列国建立。仪式主要是宣读并签署《独立宣言》。《独立宣言》由大卫·本-古里安宣读。37 名全国委员会委员中有 25 人参加这一庆典,并在《独立宣言》上签名,这一天是犹太民历 5708 年以珥月 5 日(在公历的 4—5 月间)。1949 年以色列议会通过决议,确定犹太民历以珥月 5 日为以色列国独立日。该节日被认为是一个纪念在以色列故土上重建独立的犹太人国家的日子。

独立日是以色列国政治生活中最重要的日子,每年的这一天都要举行大规模群众性庆典。庆典于太阳落山之后在耶路撒冷赫茨尔山上举行,总统、总理、各部部长、著名人士,国防军残废军人、烈军属、新移民代表和各界人士代表参加在赫茨尔墓地举行的庆典开始仪式。仪式由议会议长主持。仪式主要内容是鸣礼炮,礼炮的响数与建国的年数相等。开始,议长要根据古代以色列人通过点燃耶路撒冷篝火向全巴勒斯坦和巴比伦的犹太人宣告新月开始的传统,点燃一堆大篝火,向全国乃至世界各地犹太社团宣告独立日庆典开始;然后,由 12 名国内的优秀人士、新来的移民或外宾点燃 12 堆象征以色列古代 12 支派的小篝火。现代篝火已改用灯光代替,只是在仪式结束前,在会场的一角点燃一堆象征性的篝火。

每年独立日,国家都要向有杰出贡献的科学家、文学家、艺术家颁发国家的最高奖——"以色列国家奖金"。独立日全国放假一天。由于它是节日,不是安息日,可以从事各种庆祝活动,不必遵守安息日的种种规定。如遇民历以珥月 5 日是安息日,独立日的庆祝活动则顺延一天,改在 6 日举行。

大屠杀纪念日(Yom Hashoah/Holocaust Day)

亦称"燔祭节",最初为纪念在第二次世界大战期间 600 万犹太人惨遭纳粹杀害事件而设立的纪念日。日期为犹太历尼散月 27 日。这一日原是第二次世界大战期间华沙犹太隔都犹太人起义遭镇压的日子,当时有多达 56065 名犹太人被杀害。在以色列,全国降半旗,上午鸣汽笛、肃立默哀两分钟,并在大屠杀纪念馆举行悼念活动。许多民众要诵读悼文《卡迪什》。

烈士纪念日(Remembrance Day)

为纪念为以色列建立和保卫以色列安全牺牲的以色列国防军阵亡将士而设立的纪念日。日期为犹太历以珥月 4 日。自以色列建国以来,以色列与周边阿拉伯国家进行了四次战争,无数以色列国防军将士为保卫国家捐躯。在这一天,以色列全国降半旗、鸣汽笛志哀,各烈士陵园点灯,烈士亲友和学生祭扫陵墓表达对阵亡将士的纪念。

耶路撒冷节(Yom Yerushalayim/Jerusalem Day)

耶路撒冷节是庆祝全耶路撒冷统一的纪念日。日期为犹太历以珥月28日(公历4—5月间)。这是1967年"六日战争"后新确定的节日,因而是犹太历上最晚出现的一个节日。以色列拉比院称这一天为感恩节,在这一天要逐句宣读"红海之歌",颂扬上帝击败以色列的敌人。耶路撒冷城内通常要举行盛大庆祝活动。主要庆祝仪式于日落时在西墙前进行。作为序幕,人们要首先点燃18支火炬,以纪念在夺取耶路撒冷战斗中牺牲的战士,随后是感恩仪式,第二天下午还要进行大型群众欢庆,整个活动庄严而欢快。以色列国内的其他犹太人通常以在家中举行欢庆宴席方式度过。尽管节日是在半志哀期期间,然而有关半志哀期的所有禁令都在这一天暂停执行,以示庆祝。

此外,在犹太历上还有一系列的禁食日。禁食日是犹太习俗中为了某种目的暂时停止进食的日子。这虽然不是节日,但作为传统已经成为犹太人的重要习俗,对于守教的犹太教徒来说,禁食日与节日同等重要。禁食日源自斋戒,以表示向上帝忏悔或认罪,或向死者志哀,或因灾祸而志哀。此风俗在《圣经》中有多处记载,主要如:(1) 摩西为以色列人的罪祷告,禁食40昼夜。(2) 大卫曾三次禁食;第一次为扫罗的死而悲哀和禁食,第二次为押尼珥的死而悲哀和禁食,第三次为拔示巴所生的孩子生病而禁食祈祷。以上事件均载于《撒母耳记下》。(3) 先知以利亚从耶洗别手中逃出来后,禁食40昼夜。(4) 亚哈王因遭到雅赫维诅咒而禁食。(5) 波斯大利乌王因担心但以理的命运而禁食。(6) 但以理也两次禁食,第一次当他从耶利米先知的书中得知耶路撒冷必荒芜70年时,便为犹太人的罪恶而禁食祈祷;第二次在他看见上帝的异像后,为此祷告并禁食三个星期。(7) 波斯亚哈随鲁的王后以斯帖因哈曼要杀犹太人而禁食三昼夜。(8) 以斯拉为被掳回归之人所犯的罪悲伤而禁食。(9) 尼希米为耶路撒冷的城墙被拆毁而悲哀、禁食。(10) 尼尼微人听了约拿先知的劝告,便悔改禁食。以上是《旧约》中关于禁食的记载。基督教继承犹太教此项斋戒之礼。《新约》中亦有记载,耶稣与使徒保罗都有过禁食的记录。

犹太历书上的禁食日是在长期历史过程中逐步形成的。由于来源不同,目的不同,具体做法亦有不同之处。一般说来,禁食日只禁食品和饮料,如酒之类,但有的场合下也禁洗涤(指以欢乐为目的的)、禁穿鞋(指以舒适为目的的)、禁涂油(指以宗教为目的的)、禁办喜事、禁同房等。禁食的目的有下列几种:为纪念某一不幸事件;为了忏悔反省;为了实现自我净化;为了抑制人对物质的欲望和弘扬精神力量。尽管《圣经》时代就已出现了禁食日,但当时唯一需要禁食的是赎罪日。

现在犹太历书上注明的禁食日大多产生于以后的年代。这些禁食日按类型分有三类:(1) 与圣殿被毁有关的禁食日,主要有阿布月初九、赎罪日、搭模斯月 17 日纪念耶路撒冷被罗马人攻破导致圣殿被毁日。(2) 与其他犹太历史事件有关的禁食日,主要有提斯利月初三的基大利斋日,亚达月初七的摩西诞辰和逝世纪念日,亚达月 13 日的以斯帖禁食日和西弯月 20 日纪念一系列欧洲犹太人社团被捣毁、消灭事件。(3) 与忏悔有关的禁食日,主要有每个新月节前夕,通称为小赎罪日,忏悔十日开始的前一天,介于哈努卡节和普珥节之间的一些日子,如每逢星期二的日子。正统犹太教徒在这些禁食日中往往要禁食、禁酒,有的还禁浴、禁办婚事等。同时,根据不同禁食日在家或去犹太会堂诵读有关《圣经》章节和祈祷词。

人生礼仪

犹太教要求人的一生在圣洁中度过。遵守上帝的诫命、圣化人生、圣化生活是犹太教对人生的最重要的要求。为此,犹太文化将人的一生中若干可能是平凡的时刻转化为一种礼仪,形成一系列传统,以便人在一生中有机会重申对诫命的遵守,并通过这一系列的礼仪,将每个犹太个人与其家庭联系起来,将每个家庭与其所在的犹太社团联系起来,并最终与整个犹太民族和犹太民族的历史联系起来。

犹太人一生中的重要礼仪主要包括割礼、成年礼、婚礼、葬礼等。这些人生庆典共同组成了一个完整的生命体系。

割　礼

根据犹太教教义,将一个新生命带到世界上被认为是最为神圣之举。因此,为新生儿举行割礼一向被视为是犹太教最重要的庆典仪式之一,是家庭生活的一件大事。所谓行割礼是指用刀割损男子阴茎的包皮。在希伯来语中代表割礼的词是“brit”,是立约的意思。因此,行割礼即代表与上帝立约。行过割礼的新生儿便认为进入了犹太人的行列,成为犹太民族的一员。这样,割礼便在事实上成为犹太人身份的一种认定。

关于割礼的原始意义,存在着多种不同的理解,但比较合理的说法是,割礼是男子最初进入成年的标志。有关希伯来民族割礼的记载最早见于《创世记》。在亚伯拉罕中年以后,上帝为之易名,并与他立约说:“国度从你而立,君王从你而出。”紧接着就出现了有关割礼的记载:“上帝对亚伯拉罕说:你和你的后裔必世世代代遵守我的约。你们所有的男子都要受割礼,这就是我与你并你的后裔所立的约,是你们所当遵守的。你们都要受割礼,这是我与你们立约的证据。你们世世代代的男子,无论是家里生的,是在你后裔之外用银子从外人买来的,生下来第 8 日都要受割礼……这样我的约就立在你们肉体上,作永远的约。但不受割礼的男子,必从民中剪除,因他背了我的约。”这段材料概括了早期以色列民族有关割礼的基本规定和基本思想。其中最重要的即割礼是上帝与亚伯拉罕和其后裔所立的约，所以是非常严格、不可违背的。

其次，割礼是上帝与亚伯拉罕及其后裔立约的证据，是在男人的肉体上为上帝与亚伯拉罕所立之约作证。既然割礼是同上帝与亚伯拉罕之间的“立约”相联系，这“约”的中心是：“我必使你的后裔极其繁多，国度从你而立，君王从你而出”；“我要将你现在寄居的地，就是迦南全地，赐给你和你的后裔，永远为业。”所以对未来犹太教的发展来说，对割礼影响最深刻的就是“祝福”的观念。上帝因亚伯拉罕而祝福其子民与世上万族万国。因此，犹太教规定犹太男子必须行割礼。族长时代以色列民就已行割礼。这一点《创世记》就有记载：当雅各家族从哈兰回到迦南定居后，他们暂时在示剑城支搭帐篷。哈抹的儿子示剑玷污了雅各与利亚所生的女儿底拿。雅各和众子把这件事引为奇耻大辱。但示剑非常贪恋底拿，他向雅各求婚。雅各众子对他说：“我们不能把我们的妹子给一个没有受割礼的人为妻，因为那是我们的羞辱，唯有一件事可以应允：若你们所有的男丁都受割礼和我们一样，我们就把女儿给你们，也娶你们的女儿，我们便与你们同住，两下成为一样的人民。倘若你们不听从我们受割礼，我们就带着妹子走了。”于是全城的人都听从示剑和他的父亲哈抹受了割礼。到了第三天，正当示剑全城男丁疼痛难忍的时候，雅各众子就杀了他们并掳掠全城。这个故事虽然说的是雅各众子以诡计诱杀示剑人，但它也反映了这样一个观念，即雅各家族把割礼看成反映家族身份的标志，所以只要行了割礼，就会成为“一样的民”，这一观念对于未来犹太教和未来的犹太民族史都将产生重大影响。

在埃及期间，希伯来人大部分仍然继续行割礼，但摩西生下来后，就被藏匿在法老的王宫里，所以他未行割礼。后来摩西的妻子西坡拉赶紧为摩西补行割礼。这个记载说明希伯来人在埃及数百年间基本上遵循了行割礼这一上帝与亚伯拉罕所立的“约”。犹太人出埃及在旷野游荡期间，曾一度放弃这种风俗，进入迦南后，又恢复行割礼。其后此种仪式愈来愈严格化、规范化、制度化。到了公元前后已成为犹太教和犹太人最显著的标志。割礼因此成为犹太文化生活中的一个重要组成部分。按照习俗，割礼在儿子出生后的第 8 天举行。这一日子不可更改，即便是安息日也照常举行。唯一可以不在第 8 日举行的例外是孩子的身体状况不允许。当举行割礼时，通常要邀请亲朋好友到场，以示欢庆。割礼手术最初由婴儿的父亲来施行，后来，逐渐由受过专门训练的行割礼者代替。现在，在以色列，由官方指定的专职行割礼师来做。仪式进行时，婴儿由教父抱住，坐在一张被叫做“以利亚”的椅子中，婴儿的父亲吟诵一段特别的祈祷词：“赞美你，我们的上帝，宇宙的主宰。你用圣谕使我们圣洁，你命令我们的孩子入我先人亚伯拉罕的约。”手术后，行割礼人举起一杯酒吟诵祈祷词，并当众第一次宣布孩子的名字。在场的亲朋好友以祷词“他立了约，因此进入了《托拉》，进入婚姻的许可范围”表示祝贺。

根据犹太教的规定，皈依犹太教的男子也要在入教时施割礼，以示与上帝立约,同时,标志犹太人身份的获得。

由于女婴因生理结构的原因,不存在需要行割礼的问题。不过,犹太会堂通常会在女婴出生后数周的一个安息日举行宣布其希伯来名的简短庆祝仪式,以示其犹太人身份。

成 年 礼

成年礼被认为是人生中第二个重要时刻,是庆祝一个人从青少年步入成年人行列的庆典礼仪活动。在希伯来语中,成年礼使用的词是"Bar Mitzvah"①,直译为"诫命之子",其真正的涵义是"大到能够承担诫命的年龄"。根据犹太文化传统,犹太男子年满13周岁后就必须遵守犹太教的613条诫命。据此,亦有人将其称为"受诫礼"。成年礼通常在犹太男孩满13周岁时举行。典礼之后,该男孩便被当作成人看待,可以加入成年教徒行列。根据犹太教规定,必须有至少10名成年男子才能自行组成教会,举行公共祈祷活动。行过此礼的男孩即可以以成年男子身份计入此数。

成年礼并非古老习俗,大约到14世纪才开始逐渐形成今天通行的礼仪。然而,这一习俗被认为来源于犹太经典《密西拿》,因为《密西拿》指出:满13岁零1天男孩所作的誓词具有法律效力,年满13岁的青年可以成为犹太教法庭的一名成员,还可以从事某些商品的交换。《密西拿》还在另一个场合指出"13岁始受诫命"。这样13岁便被认为是一个人达到精神、道德、宗教成熟阶段的年龄。

成年礼的庆祝仪式一般安排在受礼人满13周岁后的某个安息日在犹太会堂内举行。在庆祝仪式上,拉比要为受礼人进行一次特别布道,着重阐明受礼人今后应承担的责任,尤其是对他的家庭和对犹太人社会的责任。同时;还要求受礼人终身遵守《托拉》的诫命,把律法知识向子孙传授。受礼人要在庆典上登上诵经坛,用希伯来语诵读《圣经》中有关章节,随后发表成年礼讲演,誓言自己将终身遵照犹太教教义生活,献身《托拉》,并对父母的养育之恩表示特别感谢。成年礼的举行象征受礼人已经成年,并当众表明他具有了作为这个犹太人团体的一名正式成员的新身份。

需要指出的是,成年礼并不像许多其他民族也举行的类似活动,如在某一个场所举行成年宣誓仪式,而是一个受礼人系统接受犹太教教育的过程,受礼人要在庆典前相当长的时间(通常至少1—2年)内为此做各项准备,每周定期进行犹太文化方面的学习,包括对《圣经》的研读、对诫命的了解和准备讲演。

由于犹太人父母负有教育子女、把孩子领入对《托拉》的学习、将犹太人的传统传给下一代的义务,因此,成年礼对受礼人的父母亲也很有意义,它的举行意味着

① 该词用于男孩的成年礼,为女孩举行的成年礼使用"Bat Mitzvah"(诫命之女)一词。

受礼人的父母完成了对子女应尽的教育义务，完成了对犹太民族的一项义务，同时也还是犹太社团对受礼人父母实现了自己对犹太民族允诺(要教育子女)的一种确认，是做父母可以引以为荣的一次庆典活动。这样，成年礼成为犹太人家庭生活中的一件大事。庆祝仪式像婚礼一样受到重视。事先要向所有亲朋好友发出正式邀请。庆祝仪式后还要设宴款待亲友。所有客人都会在这时向受礼人赠送礼物，以示最美好的祝愿。根据传统，受礼人的父亲要在这一日向受礼人赠送犹太祈祷披巾一条，并诵读祈祷词“赞美上帝从今解除我对这个人之义务”。祈祷披巾象征受礼人今后肩负的宗教义务。这一祈祷披巾通常在拥有者逝世时伴随拥有者一同下葬。而该祈祷词则表明，做父母的从此不再对受礼人的罪负有责任，受礼人必须对自己的言行负完全的责任。

成年礼的思想还包含着责任和义务。孩子在未满 13 岁时对诫命的遵守是非强制性的，但是一达到 13 岁，对诫命的遵守便成为具有强制意味的义务。《塔木德》教导说：“在有规定的情况下做某件事要比在没有规定情况下去做要好得多。”成年礼实际上还将受礼人与犹太族长与上帝立的约联系了起来，与所有满 13 岁的犹太人与上帝立的约联系了起来，因此是神圣的，是值得庆贺的。

历史上，成年礼只为男孩举行，因为根据犹太教传统，宗教的义务主要由男子承担。随着男女平等思想的普及和深入，除极端正统派外，其他犹太教派的会堂都开始为年满 12 周岁的犹太女子举行成年礼仪式。使成年礼成为所有犹太男女接受犹太教传统教育和庆祝跨入成年行列的一种过程和礼仪。

婚　礼

犹太婚姻是犹太男女的家庭结合，这种结合以男女相互之间、对这种结合的子女以及婚姻状态中双方财产的权利和义务为前提。

犹太教把婚姻看作人最自愿的状态，把它视为上帝在造物时所创造的社会群合。按照《圣经》，婚姻的目的，一是男女互助，《创世记》第 2 章第 18 节说：“雅赫维上帝说，那人独居不好，我要为他造一个配偶帮助他。”二是性亲近，《创世记》第 2 章第 24 节说：“人要离开父母，与妻子连合，二人成为一体。”三是延续和繁衍人种。虽然《圣经》时代在上层社会中也流行一夫多妻制，但是许多地方提到一个妻子，可见一夫一妻制仍然是婚姻的基本形式。在先知书中屡次可以见到把上帝和以色列(或者耶路撒冷)的关系，同新郎和新娘之间的关系或者丈夫和妻子之间的关系做比喻性比较，这也以一夫一妻制为基础，因此只有这种婚姻才类似于上帝和唯一选民的联系。

可以认为，在《圣经》时期结婚就举行某种仪式。不过《圣经》没有描述它，仅仅是顺便提到它，然而，根据这些内容可以知道，结婚通常举办人数众多的筵席，这种筵席要延续七天，婚礼上要唱喜歌。显然，结婚仪式的一部分是展示新娘新婚之夜穿的带有血迹的内衣,以证明她是作为处女结婚的,在某些东方犹太地区中,这种习俗一直流传至今。

在《塔木德》时期形成的结婚规范,基本上到现在仍然有效。当着两位证人的面,未婚夫把钱或者钱的等价物(现在通常是平滑的戒指)交给未婚妻,在以戒指表示订婚的时候说:"按照摩西和以色列律法,这只戒指使你许给了我。"交钱或者戴戒指表示未婚夫愿意娶未婚妻,而收钱或者戒指表示未婚妻同意做他的妻子。

接着,当着证人的面,未婚夫交给未婚妻婚书,除了双方的姓名和其他资料外,上面还写有:"按照摩西和以色列律法,这份婚书使你许给我。"并把女人领到单独的房间。从此,同居使他们成为夫妻。

上面为结婚规范的第一部分,它由财礼、婚书和同居三个环节组成。第二部分是,当着证人的面,新娘在华盖下由众人带到新郎面前,以便按照摩西和以色列律法结婚。

后《塔木德》时期(不迟于12世纪初)婚礼仪式发展中最重要的变化是,把结婚规范的两部分结合成同时举行的一种仪式。这种结合的原因在于,在婚礼规范的这两部分之间,青年男女禁止同居,但是必须履行家庭生活的所有规范。

磁盘上绘制的犹太婚礼图(1769年,英格兰)

现在,婚礼可以在任何地方举行。在许多犹太社区中,特别是塞法迪和东方社团中,在犹太会堂举行婚礼。婚礼也往往在然后举行婚宴的厅里操办。在某些犹太人中(在正统犹太人和哈西德派中,而在以色列常常在整个阿什肯纳兹犹太人中),婚礼在露天举行。除了安息日、节日和其他一些日子外,任何一天都适宜结婚。在举行结婚仪式以前的一整天中,新郎和新娘应斋戒(如果婚礼不是在禁止斋戒的日子,比如犹太历每月第一天举行的话)。对新郎和新娘的着装没有特殊规定。在许多东方犹太社团中,新娘穿有大量刺绣和装饰的专门的婚礼服。在某些阿什肯纳兹正统犹太人中,新郎着白装。

婚礼本身按下列程序进行:一开始是写婚书。婚书通常是现成的(往往是印刷的),只要填上倘若离婚时丈夫必须付给妻子的钱数。然后,新郎从主持仪式的拉比手中接过某种有纪念意义的物品,通常是手帕,把它举起来并还给拉比。接着,证人签署婚书。参加婚礼者陪同新郎来到新娘等他的地方。他揭下新娘的头纱,这时候拉比说祝福的话,这句话就是《创世记》中利百加说过的:"我们的妹子啊,愿你做千万人的母。"接着,新郎新娘的父亲(如果新郎或新娘没有父亲,则由亲友中的某个男性)带领新郎走到华盖下面,新郎面对耶路撒冷方向站立(如果在耶路撒冷，则面对圣殿方向站立)。新娘则由手持点燃的蜡烛的新郎新娘的母亲(如果新郎或新娘的母亲去世了，则由亲属中的某位女性担任她的角色)引到华盖下。如果没有华盖(它象征新郎的会幕，古代新娘就被带到那里去)，则由两个或者四个男人支撑起布幔。当新娘被带到华盖下面时，拉比向新郎新娘祝福。

新郎的父亲把一杯葡萄酒递给新郎，他稍稍饮一点；新娘的母亲则把一杯葡萄酒递给新娘，她也啜一点。在许多社区中，由拉比把酒杯递给新郎新娘。新郎把戒指戴在新娘右手的食指上，并说："按照摩西和以色列律法，这只戒指使你许给我。"接着，拉比或者某位尊贵的宾客诵读婚书。在许多社区中，读阿拉米语原文时，把它的基本内容译成社区口语。在以色列往往简略地译成希伯来语。然后，新娘的父亲让新郎把杯中的酒喝完，新郎的母亲也让新娘把杯中的酒喝完。在许多社区中，新郎用右脚踢碎酒杯，象征不忘耶路撒冷圣殿被毁一事。在这之后，新婚者被带到单独的房间，他们在那里多半只呆几分钟，并在斋戒后首次进食。结婚仪式至此结束，然后婚宴开始。

葬　礼

葬礼被认为是象征人生终结的一个礼仪。犹太人的葬礼尊重一切从简、迅速下葬的习俗。但一般不准在安息日、赎罪日和节日举行。《圣经》所说的"你本是尘土，仍要归于尘土"(《创世记》第 3 章 19 节)决定了埋葬是犹太人安葬死者的传统方式。葬礼上不举行任何献祭，不摆放任何贡品，只举行祈祷和诵读《卡迪什》(可视为犹太安魂曲)活动。死者只由裹尸布包缠，在死后一两天内下葬。对被处死的也有不能在刑柱上过夜的规定。

传统犹太墓地及葬礼图

下葬前，犹太人要在犹太会堂中举行一次纪念仪式，然后护送死者去墓地安葬。下葬后，死者家属要在家守丧(称守息瓦)一周，至亲好友往往在此期间上门，作为对死者的哀悼和对死者亲属的慰问。

守息瓦的习俗由古代哀悼礼仪演变而来，主要表达对刚刚去世家人(父、母、夫、妻、子、女、兄、弟、姐、妹)的哀悼。息瓦的时限在死者下葬后开始起算,共七天。息瓦期间,家中所有的镜子都要用布遮盖(象征一切皆空)。死者家属要穿上领口或胸前挂有一黑布条的衣服(象征悲痛),不能穿皮鞋,只能穿布鞋,不能坐在椅中,只能坐在矮凳或地面上。息瓦在死者家里进行,家人因此必须呆在家中,不动手做事情,包括烧饭和研读《托拉》在内,只诵读《卡迪什》和其他哀悼祈祷。一切接待事宜由朋友邻居安排。亲朋好友往往在此期间登门拜访,表示对死者的哀悼和对死者家属的慰问。人们的谈话只限于对死者的赞扬。亲友前来吊唁,男子如满 10 人即可在死者家中举行正式祈祷,否则,只进行个别祈祷。死者家族在此时既不与客人寒暄问候,也不对来访表示感谢,以示他们完全沉浸在悲痛和对已故亲人的怀念之中。

七天息瓦期间的饭菜通常由至亲好友安排准备。从葬礼上回来的第一顿饭往往由邻居准备,饭菜中总会有煮鸡蛋,以象征未亡人的生活还须继续下去。悼念者前往时亦会带上一些糕点、水果及其他食品。

为防止亲人过于悲伤,《塔木德》规定息瓦的前三天可以流泪哭泣,从第四天起只能追思死者的功德,进行颂述死者善行的活动。息瓦最后一天的清晨,要举行结束息瓦期仪式。死者家属以手挽手的方式绕自己的住所一圈,表示息瓦期结束。随后,家人可以开始正常生活。据传统,丧期内安息日不守丧,逢重大宗教节日丧期即终止。

犹太民族十分重视"葬回故土",即死后安葬在以色列故土,随着犹太人在世界各地流散,"葬回故土"实际上已不可能,但许多宗教观念强烈的犹太人随身携一小袋来自锡安的泥土,并以在死后与其一道下葬的方式象征"葬于故土"这一习俗。

在亲人逝世的第一年,家人每一天都要在清晨为其诵读《卡迪什》(改革派通常是每周一次),通常是到犹太会堂,以表示对他的哀思。在这一年,亡者家人还要避开举办喜庆和娱乐活动。根据犹太习俗,通常在下葬 11 个月前后在墓地举行纪念聚会,献祭墓碑。由于犹太教不主张以生命祭扫生命,故犹太人扫墓时不献花圈或鲜花,而是用无生命的物体,如小石子之类代替,表达哀思。在这以后,主要是每年在死者的忌日为死者点燃悼念灯和诵读《卡迪什》。

犹太人不用火葬,他们把焚尸看成一种极其残暴的行为,认为只有声名狼藉的罪犯和死敌,才应受这种惩罚。暴尸荒野也被视为上帝对死者的最严重诅咒。

文化礼仪用品

犹太民族有一系列颇具特色的文化礼仪用品,在日常生活,特别是宗教生活中使用。这些用品中的绝大多数是作为犹太教礼仪上使用的物品,因此被认为是犹太教宗教活动的必备用品。由于这些用品主要为犹太人使用,往往反映犹太文化的特色,并在事实上成为犹太文化有形部分的象征。

约柜(Ark)

犹太教圣物。它有两重涵义。最初特指置放法版的木柜。据《圣经》记载，约柜是一只装饰华丽的镀金木柜，内存刻有上帝与西摩在西奈山所定之约的两块法板，亦被叫做“上帝的约柜”。它是以色列人与上帝特殊关系的象征。在以色列人漂流旷野时期，约柜没有固定的存放地点，由利未人抬运。根据犹太传说，在以色列人与其他民族冲突中，约柜曾屡屡显灵，帮助以色列人夺取城池，战胜对手，因而被以色列人视为犹如护身符一类的圣物，十分珍视爱惜。据记载，以色列人占据迦南后，约柜曾安放在示剑和示罗，大卫王登基后，以隆重仪式将约柜迎进耶路撒冷。所罗门王在圣殿建成后下令将约柜请进圣殿存放。由于圣殿被毁，该约柜的最后下落不明。

目前约柜通指犹太会堂中专门存放《托拉》经卷的橱柜。约柜装饰华丽，通常安置在一座高台上，有台阶可通，在举行宗教仪式时可以登上打开约柜的门。会众在犹太会堂中祈祷时都面向约柜。为了遵守犹太教中有关祈祷必须朝着圣城耶路撒冷方向的规定，约柜的安置方向十分讲究，必须保证会众祈祷的方向与耶路撒冷一致。约柜象征耶路撒冷圣殿中的至圣所，是整个会堂中最神圣的地方，平时不得随意开启，并有帘幕保护。

法版(Tablets of the Covenant)

犹太教圣物，指两块刻有十条诫命的石版。据《圣经》载：摩西在带领犹太人逃离埃及后，曾登上西奈山，与上帝“面对面”交流40昼夜，上帝向摩西传达了以色列人当遵行的各种诫命、律例。最后，把两块法版交给他。相传，这是上帝用指头写下包括十诫内容的石版。谁知，等候在西奈山脚下的以色列会众见摩西迟迟不下山，敦促摩西的兄弟亚伦铸了一只金牛犊，作为继续引导会众前进的神像。当拿着这两块法版的摩西下山时，看见以色列会众竟围着金牛犊歌舞、狂喊，非常愤怒和失望，便把手中的法版扔到山下摔碎了。此后，上帝要惩罚以色列人，摩西为此向上帝恳求赦免。上帝于是吩咐摩西另外凿出两块新石版，和先前的一样，摩西又在西奈山上待了40昼夜，上帝把十条诫命重新写在石版上。约柜造成后，法版被置于约柜中，约柜和其内的法版就成为犹太教最神圣的圣物，法版成为上帝与以色列民立约的象征。该法版的最后下落不明。

目前，犹太会堂使用的法版主要是一种装饰，上面通常用希伯来文刻有摩西十诫的主要内容，或缩写，置于约柜的上方，并以此晓谕会众。

《托拉》经卷(Torah Scroll)

记录犹太教经典《托拉》(即《摩西五经》)全文的羊皮卷，是犹太会堂的圣物和必备的礼仪用品。根据犹太教传统,《托拉》经卷必须使用方体希伯来文、以手工方式抄录在248片羊皮上,不得刻版印刷。犹太教对《托拉》经卷的抄写规定十分严格,如整部经卷抄写上不能有任何错误;在抄写时必须先念出每个要抄写的词,然后才能落笔;书写的方式必须与古代习俗保持一致等。因此,只有具有丰富犹太教知识和经过专门训练的专职抄写员(称为"文士")才能胜任此事。

19世纪制作的《托拉》经卷。
左面来自印度,右面来自伊朗。

对使用的书写材料犹太教也有严格规定,如使用的羊皮必须来自犹太教认为是圣洁的羊,即无灾无疾,经过拈阄的公羊身上。同时,这些羊的宰杀方式和皮子的制作过程必须符合犹太教的有关规定,否则便被视为不洁,不能使用。抄写用笔必须由犹太教认为洁净的飞禽身上的羽毛制成。书写用的黑色墨水也必须是从植物里提炼出来的,严禁用非植物原料代替。248片羊皮抄录完毕后,要按规定缝制,两端固定在两根手轴上,卷成经卷。《托拉》经卷的存放方式分塞法迪传统和阿什肯纳兹传统。塞法迪传统是将《托拉》经卷置放在一只特制的经卷盒中;而阿什肯纳兹传统是将经卷用丝绸或法兰绒带束在一起,再由绣有双狮和十诫法版图案的经卷套套住。《托拉》经卷若因时间或其他原因受损不能使用时,只能埋葬,而不能用其他方式处理销毁。

捐赠《托拉》经卷被认为是一种崇高的善举。

指经标(Yad)

犹太教礼仪用品,主要用于诵读《托拉》经卷时指点字句。为了保持写有《托拉》的羊皮经卷的圣洁,犹太拉比禁止人们在诵读时用手直接触及经卷,故以指经标代替人的手指,指点所读字句。此外,为了表示敬意,拉比告诫人们不得将经卷"孤零零"地置于一处。于是,人们习惯在《托拉》经卷上附一指经标作为"伴物",一般挂在经卷的链上。指经标第一次作为一种特殊的礼仪物品被提及是在1570年。指经标通常做成手臂状,顶端如食指指物。所用的材料是银、木或其他金属。随着时间的推移,指经标成为一种艺术品,上面可镶有宝石,或配有手链等。在它的柄上常常刻有切合诵读《托拉》场合的诗句。不过,根据塞法迪传统,人们习惯用布头或祈祷披巾的穗指点羊皮经卷的字句,而不使用指经标。

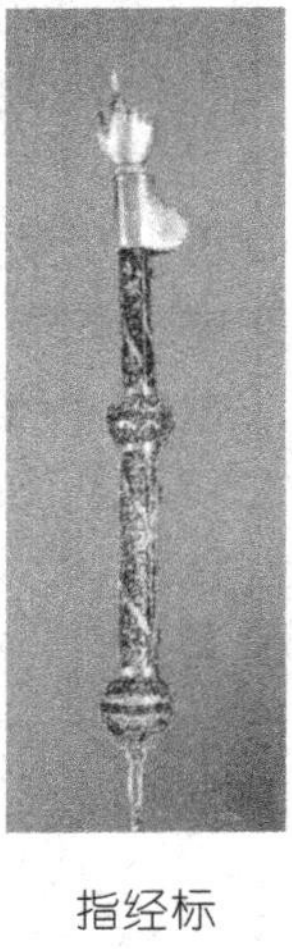

指经标

多枝灯台(Menorah)

犹太教礼用品,主要分为七枝和九枝两种。

七枝灯台 据《圣经·出埃及记》第37章记载,第一座七枝灯台由以色列工匠艺人比撒列用黄金锤打而成。灯台有七支灯盏,两边各三支对称,中央一支略高于两边的六支。据认为,七支灯盏代表一周七天,其中六支象征上帝创造天地的六天,中央略高出的一支象征安息日。该灯台原为圣幕所作,后成为耶路撒冷圣殿中的圣器。公元70年罗马统帅提图斯占领耶路撒冷,圣殿的圣器被抢劫一空,其中包括这座金七枝灯台。该七枝灯台目前下落不明。但在罗马广场的提图斯凯旋门上,在古钱币上,在犹太人的古墓和墓碑上,在犹太古会堂的马赛克拼镶地面上仍可看到七枝灯台的样式。圣殿被毁后,七枝灯台在犹太会堂中得到使用。早先的七枝灯台使用灯油(一种特制的橄榄油),18世纪开始使用蜡烛,故亦有人称之为七枝烛台。七枝灯台图案自古以来就是犹太教的徽号。以色列国建立后,七枝灯台图案又成为以色列国家的徽号。在耶路撒冷以色列议会大厦前耸立着一座三米多高的铜制七枝灯台。该灯台系英国议会赠送给以色列国的礼物。目前,七枝灯台主要在犹太会堂作为一种装饰物使用。

九枝灯台 主要是庆祝哈努卡节的礼仪用品。传统形状与七枝灯台类似,但有九支灯盏。其中一支较高,供点燃其他八支灯盏使用。每逢哈努卡节来临时,犹太人家和犹太会堂通常都要点燃九枝灯台。除了较高一支外,第1日点燃一支,以后每天增加一支,第8天时全部点燃。现已成为犹太艺术品,样式变化千差万别。

矗立在以色列国会大厦前的七枝灯台

安息日烛台(Shabbat candle)

专门供安息日使用的蜡烛台。根据犹太教教义，犹太人在安息日到来时要点燃两支蜡烛，一支代表记住安息日，另一支代表守安息日，以感谢上帝带来神圣和欢乐的气氛。安息日烛台通常由家庭主妇在安息日到来前点燃。犹太教改革派等的犹太会堂在安息日庆祝的仪式上也会点燃安息日烛台，被请去点烛台的女子通常是一种荣耀。

门柱圣卷(Mezuzah)

犹太教礼仪用品，犹太人在门框上挂放的经文楣铭。它的原义指一小幅上面抄录两段经文的特制羊皮纸卷，现通常指代包括置放该羊皮纸卷的小匣。两段经文为《圣经・申命记》第6章4至9节和第11章13至21节。第一段的前两句为："以色列啊，你要听，阿东乃我们的上帝是独一的主。你要尽心，尽性，尽力爱阿东乃你的上帝。"表达了希望以色列真诚爱戴上帝的愿望。第二段表达爱上帝的人必得善报，而背离上帝的人必遭受惩罚的观念。两段经文必须采用希伯来语，用特殊的书写方法抄录。在抄录过程中，不能有错，不能涂改。抄录好的羊皮纸卷经过祝福或叠成褶，或卷成束，置于金属、木质或玻璃匣中，然后将其斜挂在门框的右侧。正统犹太教徒在进出门时都要用手触及门柱圣卷，然后，吻一下该手，以表达不忘对上帝的信仰和对戒律的遵守。

离家前触摸自家门柱上的门柱圣卷的犹太人

在流亡期间，犹太人经常把门柱圣卷挂在室内，而不是挂在大门外，以避免遭到迫害。在以色列，所有国家机关、所有房间和住宅的门上都挂有门柱圣卷。犹太教对安装门柱圣卷有特殊的规定，通常要举行仪式，并定期进行检查，看其是否因为时间的流逝而受损。受损的要及时更换。它现已成为犹太人用房的一种标记。

无边圆帽(Yarmalke/Kippot)

犹太教礼仪用品。犹太男子在进行宗教活动时,须戴用此帽,遮住头顶,以示对上帝的敬畏。犹太人使用的无边圆帽只遮住头顶的一部分,而不是将整个头遮住,颜色为兰、白、黑等。正统犹太教徒整天戴着,大部分犹太人则主要在犹太会堂里戴用。犹太教改革派曾一度废止戴用,但现在多已恢复使用。无边圆帽通常成为犹太人的一种象征,戴用此帽已成了保持犹太人宗教信仰和犹太人身份的一种标志。在犹太圣地或宗教场所访问的非犹太人也通常出于对犹太教和犹太人习俗的尊重而佩戴此帽。

长明灯(Eternal Light)

犹太教礼仪用品,犹太会堂中使用的永不熄灭的油灯。该习俗来自《圣经》中对犹太人的一项诫命:“把点灯用的清橄榄油拿来,使灯常常点着。”并要以此作为“世世代代永远的定例”。犹太人在荒野中游荡期间,长明灯一直置于会幕中约柜的幔子外,由亚伦及其儿子负责照料。考虑到犹太会堂中七枝灯台的位置,长明灯最早置于犹太会堂约柜对面西墙特设的壁龛中,稍后,移到置放约柜的同一面墙前。最后,悬挂在约柜前。今犹太会堂中的长明灯均以此作为置放的正式位置。在东欧一些木结构犹太会堂中,长明灯通常置于特制的石头壁龛中,以防火灾的发生。

犹太传统规定,长明灯必须使用特制的清洁橄榄油。向犹太会堂捐献灯油或支付这笔费用的举动一直被视为一种善举、一种功德。捐献人的名单会在安息日早祷中被提及。

现在,燃油的长明灯多由电灯取代。悬挂长明灯用的吊链用特种金属制成。有的还做成橄榄枝叶状,象征和平。长明灯与约柜、法版、七枝灯台一样,是犹太会堂中不可缺少的礼仪用品。

大卫盾(Mogen David/Star of David)

又称大卫星,犹太人的徽号和犹太教通用,由两个等边三角形组成的六角星。在犹太会堂建筑上,在犹太人墓碑上,都可以见到。具体来历不详。相传为古代希伯来王国创立者大卫王所用的盾牌,不过,在犹太人的《圣经》和《塔木德》中均无记载。大卫盾最早出现于13世纪,中世纪为神秘主义者广泛采用,用来解释神秘主义观点。17世纪后,成为犹太人社团的正式徽号和犹太教通用标记。1897年第一届犹太复国主义者代表大会将其使用在会旗上,在以色列国成立后,成为以色列国国旗上的中心图案。在犹太教崇拜仪式中,大卫盾象征上帝的保佑。哲学家罗森兹维格认为,大卫盾中的一个三角象征上帝、世界和人,另一个三角象征创世、天启和救赎。第二次世界大战期间,纳粹分子强令犹太人佩戴印有大卫盾图案的黄色布条,以示对犹太民族的侮辱,因此,大卫盾又成了英烈殉教的象征。

19 世纪以来,大卫盾开始出现在犹太会堂的建筑物上,和法版一道成为犹太人的突出标记。

羊角号(Shofar)

犹太教礼仪用品,由公山羊角制成,用于重要的公共和宗教活动。它使人们想起亚伯拉罕接受上帝考验要杀儿祭主的故事,象征着犹太民族对上帝的顺从和虔敬。犹太教义认为,号声具有报警、敬畏和欢庆之意,因此只有在特殊场合下才能吹响羊角号。

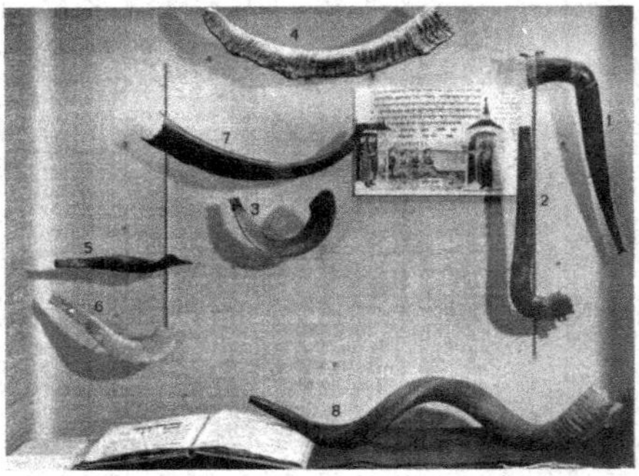
各式各样的羊角号

在《圣经》时代,羊角号声宣布安息日和新月节到来。传统上,在庆祝犹太新年的特别仪式上,要在圣殿三次吹响羊角号,第一次提醒人们上帝是世界之主宰;第二次重申上帝是世界的主审官,是人的主审官,是所有民族的主审官;第三次号召人们要相信上帝,敬畏上帝,回到上帝身边。吹角的人必须清白,富于献身精神。号声分长音、短音、连续音等,各具象征意义。圣殿被毁后,犹太新年吹响羊角号习俗移至犹太会堂,象征犹太会堂是圣殿的替代物。

传统上以色列的新国王受膏(相当于国王的加冕)仪式上要吹响羊角号。今日以色列国总统宣誓就职时仍沿用此习,吹响羊角号。

现在,羊角号不仅是犹太教的宗教礼仪用品,而且已经成为犹太民族的象征之一。

祈祷披巾(Tallit)

犹太教礼仪用品,用于祈祷。祈祷披巾呈长方形,长度为 150 厘米,宽度为 115 厘米,两边留有流苏,四角各有一小孔,穿孔而过的是带结的绳穗。披巾通常由白色亚麻布织成,两端有若干条蓝色或黑色条纹横贯。披巾的设计具有象征意义,流苏、绳穗和绳上的结代表犹太教的 613 条戒律(其中流苏代表 600,四条绳穗代表 8,绳上的结代表 5),蓝色或黑色的条纹象征犹太人对圣殿被毁一事的哀悼。现代以色列国国旗由此演变而来。

犹太教规定男性犹太人必须披戴祈祷披巾，以时时提醒犹太人与上帝订立的约和承担的义务。一度，祈祷披巾做成长袍和斗篷状作为衣服穿在身上。在犹太人流散期间，为避免遭受异教迫害，犹太拉比决定只要在犹太会堂和家中举行宗教仪式时使用即可，不必整日披戴。一般犹太人在祈祷时只将此巾披在肩上，而正统犹太教徒则把它顶在头上，用它同时覆盖头部、颈部和双肩。

祈祷披巾是犹太人的重要礼仪用品。它不仅是父亲在儿子举行成年礼时必送给儿子的礼物，新娘在结婚时送给新郎的结婚礼物，而且是犹太人死后入殓的随葬品，与死者一同入土下葬。

四角巾(Arba Kanfot)

犹太教礼仪用品，又称小披巾。四角巾基本形状与犹太人所使用的祈祷披巾相仿，基色为白色，但有蓝色或黑色条贯穿其中，呈长方形，四角带穗。与祈祷披巾不同的是，尺寸较小，且留有领口，可着于衬衣之内。它很可能是在受迫害期间设计出来的，使用四角巾既满足犹太教有关规定，又不过分引人注目，与正常的祈祷披巾有异曲同工之妙。一般犹太人只是在举行宗教仪式时使用，正统犹太教徒(男性)则往往终日穿戴。穿戴应将四角的穗露在衣外。

经匣(Teffilin)

犹太教礼仪用品，祈祷时使用。经匣由两只约 2 英寸见方黑色皮盒以及两根与皮盒相连的黑色皮带组成，均须用“洁净”动物的皮制成。两只方盒中，一只不分格，一只隔成四小格，每格中都放有一条写有一段经文的特制羊皮纸。经文的内容来自《圣经》的《出埃及记》(第 13 章 1—10 节；第 13 章 11—16 节)和《申命记》(第 6 章 4—9 节；第 11 章 13—21 节)，经文用希伯来文，经特殊书写方式抄录在羊皮纸上。据《圣经》有关章节规定，犹太男子在行过成年礼之后均应佩戴经匣以表示对上帝的敬意和对戒律的遵守。佩戴经匣的规定来自《圣经》有关规定。佩戴经匣程序有相当严格规定(16 世纪一法典曾列出 160 条应遵守的事项)。佩戴经匣时必须站立。那只不分格的方盒置于左臂肘的内侧，盒面朝着心脏方向，方盒由与之相连的皮带固定，皮带先要在左小臂上绕七圈，然后还要在手掌上绕三圈，组成一个代表上帝的希伯来字母，最后绕在中指上。另一只方盒置于前额中央，一般在发线之上，由与之相连

佩戴经匣图

的皮带在头的后部打结固定,皮带的剩余部分经两肩放至胸前。这一佩戴程序是为了使教徒在祈祷前排除杂念,专心祈祷。

根据犹太教规定,除安息日和节日以外,必须在每日晨祷时佩戴经匣。现在,大多数犹太人已不再佩戴经匣,只有正统犹太教徒还严格遵守这一古老的规定。

香坛(Spicebox)

犹太教礼仪用品,一种内存香料,主要用在庆祝安息日结束仪式上的小型容器。犹太教规定,安息日结束时应举行一种特别告别仪式。人们在仪式上要一边诵读安息日的特别祝祷,一边相互传递香坛,并在传递过程中依次闻吸一下其中的香味。有关文献表明,犹太人早在12世纪就已开始形成了在安息日结束仪式上传递香坛的习俗。由于人们爱在香坛中装入爱神木香料,香坛亦被称为"爱神木盒"。目前,保存下来最早的香坛产于16世纪的德国,是用白银打制而成,形状呈塔形。鉴于犹太经典《哈拉哈》中没有对香坛的形状做出任何规定,犹太工匠可以发挥自己的想像,把香坛做成各种形状。事实上,不同时代和不同地区的犹太人所使用的香坛无论是在形状上、质地上、还是制作技艺上都有所不同。形状有塔形、水果形、鱼形、花形等;质地有木质、银质、铜质等。制作更是千差万别,有打制、有雕刻,更多的是在上面添加各种装饰物,如尖顶、围栏、小旗、铃铛等。不过,最为流行的仍为木质塔形香坛。犹太人外出时如手头没有香坛,可用认为合适的其他物品如香橼、柑橘等能发出芳香的水果临时代替。

卢拉夫束(Lulav)

一种由四种植物枝条扎成的枝条束,用于住棚节的庆典。来源于《圣经·利未记》上的记载。《利未记》第23章第40节是这样说的:第一日要拿美好树上的果子和棕树上的枝子,与茂密树的枝条,并河旁的柳枝,在耶和华你们的上帝面前欢乐七天。后来的犹太圣贤经过仔细研究认定:所谓"美好树上的果子",为香橼树;"棕树上的枝子",为棕榈树,"茂密树上的枝条",为桃金娘树;"河旁的柳枝",为柳树。用这四种树枝扎成的枝条束在第二圣殿被毁后成为犹太人的礼仪用品。每逢住棚节,人们都要手持卢拉夫束进行卢拉夫仪式,以象征犹太民族和圣殿之间的联系。

悼念灯(Memorial Light)

犹太教礼仪用品,为哀悼已故亲友而点用的一盏灯。《圣经》上就有:"人的灵是上帝的灯"一说。然而,这一习俗的真正起源却在中世纪的德国,由生活在那里的犹太人率先使用，随后很快为其他犹太社团所接受，成为今日的一种习俗。根据有关规定，使用悼念灯的主要场合是：死者家属坐息瓦期间；父母或其他关系亲近的亲属的忌辰（以犹太历为准）；赎罪日前夕。

悼念灯由特制的蜡烛做成，通常放在玻璃或金属容器中，至少能连续点燃 24 小时。目前，在部分犹太会堂或老年人家中，蜡烛制成的悼念灯已由电灯代替，以防止火灾或对会堂的污染。悼念灯可以在家中点燃，也可在犹太会堂中点燃。在点燃时，一般要同时诵读特别悼念祝祷。

在以色列国，为纪念第二次世界大战期间被屠杀的 600 万犹太人和在战场上为国捐躯的将士，悼念灯点燃次数已有所增加，通常要在大屠杀纪念日和烈士纪念日点燃悼念灯。

诵经坛（Bimah）

犹太会堂中设置的供诵读经文的讲台。诵经坛通常是一木制高台，上置供放《托拉》经卷用的诵经案一张，主要供拉比诵读《托拉》、祈祷、布道、主持宗教仪式使用，是犹太会堂举行各项活动的中心场所。犹太新年时，羊角号也在诵经坛上吹响。

据认为，早在公元前 5 世纪，诵经坛就开始出现。《密西拿》中有犹太人在第二圣殿时期使用这一讲台的记录。《塔木德》也提到了在亚历山大底城大犹太会堂中央设置有一木制高台的情况。犹太教对诵经坛的形状和风格无统一规定，不同犹太社团往往会在犹太会堂中设置风格和样式迥异的诵经坛。由于诵经坛作用十分重要，其风格和样式往往是会堂设计者所重点考虑的一个方面。中世纪起，阿什肯纳兹犹太会堂的诵经坛大都设在会堂的中央，以确保诵经人的声音能被所有人听到。然而，在西班牙和意大利，诵经坛则设在会堂的西侧，与约柜遥相呼应，借以保持犹太会堂艺术上的平衡。19 世纪以来，越来越多的会堂将诵经坛置于存放《托拉》经卷的约柜前面，使会众的注意力集中一处。

麦给那经卷（Megillah）

指抄录《以斯帖记》全文的羊皮经卷。原本“麦给那”是指《圣经》文集部分所包括的《雅歌》、《路得记》、《耶利米哀歌》、《传道书》以及《以斯帖记》五卷书。犹太教规定该五卷书应分别在犹太人五大节期中当众诵读。其中《雅歌》诵读于逾越节；《路得记》诵读于七七节；《耶利米哀歌》诵读于阿布月初九（耶路撒冷陷落纪念日）；《传道书》诵读于住棚节；《以斯帖记》诵读于普珥节。有关这五卷书的排列顺序，不同的犹太文献排列不同。在《希伯来圣经》和阿什肯纳兹手稿中，该五卷书以上述顺序出现。然而，在塞法迪手稿和已知最古老的马所拉本《圣经》中，该五卷书以书中所反映历史事件的先后为序排列:《路得记》(记述的是士师时代的事件)、《雅歌》、《传道书》(被认为是所罗门王所作)、《耶利米哀歌》(为纪念第一圣殿被毁事件而作)、《以斯帖记》(写于波斯或希腊化时期)。在《塔木德》文献中,则按照在一年中诵读时间的先后排列:《路得记》、《传道书》、《雅歌》、《耶利米哀歌》、《以斯帖记》。诵读内容上,不同的犹太社区亦表现出一定差异。散居犹太社区倾向把《路得记》分为两部分,在七七节两天庆祝日中诵读。《雅歌》有时也被分成若干部分,在逾越节结束的日子里诵读。根据犹太传统,在普珥节诵读《以斯帖记》时必须使用手抄的羊皮经卷,其他几卷则可使用印刷本(但耶路撒冷的部分犹太会众在诵读这五卷书时,除《传道书》外,一概使用手抄羊皮经卷)。这样,麦给那经卷便成为一种有特殊意义的犹太礼仪用品。

祈祷书(Prayer Book/Sidur)

犹太人进行宗教仪式用书。它由日常用祝词和祷词组成。祈祷书出现的历史相对较晚。人们在《圣经》时代并不使用祈祷书。《塔木德》编撰完成之前的习俗表明当时祈祷书尚未出现。资料表明,当时的习俗规定不允许使用书面祝词和祷词,因此在公共祈祷仪式上,诵读人必须把祈祷词牢记在心。自 6 世纪以来,上述习俗不再得到严格遵守,书面的祈祷词开始出现。最早在巴比伦出现的是在赎罪日和禁食日使用的祈祷词。随后,祈祷书日趋完善,到了 8 世纪,包括供全年祈祷用的所有祝词和祷词的祈祷书终于出现。祈祷书的内容往往因地而异。15 世纪出现活字印刷后,祈祷书开始逐步规范化。目前祈祷书的种类有:(1) 供全年所有节日使用的;(2) 供某类或某个节日使用的;(3) 供人们进行日祷和安息日使用的;(4) 特别简明版本。祈祷书的篇幅差别很大,不同教派使用的繁简程度相差很大,此外,来自不同地区犹太人使用的祈祷书也不尽相同,正统教派与改革派和保守派通常使用各自编撰的祈祷书。传统的祈祷书使用的是希伯来文,目前,除正统教派外,其他教派均在不同程度上部分使用所在国的通用语言。

住棚(Sukkah)

为庆祝住棚节而临时搭起的茅屋。《圣经》中的诫命之一是:"你们要住在棚里七日,凡以色列家的人,都要住在棚里。"(《利未记》第 23 章 42 节)《密西拿》中对搭建住棚有一些规定。首先,住棚只能搭成一种临时性住所,以使犹太人回想起祖先离开埃及后在旷野中游荡时住过的茅屋。虽然对住棚的大小没有统一规格,但最小的住棚必须能容纳一张可以用来吃东西的小桌和一个人的身体的大部分(包括头在内)。《哈拉哈》规定,它的面积不能小于 7 掌宽见方,高度不低于 10 掌。大型住棚的面积虽然没有限制,但其高度不得超过 30 英尺,以便使住棚在"人的视野以内”。住棚的壁必须能抵挡一般的风，可以用木头、石头或金属框架加蓬布做成。住棚至少有两面完整的壁，第三面部分有壁。棚顶只能使用植物的枝叶，如葡萄、无花果、松树、毛竹等。它既不能太厚也不能太薄，白天要能遮阳，夜晚要能保证呆在里面的人看到天上的星星。此外，住棚不能搭在室内，或屋檐下方，只能搭在空旷之处。

根据传统，成年犹太男子在住棚节期间应该吃住在住棚中，吃的只能是面制品。妇女和孩子可以自由选择是否吃住在棚中。若逢恶劣天气，可以中止这一规定。犹太教还为住棚节到来时进棚以及节期结束时离棚准备了特别祝祷。

婚书(Ketubbot)

犹太人结婚时使用的一种契约。它是由双方当事人事先订立，在婚礼仪式上由新郎签署，然后交由新娘保管的一份具有法律效力的文件。它主要不是为了证明婚姻关系，而是为了保障女方未来的权利和经济利益。根据犹太教律法，犹太男子享有自由休妻的权利，随时可以以任何理由与妻子解除婚约，为了维护女方的权利，使休妻者在经济上付出昂贵代价，犹太人自古以来就实行婚书制。婚书上主要录写丈夫对妻子的一系列义务(以经济义务为主)。这些义务有的来自《圣经》，有的来自《塔木德》，有的来自历史上著名犹太学者在论述婚姻问题时提出的做丈夫的义务。婚书中的条件还规定，一旦丈夫休妻要交出的财产数，寡妇有权继承亡夫财产等。除了传统内容外，婚书还可以包括婚前双方商定的其他结婚条件，如在实行一夫多妻制的国家，规定丈夫不得另娶等。尽管今天，女方的上述权利已由民法保障，填写婚书仍是犹太法律所规定的一道结婚手续，是犹太民族传统婚礼上必不可少的一种仪式。

婚书按传统使用阿拉米语，手写而成。不过，在历史上就不时出现两种文字并行文本。一种仍为阿拉米语，另一种是婚姻双方使用的语言。在以色列，有人建议婚书应改用希伯来语，然而，以色列大拉比尚未就此表态。中世纪婚书印有花边，本文用手写。现代婚书只具有象征意义，大多为印就式，只留部分空白以备记录具体条件之用。左下角有证人签署，右下角由新郎签署。

资料表明，早在公元前5世纪，埃及犹太社团就已开始使用婚书。今天，正统派和保守派犹太教仍规定教徒必须先订立婚书才能结婚。

祝祷酒杯(Kiddush Cup)

在犹太节日和安息日等场合使用的祝祷杯。犹太人素有用葡萄酒祝祷的习俗，以突出节日和安息日的喜庆气氛。而犹太教传统认为祝祷是使节日和安息日成为圣日的重要手段，因此，祝祷酒杯便成为犹太生活中必不可少的礼仪用品。祝祷时通常是先将葡萄酒倒入酒杯，然后，举杯诵读祝祷词。在用餐时，通常先对酒祝祷，然后用水净手，接下来，再对面包进行祝祷，表示对上帝的感激之情。

净手杯(Laver)

用于礼仪净手的水杯。净手礼仪最早为犹太祭司在圣殿进行公共祈祷仪式前必须进行的一种礼仪。后来用于犹太人日常生活，特别是在节日和安息日用餐前。净手杯通常有两个或三个把手，以方便对双手轮换净洗。

储达卡盒(Tzedakah Box)

犹太人使用的一种捐款箱。“Tzedakah”一词在希伯来语中的涵义为“公义”，代表犹太文化主张社会公正和公义的思想。自古以来犹太人就把如何对待社会救助看成是衡量一个社会公正的标志之一，把对这些人的关心和保护作为全社会的义务是社会公正之所在。犹太民族不仅仅把对穷人的救助视为一种施舍，而是更多地看成是社会的义务，特别是富人的义务。为了把这一公义思想付诸行动，储达卡盒便在犹太人中出现。传统上说，每一个犹太社区，每一个犹太人家都有储达卡盒。储达卡盒成为培养犹太人捐赠“习惯”的一项工具。犹太人每逢节日要做的第一件事是向储达卡盒中捐钱。向储达卡盒中捐钱也是犹太父母培养子女“公义”思想的方法。例如，在庆祝每周一次的安息日，通常是由家中年幼子女向储达卡盒中投币开始。一旦钱放入储达卡盒中，便不再属于自己，而是归穷人或需要帮助的人。一般犹太人家在储达卡盒中的钱币满了以后，会将储达卡盒交给社区或犹太会堂，然后，领回一个空的储达卡盒。因此，储达卡盒是犹太文化“公义”思想的一种具体体现。

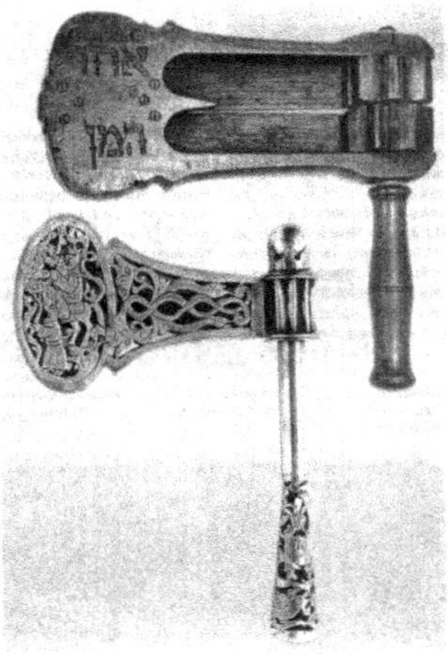

庆祝普珥节使用的噪声器

噪声器(Grogger)

在普珥节犹太会堂举行的特别庆祝仪式时使用的一种器具，能够发出“啪啪”的噪声，通常用竹条或棘轮做成。根据犹太传统，犹太人在庆祝普珥节时要诵读《以斯帖记》。每当阴谋灭绝波斯境内所有犹太人的哈曼的名字被提及时，参加宗教仪式的人都要用竹条或棘轮做成的噪声器发出“啪啪”声，以示对他的谴责。

旋转陀螺(Dreydel)

一种在庆祝哈努卡节上使用的玩具。是一个具有四面体、可旋转的陀螺。陀螺的每一个面上写(或刻)有一个希伯来字母,每个字母有自身的涵义,四个字母加在一起代表希伯来"今晚有奇迹发生"话语的缩写。寓意在玛喀比成功收复耶路撒冷,洁净第二圣殿并把它重新献给上帝时,上帝对犹太人的恩赐和垂注,使奇迹发生,一小罐原本只能燃用一天的灯油竟然一直燃烧了八天。旋转旋转陀螺通常是在哈努卡节晚餐结束后,人们,特别是儿童,在一起玩的一种游戏。

第八章

文字与文学

一个民族的文化与其文字和文学是紧密相连的，犹太文化也是如此。由于犹太民族历史的特殊性，导致了犹太文字和文学的复杂性。从历史看，尽管希伯来语是犹太人最早使用的一种语言，但早在罗马人征服以前，犹太人就开始使用希伯来语以外的其他语言了。在这些语言中，使用最多的是阿拉米语。犹太人被罗马人用暴力赶出家园、散居世界各地后，犹太人使用的语言因居住地的不同而有所不同。生活在散居地的犹太人除了使用所在地的通用语言外，还“创造”出了若干主要为自身使用的其他语言。这些被创造出来的语言的最重要特点是几乎无一例外地使用希伯来字母，而语法和词汇则主要来源于所在地的通用语言。犹太人创造出的语言数量众多，一般认为主要的品种为：犹太—阿拉伯语，犹太—贝尔伯语、犹太—波斯语、犹太—希腊语、犹太—意大利语、犹太—葡萄牙、犹太—普罗旺斯语、犹太—法语、犹太—西班牙语（即拉迪诺语），以及意第绪语等。其中拉迪诺语（主要由中世纪生活在西班牙的塞法迪犹太人创造，拼写形式主要为希伯来字母，语法和词汇以西班牙语为主），意第绪语（由生活在德国阿什肯纳兹地区犹太人创造，拼写形式为希伯来字母，语法和词汇以德语为主）流传最广，影响最大。由于这些语言主要是犹太人使用，因此被称为“犹太语”。

有什么样的语言，就可能出现以该语言为媒介的文学。不过，犹太人创造出的语言大多有较大的区域局限性和时间局限性，其相应的文学也就因此而受到限制。在犹太人所使用的各种语言中，希伯来语、意第绪语、拉迪诺语使用面较大，通用性较强，使用这些语言创作的文学也就自然成了犹太文学的主体。与其他民族的文字和文学相比，犹太文字和文学通常不固定在某一特定的国家或地区之内，而是存在于世界上很多国家和地区，因此有很广的空间涵盖面，需要分别叙述。

文　字

希伯来语

希伯来语（Hebrew）是犹太民族创造出来，并最早使用的语言，历来被视为是犹太人的民族语言，由该语言发展而成的文字称为希伯来文。希伯来语属闪—含语系，和腓尼基语及摩押语关系极为密切，是世界上最古老的语言之一，其文字历史至少可以追溯到公元前1100年前后。希伯来语曾一度通行于上古时期的迦南地区，为当时生活在那里的其他民族所使用。

作为一种拼音文字，希伯来文字母的形成受到腓尼基字母的直接影响。希伯来文有字母22个，均为辅音字母。由于没有元音字母，希伯来文字全部由辅音拼写而成。文字的发音主要通过以圆点或长划组成的元音系统来实现，即在辅音字母的下方或上方加圆点或长划，只有个别元音符号是标注在辅音字母之间。据学者认为，这种元音系统是在公元6世纪才形成，由当时的马所拉学者创造。不过，这种元音系统在书写时通常并不使用，只是在教科书、祈祷书，或者为初学者撰写的材料中出现。

希伯来词汇通常包含由三个辅音构成动词的词根，用改变元音或其他辅音的办法衍生出不同词汇。许多词汇以这些词根为基础，按照严格的规则插入元音，添加前缀或后缀衍生出不同的词。

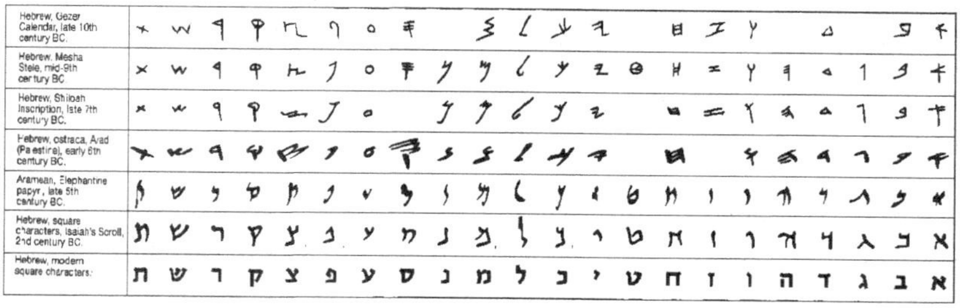

希伯来字母书写演变史（最后一行为现行的印刷体，顺序从右往左）

早期希伯来字母曾有过不同的书写形式，公元前6世纪前后，一种称之为方体的书写形式占据主导地位,这一现象一直持续至今。希伯来文的书写方式素来采用横式自右向左式。书写时,辅音字母之间不连写。字母无大小写之分,但有手写体和印刷体之分。

希伯来字母与其他拼音文字字母的一个最大不同是,每个字母具有数值。这是由于希伯来字母同时表示数的概念所致。字母按照排列的顺序各代表不同的数字,具有固定的数值,即第 1 个至第 9 个字母分别代表数字的 1 至 9,第 10 至 18 个字母分别代表是 10 的倍数的 2 位数数字,即 10,20,……至 90,第 19 至 22 个字母则分别代表 100、200、300 和 400。这一独特现象的存在使得犹太教神秘主义能够通过对每个希伯来词汇代表数值和的计算,找出所谓该词的“秘义”,进而做出隐喻式的推测。

希伯来语的历史通常分为四个阶段:第一阶段为古典希伯来语,使用至公元前后。《希伯来圣经》大部分是用这种语言写的;第二阶段为《密西拿》希伯来语或拉比希伯来语,《密西拿》主要由该语言写成;第三阶段为中古希伯来语,使用时间约在 6—13 世纪期间,主要用于诗歌创作和犹太教的祈祷词编写,以书面用语为主;第四阶段是现代希伯来语,在 19 世纪末出现,现在是以色列犹太人的日常生活用语和以色列国的官方语言。

11 世纪犹太儿童学写希伯来文手稿

古典希伯来语的发展又可分为两个阶段,即黄金阶段和白银阶段。黄金阶段指自士师时期到巴比伦囚虏时期,白银阶段指从犹太人被掳到纪元前后。在黄金阶段,希伯来语初步形成完整的体系。希伯来语言古老的形式是《希伯来圣经》中《诗篇》所用的语言,尤以《士师记》第 5 章中的《底波拉之歌》最为古老,可追溯至公元前 12 世纪。除《希伯来圣经》外,古典希伯来语还有少数碑铭流传至今,其中最早发现的是公元前 9 世纪时用腓尼基字母书写的短铭。到白银阶段,因受阿拉米语(亦称亚兰语)的影响,古典希伯来语渐趋衰落。公元前后,阿拉米语实际上已成为当时犹太人的通用语言,但后人仍称之为希伯来语。

公元135年后,希伯来语基本完全退出普通犹太人日常交际用语的领域。公元2世纪末,在《密西拿》的编撰过程中,希伯来语重新得到了使用并有了新的发展,故被称为《密西拿》希伯来语。希伯来语的这种发展主要表现在词汇的扩大方面,希伯来语从阿拉米语中借用了许多名词,此外,还有若干借自希腊语、拉丁语和波斯语的词汇。尽管在9—18世纪期间,希伯来语通用的口语被犹太人丢弃,成为一种"死的"(书面)语言,但中古希伯来语仍经历着时断时续向各不同方向发展的过程。其间吸收了许多来自希腊语、波斯语、西班牙语、阿拉伯语以及其他语言的词汇。

现代希伯来语出现在19世纪末。尽管早在18世纪,由于"启蒙运动"的影响,就有犹太人希望把希伯来语作为犹太人的日常生活用语重新使用,然而,这一希望直到19世纪末才得以实现。在犹太复国主义思想影响下,世界各地的犹太人开始移居巴勒斯坦,为了交流方便,口操各种语言的犹太人迫切希望能有一种语言为大家所共同使用,设法将犹太人的古老语言希伯来语重新用于人们的日常生活之中显然是一种最理想的做法,同时,也是复兴犹太文化的一种需要。这一想法导致了古老语言希伯来语的复活,即由书面语逐渐变为口头语,再次成为生活在巴勒斯坦地区犹太人的日常生活用语。这一历史性的变化,使在过去1700年中几乎没有发展的古老希伯来语终于跟上了时代发展的步伐,进入现代语言的范畴,无论是其词汇还是表达形式都发生了巨大的变化,成为人们所说的真正的"现代"希伯来语。

现代希伯来语是以《圣经》希伯来语语言为基础,以《密西拿》希伯来语为句法,为适应现代需要而做了一些革新。它的发音主要是在塞法迪犹太人口音基础上发展起来的。它的词汇、词法、句法是一种受东西方众多语言影响的混合体,而其中以欧洲语言的影响为尤。通过借用的方法,词汇量增加迅速,特别是科技方面的词汇更是如此。

现代希伯来语是世界上唯一的以书面语为基础发展起来的口语。在恢复和复活古老语言希伯来语的过程中,贡献最大者是来自俄国的犹太移民埃利泽·本-耶胡达(1858—1922)。19世纪末,由于他的带领和身体力行,希伯来语逐渐在巴勒斯坦犹太人中得到越来越多的使用,最终成为该地人民日常交际的语言。本-耶胡达因此被誉为"现代希伯来语之父"。为了加快希伯来语的"复活"过程和使之规范化,犹太人在1890年成立了希伯来语委员会,委员会主席由本-耶胡达担任。1913年新成立的以色列工学院董事会在犹太人的强烈要求下,决定把希伯来语定为该校的授课用语,成为现代希伯来语历史上一件重大事件。1916年希伯来教师协会成立。根据调查,同年以现代希伯来语作为第一语言的人已占巴勒斯坦地区犹太人的40%。1922年,英国正式被赋予对巴勒斯坦的托管权以来,现代希伯来语被宣布为该地区正式用语之一,从而确立了现代希伯来语在巴勒斯坦社会生活中的地位。1948 年,以色列国成立后,现代希伯来语成了以色列国的正式语言。现代希伯来语的出现不仅表现了犹太民族的再生能力,而且是犹太民族复兴的一个重要标志。

希伯来语作为犹太民族的民族语言对犹太人影响巨大,尽管在相当长的历史时期,犹太人由于一直呈散居状态,希伯来语失去了作为日常生活用语的地位,退出了口语领域,但是,犹太人在宗教生活上一直保持对它的使用,使希伯来语"死"(指成为书面用语)而不亡,并为它在现代的复活奠定了基础。

由于《圣经》最初系由希伯来文写成,希伯来文亦有"圣语"之称。对希伯来文的学习不仅是犹太人的必修课,而且通常也是西方一神教神职人员的必修科目。

拉迪诺语

拉迪诺语(Ladino)是犹太人在流散期间创作出的一种语言,主要为塞法迪犹太人使用。由于它由生活在中世纪的西班牙犹太人率先使用,故亦称为"犹太—西班牙语"。它来源于一种古老的卡斯提西班牙语,混有希伯来语成分。它的词汇主体为西班牙语词汇,但同时含有大量从希伯来语、阿拉伯语、土耳其语、希腊语中借来的词汇和表达形式。在拉迪诺语中,西班牙词汇出现时,通常加有希伯来语的前缀和后缀,而希伯来词汇则通过使用西班牙词汇为词根和采用西班牙动词变化形式而西班牙语化。一些西班牙语化的希伯来词汇又为现代西班牙语和现代葡萄牙语所吸收,成为这两种语言词汇的一个来源。

拉迪诺语保存了许多现代西班牙语已消失的词汇、用法和原有的语音系统,如现代西班牙语中已使用不发音 h 的地方,它仍用 f 或 s。此外,它通常省去词头的字母 h,用字母 m 代替字母 n,用字母 s 代替字母 z 和字母 c,从不双写字母 r,并将字母 u 改写成字母 y。

拉迪诺语既可用希伯来字母书写,也可以用罗马字母书写。大多数现存的拉迪诺语书籍采用的都是希伯来字母书写方式。拉迪诺语的手抄本在中世纪即开始出现。第一部用拉迪诺语印刷的书籍于 1510 年在君士坦丁堡面世。拉迪诺语有自己的文学作品和译作。

自 1492 年犹太人被逐出西班牙以后,拉迪诺语由其后裔传至新的迁居地,开始在土耳其、希腊、北非等地中海沿岸国家通行,后又扩大到世界其他有犹太人生活的地区,如非洲和中、南美洲一些地区。20 世纪以来,由于使用拉迪诺语的犹太人已日渐减少,拉迪诺语显然濒临消亡境地。

意第绪语

意第绪语(Yiddish)是犹太人在流散期间创作出的另一种语言,主要为中欧、东欧以及后来美洲的犹太人所使用。意第绪语属于一种混合语言,采用希伯来字母拼写,语法结构由日耳曼方言演变而来。意第绪语最早出现于10世纪前后,由当时居住在法国北部,后迁徙至莱茵河畔德国城镇的犹太人依照当地的日耳曼方言首先创造出来,后逐步为越来越多的犹太人接受和使用。它的基本句法与日耳曼语相似,拼写采用希伯来语字母,书写形式与希伯来语一样,从右到左。意第绪语词汇来源众多,成熟的意第绪语(指18世纪以来)词汇有15—20%来源于希伯来语,70—75%来源于德语、波兰语、俄语、罗马尼亚语、乌克兰语以及其他斯拉夫语,5%来源于其他语言,如法语、拉丁语等,19世纪开始出现了来自英语的词汇。

意第绪语的历史可分为:(1)意第绪语形成时期(公元1000—1250年),主要在日耳曼地区犹太人中口头使用。(2)古意第绪语时期(公元1250—1500年),开始向周围地区扩散,在犹太人进入"隔都"犹太人居住区后得到较多使用,形式基本固定下来。(3)中古意第绪语时期(公元1500—1750年),语言中心移向东欧,并在东欧犹太人中迅速普及,成为许多犹太人的第一用语(母语)。意第绪语文学开始出现,第一份意第绪语报纸出版,语言词汇开始丰富。(4)现代意第绪语时期(公元1750—现在),意第绪语继续发展丰富,在18世纪启蒙运动后成为"生活语言"、"大众语言",并在19世纪造成意第绪文学繁荣景象,同时随着犹太人移居美洲大陆,开始在美洲犹太社团中使用。1910年第一所意第绪语学院在美国建立。在欧洲和美洲出现了许多意第绪语剧团。据估计,20世纪20年代,全世界犹太人中的2/3懂意第绪语。第二次世界大战前约有1100万犹太人使用这一语言。

意第绪语主要有三种方言:立陶宛方言、波兰方言和乌克兰方言。其中立陶宛方言占主导地位,影响最大。美国出版的意第绪语报刊、书籍均以此为主。

第二次世界大战后,由于大批犹太人遭希特勒纳粹屠杀,美国犹太人同化进程加快,以及以色列官方对意第绪语的人为排斥,因而使用该语言的人数锐减,使用范围也逐渐缩小。目前,年纪越大的犹太人中懂意第绪语的人越多,听懂的人多于会说的人,会说的人多于会阅读的人,会阅读的人多于会写的人。

文　学

希伯来文学

指用希伯来语写成的文学作品。希伯来文学是犹太人的民族文学,是人类社会最早出现、流传最广、影响最为深远的一种文学。它最早出现于上古时期(约公元前11世纪)。与其他民族文学一样,最初的文学以口头形式相传,后逐渐用文字固定下来。保存下来最早的文学样式为诗歌,约于公元前9世纪便见诸文字。然而,由于犹太民族的独特历史和特殊的历史遭遇,有三千年历史的希伯来文学一直沿着一种完全不同于其他民族文学的轨迹发展,表现了其独特的历史和发展模式。

希伯来文学的独特性大致表现在如下几个方面：

第一，文学载体语言的变化。希伯来文学的语言载体在历史上曾发生过一系列变化。公元前2—1世纪，希伯来语是巴勒斯坦犹太人的日常生活用语。这一时期的希伯来文学基本上使用的是这一语言。鉴于《圣经》是这一时期最重要的文学作品，这一时期的希伯来语亦被称为"圣经希伯来语"。公元前2—1世纪起，犹太人独立地位丧失，加上希腊、罗马文化的影响，希伯来语开始失去作为犹太人日常生活用语的地位，成为犹太人的一种宗教语言(即所谓"圣语")，主要用于犹太会堂，研读圣书等场合。从口头语逐渐向书面语转变。中世纪出现了用书面希伯来语创作的希伯来文学，通常以诗歌为主。19世纪末以来，由于犹太民族复兴运动思潮的影响，"死亡"了近一千七百年的希伯来语开始"复活"，即由书面语逐渐变为口头语，再次成为生活在巴勒斯坦地区犹太人的日常生活用语。在这以后出现的希伯来文学重新开始使用成为口头语言的希伯来语。

第二，文学中心地的变化。在约三千年的历史上，希伯来文学的中心并不像其他民族的文学那样固定在某一地理疆域，而是随着犹太民族的迁徙而转移。公元2世纪前，它的中心在巴勒斯坦。公元3世纪起，巴比伦逐渐取代巴勒斯坦的地位，成为希伯来文学新的中心。在这以后，文学中心开始向地中海地区转移，意大利、西班牙都曾成为过希伯来文学中心。15世纪，随着犹太人被集体逐出西班牙、葡萄牙，希伯来文学中心逐步转向中欧德法地区，19世纪又移至东欧。19世纪末兴起的犹太民族复兴运动又把希伯来文学带回它的最初发祥地——以色列地。20世纪40年代以来，现代以色列国的建立，极大地促进了希伯来文学的发展和繁荣。以色列作为现代希伯来文学的中心地位不仅确立，而且得到了极大巩固。

第三，文学主题的宗教化。18世纪末以前，希伯来文学，无论是《圣经》文学、《塔木德》文学，还是中世纪文学，都镶嵌在犹太教宗教观念的总框架中。以宗教为主题是天经地义的事，这一传统不仅使文学长期以来与宗教密不可分，而且造成相当一部分作品是首先作为宗教书籍问世的。借助作品进行神学说教成了作品的作者或编纂者的唯一目的和指导思想。世界上尚没有任何其他民族的文学在如此之长的历史中始终以宗教内容为其创作主题。18世纪末出现的"犹太启蒙运动"才改变这一传统，希伯来文学开始与世俗生活结合，反映现代人的现代生活成为文学的主题。

从文学史角度出发，希伯来文学可分为三个时期。古典文学时期(公元前1000—公元135年)；流散时期(135—1881年)；现代文学时期(1881—迄今)。

希伯来文学的古典文学时期亦称之为圣经文学时期。它既是希伯来文学产生时期，也是希伯来文学迅速发展的时期。文学的活动中心在巴勒斯坦。犹太民族经过几个世纪的游荡终于在公元前12世纪左右，在属于自己的土地上定居下来。士师时代以及随后出现的统一王国时代，为犹太民族的进一步发展奠定了基础，希伯来文学正是在这样的时代产生。古典希伯来文学反映的主要是居住在该地区犹太民族的日常生活，社会活动，以及宗教信仰。主要文学遗产有《圣经》、《次经》、《伪经》和《死海古卷》等。其中尤以《圣经》富有特色并影响深远。

这一时期的希伯来文学既与犹太教神学思想同步发生，又受到后者的巨大影响，加之流传下来的成文作品多由犹太祭司和其他神职人士编纂、整理、定型，文学从整体上呈现一种镶嵌在犹太教神学框架之中的态势，借助作品进行神学说教成为文学的主题和目的，表现出一种特有的古典文学样式。在艺术上，它是中东上古文学的集大成者，是在继承、消化、吸收周围民族文学的基础上创造出来的一种崭新文学，成为当时世界上最幽邃神奇而富于魅力的文学。

圣经文学

以《圣经》为主，包括《次经》、《伪经》、《死海古卷》在内的古典希伯来文学。圣经文学是古代犹太人的民族文学。公元前 11 世纪左右开始出现，公元 2—3 世纪编纂完成，历时一千余年，是人类历史上最古老、最优秀、最宏大的一份文学遗产。它的全部内容与犹太民族的历史紧密相连，是纪元前犹太民族历史、政治、宗教、文化、生活、思想的记录和反映，是一批由生活在确切历史时代真实的人所撰写的作品选集。主要用希伯来语写成，少数使用阿拉米语和其他当时在这一地区通用的语言。它的文献遗产主要由《圣经》、《次经》、《伪经》，以及 20 世纪 40 年代从库兰姆地区发现的《死海古卷》组成。与世界其他民族文学一样，圣经文学最初亦为口头文学，属于犹太人民的口头创作。后经犹太学者文人一再修订整理，呈现出流传至今的样式。①

以《圣经》为代表的圣经文学是犹太民族古代文学的宝库，也是犹太民族在上古时期历史、宗教、文化、社会、生活、习俗的集中反映。古代的犹太民族是一个多灾多难的民族，他们的文学多为发愤之作。自从犹大王国灭亡以后，其人民在生死存亡线上挣扎达 700 年之久。这 700 年恰恰是犹太民族文化史上的重要时期，在异国亡命的经历以及在几个异族统治下的生活，使他们学到了许多新的文学形式和概念，文学终于走向成熟和繁荣。圣经文学的显著特征：其一，具有鲜明的民族气质和风格，生动、全面地展现了古代犹太民族的全部历史和文化的基本特色，为后人提供了认识早期犹太民族精神风貌的宝贵资料。其二，文学与宗教紧密地结合在一起。《圣经》首先是一部犹太民族宗教典籍的事实就表明宗教思想贯穿它的始终。事实上，圣经文学从头至尾都镶嵌在犹太教的神学框架之中，犹太教的一神观主宰一切，几乎所有作品都围绕“犯罪—惩罚—悔过—救赎”神学观展开。借助作品进行神学说教是圣经文学编纂者的唯一目的和指导思想。因此，圣经文学不

① 由于圣经文学在来源上与圣经文化一致，其内容本书在前面已经有所介绍，详见第三章有关部分。

仅是犹太民族宗教思想的集中体现,而且以神学唯心史观的独特面貌跻身于世界文学之林。其三,圣经文学是中东上古文学的集大成者。它在继承、消化、吸收中东上古文学的基础上,创造出一种崭新的文学,并相当完整地保存至今。在艺术上,它不但继承了前代已有的各种文学体裁,还创造出许多新的样式,在表现手法上做出了一系列的新尝试,开创了前无古人、属于犹太民族的独特文学样式——希伯来文学。

圣经文学从出现迄今已有 3000 年的历史。在这期间,它不仅自身得到了发展、繁荣,还逐渐浸润、滋养邻近民族,扩大自己的影响范围,借助基督教的传播,终成为世界文学、特别是西方文学获得灵感和汲取主题的主要源泉,产生的影响难以估量。

流散时期文学

135 年,巴尔·科赫巴领导的反对罗马人统治的武装起义被最后镇压下去,犹太人不仅失去了圣殿,而且被赶出圣城耶路撒冷,成千上万幸存下来的犹太人为了生计被迫离开故土以色列。至此,一千多年来犹太民族作为巴勒斯坦地区主权民族的历史宣告结束,犹太人开始进入了向全世界流散的新时期。最早流散的犹太人主要分布在地中海沿岸地区,后逐渐向其他地区扩散,中世纪以后则主要在欧洲扩散。希伯来文学尽管随着犹太民族的离去逐渐在巴勒斯坦沉寂,却没有消亡,而是随着犹太民族的迁徙在犹太人的新居住地存在、发展、延续。流散时期希伯来文学大致可分为以下三个阶段:

第一,《塔木德》文学(100—500 年)。这一阶段希伯来文学中心从巴勒斯坦转移到了巴比伦。最重要的文学现象是《塔木德》文学的出现。《塔木德》与《圣经》一样,首先是一部经书,包括大量犹太教教义、宗教伦理与律法方面的内容。在它的 250 万字中,有 1/3 的篇幅是这一方面的内容,是犹太人精神思想和宗教创造力的记述。然而,它与《圣经》一样,也是一部传世文学著作,艺术地再现了巴勒斯坦和巴比伦犹太人一千年左右的生活。它以《圣经》的箴言为开端,接着是神话、传说、故事、诗歌、寓言,以及道德反省和引人入胜的历史回忆。它以通俗、简洁的手法反映了生活在那一时期犹太民族的传统文化,向人们展示了失去主权地位的犹太人世界仍然是一个生机勃勃、充满活力的动人世界。[①]

第二,中世纪文学的繁荣及沉寂(600—1781 年)。公元 622 年,伊斯兰教创立,地中海沿岸地区很快为信仰伊斯兰的穆斯林所统治,一个阿拉伯人称雄的时代开始。经过一段时期的动荡,犹太人不久便适应了在穆斯林世界中的生活,文化生

① 由于《塔木德》文学在来源上与《塔木德》文化一致,其内容本书在前面已经有所介绍,详见第四章有关部分。

活重新活跃起来，并呈现出不同于以往的新特征。10 世纪，一度被认为是犹太文化中心的巴比伦，局势恶化，犹太人在那里的经学院和文化机构纷纷遭到取缔，犹太文化中心开始转移到阿拉伯人统治下的西班牙。在当时相对宽松的政治气氛中，犹太文化的发展出现了高潮。作为犹太文化一个重要组成部分的希伯来文学也得到了相应的发展。这一时期的文学以诗歌创作和神学作品为主。

在阿拉伯文学以及后来欧洲文艺复兴时期文学的影响下，以圣经文学为传统的希伯来语诗歌有了长足的发展。这一时期的诗歌主要在两个方向发展：一是以宗教为题材的礼仪诗大量涌现；二是以世俗生活为内容的作品愈来愈流行。以宗教为题材的礼仪诗的大量出现，标志着中世纪希伯来语诗的兴起。这方面的诗于7—8 世纪首先在巴勒斯坦出现，后来扩大到意大利，随后又影响到法、德地区。像《全世界都将服务于你》、《阿沃达》、《统一赞》都是其中的佳作，成为一些犹太节日庆典中反复吟唱的诗歌。有的还收入犹太祈祷书中。中世纪礼拜诗之多，已很难以数字表示，当时几乎每一位学者都曾在这方面试过身手。尽管宗教礼仪诗占据这一时期诗歌创作的主要地位，以世俗生活为题材的作品也开始出现，像情歌、酒歌、铭文一类与宗教无关的诗不仅十分流行，而且艺术形式上更为新颖活泼。这方面的重大成就当属居住在西班牙的犹太文学家。

一批被称为“诗人兼宫廷官吏”的西班牙有才华的犹太文学家，创作了相当一批感情丰富和形式新颖的希伯来语作品，导致了一场真正的文学革命。人们在回顾这一时期文学时常常用“黄金时代”冠之。这一时期的作家大多从两个方面吸取创作灵感：第一是西班牙的景色和环境；第二是希伯来诗歌之源《圣经》。希伯来作家在被赶出家园以后，仍然使用与《圣经》中的伟大文学杰作如《雅歌》一样的语言来歌颂自然界的美丽和爱情的欢乐。由宫廷诗人创作的诗歌感情充沛、文字细腻、韵律悠扬，出色地描绘了一个处在生机勃勃历史阶段的民族的心愿和感受。不过，中世纪西班牙的希伯来文学作品并不仅仅限于写颂歌和赞美诗，或是充满幻想和嬉戏的作品。不少诗歌也描写作者的恐惧和忧伤，而且凡是以宗教为主题的诗歌都反映了犹太民族的苦闷和渴望获得拯救的心声。塞缪尔·哈-纳格德是西班牙第一位重要的希伯来诗人。他的作品有反映战争的、描写爱情的、刻画日常生活的，以及三大卷模仿《诗篇》的诗作。他的同时代诗人所罗门·伊本·格松是又一位极有才华的希伯来诗人，尽管英华早逝，但他对语言的运用、诗歌韵律和节奏的掌握都代表着当时的最高水准。他的作品反映的面极广，从大自然到生活的各个方面均有，从保存下来为数不多的篇目中仍可窥见其丰采之一斑。此外，他的宗教和哲理诗也很出色。摩西·伊本·埃兹拉是另一位重要的诗人，一生写下六千余首诗歌。他所写的《美酒和欢乐》、《世界和盛衰》都很动人。其代表作《塔西西》长达 1210 行，其语言和主题的变化为世人所称颂。

犹大·哈列维(1075—1141)则是这一时期所有诗人中最有成就的诗人和哲学家。他早年以独特的技巧、阿拉伯式的爱情、赞美诗的艺术形式表现犹太人的生活。这些适于在宫廷社交场合朗诵的爱情诗富于想像力,从抒情转为赞颂。稍后,爱憎诗逐渐为赞美上帝的诗所取代。最后,他完全投身于反映犹太民族和宗教内容的创作。在犹太民族最著名的诗歌中,有几首就是他的杰作。其中《流放哀歌》和《动人的齐奥尼德》两首表达了犹太人内心深处的渴望。这些充满自豪和爱的诗歌成功地描绘了犹太人的思想境界,至今仍被人们熟读和朗诵。其他成就卓著的诗人还有亚伯拉罕·伊本·埃兹拉、犹大·哈瑞兹等。

值得指出的是,在这一时期的作家中,不少人同时用两种语言写作,他们一方面用希伯来语从事文学创作,另一方面用阿拉伯语撰写科学、哲学巨著。因此,除了诗歌外,有相当一批哲学、语言学、经典评注学、编纂学方面的著作出现,像策马赫巴尔·帕尔托伊编的第一部研究《塔木德》用的正规辞典;由哈斯戴·伊本·沙普特赞助,梅纳赫姆·本·扎鲁克出版的供研究《圣经》者使用的纯希伯来语辞典,哈列维的《库萨里》和迈蒙尼德的《困惑指南》都是传世之作,有力地促进了文化的繁荣。14 世纪,伟大的神学著作《光辉之书》问世,为这一时期的文学再添一笔光辉。然而,随着 1492 年犹太人被逐出西班牙,希伯来诗歌开始衰颓、沉寂,除了在 17 世纪的意大利有过短暂的复苏,出现了列奥纳·蒙戴拉、法朗西斯兄弟和摩西·扎库托等较有声誉的诗人外,这种文学上的可怕沉寂直到 18 世纪中叶犹太启蒙运动兴起后才宣告结束。

第三,哈斯卡拉文学(1781—1880)。犹太人被逐出西班牙后,犹太文化中心开始随着犹太人的迁徙转移至中欧和东欧地区。18 世纪后半叶,在欧洲启蒙思想影响下,以德国自然神学论哲学家门德尔松为代表的犹太知识分子在犹太人中间掀起了一场称作“哈斯卡拉”的犹太启蒙运动,向千百年来占主导地位的拉比犹太教提出了挑战。由于当时绝大多数犹太人生活在犹太隔都或犹太居住区之内,固守犹太教的传统规范,犹太启蒙运动的目标是以鼓励犹太人通过世俗教育,广泛接触和吸收欧洲文化的方式,在犹太人的文化生活中悄悄地引起一场变革,最终塑造出能摆脱传统束缚,在思想和经济上适应整个欧洲社会的一代新型犹太人。

在这一运动的影响下,沉寂了数百年的希伯来文学开始复兴并呈现出不同于以往的新的特征。在这之前,希伯来文学的主题基本上是以宗教为主,无论是古代的圣经文学、塔木德文学,还是中世纪文学都镶嵌在犹太宗教观念的总的框架中。这种长期形成的固有的传统使得任何试图以希伯来语进行非宗教文学的创作都有被正统犹太教斥责为对圣语的“亵渎”,或看成是一种文化上的离经叛道。然而,在启蒙思想影响下,这一禁区开始被打破,希伯来文学第一次真正地涉及世俗生活。这是特征之一。特征之二是文学与启蒙运动紧密结合在一起,成为犹太民族复兴事业的一个组成部分。这一时期的文学大致经历了三个阶段:(1)1781 年—1830 年为理性阶段。在这一阶段,希伯来作家不仅表示出对启蒙运动的支持,对犹太生活世俗化过程的支持,而且千方百计为新思想辩护,反对僵化、刻板的传统思想,表现出一定的激进主义。(2)1830 年—1850 年为浪漫阶段。这时的希伯来文学家由于受到犹太文化主义影响，开始反思犹太人的过去，在反思过程中，作家常常以怀旧之情在作品中把传统的犹太教精神与新的世俗理想结合在一起，并使之浪漫化。(3)1850 年—1881 年为现实主义阶段。处于这一阶段的希伯来文学家不仅对犹太居住区中传统犹太生活方式的非正常部分有了更加清醒的认识，而且对犹太传统发起了全面进攻。他们把犹太传统看成是导致犹太民族与世隔绝的主要原因，因而认为有必要对之进行彻底的批判和扬弃。

这一时期的希伯来文学实际上是犹太启蒙运动在文学领域的具体表现，目的是为了用文学形式来帮助虔诚的犹太人考虑什么是无意义的传统，引导他们从盲目的、无条件的迷信阶段走向怀疑阶段，并激发他们要求真正理解的愿望。尽管从纯文学的角度看，人们尚没有见到多少有较高欣赏价值的作品问世，但它的出现毕竟为下一时期希伯来文学的迅速发展做好了准备，奠定了一个坚实的基础。

这一时期还是希伯来语文学期刊开始出现的时期。1785 年由维泽利创办的《文摘》出版，这是有史以来出现的第一份希伯来语杂志。随后，舒尔和厄特创办的《向导》、哈科恩及其同事创办的《时代先驱》(1821—1832)、《美丽的葡萄园》(1833—1856)，布卢门菲尔德创办的《辉煌的宝库》等刊物如雨后春笋般地出现。19 世纪中叶，希伯来语刊物开始在俄国出现，其中较有影响的有齐德里温于 1860 年创办的《报道》，这是一份著名的希伯来语周刊，在长达 43 年的办刊岁月中，它一直是优秀希伯来语作家发表作品的园地，斯摩棱斯金于 1868 年创办的《晨曦》是一份优秀的希伯来语月刊，发表过大量优秀文学作品。这些期刊的出现，为文学家提供了不可多得的发表园地，成为影响深远的文学事件，对促进和繁荣希伯来文学做出了较大贡献。

希伯来文学批评在 16 世纪 60—70 年代开始初露端倪。亚伯拉罕·库伯纳先后发表的《问题研究》和《花束》这两种小册子，对当时文坛的那种仅以古代遗产为题材的消极状况提出强烈的批评。雅各·帕佩纳在评论集《新瓶旧酒》中对当时希伯来文学题材及其处理方法上盛行的华而不实与迟钝进行了辛辣的讽刺。佩雷茨·斯摩棱斯金在《让这成为批评》一书中指出，人民不能只靠昔日的文化生存，文学必须为美好的前途做出贡献。利林布卢姆在文学刊物《展曦》上发表题为《动乱世界》的长篇评论文章，对玛普的小说《伪君子》进行了评论。这一时期出现的其他文学刊物也不断发表文学批评方面的文章，对希伯来文学的发展和走向起到了一定的影响。

然而，包括所有文学形式的希伯来文学到目前为止，尚只限于在犹太人中间传播启蒙思想，还不是广义上的民族文学。它并没有全面涉及公众生活的各个领域和一切发自民族实体深处的文化遗产，只是改善那些不懂任何其他语言的人们所处状况的一种手段。显然，这一现象的彻底改变还有待于犹太民族复兴运动新时期的到来。

现代希伯来文学

19世纪80年代以来,犹太民族中掀起的一次又一次向圣地移民的浪潮使犹太文化中心经过长达近两千年的流散时期后又重新回到巴勒斯坦。希伯来文学的活动中心也逐渐从东欧转移到巴勒斯坦。现代希伯来文学出现的一个重要标志是希伯来语的"复活"。赞成民族复兴的犹太人认为,统一的犹太民族将不得不复活其古老的语言,以便能重新用历史语言进行历史创作,并使其自身摆脱因语言各异而造成的困扰。无论是总体文学还是民族的希伯来文学都应通过这种民族语言而不是其他语言来创立。在以本-耶胡达为首的犹太人坚持不懈的努力下,几乎成为"死亡"语言的希伯来语终于重新成为生活在巴勒斯坦犹太人的日常生活用语。希伯来语的"复活"是现代犹太文化史上的一个重大事件,它不仅象征着犹太民族的再生精神,而且标志着希伯来文学新时期的到来。这一时期,希伯来文学的新文体逐渐形成,文学性大大提高,与世界主流文学日趋靠近,纯文学的作品开始出现,并受到各国人民的日益重视。

现代希伯来文学迄今为止主要经历了以下三个阶段:

1. 1881—1918:欧洲阶段 这一阶段的文学中心仍在欧洲,特别是东欧地区,是启蒙时代文学的继续和自然延伸。在这40年中,犹太社会正经历着一场前所未有的震荡。犹太人面临的社会现实是:在新思想的冲击下,有着数百年历史的东欧犹太人社团正在解体,而且解体的速度越来越快。青年一代纷纷向大城市涌去,不少人切断了与自己家庭、家乡和传统的联系;与此同时,欧洲的反犹主义思潮在新形势下开始以新的面目出现,对犹太人迫害的加剧,特别是发生在东欧、俄国对犹太人的集体迫害,导致了犹太人逃离欧洲的大规模移民潮的出现,从而进一步加快了犹太人与传统的决裂。另一方面,在犹太启蒙思想影响下,以意第绪语为创作媒介的意第绪文学迅速崛起并走向高峰。意第绪语作家鼓吹用犹太人"口头语言"(意第绪语)而不用"书面语言"(希伯来语)进行文学创作的号召,一时吸引了众多希望摆脱僵化刻板宗教传统的犹太人,大有以此取代希伯来文学之势。19世纪末20世纪初的希伯来文学家就是在这一背景下从事创作的。他们不再像前一代犹太作家那样着眼于整个犹太民族,以全体犹太人为文学对象,去刻画典型的、传统的、古老的习俗,反映固定的、永恒的犹太人的生活方式,描写一成不变的情趣和情操,而是把注意力转向个人及其命运。单个的人成了文学描写的中心,"失去根基"的异化现象成了作品的主题。作品中"失去根基"的异化人实际上是一种从外表到内心都属于"无家可归的人"的典型。他们熟悉多种文化,但又觉得自己不属于其中任何一种。他们具有一种天生的特殊、敏锐的批判力,同时内心又总是充满了深沉的抑郁。这些人的性格和生活道路反映了在解放时代欧洲犹太人面临的困惑状态。

19 世纪 90 年代的希伯来文学还是对启蒙时期文学的反省年代。由于欧洲日益抬头的反犹主义思潮对所有犹太人加以迫害，促使许多犹太知识分子去反省和检验启蒙时期曾表示赞同的观点，民族自尊心因此被激起。小说家鲁本·亚设·布劳德斯的长篇小说《两极》，就试图在民族主义理论基础上反映有两千年历史的古老悠久的希伯来民族文化的精华和光彩。齐布·亚阿比茨在《遥远的传说》和《远古的歌》中创作了两个充满优美诗意的传说故事。在他的笔下，犹太人一个个身心健康，充满青春活力。犹太宗教传说不是沉重的负担，而是精神上的享受与乐趣。这一类的作品就是以这一方式把犹太教与人文主义结合起来，把犹太传统与现代文化糅合在一起。在这一方面，最著名的作家是阿哈德·哈姆。他认为犹太复国主义既不是犹太教的一部分，也不是它的补充，而是它的本身和全部。在建立犹太民族中心时，使犹太人和犹太教能按照它们因受当代人类文化影响而面貌一新的历史特征和民族传统而获得自由发展。阿哈德·哈姆通过其作品向人们表达了犹太复兴运动应成为按照民族精神，以人类共性为基石，一种活在人们心中的、期望民族统一、复兴和自由发展的信念。阿哈德·哈姆对现代希伯来文学的贡献不仅表现在思想观念上，还表现在对语言的运用上。他的散文风格庄重优美，为希伯来文学欣赏确立了一个高雅的标准。

然而，到了 90 年代末，东欧犹太人的基本状况是，一边是在宗教琐事上墨守成规的保守民众，他们的人类感情已经麻木僵化；另一边是知识阶层，他们已失去了健全的民族感情，失去了对犹太民族文化价值和民族理想之爱。在这种情况下，希伯来文学中的人文主义高涨，一批优秀作家开始深入揭示犹太问题的实质：这一揭示是从表现犹太知识分内心斗争的双重心理开始的。这方面的主要作家有别尔季切夫斯基、本-锡安、格松·肖夫曼、约瑟夫·布伦纳、犹大·斯坦伯格等。别尔季切夫斯基和本-锡安的作品集中反映了犹太民族在变革时期的内心矛盾和斗争。别氏的长篇小说《漫无目标》和本-锡安的长篇《被毁的心灵》都在不同程度上揭露了犹太宗教的清规戒律和繁文缛节在精神上对青年人的扼杀。布伦纳的作品通过对过着卑贱绝望生活、找不到赖以支撑生存的世俗或精神基础的犹太人的刻画，表达他的失望、悲观思想。肖夫曼的小说则在刻画犹太个人形象上下功夫。作为一个具有现代派意识的小说家，他只着意描写，试图以客观方式表达他对犹太民族和生活的理解。

在小说创作方面，值得一提的是阿布拉莫维茨和佩雷茨。阿布拉莫维茨自称"书贩门德勒"，在 1886 年以后才开始用希伯来语创作。他摈弃了玛普·斯莫伦斯金和布劳德斯为编小说而采用的包括爱情纠葛的古典式故事结构，使他的故事和描述成为流畅的"史诗"，从而为希伯来文学创造了一种非常新颖的文学样式。他的作品以完美的形式、高度而概括的手法描绘出犹太人的生活。他的艺术才华孕育出了臻于完美的独特的希伯来作品，使这位描绘近一百五十年来俄国犹太人生活的作家，成为新一代希伯来短篇小说之父和现代希伯来文学的元老。佩雷茨是位小说家,也被认为是艺术完美的希伯来短篇小说之父。他在系列小说《哈西德的故事》中努力挖掘犹太教神秘主义中的夺目光彩,复活了犹太教神秘主义中一切积极、美好的东西。不过,他在1905年后转用意第绪语创作,成为意第绪语文学中的一位巨匠。

就艺术成就而言,这一时期希伯来文学的高墙显然是在诗歌创作方面。其中最著名的作家是海姆·比亚利克和扫罗·切尔尼乔夫斯基。比亚利克的作品把这一时期希伯来文学推向一个新的高度。在他的创作中,各种对立因素——个性与民族性、世俗性与精神性、民族性与世界性、叛道的变革与传统的执著、对犹太教义的狂热与深刻的自由主义——的斗争,成为整个一代犹太人内心冲突的表现。他的创作达到《圣经》的传统风格、中世纪宗教著作和现代欧洲诗歌之间的微妙平衡。在受到比亚利克影响的一大群诗人中,切尔尼乔夫斯基占有最重要的地位。他的诗歌更明显地表现出犹太教和欧洲文化之间的冲突。作为一位具有希腊精神的希伯来诗人,他力图通过审美和谐,而不是意识形态来综合解决这一冲突。年轻一代的诗人雅·科恩和扎·什尼奥尔是两位具有激进思想的作家。他俩在意识形态上采取全盘否定犹太教价值的态度,把现实生活和人们的世俗文化当作一件既定的事实。科恩作为一个具有新精神的诗人,他的诗以力量和美在犹太民族复兴人士中风靡一时。什尼奥尔在诗中毫不犹豫地对宗教发动攻击,攻击宇宙的主,攻击崇高的先知思想,以一种真正令人心惊的隐秘形式,彻底揭开生活的帷幕,把隐藏在其后的死亡与虚无暴露在读者面前。他学识渊博,驰骋想像的空间既高又远,使笔下的诗篇具有较高的表现力。

2. 1918—1948:创建民族家园阶段 如果说前一阶段希伯来文学活动中心仍在东欧俄国的话,这时它的活动中心无疑已经移到了巴勒斯坦。活跃在前一阶段的作家至此已大多来到巴勒斯坦。这一阶段希伯来文学的最大特点是文学紧紧地与当时的民族复兴运动,特别是犹太复国主义运动联系在一起。服务于本民族的复兴事业被放到了第一位。为了服务于犹太民族的复兴事业,文学的主题在很大程度上是试图回答“做一个犹太人意味着什么”这样一个创作命题,而不是去探讨和表现“做一个人意味着什么”这样一个较为普遍的文学命题。这一点可以从撒母耳·约瑟·阿格农的中篇小说《大海深处》看得很清楚。小说主要叙述的是一群哈西德派犹太教徒,为了忠实履行犹太人“必须生活在故土以色列”这一圣谕,离开了生活多年的东欧故乡,前往圣城耶路撒冷的故事。然而,大凡熟悉和了解作品发表年代——20世纪30年代犹太民族所进行的斗争和致力于实现民族目标的人,都会不难看出这方面的描写不仅包含宗教上的意义,更包含着一种关系到争取重新成为一个主权民族这样一个奋斗目标是否能实现的现实意义。作品是试图通过这样一则“去圣地”的故事,向它的犹太读者明确地表达这样一种思想:要做一名犹太人,一名真正的犹太人,就必须去故土以色列生活。纵然在通往这一目标的道路上有千难万险,但作为犹太人唯有坚定不移地走下去,才能为犹太民族的复兴事业做出自己的贡献，因为这一目标代表的不是别的，而是整个民族的前途和希望。这样，小说实际上就是在号召和鼓舞犹太人移居巴勒斯坦，而这一点正是当时犹太复国主义运动所要致力实现的一个目标。显而易见，文学家在这里把文学紧紧地与犹太民族的斗争结合在了一起。正是在这一意义上，人们才不仅把现代希伯来文学看成是犹太民族觉醒的一个重要标志，同时也把它看成是犹太民族复兴运动的一个重要组成部分。这一阶段文学所表现出来的这种文化上的自我意识，无疑是一种民族观念的自然表露。

这一时期，希伯来文学中的散文和小说得到了较大的发展。而在这之前，占据文学阵地的主要是诗歌。散文和小说的发展与希伯来语的发展有着直接的联系。到了20年代，希伯来语终于成了新一代犹太人的母语，无论是在词汇上还是在句法上都已跟上了现代社会生活的步伐，真正成为生活在巴勒斯坦犹太人日常生活中的语言。希伯来语的这一变化使得用该语言进行新的文学创作成为可能。尽管从主题上看，这一阶段散文和小说的巴勒斯坦色彩还不够浓厚，但20世纪巴勒斯坦的风土人情、自然风貌和犹太移民的生活已开始在作品中得到反映。1938年，第一部以描写巴勒斯坦生活为主的小说选在耶路撒冷出版，入选的26位希伯来作家的作品从不同的角度反映着巴勒斯坦生活的方方面面，成为人们了解这一时期社会和人民精神风貌的一面镜子。

在诗歌方面，比亚利克学派和古典主义的影响已经减弱，俄国形式主义、象征主义、德国的新浪漫主义开始在新一代诗人笔下得到运用。现代希伯来诗坛先驱应首推大卫·西蒙尼（原名西蒙诺维茨），他在争取犹太民族复兴斗争中，牢记人民生活和祖国遭受的各种问题，以诗歌的形式加以再现。他创作了独特的犹太田园诗。在诗剧《果园的一个夜晚》中，他首次以现代文笔描绘了神圣家园——巴勒斯坦的新生活。在组诗《从荒漠到荒漠》中，他以高雅的诗意展示了一个饱经忧患的民族去复兴历经沧桑祖国的悲剧。雅各·菲赫曼的诗作具有明显的现代诗人个性特征。他的文笔并不绚丽多彩，诗文也缺乏雄浑和力度，但人们从中却能感受到温柔的细腻和引人入胜的清新。雅各·斯坦伯格是位具有哲理思想的诗人。他常在创作中以诗人的敏锐去了解生活中的特殊现象，表达个人与民族的痛苦和情操。以撒·卡泽纳尔松则是个充满生活欢乐的诗人。在他那轻快温柔的诗中，仿佛在吟诵歌唱一切事物。犹大·卡尼专以耶路撒冷为题材作诗咏怀，描述它的伟大历史、它的悲惨现状和巍然耸立的永恒山石。

需要特别提及的还有尤里·兹维·格林伯格、亚伯拉罕·什隆斯基、纳塞·阿尔特曼和阿维格多·哈梅里。格林伯格是位谴责诗人。他的诗中闪烁着以色列古代先知的火花，他疾言厉色地鞭挞渗透在民族生活中的腐败，希望以此唤醒犹太民族的复兴。他不注重诗歌的外在形式，以强烈的情感去震撼读者的心灵。什隆斯基是一位擅长运用现代风格的诗人。他受到现代派诗风和俄国新体诗的影响，在选材和表现形式上大胆创新。他的诗节奏优美，朗朗上口，深受读者欢迎。阿尔特曼是位推崇实验体的现代派诗人,与什隆斯基一样,主张在诗的创作中运用口头语言。他擅长在严肃题材的诗中使用轻松诗句,他的许多诗歌在30年代反对英国对犹太人政策的读者中广为流行。哈梅里基本上是位印象派诗人。在他的诗歌中,个人的痛苦不时表现为有意追求救赎,但又无法获得,或能够获得救赎却又无意追求。

应该提及的还有几位女诗人。她们是拉结·艾丽希巴、恩达·本克菲尔德、丽姬·戈德伯格等。她们都以自己的诗作表达了对犹太民族和历史,对民族复兴和新生活的眷恋、热爱。诗中细腻情感的抒发是男性诗人难以与之媲美的。

在小说创作方面,除了前面提到的布伦纳、肖夫曼等人继续活跃在文坛上外,还出现了一批新的作家。阿格农无疑是其中最杰出的一位。他以机智幽默的笔触描绘犹太人对新生活的憧憬和热爱。他的著名长篇《婚礼的华盖》以史诗般的笔触反映了生活在18世纪末和19世纪初东欧犹太人的生活情景和精神状态,而《逝去的岁月》则通过对一群投入现代城市特拉维夫城建设者的刻画,反映移民到巴勒斯坦的犹太拓荒者的生活和思想;他的作品无论是在体裁上、内容上还是在风格上都是这一阶段文学的巅峰。他的文学成就终使其成为希伯来文学家中获诺贝尔文学奖(1966)的第一人。迈耶·塞科(原名迈耶·斯米兰斯基)和以撒·伯科维茨是两位擅长描写东欧犹太人生活的作家。他们的细腻笔触和幽默手法将生活在乌兰克、立陶宛犹太人所遭受的不幸和打击描写得十分出色。亚伯拉罕·阿巴·卡巴克是一位杰出的小说家。他的长篇《只是为了她》、《胜利》、《大海与沙漠》在向人们展示俄国犹太人生活巨大变化的同时,预示着犹太复国主义最终将获得胜利。他的历史小说《什洛莫·莫尔胡》、《狭路》对形形色色的历史人物作了深刻的描述;亚设·贝拉克的不少作品都是反映早期移居巴勒斯坦犹太拓荒者生活的。他通过把犹太人物质生活与精神生活相结合的方式,展示了犹太民族古老而又新颖的生活方式和对圣地的热爱。他的写作技巧高超,特别是安排反映典型人物故事情节的手法达到了炉火纯青的程度,足以使他跻身一流作家之列。在青年一代作家中,海姆·哈托斯占有特殊的地位,他擅长描写犹太民族生活中出现的巨大变化。他是位深思熟虑的作家,懂得如何精细入微地描写新一代犹太人感情上发生的种种变化。在他的笔下,犹太人终于摆脱了束缚他们的传统桎梏,以生活和命运与犹太民族的历史和传统保持着联系。犹大·伯拉是位在巴勒斯坦土生土长的作家。他的长篇小说充满了联翩的理想,具有典型的东方文学色彩。他的作品所反映的东方犹太人在成功与挫折、情绪高潮与低落时期的种种心理动荡,使得小说在题材和精神上令人耳目一新。多夫·凯姆希则以描写古老而又年轻的巴勒斯坦生活而见长,《通道》、《昨天》、《毁灭之中》都是这方面的佳作。埃利亚泽·斯坦曼擅长刻画心灵破碎的年轻犹太人形象。此外,还有一些小说家如埃伯·哈达尼、以色列·扎希、犹大·亚阿里,描写了犹太拓荒者为建设家园进行的艰苦斗争以及在基布兹的新生活。人们从作品中可以强烈地感受到犹太民族执意为重建家园而献身的伟大精神。

值得提出的是，这一阶段，美国成了希伯来文学的第二中心。在一些大城市，特别是纽约，聚集了一大批希伯来语诗人和作家。他们以移民的身份来到美国，却怀着振兴希伯来文学的决心生活。他们创办刊物，发表作品，在美国掀起了一股希伯来文学创作运动，推动了希伯来文学的发展。较有影响的有金兹伯格兄弟、西尔克纳、利西茨基、巴夫列、阿夫拉特、里杰尔森、弗雷德兰德、布兰克、蒂夫雷斯基、华伦诸德等。

3. 1948—迄今：作为国家文学阶段　现代以色列国的建立，标志着希伯来文学发展史上一个新阶段的出现。首先，以犹太人为主权民族国家的建立，使希伯来文学的地位发生了巨大的变化，彻底改变了长期依靠相对来说很少的团体来支撑的局面。它不再是少数民族的文学，而一跃成为主流文学，以色列国家文学；其次，随着以色列国的建立，数以万计的犹太人开始移入，希伯来文学自世纪初以来第一次拥有规模较大的真正的读者群。文学在有了自己的服务对象和归宿后，不可避免地得到了发展。

这一阶段文学的第一个特征，是希伯来文学作为"国家文学"服务于新生的国家，一大批直接反映以色列犹太人生活和精神风貌的作品问世。作品中的人物不再用充满恐惧的目光看待世界，周围的世界也不再是陌生的、只属于其他民族的。犹太人继圣经文学之后，再一次以主权民族的身份出现在作品中。无论从什么角度，人们都可以强烈地感受到作品所具有的民族自豪感。

其次，这一时期的现代希伯来文学开始表现出希望走向世界的倾向。这一点在60年代闯入文坛的青年作家身上尤为突出。新一代作家几乎都以代表在以色列土生土长起来的一代人的生活态度、生活方式、道德观念自居。同他们的前辈不同，他们最主要的社会经历是以色列国的建立，以及西奈战争和1967年的六日战争。他们已不像前辈那样以拥有一个犹太人的家园为满足。为了走向世界，文学就不可避免地要与现代主义创作方法相结合。而青年一代作家对来自西方的创作上的新思想、新观念，以及层出不穷的现代主义艺术形式十分敏感，接受能力也很强。在他们的推动下，一大批打上印象派、荒诞派、存在主义、超现实主义印记的作品开始涌现，并很快成为现代希伯来文学的主流。

60年代，在文学中占据中心地位的作家被称作"新浪潮"作家群。作品基本题材是孤独、绝望和异化。他们以以色列的现实为背景反映生活，但又否定以色列公民作为犹太人存在的特殊性。在他们的作品中，犹太人的个性问题被看成是整个人类"存在的惶惑"的表现，作品试图通过人物的"内省"来揭示人类的共同命运。

在诗歌方面，早期的主要诗人有海姆·古瑞、阿米尔·吉尔伯、阿巴·科夫纳等。古瑞早年的诗作《火之花》表达了他那一代人所具有的强烈的犹太复国主义思想，但其后来的诗作，特别是在"六日战争"以后，带有越来越多的个人色彩。吉尔伯由于个人和家庭的经历,诗歌中渗透着大屠杀的悲剧色彩。他在创作上明显地表现出传统的个性特征和对超现实主义手法的运用。科夫纳与吉尔伯一样,是在欧洲犹太复国主义左倾思想影响下长大的,敌后游击队指挥官的经历使他的大多数诗作都以反映反对纳粹的抵抗斗争和民族独立战争为主题,为犹太人勾勒出一幅经受了大屠杀和独立战争洗礼的主体形象。以色列建国后涌现出的最著名诗人应首推耶胡达·阿米海。他的诗在很大程度上直接反映了建国后犹太人的思想和情操。而他对日常生活语言,对反讽、隐喻,以及各种现代派技巧的运用,使他成为同时代诗人的带头人。与阿米海一道登上诗坛的还有纳塞·扎克、图维亚·卢布纳、丹·帕格斯、大卫·阿维丹、大利尔·拉维科维奇、大卫·罗克尔等。60、70年代涌现出的青年一代诗人有梅厄·魏兹尔特、莫迪采·戈尔德曼、耶尔·赫维茨、阿瑞尔·西万、以色列·平卡斯等。

在小说创作方面,最有才华、最受读者欢迎的是穆谢·沙米尔。他的作品大多集中在对当代以色列人的日常生活描写上。他那现实主义的笔触使他的作品成为反映今日以色列生活的一面镜子,如早期的长篇小说《在他自己的手掌中》、《血肉之王》,以及反映基布兹生活的故事都十分流行。史·伊扎尔是位有诗人气质的作家。他的长篇小说《齐克兰格岁月》是一部描写以色列独立战争的小说。小说的风格和对传统观念的反叛使作品受到评论界的好评。他还是一位最早在作品中涉及以色列存在的阿拉伯人问题的作家。阿哈农·梅格德以创作短篇小说著称。他擅长讽刺,作品主题通常反映不同时代人之间的冲突和相互间缺少沟通的情况。汉诺克·巴托夫与梅格德一样,特别注意对不同时代犹太人思想和行为的刻画。他的作品常常从历史的深度去表现当代以色列的社会生活,作品始终洋溢着巴勒斯坦的气息。阿哈农·阿佩费尔德是位著名散文家,他的作品大多以其童年不幸经历为主题,从侧面描写大屠杀给犹太民族带来的悲剧,具有一种震撼人心的悲剧力量。在60年代后崭露头角的作家中,阿莫斯·奥兹无疑最有成就。作为一名在巴勒斯坦土生土长、在以色列立国后成为作家的犹太人,他的作品深深扎根于以色列的大地,着重反映生活在这块土地上的人的喜怒哀乐。由于他擅长从历史上汲取创作题材,他的小说往往洋溢着一种史诗般的风格,读后令人振奋。

现代希伯来文学从诞生到今天已有一百多年的历史了。它的出现、发展和繁荣,时时刻刻与犹太民族的命运联系在一起。今天,尽管它的祖国仍面临着和平问题和生存斗争,但文学却在逐步走出意识形态和民族的圈子,新一代的作家无疑会更加关注如何表达犹太人作为个人、作为人类社会的一个普通人所面临的问题和所要实现的目标。

今天,现代希伯来文学显然已经取得了较高的成就。它不仅包含了一大批优秀作品,还包括了为数众多、包括获得诺贝尔文学奖作家在内的优秀作家队伍。它不仅作为犹太人的"民族文学"、以色列的"国家文学",同时也成为了世界文学的一个重要组成部分,受到各国人民越来越多的注意和重视。

拉迪诺文学

拉迪诺语文学的开端可追溯到 13 世纪，当时已有《圣经》的拉迪诺语本流传。不过，最早的译本系根据拉丁语文本译出。参照希伯来文本翻译的拉迪诺语本《圣经》直到犹太人被逐出西班牙后方才出现。其他与宗教有关的文学活动集中在对各种犹太经典评注、道德手册、祈祷书的翻译上。非翻译类的文学活动主要在两条线上展开，一是与犹太教有关的创作，包括对经典的评注、典籍的阐述、各种思想的介绍等；二是以诗歌为主体的创作。

16 世纪与犹太教有关的创作开始出现，其中以阿尔蒙斯尼诺的作品最为引人注目。到 17 世纪末，用拉迪诺语写的作品已在好几个领域出现。1730 年，雅各·卡利首先完成了对《创世记》和《出埃及记》部分内容的评注。在此基础上写成的《密阿姆洛爱兹》则是拉迪诺评注文学中的划时代作品。这本百科全书式的著作对整部《圣经》进行了详尽的评注，从而为那些不再看懂希伯来文的普通人提供了一个学习和了解犹太教要义的可读本。作品的大众风格使之很快在一般民众中流行。

诗歌创作出现得比较早。14 世纪起就有了用拉迪诺语创作的宗教诗在流传。舍姆·托夫的《箴言道德》是较早的一篇。《约瑟之歌》出现在 15 世纪，是一首根据《约瑟记》故事改编而成的诗。诗的节拍和韵律明显受到希伯来诗歌的影响。18 世纪托莱多的亚伯拉罕的诗歌十分有名。他的代表作《约瑟·哈-达迪克》由 400 首 4 行诗组成，可在普珥节上吟诵。这一诗歌形式在 19 世纪得到进一步流行，成为人们表达感情的一种主要诗歌形式。

拉迪诺文学中最有特色的表现形式是以世俗生活为主要内容的传奇。它是西班牙犹太人口头文学传统的一个组成部分。内容主要来自中世纪和文艺复兴时期西班牙传奇。至于传奇的种类，凡是西班牙传奇中有的都可以在拉迪诺文学中找到，不仅如此，拉迪诺传奇文学中还增加了三种犹太式的传奇：婚礼颂歌、宗教赞美和挽歌悲调。

此外，拉迪诺世俗文学中还有不少从法国文学中移植过来的戏剧和小说。移植活动尽管促进了这方面的创作，但大多质量较为低下，流行范围不广。据有关文献记载，拉迪诺民间文学十分丰富，但大多数不是没有收集流传下来，就是因为缺少研究而不为人们所知。

意第绪文学

意第绪文学是犹太民族使用意第绪语创作的文学，是犹太人在流散期间创造的一种最具特色、影响最大的文学，是犹太文学的一个重要组成部分。它兴起于中世纪的中欧,后扩大到东欧,随着东欧、中欧犹太人的迁徙,又传播到南北美洲和西亚地区。几个世纪以来,它一直与希伯来文学并肩发展,共存共荣,在保存、传播、繁荣犹太文化方面发挥了重要作用。到了19世纪后半叶,意第绪文学开始繁荣,现代欧洲文学的各种形式都可在其中找到。

意第绪文学最早出现于13世纪。最初是为无法阅读希伯来语作品的女子而作。根据当时的犹太传统,被视为"圣语"的希伯来语只教授给犹太男子,从而使犹太女子从小就失去学习希伯来语的机会,长大后也无法接触希伯来文学。与其他语言文学一样,意第绪文学最初也是以口头形式相传,后逐渐用文学固定下来。鉴于最初的动机主要是为犹太女子提供一些可欣赏和愉悦的文学作品,作品的主题也就自然集中在能使女子愉悦或能给女子以道德教诲的一类题材上。意第绪文学的这一特征一直持续到18世纪末才开始有所改变。导致这一变化的直接原因是犹太启蒙运动的兴起,这也是意第绪文学两个不同阶段的分期。在这以后,意第绪文学逐渐发展成一个独立的、表达智慧和美感的艺术样式。这一变化除了表现在文学的内容和形式上,还体现在语言本身。18世纪末,意第绪语已相当概念化,口头用语和文学用语严重脱节。口语朝着多样化的方向发展,而文学用语脱离生活,用程式化的方式联系着操意第绪语的东、西欧犹太人。犹太启蒙运动的展开使意第绪语在西欧犹太人中渐渐失去原先的地位,那里的犹太人开始接受欧洲人的语言,并以此作为日常表达用语。然而,在东欧,意第绪语却得到了新生,开始与东欧犹太人所使用的口语结合,形成一种全新的表达形式。它不再仅仅是人们的口语,而成了人们同时使用的读写语言。意第绪文学也不再仅仅服务于犹太女子,而成为一种满足全体犹太人共同文化需要的活动。其结果是文学开始迅速发展并最终走向繁荣。然而,由于19世纪末东欧出现的集体迫害犹太人事件和20世纪纳粹德国对犹太人的毁灭性大屠杀,一度十分繁荣的意第绪文学突然迅速走向衰落。

有近600年历史的意第绪文学按照不同的发展阶段可划为以下四个时期:

1. 兴起时期(13—18世纪中叶) 意第绪文学最早出现于13世纪的德国。最早一批作品基本上是对犹太经典《圣经》、《塔木德》、《米德拉西》中有关故事的转述。14世纪开始出现以《圣经》人物亚伯拉罕、以撒、约瑟、摩西为中心人物的诗歌。其中关于以撒被缚献祭的诗似乎十分流行,出现过不同的版本。随后出现的作品大多是在德国流传的民间故事和传奇。为了适合女子的欣赏口味,那些以欧洲民间故事和传奇为写作素材的作品往往对故事内容做适当修改。严格来说,16世纪前的作品几乎都算不上真正意义上的创作,只不过是翻译、编译或改写作品。不过,还是有少数非翻译作品出现,如1478年间写成的书信集、1542年刊印的强调女子宗教义务和道德规范的论文集《论行为规范》等都是这方面的作品。17世纪初,意第绪语的《托拉》和《圣经》译本的出现,从语言的角度有力地推动了意第绪文学的发展。1602年,以散文体写成的《意第绪故事集》出版。这是保存下来的最早的一部小说集,反映了日耳曼封建主义时期和文艺复兴时期犹太人的生活。写于1691—1719年的《回忆录》一书，是一位居住在德国哈默尔恩名叫格卢克尔的犹太女子所著。《回忆录》以个人的角度反映了当时犹太女子的生活和情操。以骑士为主要人物的传奇作品也纷纷出现，其主题和内容反映了德国民间文学对意第绪文学产生的明显影响。17世纪末到18世纪初，意第绪戏剧也在德国出现，尽管故事内容大多来自犹太经典，但从场景到人物的动作都受到非犹太戏剧，特别是当时流行于欧洲的神迹剧的影响。

在意大利，意第绪文学从15世纪末到16世纪初就已出现，尤其是在聚集着大量从德国来的阿什肯纳兹犹太人的北部地区经常可以见到以世俗生活为题材的文学作品。像威尼斯、克雷莫纳、曼图亚这类文化事业发达的城市都曾印刷过不少意第绪文学书籍。这些文学作品尽管植根于当时的意大利文学，都不是转述或翻译性质的作品，而是属于一种有独创性的创作。在一系列作家中，以利亚·巴赫·莱维塔最负盛名，是意大利意第绪文学的代表人物。他流传下来的意第绪语作品有翻译、诗歌、传奇和长篇小说。这些作品无论在选材上，还是在风格上都反映了意大利文学的影响。

2. 发展时期(18世纪中叶—19世纪中叶)　在欧洲启蒙思想影响下，以德国哲学家门德尔松为代表的犹太知识分子在犹太人中间开始了一场被称之为“哈斯卡拉”的犹太启蒙运动。随着法国大革命的胜利和“自由、平等、博爱”思想的传播，犹太人的解放时代终于到来。在这一形式下，意第绪文学进入了发展时期。到19世纪中叶，已出现了一批有才华、有影响的作家。作品已不像前一时期以翻译、改写为主，而是以独立创作为主。作品的主题也逐渐由宗教转向世俗，开始出现了直接反映当时社会生活的作品。文学刊物第一次出现，作家有了相对固定的发表作品的园地。写作手法也有了一定提高和发展，文学呈现出多样化。不过，大部分作品仍以故事和传奇为主，尚未出现有影响的大部头作品。

这一时期意第绪文学得到发展的另一个原因是人们对意第绪语的重视和日益增多的使用。当犹太启蒙运动在东欧展开时，广大的犹太群众掌握的唯一语言是意第绪语。启蒙运动者要达到宣传群众、动员群众的目的，就必须使用意第绪语为工具。而使用的结果不仅普及了启蒙思想，也为意第绪语和意第绪文学的发展奠定了基础。到19世纪中叶，几乎所有的犹太作家都在创作中使用意第绪语，如果说不是全部作品，起码有部分作品是用意第绪语写成的。

这一时期意第绪文学的中心已从西欧移至东欧。艾萨克·尤切尔和阿伦·沃尔夫森在18世纪90年代写下的两出反映犹太启蒙运动的喜剧，标志着意第绪文学在西欧发展时期的结束。剧中公开蔑视意第绪语，操这一语言的都是些遭人痛恨和嘲笑的人物，而正面人物都说“纯正”的德语，从而间接表明西欧犹太人的同化进程至此已成为时尚。可是，东欧意第绪文学却是随着喜剧开始的。尽管19世纪初在东欧出现的意第绪喜剧的目的是为了传播启蒙运动思想和使那里的犹太社团走向现代化，然而，却在无形之中使意第绪文学从民间文学过渡到现代文学。在这方面做出较大贡献的有 S. 艾廷杰、I. 亚历山菲尔德·门德勒和 A. 戈尔德法邓。

东欧意第绪文学是在不同思想的斗争和犹太社会出现的一系列变化中发展起来的。文学中表现的社会、民族意识反映了自 19 世纪初发生在犹太社会内部的根本性变化;对歧视、迫害和屠杀的描写反映了外部世界对犹太民族的敌视;而作品中涉及到的对意第绪语、希伯来语、希伯来文学,以及整个犹太文化的态度则反映了人们对民族前途的思考。在表现不同思想的斗争中,东欧的意第绪文学还是哈西德思想和启蒙运动思想激烈冲突的一个领域。尽管这种冲突在不同时期有不同表现形式,然而,时至今日,意第绪文学中所反映的仍然是这两种思想冲突所代表的根本性问题。从广义上讲,哈西德主义代表着生活中神秘、浪漫的一面,而启蒙思想代表的是生活中理性的一面,并最终导致文学活动中"现实主义"的倾向。哈西德主义自 18 世纪出现以来,就试图在神秘主义和感情基础上恢复犹太人的宗教和社会生活,并用意第绪语创造出属于自身的文学。与哈西德的希伯来文学相比,哈西德的意第绪文学在视野和表现形式上较为狭窄,然而,由于现代意第绪文学的所有风格都直接来源于它,其重要性则显然要大得多。现代意第绪文学无论是精神上、观念上,还是叙事主题上都受到哈西德思想的影响。哈西德作家笔下的文学从根本上说只有两种:反映哈西德创始人和领袖光辉的圣徒传记和神秘的宗教故事,这一时期相当一部分意第绪语作品都是以此为主题。启蒙主义作家由于是在批判哈西德思想基础上开创其文学道路的,因此,嘲弄和讽刺哈西德所主张的观点就成为它的一大特征。这一时期,大多数赞成启蒙主义思想的意第绪作家的作品则主要是公开的说教和散发着火药味的讨伐性文章。活跃在这一时期的意第绪作家有莱文·艾萨克(1740—1809)、纳赫曼(1772—1810)、Z. B. 莱文森(1788—1860)、以色列·阿克森菲尔德(1787—1866)、施洛姆·艾廷杰(1800—1886)、A. B. 戈特洛伯(1811—1899)、I. M. 迪克(1807—1893)等。

3. 黄金时期(19 世纪中叶—20 世纪 20 年代) 这是意第绪文学的繁荣、鼎盛时期。起源于德国的犹太启蒙运动已在全体犹太人中展开,并冲破了传统犹太教对人的长期束缚。犹太人的创造力获得了极大的解放,犹太民族的世俗化过程开始加快。与此同时,反犹太主义思潮在欧洲抬头,特别是在东欧俄国出现了集体迫害犹太人事件。面对迫害和屠杀,犹太人开始纷纷外逃,形成了现代史上最大的迁徙运动。然而,在犹太人的大规模迁徙过程中,意第绪文学范围开始扩大到美洲大陆和中东地区,历史上第一次出现了意第绪文学同时在欧洲、美洲和亚洲产生和传播的局面。

这一时期意第绪文学的特点是一大批有才华、有个性的作家涌现,其中相当一部分成为职业作家。由于他们的努力,意第绪文学的文学性得到了极大提高,步入了现代文学之行列。门代尔·莫海尔·塞法里姆是第一位具有如此才华的意第绪语作家。他以无可争辩的现实主义手法反映了处于大变革时期犹太人的生活,作品呈现出一种史诗风格。他还在创作中将意第绪语南北方言统一成文学语言,为文学的现代化奠定了基础。尤为重要的是，他的文学活动使一向不为人重视的意第绪文学地位发生了彻底的变化，并对以后的作家产生了很大影响，为意第绪文学日后的大发展开辟了道路。

肖洛姆·阿莱赫姆和艾萨克·雷伯·佩雷茨是这一时期意第绪文学的两位巨人。19世纪最后25年，东欧犹太人掀起了一场旨在把意第绪语从口头用语改造成文学语言的运动，他俩都是这场运动中的主将。在他们的带领下，意第绪语不仅成为文学语言，而且造成了意第绪文学的繁荣，使意第绪文学第一次为世界其他国家人民所接受。肖洛姆·阿莱赫姆是位多产作家，发表过长篇和剧作四十余部和短篇小说三百多篇。他的作品文字优美、情节生动、风格幽默，享有"犹太马克·吐温"之美誉。佩雷茨作为第一个使用严格现实主义创作方法的犹太作家，开创了意第绪文学史上短篇小说的新纪元。其他著名意第绪作家还有肖洛姆·阿施（1880—1957）、别尔季切夫斯基（1865—1921）、诗人莫里斯·罗森菲尔德（1862—1923）、耶胡阿西（1870—1927）、剧作家雅各·戈丁（1853—1909）、大卫·平斯基（1872—1959）等。他们的优秀作品都对意第绪文学的繁荣、为意第绪文学走向世界做出了巨大贡献。此外，许多著名希伯来文学家也在这一时期写下了部分意第绪作品，进一步丰富了意第绪文学的内容。这些作家中包括比亚利克、斯坦伯格、阿格农等。

这一时期还是意第绪文学刊物、意第绪文学社团大量涌现的时期。意第绪文学的繁荣和发展，使历史上第一次出现了意第绪文学无论是在作品质量上、形式上，还是在作品数量上都超过同时代希伯来文学的局面。

4. 繁荣后及衰退时期（1920—迄今）　第一次世界大战后，意第绪文学经历了一系列重大的变化。这些变化最终导致了繁荣后景象的出现，以及衰退时期的到来。造成这一系列重大变化的主要原因是欧洲政治形势。首先是俄国十月革命的胜利给意第绪文学带来了希望，特别是在革命成功和粉碎白匪反攻后，限制犹太人权利的各种法律被取消，意第绪语受到苏联当局的认可和支持①，意第绪文学在苏联得到了一定的发展。其次是欧洲大陆的政治动荡造成犹太人持续外迁。随移民潮前往美国和巴勒斯坦，意第绪作家进一步充实了这些国家原有的意第绪文学家队伍。意第绪文学开始在这两个地区，尤其是美国得到了较快的发展，美国开始成为意第绪文学的新的中心。20年代到50年代初是美国意第绪文学繁荣时期，许多前面提到的作家都在美国开始崭露头角，进一步扩大了意第绪文学在美国的影响。1978年获得诺贝尔文学奖的著名意第绪语文学作家I. B. 辛格及其兄长就是在这一时期来到美国，并发挥重要作用的两位作家。再次是希特勒纳粹在德国夺取政治权力，开始有计划、有目的地迫害犹太人行动。第二次世界大战爆发后，德

---

①　前苏联当局当时出于不成熟的政治考虑，无知地把希伯来语说成是资产阶级反动语言加以禁止，而把意第绪语看成是劳动人民的语言加以鼓励。

国法西斯对犹太人进行了种族灭绝式的大屠杀,使600万犹太人丧生,并使存在已近一千年的东欧犹太社团遭到毁灭性的打击。战前十分活跃、人才辈出的波兰意第绪文坛一下子沉寂下去,意第绪文学遭到查禁,大批作家被屠杀,幸存者除了逃往他乡已别无选择。战争和纳粹大屠杀对意第绪文学造成的最大打击是毁灭了整个操意第绪语的犹太社会,使意第绪文学一下子失去了语言根基和社会根基,从而导致这一极有生气的文学不可避免地走向衰落。

1948年以后,苏联国内反犹主义思想抬头,当局实行的对意第绪文学取缔,以及对意第绪作家秘密逮捕和杀害的政策,彻底扼杀了那里的意第绪文学活动,直至1959年才有零星作品恢复出版。美国的意第绪文坛则由于缺少新的人员补充和犹太人美国化进程的加快,意第绪文学只能依靠日益减少的作家支撑,其影响也自然日渐缩小。这一时期意第绪文学得到发展的唯一地区是在巴勒斯坦。现代以色列国的成立,以及大量犹太难民、移民的到来,使意第绪文学在那里得到了发展。目前,尽管意第绪语在以色列一度受到人为地排斥,但是,以色列仍然是世界上唯一活跃着的意第绪文学中心。

第九章

犹太民族的复兴运动

在犹太文化史上，犹太民族的复兴运动是一个极其重要的思想运动，是犹太人步入现代的一个标志，对犹太人，特别是生活在欧洲社会的犹太人产生了深远且重要的影响。自欧洲中世纪末(15世纪)以来，由于欧洲非犹太人社会对犹太人的歧视和迫害，使得犹太人不得不生活在与世隔绝的“隔都”中。因此，文艺复兴的人文主义思想基本没有对犹太人的宗教和生活造成冲击和产生影响，以《塔木德》为准则的犹太人传统生活方式是犹太“隔都”生活的主旋律。相对于经过文艺复兴和宗教改革运动洗礼的欧洲社会，犹太人仿佛生活在停滞的中世纪。最为不幸的是，在“隔都”中，犹太人不仅与非犹太人社会截然分开，失去了与外部世界接触的机会，更为重要的是无法获得思想上的激励，生活退到一种蒙昧状态，致使欧洲社会在文艺复兴运动以来的200—300年中所取得的成就和进步都与犹太人的生活擦肩而过。不过，到了18世纪下半叶，在欧洲启蒙运动的影响下，犹太民族开始“觉醒”，逐步掀起了一场完全可以被称之为“民族复兴”的运动。这场犹太民族复兴运动的开展在使得犹太人走出中世纪般的“蒙昧、保守”状态、成为一个现代民族的同时，为犹太民族的全面复兴乃至犹太民族的最终成为一个主权民族、重新建立自己的民族“家园”铺平了道路和做出了贡献。

我们这里所说的犹太民族复兴运动实际上是由两个看似独立、实际上密切关联的运动组成：哈斯卡拉运动和犹太复国主义运动。为了叙述上的方便,我们对这两个运动进行分述。

哈斯卡拉运动

所谓哈斯卡拉运动是18世纪末和19世纪在中欧和东欧犹太人中广泛开展的社会文化和宗教改革运动。“哈斯卡拉”(Haskalah)一词在希伯来文中义为“启蒙”之意,因此,这场运动指的是在犹太人中开展的启蒙运动(亦可以用“犹太启蒙运动”称之)。运动的初期以德国柏林为中心,逐步在西欧犹太人中展开,19世纪中期逐步传入东欧犹太人社区并达到高潮。哈斯卡拉运动的目标在总体上是以鼓励犹太人通过世俗教育,广泛接触和吸收欧洲文化的方式,在犹太人的文化生活中悄悄地引起一场变革,最终塑造出能在思想上摆脱传统束缚,在思想和经济上适应欧洲主流社会的一代新型“现代”犹太人。运动在主要倡导理性主义、努力促使犹太人走出自我封闭、融入欧洲主流文化、成为欧洲社会一员的同时,希望把传统的犹太教改造成为一个接受西方文化、习俗的“开明的”犹太教。与先于这一运动的欧洲启蒙运动一样,运动主要矛头对准的是宗教和传统的宗教思想。为此,哈斯卡拉反对拉比的权威,主张改变注重《塔木德》的传统教育模式,接受世俗的、非宗教的教育,提倡传播科学新知识和现代化的生活方式,使犹太人能与所在社会广泛接触,选择新的职业。哈斯卡拉运动的开展标志着犹太民族的复兴以及犹太人生活、思想“现代化”的开始。

先　　驱

尽管哈斯卡拉作为一种运动,是在18世纪末才真正兴起的,到19世纪中期在广大犹太人中得到开展。但是,有两位著名的犹太人应该说对这一运动的兴起贡献颇多。他们分别是荷兰犹太哲学家斯宾诺莎和德国犹太思想家门德尔松。

斯宾诺莎像

斯宾诺莎(Bebdict de Spinoza,1632—1677)是17世纪最著名的唯物论者。作为一个出生在传统犹太人家庭的人,他从小受到过的良好犹太教教育对他对统一宇宙观的坚信起到了重要作用。斯宾诺莎早年学习犹太教经典,然而,在17世纪科学思想和笛卡儿等人的哲学思想影响下,开始研究哲学,最终成为有史以来最伟大的哲学家之一。

斯宾诺莎作为一名欧洲启蒙运动的先驱,他所做的最大贡献是通过学术研究从理论上否定超自然上帝的存在。他的这一思想主要反映在《神学政治论》一书中。《神学政治论》是一部旨在对《圣经》进行历史研究的书，通过对《圣经》进行科学地解释和批判，不仅否定上帝的超然存在，而且否定了上帝的人格、天意天命。他声称，如果说有神的存在，自然实体就是这种神。这事实上已经是自然神论的观点了。“神即自然”的观点实际上是在指出自然界是万物存在的实质原因。这一观点对于宗教神学而言不啻是当头一击，正因为如此，当时的正统神学家无一不把斯宾诺莎作为“无神论”者而加以诋毁。但对于启蒙运动而言，斯宾诺莎的“上帝不存在，只有自然存在”的思想则是抨击宗教的最有力的思想武器，是启蒙思想的核心。在这个意义上说，斯宾诺莎不仅自己成为一名启蒙思想家，而且为日后欧洲启蒙运动的广泛开展奠定了坚实基础。事实证明，他的思想一直引导着启蒙运动开展。

严格说来，斯宾诺莎本人并没有开启哈斯卡拉运动，甚至在身前，他的这一代表启蒙主义的思想不仅没有得到犹太人的认可，而且被他所生活地区的犹太社团认定为异端，他本人还因此被开除了教籍，清除出了犹太社区，但他提出的启蒙思想最终还是影响了哈斯卡拉运动，为犹太人所接受，尽管这种影响和接受是间接的，是通过欧洲启蒙运动的影响发生的。

门德尔松（Moses Mendelssohn，1729—1786）是近代犹太教理性主义的代表人物。他出生在一个以缮写《托拉》为生的贫困家庭，受到传统的犹太教育，自小学习《托拉》和《塔木德》，14 岁随其老师来到柏林。在柏林，他钻研迈蒙尼德的哲学、学习德文和拉丁文。他结识了当时有名的基督教思想家、剧作家莱辛。在莱辛的鼓励下，门德尔松写出《哲学讲话》论文，在柏林科学院举办的论文比赛中获第一等奖。他被德国皇帝提升为“有特权的犹太人”，享受不被驱逐的特权。在柏林启蒙运动文化氛围影响下，门德尔松很快成为一个追求理性的人。他以欧洲启蒙思想为武器，大胆否定传统犹太教中的蒙昧主义成分，以理性主义及自然神论重新解释犹太教。他认为除了超自然的鼓舞外，理性能够揭示上帝和灵魂不朽的实在性。他号召犹太人走出与世隔绝的“隔都”，勇敢地进入欧洲主流社会，使其生活方式现代化，汲取流行于传统犹太教之外的新知识，成为“现代犹太史上的一个划时代人物”[①]。门德尔松提倡犹太人掌握欧洲文化，争取在法律上的平等；主张以理性为基础的宗教信仰。他认为，犹太教仅为犹太人的特殊律法，并非独特的信仰体系。犹太人应该在遵守犹太教礼仪的同时，放弃文化孤立的传统，广泛吸收其他民族的文化知识和科学技术。

门德尔松品行高尚、学识渊博。他关于美学和哲学的论著使其享有“犹太的苏格拉底”之美誉。他与德国著名启蒙思想家、戏剧家莱辛建立起的真诚友谊成为犹太人和非犹太人交往的楷模。莱辛为门德尔松的品行和思想所打动，以门德尔松为原型创作出了著名的剧本《智者纳旦》，宣传宗教宽容与共处的启蒙思想。

门德尔松不仅是哈斯卡拉思想的最初提倡者，而且用自己的行动为启蒙思想

① 拉克：《犹太复国主义史》，第 9 页。

的普及做出重要贡献。他认为在德国掌握德语是犹太人进入主流社会和掌握现代文化的工具和台阶。为此,他亲自把《托拉》译成德语,但仍用希伯来文字母书写,以方便犹太青年掌握。他还用希伯来文写了近代的《圣经》注释。几年后,门德尔松的用希伯来文字母拼读德语的《圣经》几乎进入了每一个犹太家庭,造就了一代掌握德语的犹太人。一批犹太知识青年活跃在他的周围。而正是这一批犹太青年形成了最初的柏林哈斯卡拉中心。在门德尔松思想影响下,哈斯卡拉运动开始在犹太人中开展。犹太人开始走向理性、科学的道路,逐步掌握现代科学知识,融入现代文明生活之中。

运动的开展

哈斯卡拉思想在18世纪70年代提出后,首先在德国广泛传播。服膺哈斯卡拉的犹太青年知识分子被称为“马斯基尔”(即启蒙运动倡导者),在柏林成立了第一个哈斯卡拉中心,以传播启蒙思想为己任。思想激进的马斯基尔甚至强迫人们学习希伯来语和德语,接受德国文化。很快社会上富有的犹太人、中产阶级都成为哈斯卡拉的热心赞助人与支持者。学习世俗科学文化知识成为时尚和风气,不少犹太人脱下犹太人的传统服装,穿上西装,在行为举止和生活方式上仿效德国人。

18世纪德国犹太人服饰

在思想领域,哈斯卡拉作为一种理性主义,把批判的矛头对准宗教迷信也就十分自然。宗教迷信被看成是思想混浊和社会落后的根源,是科学与进步的死敌,所以要改造犹太人社会必须先破除拉比犹太教对犹太人社会的影响,用理性的思想和科学知识“照亮”人们的头脑。其发展结果,必然导致犹太教内部的分化,产生类似的宗教改革运动。事实证明,经过哈斯卡拉思想的洗礼,开明的犹太人与拉比犹太教格格不入。尽管拉比多方诠释变通,但拘泥古制终究找不到根本的出路。于是根据哈斯卡拉的精神与触及的内容,犹太教内部出现了改革的呼声。尽管坚持传统的犹太人从一开始就反对改革派的思想,认为它抛弃犹太教传统的生活方式,将破坏维系犹太人团结的纽带,进而危及犹太教本身,然而,对宗教的改革潮流仍然势不可挡。

需要指出的是,哈斯卡拉运动并不反对犹太教本身,只反对犹太教传统生活方式和拉比的权威，主张改革专注重《塔木德》的传统教育，提倡传播科学新知识和现代化的生活方式。

随后一代的德国犹太人见证了犹太教内部发生的变化：改革派运动，新正统派运动，以及伴随着1819年成立的“犹太教文化和科学协会”而在柏林兴起的“犹太教科学研究”运动。在门德尔松死后二十多年的1801年，德国终于出现了第一所与传统犹太教不同的新式会堂——改革派会堂，标志着犹太教的改革派运动的正式兴起。鉴于我们在前面的章节已经对改革派和新正统派进行过介绍和评说，这里只重点讲述“犹太教科学研究”运动。

“犹太教科学研究”运动认为，犹太人的解放和启蒙运动的巨大冲击最终会吞噬古老的犹太教，任何诠释变通都无济于事，只有科学的方法与态度才能改变犹太教江河日下的命运。而科学的方法与态度是用批判的方法考察犹太教，揭示它在历史发展过程中的作用和社会意义，从理性审判的态度重新确立犹太教的价值和尊严。在现代和传统问题上，“犹太教科学研究”运动认为，现代主义是无法回避的时代潮流，犹太教必须要以积极的姿态对待现代主义，传统既不是僵死的教条，也不是可以随意丢弃的落后习俗，科学的态度是将犹太教看成是一种动态的、不断进化的历史力量，具有自我更新传统和力量的文化，适应现代主义的同时保持与历史的联系。在这一认识形成过程中，现代犹太哲学家、史学家克拉赫马尔（Nachman Krochmal，1785—1840）的思想起到了重要的作用。作为一名犹太学者，克拉赫马尔的兴趣集中在哲学和史学方面，试图从历史的发展角度对犹太教做出新的解释。他继承中世纪著名哲学家迈蒙尼德的传统，努力协调犹太教传统与世俗科学知识之间的关系。他认为，要想实现这一目标，必须从历史、文学、宗教、哲学等方面研究犹太精神。他的这一思想集中反映在其哲学著作《当今困惑指南》中。该著作不以犹太教为抽象的宗教，而以之为犹太民族生活历史，使人们第一次从一个崭新的角度去看已存在数千年的犹太教，从而开创了科学研究犹太教之风气。

克拉赫马尔从哲学的角度对传统的上帝和创世观做出了自己的解释。他认为，如果承认上帝是绝对的存在，没有上帝就没有世间的一切，那么，创世的过程就是一个上帝自我怀胎、生产的过程，上帝是以自己身体创造出整个世界。他的这一观点曾被一部分人看成是纯唯意志论。他还根据自己的哲学史观，把每个民族的历史分为三个阶段：产生、发展和衰亡。尽管各民族的历史受到一系列社会、文化因素的影响，但最终都可以用这一理论进行检验和解释。他认为，犹太民族的历史也严格遵循这一理论，然而与其他民族发展史相比，其独特之处表现在犹太民族的再生能力上，也就是说当犹太民族史发展到衰亡阶段时，随即为再生所取代，从而进入新的一轮产生、发展、衰亡循环。如此往复，周而复始。他指出，犹太民族的这一不断再生能力来源于犹太民族与上帝间的特殊关系，来源于它的充实精神生活。犹太民族因此成为一个永恒的民族。

克拉赫马尔对犹太律法的解释也颇有创见。他认为，犹太律法是一个不断生长的有机体,如《哈拉哈》就是摩西律法的自然延伸,是经过若干生长阶段,逐步发展完善起来的一部律法。他在研究犹太律法时所持的进化论对以后的《塔木德》学者影响巨大,导致科学研究犹太经典的进一步发展。他在学术上的建树,使他的居住地佐尔丘成为当时具有启蒙思想人士的向往之地。他本人也因此成为哈斯卡拉运动的一位精神领袖。

哈斯卡拉运动在有力地促进了西欧犹太人的解放和步入现代化进程的同时,逐渐东进,在东欧犹太人中造成影响。这个运动首先由普鲁士扩展到奥地利,19世纪20年代,哈斯卡拉运动中心实际上是以维也纳出版的犹太年鉴《时代的初熟的果子》为主要阵地。40年代哈斯卡拉运动波及波兰、俄国,使那里的犹太人开始摆脱了与世隔绝的状态,为他们进入现代欧洲社会、吸纳现代文化提供了一种可能,把那里的犹太人从中世纪似的生活状态一下子推入了现代文明世界。

应该说,哈斯卡拉运动在东欧真正得到了广大民众的响应,特别是在具有自由主义倾向的亚历山大二世统治的俄国达到了高潮。哈斯卡拉思想一传到俄罗斯,就受到犹太人的欢迎,并得到沙皇亚历山大二世的支持。俄罗斯希伯来语作家出版了一本名为《以色列的见证》的小册子,大力鼓吹发展犹太人的世俗教育。此后,近代希伯来文学在俄国大有发展。1860年之后,俄国的哈斯卡拉运动发展为实际的社会与经济的改革,在宗教与文化方面,改变了注重学习希伯来语与德语的方向。犹太知识分子出版俄语的犹太刊物,鼓吹爱国主义与现代化,声称他们首先是俄罗斯人,其次才是犹太教徒。1863年,彼得堡、敖得萨富有的犹太人组织会社,借以促使犹太人成为"好俄罗斯人"。俄国的哈斯卡拉运动提倡者不仅把启蒙思想,而且把包括浪漫主义、唯心主义、实证主义、乌托邦社会主义等在欧洲出现的新思想统统传播给了犹太民众。"他们作为社会评论家和民族复兴的预言者所起的作用,至今仍为人们所铭记。他们对犹太社会的影响是可以和别林斯基和车尔尼雪夫斯基对俄国社会的影响相比的……"①

得失和意义

哈斯卡拉运动是犹太民族复兴史上的第一次现代化努力和尝试。运动发动的对宗教神学的质疑与批判,对蒙昧状态的揭露与解蔽,对理性、知识的推崇与讴歌为犹太人走出"封闭""和"隔绝",成为一个具有现代思想的民族做出了重要贡献。

在哈斯卡拉思想影响下,犹太人对世俗文化产生了浓厚的兴趣,努力学习和掌握欧洲文化和科学技术,有着学习传统的犹太人的聪明才智得到了最佳释放。犹太人中入学和进入大学人数的比例远远超过非犹太人,很快在欧洲学术界和文化科学领域崭露头角。犹太科学家、艺术家、思想家纷纷涌现。相当一部分犹太人在

① 拉克:《犹太复国主义史》,第80页。

经济上取得了非凡的成功，其中一些精明者抓住在经济领域得到的权利，凭借犹太人的传统经商和放债优势，在贸易和投资中积累了巨额财富，并一跃成为近代欧洲金融业的霸主，并实际上推动现代金融业的到来。著名的罗思柴尔德犹太家族就是其中之一。甚至连在自罗马时代以来就一直将犹太人排除在外的政治领域，犹太人也不再是默默无闻，无论是在法国、荷兰，还是意大利、英国的政坛上，人们都可以看到他们的身影。

不过，哈斯卡拉运动也付出了沉重的代价。首先，导致了一个信仰危机时代的出现。这一现象在犹太人的历史上还是第一次出现。不少犹太人为了获得进入欧洲文明的"入场券"不惜彻底放弃犹太人的传统。在哈斯卡拉运动最初兴起的德国，同化现象最为严重。门德尔松的一些子女在他生前就选择皈依了基督教，而在他身后，他的所有直系后裔全都接受了基督教的洗礼。像海涅、马克思这些著名的犹太人都皈依了基督教。

更多的犹太人在精神上受到折磨，成为"无所适从者"。那些急于拥抱现代化、寻求彻底解放的犹太人往往在放弃传统和自己的文化后，并不能得到主流社会的承认，即便是皈依基督教的人也还是被猜疑，被认为是"不可信任者"。而他们心目中的祖国仍然把他们视为"外来人"。这使得这些犹太人不知所措、无所适从，成为文学作品所描写的"失去根基"的人、异化的人。这种"失去根基"的异化人实际上是一种从外表到内心都属于"无家可归的人"的典型。他们熟悉多种文化，但又觉得自己不属于其中任何一种。他们具有一种天生的特殊、敏锐的批判力，同时内心又总是充满了深沉的抑郁。这些人的性格和生活道路反映了在哈斯卡拉时代，欧洲，特别是东欧犹太人面临的困惑状态。

而欧洲社会周而复始、不断抬头的反犹主义，当局执行的排犹政策更是加剧了犹太人的困惑和失望。显然，哈斯卡拉运动没有能够给犹太人指出一条真正的出路。

对于哈斯卡拉的缺失，犹太思想家塞尔茨做了这样的分析："哈斯卡拉是一种以刚刚萌芽的现代化为典型的观念形态，因为像哈斯卡拉那样的运动通常是在一个种族集团或民族开始为侵蚀它神圣生活方式的经济和社会发展所影响，以及出现了深受先进民族的知识、期望和生活影响的知识分子以后产生的。这一新的领导层最初将自己视为世界主义的'人'，因此他们感到自己的同胞落后于时代并急需跟上时代。这些对外部世界对犹太人的认识感到忧虑的理想家常常发表一些带有自我否定格调的作品，对在他们民族中古代神圣的价值观念占据主导地位的状况提出了批评。"①

尽管如此，哈斯卡拉留下的遗产是宝贵的。哈斯卡拉运动高举欧洲启蒙思想家所倡导的"思想自由"的旗帜，坚持信仰自由和宽容，捍卫人们的思想自由权利。

① 塞尔茨：《犹太的思想》，第 562—563 页。

哈斯卡拉运动的开展标志着犹太文化现代主义精神的形成及现代思想的确立,经历了哈斯卡拉洗礼的犹太人社会实际上已经步入了现代社会,经历了哈斯卡拉的犹太文明再也不同于从前。许多人常常对没有超出民族宗教范围的世界上最古老的一神信仰,即犹太文化,却比普世主义的伊斯兰教更多地接受了现代性一事感到困惑不解。其实,了解一下这样一个事实:犹太教是一个经历过启蒙运动的宗教,而伊斯兰教是一个尚未经历过启蒙运动的宗教,便会不难获得答案。犹太启蒙运动——哈斯卡拉对于现代犹太文化的巨大意义也就无须赘言了。

犹太复国主义运动

以一百年前哈斯卡拉为发端的犹太民族复兴运动,在19世纪末叶开始进入一个崭新的阶段。在欧洲重新抬头的反犹主义以及对犹太人的新迫害等因素作用下,一个被叫做犹太复国主义的运动开始兴起。尽管从总体上说,这一运动是哈斯卡拉运动的继续,但是它的奋斗目标已经不再是在犹太人中倡导理性主义、摆脱“蒙昧状态”、努力成为所生活的社会的一员和在居住国争取平等权利,而是要为犹太民族在犹太人的故土——以色列重新建立一个主权国家。

这一运动之所以被称为犹太复国主义运动,主要是该运动的目标是号召散居在世界各地的犹太人重返犹太人的故乡巴勒斯坦,在那里重新建立一个以犹太人为主权民族的国家,复兴整个犹太民族。在犹太文化发展史上,犹太复国主义运动的出现受到哈斯卡拉运动的直接影响,可以说它既是哈斯卡拉运动的继续,也是哈斯卡拉运动的一条最终出路。该运动的发展极大地影响了20世纪犹太人的生活和犹太民族的命运,并在运动开展的50年后直接导致一个以犹太人为主权民族的国家——以色列国的出现。

思想的历史由来

这里所说的犹太复国主义既指犹太民族还乡复国的思潮,也指犹太人以还乡复国为宗旨的运动。作为一种思潮,它与犹太历史上的回乡观紧密联系在一起。它所用的Zionism① 一词明白无误地反映了它所要实现的目标;作为一种运动,则与当时已经在犹太民族中广泛开展的复兴运动成为一体。

作为一种思潮,它早在犹太民族失去家园后的古代,即第一圣殿被毁后就已产生,是失国流亡的犹太人在异国他乡——巴比伦产生的一种返回家园的观念。当这种回乡观与犹太人的宇宙观——在救世主降临时得到解放的思想融合在一起

① 该词的词根是《圣经》中的Zion,原指耶路撒冷的一座小山——锡安山,自巴比伦之囚以来一直指代犹太人的家园。又译“锡安主义”。

时，便成了犹太人所特有的一种人生观——希望有朝一日会重新回到“上帝应许之地”，在那里自由自在地生活。犹太人的这一回乡观自产生以来便在犹太人生活中造成实际影响，使散居在世界各地或流亡海外的犹太人不断采取回到故土以色列居住、生活的实际行动。而这样的行动被称为“阿利亚”[①]。阿利亚对再建以色列故土上的犹太人社团和最终复国意义重大。第二圣殿时期，许多著名精神领袖都是从巴比伦返回的犹太人。在以后的各个时期，以色列故土犹太人的存在主要应归功于阿利亚。现代以色列国的建立更是离不了这一运动。

历史上，返回故土以色列的人往往面临许多艰难困苦。路程遥远，行程困难。交通工具不是缺乏，就是不定期，沉船的事也屡屡发生，强盗和海盗的袭击时有所闻。此外，抵达的犹太人往往还遭受统治当局的不公正对待，政治和宗教迫害犹太人的事也时常发生。尽管如此，返回故土以色列的迁移在历史上从未间断，包括了来自各犹太教派和各犹太社团的犹太人。

从第二圣殿到锡安热爱运动期间的阿利亚

早在第二圣殿时期，犹太人重返故土的阿利亚就出现过多次。希勒尔的阿利亚便是著名一例。当他从巴比伦返回时一贫如洗，两手空空，后来却成为犹太教公会的领导人。一位由希律王任命的大祭司也是从巴比伦归来的犹太人。阿利亚活动并没有随着第二圣殿被摧毁而停止。资料表明，故土以色列犹太社团的许多著名学者都是从以色列以外的地方返回的犹太人，其中有从埃及归来的哈南·哈-米茨里，从大马士革归来的约施·本·多马斯科斯。他俩均属于第二圣殿时代后开始的坦拿时期中的第三代。第四代中有从亚历山大底亚归来的约哈南·哈-桑德拉拉比和从巴比伦归来的纳坦·哈-巴夫里拉比。第五代中有犹大·哈-纳西和门徒大希亚拉比和伊西·犹大。他们两人也都是从巴比伦返回的犹太人。

在阿摩拉时期，尽管巴比伦已经成为犹太学者云集中心，仍然有犹太人从巴比伦返回以色列。第一代阿摩拉中归回以色列的有哈里南·哈马。他是犹大亲王的门徒，后来成为以色列故土上最著名的一位从事学术研究的阿摩拉。在以后几代阿摩拉中，也有不少是从海外归来的，其中包括从非洲返回的希尼南·卡蒂南阿。一些归来的人后来成为以色列故土上犹太社团的中坚力量。

公元313年，罗马皇帝君士坦丁大帝宣布基督教合法，开始迫害在他统治下的巴勒斯坦地区的犹太人，造成故土以色列犹太人口急剧减少。加上在这期间，《耶路撒冷塔木德》编撰完成，阿摩拉发言人公开反对那些为了返回以色列而置家人于

① 在希伯来语中的文化涵义为“上升”、“向上”，在犹太教礼仪中，指召唤信徒登上诵经台，面对会众宣读指定的一段《托拉》章节，被认为是一种光荣待遇。在古代，去圣地耶路撒冷也被认为是一种“阿利亚（上升）”举动。该词首先用来指流散犹太人返回以色列故土一事，是在犹大王国灭亡后，犹太人沦为“巴比伦囚虏”时期。当时，凡是犹太人从流亡地巴比伦返回以色列的行动都被叫做“阿利亚”。

不顾的人,犹太人从巴比伦返回的活动几乎完全停止。520 年,流亡巴比伦犹太社团的一位后裔独自一人返回太巴列,随后,被任命为当地学术界的领袖。

7 世纪以来的几百年中,穆斯林在这一地区占据统治地位,有关犹太人返回故土以色列的具体情况很少为人们所知。9 世纪左右,卡拉派开始号召人们返回以色列,不少著名拉比设法返回以色列居住,领导那里的犹太社团和学术界,其中包括来自摩洛哥的所罗门·犹大等。1165 年,迈蒙尼德的父亲曾率子女返回,住了六个月后才离去。12 世纪,由于穆瓦希德当局对犹太人的迫害,不少犹太人从北非返回以色列。据说当时居住在以色列的犹太人家已逾数千户。

欧洲历史上对犹太人的迫害活动是促使阿利亚不断的一个重要因素。1210 年至 1211 年,约有 300 名法国和英国拉比由于不堪忍受基督教会的迫害,先后返回以色列,成为当时最重要的一次阿利亚行动。有关资料记载,当时巴勒斯坦的统治者热烈欢迎他们的到来,并为他们在以色列建造会堂和经学院。1260 年前后,有更多的犹太人从欧洲一些国家返回。

13 世纪末,由于十字军与穆斯林之间的激烈战斗,阿利亚行动暂时停止了下来。1306 年,法国掀起的驱逐犹太人的活动使得埃斯托里·哈-帕赫拉比于 1322 年来到以色列定居。他是第一位撰写以色列地理的学者。随后,又有许多犹太人从西班牙和德国返回故土以色列。15 世纪,相当一批意大利犹太人回到以色列,对那里的犹太社团造成一定影响,其中来自弗拉拉的以利亚在一封信中详细叙述了 14 世纪末到 15 世纪初阿利亚的历史,以及其全家在那里的生活情况。

15 世纪返回以色列的还有从美索不达米亚、波斯、印度、也门以及北非一些国家来的犹太人。1516 年,土耳其奥斯曼帝国对巴勒斯坦的统治开始,许多犹太人从西西里、意大利、法国、德国以及亚洲一些国家返回,不少被西班牙和葡萄牙逐出的犹太难民也纷纷返回那里。这些犹太移民的到来,使以色列不少地区的犹太人社团得到了发展。移民中有一部分人在耶路撒冷定居,更多的人去策费德落户。来自意大利的犹太人甚至在那里建立了自己的社区。由于策费德在 16 世纪是犹太神秘主义中心,不少犹太人纷纷从欧洲各国、亚洲地区和北非诸国去那里定居。据一位来自也门的犹太旅行家记载,16 世纪中叶,策费德犹太人口已超过 14000 人。

17 世纪初,卡拉派恢复了重返故乡的移民活动。由犹大·哈西德拉比和哈伊姆·马拉拉比领导的沙巴特阿利亚是当时规模最大的一次。启程时尽管只有 31 户人家但抵达以色列时人数已达 1500—1700 人,其中绝大多数是途中加入进来的。不幸的是,由于哈西德拉比在到达后不久死亡,加上缺少生活来源,疾病肆虐和人们对沙巴特运动的偏见,这批人很快就各奔东西,没能在耶路撒冷久留。

18 世纪,仍不断有犹太人成批结队返回以色列。1722 年,一批由意大利加昂以利亚组织的阿利亚成功抵达并在耶路撒冷建立了自己的社团。到 1741 年,耶路撒冷犹太人达 10000 人,人数较多的阿利亚主要来自土耳其、也门、突尼斯、摩洛哥等地。18世纪末，哈西德派信徒组成的阿利亚开始。哈西德派把返回故乡作为一条主要教义加以宣传，致使许多哈西德教徒纷纷加入阿利亚行动。1764年，第一批人员启程前往故乡，14年后，一支由300人组成的移民队伍又开始朝以色列进发。许多人在策费德、太巴列、希布仑定居。这一阿利亚行动一直持续到19世纪30—40年代。

1830年，德国犹太人的阿利亚在摩西·萨克斯带领下开始出现。萨克斯是第一位想到应该设法在故土以色列造就一个大规模犹太社团的人。来自德国的犹太移民中包括撰写著名以色列历史著作的学者杰霍塞夫·施瓦茨和埃利泽·伯格曼拉比。由荷兰犹太人组成的一次阿利亚也在这期间抵达以色列。他们和德国移民一道在以色列成立了荷兰—德国犹太社团。由摩西·索佛拉比掀起的来自匈牙利的阿利亚也颇具规模。这支主要由青年人组成的移民日后在耶路撒冷发挥了重要作用。随着返回人数的增加，他们组成了自己的社区。19世纪，有一定规模的阿利亚还包括来自土耳其、伊拉克、波斯、阿富汗、库尔斯坦等东方国家的犹太移民。到1845年，故土以色列全境约有12000犹太人。他们大部分居住在耶路撒冷、策费德、太巴列和希布仑等圣城。当1882年锡安热爱运动出现在俄国，并开始有组织向故土以色列移民时，故土以色列全境犹太人已增至24000人。

历史上，阿利亚思想和行动尽管并没有造成犹太人在犹太人故土的大量回归，但是其重要性是不可低估的。历史上的阿利亚不仅确保了犹太人与以色列故土的精神上的联系，而且确保了犹太人在以色列故土的不间断存在，特别是在耶路撒冷、策费德、太巴列和希布仑等圣城的不间断存在。在一定意义上，人们完全可以说，犹太复国主义思想和行动是它的一种自然延续。

运动的背景

现代犹太复国主义思想作为一种系统理论产生于19世纪中叶的欧洲，导致这一情况出现的主要因素是：(1)欧洲启蒙运动和法国大革命民主、自由思想的影响；(2)重新在欧洲各国抬头的反犹排犹思潮和迫害事件的反作用；(3)民族主义思想的影响；(4)犹太人传统回乡复国观念的新发展。

18世纪末和19世纪初，在欧洲启蒙运动和法国大革命的影响下，民族自由、民族独立、民族平等的意识在欧洲大陆得到普遍传播，日益深入人心。欧洲非犹太人社会开始对过去实行的对犹政策进行反思，一些人从理性主义出发，意识到不应再将犹太人作为社会劣等人对待，而应还他们以自由和平等的权利。1791年9月，法国国民议会通过新宪法，首先以国家的名义宣布给犹太人以平等的公民身份，使犹太人第一次享有与非犹太公民完全一致的自由平等权利。接着，德意志各公国也在宪法中废除了“犹太人在法律上无权”的条款，还公民权于犹太人。随着拿破仑战争的扩展，欧洲其他国家，如意大利、荷兰等国也相继宣布“解放”犹太人。

然而,犹太人在法律上的"解放",并没能使得欧洲社会长期形成的反犹主义传统失去影响,没能为非犹太人社会所抛弃。相反,由于这类解放犹太人的宣布常常是有条件的,加上欧洲政治局势的动荡和反复,犹太人不仅从来没有获得真正意义上的解放和享受其他民族所享有的平等权利,而且犹太人当时到手的权利通常也只限于经济领域,在其他领域,特别是政治领域则几乎无权可言。此外,在社会生活方面,欧洲非犹太社会对犹太人并不信任,偏见依然很深,传统的反犹排犹思想仍有很大的市场。1848 年欧洲革命失败后,反犹主义又开始重新抬头,这种重新抬头的反犹主义还得到了当时在欧洲流行的种族主义学说的有力支持。那种把日耳曼人称为优良纯洁种族,把犹太人说成是低劣、毫无价值的人种的伪科学,加深了欧洲非犹太民族对犹太人的历史仇恨,致使反犹排犹事件层出不穷,愈演愈烈。在封建主义根深蒂固的东欧和俄国,犹太人的处境更为悲惨。从未获得公民权的东欧犹太人不仅在社会生活、经济文化、政治地位等方面受到歧视和排挤,而且不时遇到当局有组织的无端驱逐和迫害。1881 年,俄国发生了刺杀沙皇亚历山大二世事件,尽管犹太人与此暗杀事件并没有干系,却成为这一事件的替罪羊,以集体迫害[①]为特征的屠犹暴行顿时席卷全国,被害犹太人不计其数。1882 年沙皇政府颁布的"五月法令"更是造成大批犹太人或是惨遭杀戮,或是出逃外迁,影响之烈为中世纪以来所仅见。在反犹主义的影响下,就连最早给犹太人以平等公民权的法国也出现了对犹太人的迫害活动。1894 年发生的德雷福斯案件便是一件臭名昭著的反犹事件。

俄国发生的集体迫害

① 通常对这场迫害使用的是"pogrom"一词,表明这场迫害受到沙俄政府的默许和怂恿。

与此同时，经历了哈斯卡拉运动洗礼的犹太人的民族复兴愿望更为强烈。当政治上已经觉醒、经济地位又不断提高的犹太民族面对重新抬头的反犹排犹阵阵浪潮时，他们再也不可能像中世纪那样默默忍受非犹太人社会对他们的压迫和屠杀。在这种情况下，寻求自我解放之路，设法取得主权民族的地位，已是犹太民族发展历史的必然。

此外，在欧洲民族主义运动不断取得胜利的鼓舞下，一批受到民族主义和民主思想影响的犹太社会贤达和知识界人士开始对犹太民族的前途做认真的思考。他们不仅探讨犹太民族在长达2000年历史中备受迫害的根源，同时还提出解决这历史难题的途径和办法。他们以批判的态度继承了犹太民族的传统复国观念，即在扬弃其中坐等救世主降临的消极成分的同时，增加了通过犹太人的自身努力就能获得全民族自我解放的新内容，从而逐步提出并完善了一种有系统的政治理论——现代犹太复国主义。

综上所说，19世纪出现在欧洲大陆的民族主义运动可以说是当时欧洲最强大的政治力量。兴起于19世纪末的犹太复国主义运动在广义上说是与这一民族主义运动密不可分的。它既是这一民族主义运动的产物，也是这一运动的一个组成部分，目标是为犹太民族赢得主权民族的地位。然而，由于当时犹太人的处境不同于其他渴望取得主权民族地位的人民，犹太人与他们企求在那里建立民族之家的那块领土之间的联系，也不同于其他人民与他们国土之间的联系，不可能像其他受压迫民族那样只要推翻压迫他们的殖民统治就能获得解放。犹太人要真正实现民族复兴显然必须走一条完全不同于其他民族复兴所走的道路。

思想家和先驱

在一大批为早期犹太复国主义理论做出贡献的思想家和先驱者中，摩西·赫斯、利奥·平斯克、西奥多·赫茨尔三个人的理论最具划时代意义。

摩西·赫斯(Moses Hess，1812—1875)是第一个提出犹太复国主义政治目标的犹太思想家。面对根深蒂固的欧洲反犹主义，赫斯把他对于犹太问题的思考写成了一本名叫《罗马和耶路撒冷》的书。该书于1862年出版。赫斯在书中指出：犹太人问题是当前欧洲“最后一个重大民族问题”，对于一个寄居在其他民族土地上的犹太民族来说，想要摆脱反犹主义迫害的唯一办法是返回以色列，在那里重建一个犹太人的国家。这个办法不能依靠救世主的力量，而应通过每个犹太人的自身努力来实现。为此，他号召散居世界各地的犹太人向巴勒斯坦移居，并要求每一个犹太人都对以色列的复兴负起责任来。他提出：“为了使犹太国复活，我们应当首先考虑从政治上复活我们的国家……这种复活就是向我们祖先的国家移民。”他还准确地预见：保持复国传统信仰的东欧犹太人将是这支移民队伍的主流。赫斯的复国主张，由于缺乏具体可行的实施办法，在当时并没有受到犹太人的重视。

1881年俄国迫害犹太人事件造成大批犹太人出逃外迁,使得许许多多犹太人从同化梦中惊醒,重新思考他们的命运。第一个站出来做出反应,并号召犹太人站起来采取民族行动以反抗迫害的,是俄籍犹太医生**利奥·平斯克(Leo Pinsker,1821—1891)**。1882年他在《自我解放:一个俄国犹太人对他同族人的忠告》一书中,不仅从理论上分析了犹太人问题的症结,而且提出了犹太人还乡复国的实施原则和具体手段。他指出:长期以来,在所有被压迫的少数民族中,只有犹太人没有生活在可以实现自己理想的土地上。他认为,没有土地的民族和没有影子的人一样是不正常的,犹太人因而成了这个世界上的一个幽灵民族。他们在世界的所有地方都被看成少数民族,没有一个地方被视为正常的多数,在世界的所有地方都被当作"异客",没有一个地方被视为"主人"。他分析说,只要这种现象存在一天,反犹主义就一天不会消失。因为从根本上说,反犹主义是一种对异邦人的恐惧和憎恨的精神变态现象。他进而论证说:那种认为只要犹太人改革他们的信仰,加入到多数民族中去,便会为非犹太社会接受,而得到他们渴望已久的平等权利的说法,不仅在理论上是错误的,在实践中也是行不通的。其原因不是由于犹太人不能够被同化,而是在于多数民族最终不会允许犹太人与他们融合,同化到他们中去。在这里,平斯克实际上断然排除了各国犹太人与非犹太人在同等地位上生活在一起的可能性。他认为对于犹太民族而言,唯一的解决办法是必须掌握自己的命运,争取建立自己的国家。只有在犹太人自己的家园中,犹太民族才能恢复他们的尊严和健康心理,才能最终成为一个"正常"民族。平斯克在书中提出了一项具体复国计划,包括召开所有俄国犹太团体代表参加的全国性会议,商讨购置一块可以供数百万犹太人居住的土地。不过,在当时,他并没有强调这块土地必须是巴勒斯坦。他认为,解决犹太人问题的关键"不是要有圣地,而是要有我们自己的土地"。而可供选择的土地,"可以是北美的一小块土地,或是亚洲土耳其的一块享有主权的帕夏领地"。平斯克《自我解放》一书的发表,为正在寻找自身解放出路的犹太民族提供了一个强大的思想武器。从某种意义上说,它为犹太复国主义运动的最终兴起奠定了思想理论基础。

使早期犹太复国主义理论最终系统化的思想家是出生在匈牙利的犹太人**西奥多·赫茨尔(Theodor Hertze,1860—1904)**。早年的赫茨尔,与许多受到欧洲启蒙思想影响、并接受了法国大革命思想的青年人一样,认为解决犹太人问题的最佳办法是实行同化,通过接受洗礼和通婚等方式,消除非犹太社会对犹太人的偏见和仇恨心理。但1894年出现在法国的德雷福斯事件对他的触动很大。他开始认识到同化的道路是走不通的,也是走不得的。对于大多数想获得解放的犹太人来说,唯一的解决办法是有组织地移居到一个属于他们自己的家园去。赫茨尔把他对解决犹太民族面临问题的思考写入了他的著名小册子《犹太国:现代解决犹太人问题的一种尝试》。他在书中指出:犹太人问题并非社会或宗教问题,而是一个民族问题。只有作为"世界性的政治问题,由全世界各文明国家齐聚一堂加以讨论和处理,才能得到解决”。他强调说，建立犹太国的必要条件是犹太富人的金钱和大国的政治支持，他因而建议成立“犹太人协会”和“犹太公司”两个机构，专门负责组织工作，政治谈判，筹措移民经费，以及开展商业贸易活动。赫茨尔还特别重视政治领导作用。他指出：如果犹太人有了统一的政治领导，就可以着手解决犹太人问题，为此，他建议“召开一次知名人士大会，讨论把犹太人迁移到一个犹太主权国去的问题”。至此，一个完整清晰的犹太复国主义理论终于出现。它的出现为创建犹太复国主义运动组织提供了理论依据，直接导致了犹太复国主义运动的蓬勃兴起，同时还为该运动所要实现的政治目标指明了方向。

装有赫茨尔遗骸的棺木从维也纳运抵以色列
以色列故土成为这位“国父”的永久安息地

运动的开展

犹太复国主义运动是伴随着犹太复国主义思潮的出现而兴起的。1860 年，法国犹太人建立了一个慈善和文化组织“世界犹太人联盟”，并于 1876 年在巴勒斯坦雅法附近建立了第一所犹太农业学校，率先把目标选在犹太人的故土——以色列地。1862 年，德国法兰克福成立了第一个犹太移民巴勒斯坦协会。1878 年，巴勒斯坦出现了第一个由犹太移民组成的农业定居点。这些组织和机构的出现尽管是自发的和零星的，但它们的出现毕竟是在朝着犹太复国主义所要确立的目标的同一方向上，因而可以看作是犹太复国主义运动兴起的前奏。

最早出现的犹太复国主义运动的政治组织是在平斯克犹太复国主义思想影响下，在俄国和东欧建立起来的“比路”和“热爱圣山运动”。这是现代犹太人为了政治目的而自觉结合在一起的组织。在这些组织的号召和组织下，出现了犹太人向巴勒斯坦移民的第一次浪潮。1891 年 9 月，德国犹太人布丹哈米尔发出的“全世界犹太复国主义者联合起来！”的政治号召，预示着犹太复国主义运动将在世界范围内兴起。1893 年,在布丹哈米尔、威尔福逊、比兰包姆三人筹备下,德国犹太复国主义者代表大会首先在柏林聚会。大会通过了建立犹太复国主义统一组织,财务基金会,鼓励并组织犹太人定居巴勒斯坦等方案。

1897 年 8 月 29 日,在赫茨尔的倡议和组织下,来自世界各地的数百名犹太人代表在瑞士巴塞尔召开了第一届世界犹太复国主义者代表大会。大会通过的《世界犹太复国主义纲领》明确宣布,犹太复国主义运动的目标是“在巴勒斯坦为犹太民族建立一个由公共法律所保障的犹太人之家”。大会还宣布成立世界犹太复国主义者协会,作为运动的政治领导机构,赫茨尔被推选为协会第一任主席。这次大会的成功召开,标志着犹太复国主义运动已由一个分散的、自发的、地区性群众运动,发展成为一个有纲领、有组织、有统一领导的世界性政治运动。大会以后,运动的领导机构在维也纳开设,并出版机关刊物《世界报》(周刊)。1899 年,犹太殖民托拉斯成立,该公司卓有成效地参加了巴勒斯坦的开发事业;1901 年召开的第五届世界犹太复国主义者代表大会决定成立犹太国民基金会,用于购置土地和发展犹太人定居点。从第一届世界犹太复国主义者代表大会结束到第一次世界大战爆发前,运动的中心任务集中在壮大犹太复国主义运动力量,游说大国政治支持,从土耳其政府获得一项特许,组织犹太人向巴勒斯坦移民以及开发该地区生产等几方面。1904 年,赫茨尔逝世,运动机构迁至德国科隆,后移到柏林。

1898 年在巴塞尔举行的第二届犹太复国主义者代表大会

截至 1914 年,直接参加犹太复国主义运动的犹太人已超过 13 万人,在巴勒斯坦建立了 43 个犹太定居点,但发展仍很缓慢。第一次世界大战爆发后,犹太复国主义运动领导中心转移到英国。以英国犹太化学家、政治家哈伊姆·魏兹曼为首的领导层抓住时机,通过不懈的艰苦努力,终于促使英国政府于 1917 年 11 月 2 日发表《贝尔福宣言》，赞同犹太人"在巴勒斯坦建立一个犹太人民的民族之家"的目标。《贝尔福宣言》的发表既是犹太复国主义运动取得的一项重大外交胜利，也是运动走向目标的真正转折点。宣言发表后立即得到了包括美国在内的协约国主要国家的赞成。在第一次世界大战结束后举行的巴黎和会上，其基本原则又被包含在国际联盟通过的、授予英国以治理巴勒斯坦地区权力的委任统治条款中。委任状承认犹太人民与巴勒斯坦的历史联系，指示委任国鼓励犹太人移居巴勒斯坦，并在那里密集居住，规定希伯来语与阿拉伯语和英语一样是官方语言。同时，还允许犹太人进行自治管理，伊休夫作为犹太人机构、对内处理犹太人自身事务，对外代表犹太人在经济、社会等事务上，与英国托管当局合作并提出建设性建议。和会之后，犹太复国主义运动中心开始移至巴勒斯坦。

在委任统治的最初 10 年中，犹太复国主义运动的任务集中在发展犹太人的组织和各项事业上。由于移民速度减慢，各项事业发展不快。在这期间，阿拉伯民族主义运动却得到了发展，阿拉伯人由于担心巴勒斯坦最终会成为一个犹太人国家，开始与犹太人发生冲突。而犹太人与阿拉伯人冲突的不断升级又导致了与英国托管当局关系的恶化，使得犹太复国主义运动所要实现的目标蒙上了一层阴影。然而，随着希特勒在德国掌权和反犹政策的大规模推行，犹太移民的数量开始增加，仅在 1934—1939 年期间，移民人数就相当于以往 20 年移民总数的两倍多。犹太人的管理机构伊休夫的实力因此得到了充实和加强。然而，移民的增加也使得阿拉伯人的不安加剧。而这种不安很快发展成为反对英国托管当局的暴力行动。为了缓和阿拉伯人和犹太人之间的冲突，平息反对托管当局的行动，英国的一个皇家委员会经过调查，建议把巴勒斯坦分割为一个阿拉伯国家、一个犹太国家和一个英国区来代替委任统治。这是分治思想和原则的最早提出。尽管犹太人接受分治原则，但由于阿拉伯人的反对，分治方案终被搁置。英国于 1939 年发表了白皮书，对犹太移民的最高限额做出规定，造成英国当局与犹太人的冲突加剧。

被纳粹抓获的犹太儿童

第二次世界大战的爆发以及纳粹德国对欧洲犹太人的大规模迫害，使得数百万犹太人惨遭屠杀。面对空前的大屠杀，犹太复国主义运动不仅得到越来越多的犹太人的支持，而且得到越来越多的其他国家人民和政府的同情。

第二次世界大战结束后，犹太复国主义运动为了安置 10 万纳粹暴行的幸存者，与英国托管当局和阿拉伯人的紧张关系很快达到了高峰。处于进退维谷的英国政府再也无法对付这一局面，他们先把巴勒斯坦问题提交英美委员会,后又于 1947 年 4 月提交战后成立的联合国处理。在犹太复国主义运动人士的游说和努力下,联合国特别会议于 1947 年 11 月 29 日以 2/3 多数通过“关于在巴勒斯坦地区实行分治”的方案决议,第一次以国际组织的名义宣布承认了犹太民族有建立自己国家的合法权利。

1948 年 5 月 14 日,随着英国托管当局总督的离开,英国在巴勒斯坦进行的委托统治正式宣告结束。与此同时,一个以犹太人为主权民族的现代以色列国也宣告成立。至此,犹太复国主义运动在 50 年前所确立的目标终于得以实现。

运动的方针

犹太复国主义运动的成功与该运动采取的方针联系在一起,特别是在运动的后期,它在巴勒斯坦实行分治问题上所采取的现实主义立场确保了一个犹太人国家的最终建立。事实表明,犹太复国主义运动采取的方针在某种意义上是犹太文化精神的一种折射和反映。

19 世纪出现在犹太复国主义运动之前的犹太民族运动几乎很少带有政治色彩,他们的奋斗目标主要是出于宗教、精神或慈善方面的考虑。这一倾向从当时发表的众多小册子可以清楚地看出。当然,大的变动总会唤醒新的希望。非犹太社会出于宗教对犹太人返回圣山运动的支持,使得犹太人不再满足于一般意义上的解放。他们在希望获得公民权的同时,也希望能赢得作为一个独立民族的权利。犹太人的这一愿望在赢得少数人的同情的同时,却遭到大多数人的敌视。古老的反犹主义在披有“科学外衣”的种族论的影响下开始重新抬头。19 世纪最后 25 年,东欧爆发了最严重的集体迫害犹太人事件,致使大批犹太人逃往西方,特别是美洲大陆。面对这一迫害,俄国出现的热爱圣山运动几乎无能为力。在成千上万犹太人逃往新世界的同时,却有一小部分人来到了犹太人古老的故乡。然而,正是这一小部分人的到达及时地为现代犹太人国家的建立奠定了基石。

赫茨尔时代 如果说热爱圣山运动领导人的目标是为了通过平静的艰苦劳动使犹太民族重新成为一个健全、正常的民族,并最终使犹太民族得到振兴,赫茨尔的手段则是为了从当时实际管辖巴勒斯坦奥斯曼帝国政府(土耳其政府)那里获得一张能保障犹太人大规模移居巴勒斯坦的特许状。为此,赫茨尔先后游说犹太著名人士希尔施、德皇威廉二世和土耳其苏丹王。不幸的是,这些努力均未产生任何结果。为了寻求政治和财产支持,他曾一次又一次访问伦敦和巴黎,这类访问的结果使他开始意识到要想解决犹太人受迫害这个长达两千年的历史难题,除了组织和发动群众运动外已别无选择。在各犹太复国主义组织和犹太知名人士的支持下,由他发起组织的第一届世界犹太复国主义者代表大会,终于在 1897 年 8 月 29 日在瑞士巴塞尔召开。这是自犹太人被驱散到世界各地以来的第一次世界范围内犹太人的大聚会。会议确定“把在巴勒斯坦为犹太民族建立一个由公共法律所保障的犹太之家”作为犹太复国主义运动的总方针。对于如何贯彻大会纲领，不同派别有不同的观点。以赫茨尔为首的"政治派犹太复国主义者"认为，犹太人要想进行合法的、有组织的移民和建立定居点的计划，就必须首先从某大国处获得移民特许状，因为只有特许状才能从法律上保障移居那一地区的犹太人的权利，其他移民办法属于一种渗透行为，只会导致运动的失败。然而，"务实派犹太复国主义者"却认为，犹太人在故土以色列的权利是自然的、天赋的、生来就有的。向那里移民，在那里定居不能被称为"渗透行为"，而且在任何时候、任何情况下都可以进行。不同的观点导致了不同的做法，"政治派"采取的是上层路线，为争取大国的同情和支持，不停地进行一次又一次谈判，结果是离圣山越来越远；而"务实派"采取的则是群众路线，务实手段，不断组织犹太人向圣山移民，在那里兴办犹太人事业，与圣山越结越紧。这两种观点终于在第六届犹太复国主义者代表大会上围绕"乌干达计划"①发生激烈冲突，几乎造成运动的瓦解。几个月后，赫茨尔逝世，赫茨尔时代也随之结束。

开垦以色列地的犹太移民

过渡时期　尽管赫茨尔的继承人仍有意继续执行赫茨尔政策，但是由于"乌干达计划"不再被认为是现实的，"务实派"在故土以色列的工作开始受到重视，成为犹太复国主义运动优先考虑的一项任务。1905年召开的第七届犹太复国主义者代表大会是这一变化的转折点。一部分支持乌干达计划的人士在大会正式拒绝这一计划后宣布退出，成立独立的组织。"务实派"在犹太复国主义运动中的力量得到了加强，他们第一次在执行委员会中取得席位，并与"政治派"平分表决权。在这期间，第二次阿利亚掀起。在十年之中，有近四万名犹太人移居故土以色列，在那里扎根落户，发展合作事业，建立互助社团，著名的基布兹运动也在这一时期走向高潮，所有这些对把这块土地建成一个自给自足的犹太家园起到了关键作用。与此同时，犹太复国主义者协会主席沃尔夫森仍继续积极寻求大国的同情和支持，设

① 希望在非洲乌干达建立一个犹太人居住地的计划，最早由英国人提出。

法获得“合法”地位。不过其所作努力屡屡碰壁,收效甚微。在这一情况下,犹太复国主义者只得集中力量首先解决犹太人在巴勒斯坦面临的实际问题,如定居、发展农业和犹太文化事业等,以此促进犹太复国主义运动的发展。

与阿拉伯人的关系 19 世纪,由于奥斯曼帝国长期的封建压迫和残暴统治,阿拉伯人的觉醒相对说来较为迟缓,阿拉伯民族解放运动处于萌芽状态。进入 20 世纪后,阿拉伯人开始成为一个重要的政治因素,越来越多地表达自己的观点。犹太移民的到来,与犹太人的接触增多,一些牵涉到土地购买、商业竞争、劳力纠纷、民族暴动之类的矛盾和冲突开始出现。第二次阿利亚带来的青年移民几乎占据了所有犹太定居点中的就业机会,巴勒斯坦的阿拉伯人开始第一次感到犹太移民对他们的生计是一种威胁,小规模的抗议和暴动事件时有发生。在土耳其人占绝对统治地位的议会中,阿拉伯人代表与犹太人代表也经常就一些问题发生争执。不过,随着病入膏肓的奥斯曼帝国的即将解体和崩溃,犹太人曾努力开展与阿拉伯人的政治接触,以协调相互之间的关系。1914 年,阿拉伯人曾就一系列阿拉伯民族的公共事业与犹太人在君士坦丁堡进行了会谈。同年 5 月,犹太复国主义者协会执委会成员索科洛夫在贝鲁特和大马士革两地与阿拉伯人会谈,会谈的积极成果之一是决定在当年夏天召开一次由阿拉伯人和犹太人共同参加的联合会议,讨论阿犹关系方面的问题。可是,由于第一次世界大战的爆发,会议没有能够按期举行。

第一次世界大战和《贝尔福宣言》 犹太复国主义运动的精神力量是民族的,但组织形式却是国际的。第一次世界大战的爆发使生活在战场两侧的犹太人处境十分困难。运动的总部当时设在柏林,然而,大多数运动的追随者都生活在与德国交战或保持中立的国家。关于总部所在地的争执,反映了犹太复国主义者内部对战争所持的不同观点。英美犹太复国主义者要求将总部迁至美国,并置于布兰代斯领导之下。俄国犹太复国主义者则担心这一举动可能导致与德国的直接对抗,与土耳其当局关系进一步恶化,从而危及巴勒斯坦犹太人的存在,因此他们希望在中立国丹麦的哥本哈根设一协调局。而德国犹太复国主义者则不希望改变总部地址。结果是总部仍留在柏林,但执委会一部分成员前往君士坦丁堡,负责巴勒斯坦伊休夫运动的发展,两名委员被派往伦敦,负责那里的政治活动,另一名委员前往美国开展工作。留在柏林的委员力图从德国当局获得对犹太复国主义运动在巴勒斯坦事业的支持,但这类要求均没能得到肯定的答复。土耳其统治者则在巴勒斯坦和叙利亚开始一系列驱逐犹太人的行动。经过一系列幕后活动,这一行动才逐步缓和下来,没有对伊休夫产生过多的损害。在参战国内,各国政府对一切偏离战争活动的镇压,致使犹太复国主义者的活动几乎全部陷于停顿。一些犹太青年被拉上战场,移民活动一度终止。

然而,犹太复国主义在英国进行的政治活动却有了长足的进展,犹太复国主义运动新一代领导人魏兹曼开始崭露头角。他们看准不列颠帝国对中东地区的意图,反复宣传犹太人的目标与英国的战略和利益的一致性,支持和维护英国人在那一地区的利益，努力争取英国公众的支持和理解，大力游说英国政府要员，经过三年的协商和会谈，终于使英国政府在1917年11月发表了著名的《贝尔福宣言》，赞同“在巴勒斯坦建立一个犹太人民的民族之家”。这无疑是犹太复国主义运动成立以来最重大的一项外交胜利，是使运动走向既定目标的一个转折点。为了将纸上的保证变成现实生活中的事实，犹太复国主义者随即制定了贯彻《贝尔福宣言》的实际步骤。第一次世界大战结束前的数月，一个赴巴勒斯坦工作的犹太复国主义委员会便宣告成立，其成员包括来自英国、美国、法国、意大利和俄国的犹太复国主义活动分子。委员会于1918年4月抵达巴勒斯坦，首要任务是帮助伊休夫摆脱贫困和为将来的移民开创一个较理想的生活环境。为了改善与阿拉伯人的关系，魏兹曼与阿拉伯领袖埃米尔·费萨尔在1918年举行了会晤。1919年1月阿犹双方签署了一项谅解协议。不过，这一谅解协议未能得到贯彻。当阿拉伯民族主义者要求把巴勒斯坦和叙利亚合并，并想得到整个这一土地时，与犹太人的冲突便不可避免，谅解协议也随之失去了存在的基础。阿拉伯人与犹太人的暴力冲突终于在1920年春爆发，阿拉伯人反对犹太民族向巴勒斯坦移民的活动拉开了序幕。

1918年在外约旦会见的魏兹曼与费萨尔亲王

在1919年巴黎和会上，犹太复国主义者以最顽强的精神维护少数民族的权利，并使得《贝尔福宣言》的基本精神写进了国际联盟授予英国政府以管辖巴勒斯坦权利的委任统治条款之中。

委任统治时期　委任统治开始后，犹太复国主义在巴勒斯坦的方针与英国托管当局执行的政策开始发生冲突。英国当局面对阿拉伯人的抗议和不满，开始逐步执行限制犹太人在巴勒斯坦发展的政策。1921年5月阿拉伯起义后，英国总督宣布：“将停止迁入犹太人”，并对犹太人购买土地做了严格规定。1922年，丘吉尔白皮书发表，对犹太移民人数作了限制。这无疑是对犹太复国主义在巴勒斯坦建立一个犹太人家园的目标的一次严重打击。然而，犹太复国主义领导考虑到英国政府当时的处境，还是接受了白皮书。在他们看来，只要还允许犹太人迁入、投资和购置土地，犹太人就可以建设和开发这一地区，从而就有可能进一步巩固运动的成果。他们的战略部署是：先在巴勒斯坦站稳脚跟，建国的问题留待今后解决。

1925 年,有近三万四千犹太人在巴勒斯坦定居,希伯来大学建成并招生,伊休夫欣欣向荣。1929 年,为了进一步促进犹太人事业,魏兹曼在苏黎世召开的第 16 届犹太复国主义者代表大会上,提出了吸收非犹太复国主义者参加犹太代办处的领导工作的建议。随后,"扩大了的"犹太代办处举行了第一次会议,到会的有相当一批犹太著名人士,其中包括爱因斯坦、比亚利克、阿施、布鲁姆、马歇尔等人。会议的成功举行,为犹太事业带来了新的希望。

1917 年英军进入耶路撒冷,实际获得托管权

然而,巴勒斯坦的形势却越来越严峻,1929 年因西墙事件引发的阿拉伯起义造成了 133 名犹太人死亡,几百人受伤。1930 年 10 月英国政府发表的帕斯菲尔德白皮书,再次计划中止犹太人的移入。为了抗议英国当局的这一做法,魏兹曼等人辞去了犹太人代办处的领导职务。在这一情况下,英国当局不得不取消白皮书中阐述的有关政策。犹太人和英国当局终于在平静气氛中共处了六年。在这六年中,巴勒斯坦经济得到了迅速发展。犹太复国主义运动中一个以雅布廷斯基为首的派别,在这期间成立了自己的政党——犹太复国主义修正派,主张在约旦河西岸建立一个犹太国。其他一些要求在巴勒斯坦犹太人占多数地区成立一个犹太国的激进提案也不断提出。然而,这些要求立国的提案充其量只能看作是长期目标,短期内是不可能实现的。

1935 年,德国纳粹当局对犹太人迫害的加剧致使大量犹太人逃往巴勒斯坦,仅 12 个月就有六万两千多人涌入。面对涌入的犹太人,阿拉伯人强烈要求停止迁入犹太人,要求成立阿拉伯民族政府,并以骚乱和总罢工作为要挟手段。为了防御对犹太人居住区的袭击,犹太人开始组织起来,建立和扩充自己的防御系统和自卫队,这使巴勒斯坦犹太人运动开始朝着组织武装活动的方向发展。

1935 年抵达雅法港的犹太移民船

1936 年,阿拉伯人的骚乱和罢工使得巴勒斯坦问题进入一个新的时期。为保证地区和平,一个皇家委员会被派去调查发生骚乱的原因并提

出建议。委员会得出的结论是委托统治已行不通，建议在巴勒斯坦实行分治，成立一个阿拉伯国、一个犹太国和一个包括耶路撒冷在内的英国治理区。这是首次出现的在巴勒斯坦地区实行分治方案的计划，也是英国政府第一次建议成立一个犹太人的国家。在1937年举行的第20届犹太复国主义者代表大会上，魏兹曼和本-古里安都对分治原则表示支持，大会最后授权执委会与英国政府举行谈判，以取得一项比较满意的分治方案。但由于阿拉伯人的坚决反对，这一方案终于被搁置。1939年，英国政府发布的白皮书建议结束委任统治，建立一个独立的、阿拉伯人占优势的巴勒斯坦国。在前5年准许最高限额为75000名犹太人移入，在后5年是否允许犹太人移入则要根据阿拉伯人的意见决定，并打算将治理权交给阿拉伯人。英国政府的这一决定无异于宣布犹太复国主义运动的死刑，是犹太复国主义领导人怎么也不能接受的。在这之前，犹太复国主义运动领导人基本上执行的是一种温和方针，对那些限制犹太人事业的做法和规定，只要还允许犹太民族之家以合理的速度成长，他们尽量顺从英国当局。在他们看来，巴勒斯坦的政治前途最终将主要取决于力量和人数对比上的既定事实，而不是一个又一个白皮书上颁布的政策。然而，面对英国政府这一扼杀犹太民族正试图努力建立家园的方案，他们说什么也不能容忍。犹太复国主义运动与英国的关系从此走向破裂。1939年8月召开的第21届犹太复国主义者代表大会上，代表们一致谴责白皮书，并宣布伊休夫做好反对任何限制犹太移民做法的准备。由于第二次世界大战即将爆发，大会没有采取任何过激行动。

被英国当局关押在拘留营的超过移民指标的所谓非法犹太难民

在第二次世界大战中，犹太复国主义运动采取的第一个步骤是营救和帮助犹太人逃出德国纳粹的魔爪，救济被困犹太人，接下来便是动员伊休夫参战，组织志愿人员参加盟军。此外，针对英国对移民的限制，设法将犹太移民秘密带入巴勒斯坦也成了这一时期犹太复国主义运动的一项重要任务。

参加第二次世界大战的犹太人

前往以色列的欧洲犹太难民

第二次世界大战结束时,摆在犹太复国主义者面前的一项最主要任务是安置10万名纳粹屠犹中的幸存者。犹太代办处要求英国当局立即准许这些犹太人进入巴勒斯坦。然而,战后新当选的英国工党首相却不予首肯。犹太复国主义运动与英国的正面冲突加剧,以伊休夫哈加纳为主体的犹太武装力量积极开展武装斗争,袭击英国军队,炸毁了设在耶路撒冷大卫王饭店之内的托管政府机关和英军驻巴勒斯坦总部。英国托管当局的对策则是颁布戒严令,实行宵禁,逮捕犹太复国主义运动领袖,处死进行武装斗争的犹太人,解除犹太人的武装等。

1946年,第22届犹太复国主义者代表大会举行。代表就当前的形势和犹太人应采取的对策进行了激烈辩论。最后,大会否决了莫里森计划中提出的在巴勒斯坦建立一个阿拉伯—犹太人联邦方案,拒绝了参加拟议中的伦敦会议的邀请,而通过了在巴勒斯坦地区建立一个与世界民主体制相适应的犹太人国家的政治纲领,决心继续沿着第一届犹太复国主义者代表大会所确定的政治目标前进。

与此同时，巴勒斯坦问题逐渐超出犹太人与英国政府、犹太人与阿拉伯人之间的范围。首先，一个英美联合调查组已经组成；随后，问题又提交联合国。犹太复国主义者针对这一新形势开始了争取国际组织，特别是美国政府支持的努力。英美调查委员会的调查报告主张废除白皮书对犹太移民的限制，立即向10万名犹太难民发放移民许可证，取消对犹太人购买土地方面的种种限制，以及将巴勒斯坦逐步移交给一个新的托管机构管理。英国政府不仅无意执行报告中提出的要求，而且在与魏兹曼进行的会谈中拒绝在巴勒斯坦实行分治方案。面对犹太人的武装暴动和阿拉伯人的不满，束手无策的英国政府终于在1947年4月2日做出决定，把整个巴勒斯坦问题提交联合国处理。犹太复国主义运动领导人利用这一机会，竭力向新成立的联合国安理会巴勒斯坦特别委员会陈述了在巴勒斯坦进行分治、支持成立一个犹太人国家的重要性。犹太人的努力，以及特别委员会在巴勒斯坦的调查结果，显然对犹太人的事业和目标有益。1947年9月1日特别委员会提出了它的调查报告以及希望在巴勒斯坦实行分治的建议。犹太人的下一步目标是在联合国内争取得到支持分治方案所需要的2/3多数票。1947年11月29日，联合国大会对巴勒斯坦分治方案进行了表决，结果33票赞成，13票反对，10票弃权，以超过2/3的多数通过。决议实际上以国际组织名义宣布承认犹太民族有建立自己国家的合法权利。

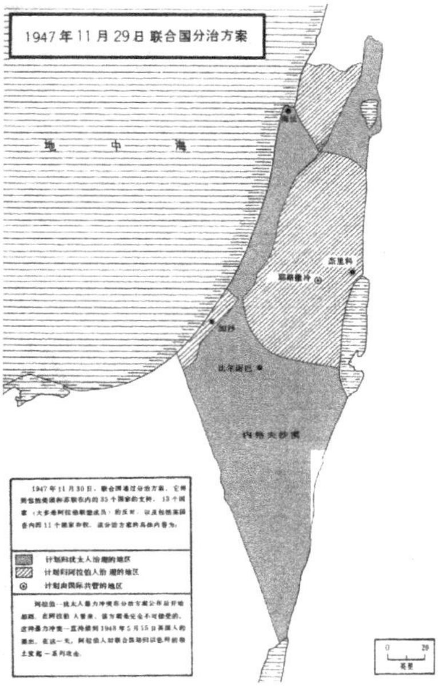

1947年联合国分治方案图

1948年宣告以色列国成立的本-古里安总理

犹太人争取在巴勒斯坦建立一个犹太人家园的斗争并没有到此结束。由于阿拉伯人坚决反对联合国决议,以及拒绝承认犹太人在巴勒斯坦的各项权利,犹太复国主义面临更加严峻的形势,阿拉伯人和犹太人之间的战争序幕已经拉开。以哈加纳为主体的犹太武装力量开展了积极保卫伊休夫的战斗、并为今后可能发生的大规模的军事冲突做了各方面的准备,海外犹太人也为此多方努力。犹太复国主义运动政治领导人则积极为成立犹太人国家而准备。他们制定了独立后行政管理的详细计划,印发了临时邮票和货币,成立了一套完整的临时机构。1948 年 5 月 14 日,随着英国委任统治的结束,以色列国宣告成立。至此,犹太复国主义运动在 51 年前所确立的"为犹太民族建立一个由公共法律所保障的犹太人之家"的目标终于实现。

然而,犹太复国主义运动的历史使命并没有因此而结束。第一次中东战争的爆发,犹太复国主义运动把原有的为在犹太人的古代故乡创立一个犹太民族国家的目标,扩大到维护一个犹太民族国家的目标上。目前,它的组织已扩展到全世界所有犹太社团。其中心任务为:为以色列募捐,从财政上给予支持,鼓励犹太人移居以色列,设法解决阿以冲突,为以色列国争取一个和平环境、捍卫世界各地犹太人的权利,揭露和反对反犹主义活动。

第十章

犹太文化的新中心

20 世纪 40 年代，犹太历史上最激动人心的事件莫过于现代以色列国的建立。犹太民族在被逐出家园近两千年后终于又在其祖先“牧过羊、立过国”的故乡重新建立起自己的民族家园。以色列国的成功建立不仅标志着犹太历史上长达一千八百余年的“大

报道以色列国成立的《耶路撒冷邮报》

流散时期”的结束,一个犹太人作为主权民族国家的重新出现,以及犹太民族站立起来历史的开始,而且标志着犹太文化发展史上一个新时期的开始,一个犹太文化新中心在犹太文化诞生地——以色列地的出现。

国家的成立

虽然犹太民族和世界其他民族一样有建立自己民族家园——犹太人国家的天然权利,可是以色列国的建立还是根据1947年11月29日联合国大会特别会议通过的《巴勒斯坦将来治理问题的决议》[①]而宣告成立的。根据一个国际组织决议来建立国家在当时尽管是仅见,然而,这一立国的方式却使以色列国的成立具有了前所未有的合法性和国际意义,因此,人们完全有理由把以色列国看成是一个在国际法基础上建立起来的国家,是国际社会的意愿。当然,现代以色列国的成立无疑是犹太民族复兴运动的最终结果,是犹太复国主义运动的自然产物,同时还是犹太民族反对迫害、为民族天然权利进行长期斗争的伟大胜利。由于建立起来的以色列国是世界上唯一犹太民族占人口绝大多数的国家,以色列国的建立自然成为犹太民族重新成为主权民族的一种象征。

1948年5月,由犹太代办处、犹太全国委员会,以及其他党派、团体成员组成的全国行政委员会决定接受联合国大会1947年11月29日通过的在巴勒斯坦进行分治的决议,成立一个名叫“以色列”的犹太人国家。开国大典定于自第一次世界大战结束以来一直在巴勒斯坦实行委任统治的英国军队撤离的当天,即1948年5月14日(犹太历5708年以珥月五日)举行。由于周边拒绝接受联合国分治决议

1948年5月14日在以色列国《独立宣言》上签名作证的本-古里安总理

① 即通常所说的联合国“分治决议”。

的阿拉伯国家以武力相威胁，开国大典的庆祝仪式在特拉维夫博物馆内举行，整个过程简短、简朴、隆重，主要由临时政府总理大卫·本-古里安宣读宣告以色列国成立的《独立宣言》。《宣言》号召："居住在世界各国的犹太人团结在以色列的犹太人周围，协助我们完成移居和重建的使命，并同我们一道为实现世代以来的梦想——重振以色列——而奋斗。"宣读结束后，由37人组成的全国行政委员会的25名与会者（其他12名成员因在外地未能与会）签名为证。一个由犹太人为主权民族的国家就此诞生，犹太历史从此进入一个全新的历史时期。

国家简况

以色列国的地理位于亚洲西南部，地中海东岸。面积约20000平方公里，此外有1967年第三次中东战争中占领的戈兰高地、约旦河西岸地区和加沙地带组成的约7000平方公里的土地在其管辖之下。首都为耶路撒冷。国土南北长约470公里，东西宽约135公里，呈狭长形。北面与黎巴嫩接壤，东北面与叙利亚交界，东面与约旦为邻，西南面与埃及相连。按其自然地理可分为五个区域：北部是森林高地，夹有肥沃青葱的谷地；西部为地中海沿岸平原，主要为沙丘和富饶的农田；中部为丘陵地带，向东升高至撒马利亚及犹地亚山脉；东部为大裂谷地带，沿东部边界一直延伸至亚喀巴湾的地球表面最低点死海（海拔以下400米）；南部主要由内盖夫地区沙漠组成。

以色列气候温和，阳光充沛，平均日照达300天以上。一年分雨旱两季。每年的11月至翌年的4月为雨季。降雨量北部为150厘米，南部不足3厘米。各地气候差异较大。沿海平原旱季炎热潮湿，雨季温暖多雨；丘陵地区旱季干爽温暖，雨季多雨，间或有雪；东部旱季炎热干燥，雨季气候宜人；南部终年干热，夜间凉爽。

以色列自然资源较为贫乏，估计铜储量为2100万吨，但钾碱丰富，为世界最大生产国。其他矿产有磷酸盐、嗅化物、镁化物、石灰、盐、石英沙、石膏，此外有少量石油和天然气。可耕地占总面积1/5以上，其中半数得到灌溉。由于淡水资源缺乏，统一的国家灌溉输水系统是供水主要途径。

以色列国的政体为民主制共和国，立法、行政、司法三权分立。总统由议会选举产生，任期五年，只可连任一次。总统职能主要是礼仪性，包括签署议会通过的法律、特赦犯人和减免刑期、接受外国驻以大使呈递国书、任命高级官员担任各有关提名委员会所提名的职位，以及在选举后或现政府辞职后指定某议会成员组织新内阁的各项权力。最高权力机关为一院制议会。它包括120名议员和10个常务委员会。议员每隔四年由全国大选选出。整个国家为单一选区。所有18岁以上公民均有选举权，21岁以上公民均有被选举权。以色列政府必须获得议会信任，享有十分广泛的政策制定权。政府总理必须是议会议员，内阁成员则不受此规定限制。每届政府任期为四年，若出现总理辞职或逝世，或因议会投不信任票现象,则自动解散。以色列无成文宪法,国家治理按照立法、行政法令以及议会惯例进行。司法完全独立于立法、行政机构。法官由总统根据公众提名委员会的推荐任命,70岁依法退休。司法制定由三级法院组成。地方法庭负责审理民事和较小的刑事案件;地区法庭负责审理地方法庭权限以外的所有民事和刑事案件;最高法庭具有全国性裁决权,即是最高上诉法院,亦是受理公民要求公共机关或政府当局做出纠正或赔偿之类申诉的高等法院。此外,还有一些专门法庭,负责受理交通违章、劳资纠纷、少年犯罪、小额借债纠纷等案件。结婚和离婚裁决权则属于各宗教团体的法庭。

为英国议会赠送给以色列国会七枝灯台举行安放仪式

以色列社会基本上已完全城市化,90%左右的居民生活在城市。耶路撒冷(约65万多)、特拉维夫—雅法(约36万)、海法(约27万)[①]是全国三大城市,另有中、小城镇200余个。农业人口(占总人口5%左右)主要分布在基布兹或莫沙夫。基布兹为集体农场性质,目前共有不足300个。莫沙夫为合作制性质,现有400个左右。此外,还有少数个体经营者。

以色列国防军为国家军队。国家实行义务兵役、后备兵役和职业兵役制。按规定所有合格男子(18—27岁)必须服兵役三年,所有合格女子(18—25岁)必须服

① 2003年统计数字。

兵役两年，已婚妇女和有子女者除外。女子因宗教、社会或身体原因免服兵役者，可志愿加入医院、学校、社团服务。每名士兵在服完义务兵役后则编入后备役，每年有一个月时间从事各种军事或与军事有关的训练。男子服后备役至55岁，女子至38岁。服完义务兵役后的合格男女在自愿基础上可转服职业兵役，服役期一般为1—5年。由于以色列与周围的阿拉伯国家处于战争状态，以色列的阿拉伯人免服兵役。但从1957年起，以色列的德鲁兹人(属于阿拉伯人群体)开始按其领袖要求加入以色列国防军。部分贝都因人(同样属于阿拉伯人群体)因同样的原因也已经在以军中服役。

以色列《独立宣言》保障全体国民的宗教信仰自由，个人有选择信仰的权利。目前国民中，犹太教徒占85%，伊斯兰教徒占13%，基督教徒占2.4%，德鲁兹派信徒及其他宗教信徒占1.6%。不同宗教派别、团体可保持各有的宗教、教育和慈善制度。

以色列于1949年颁布义务教育法，规定所有5—14岁儿童接受免费义务教育。1978年的法令将受义务教育者的年龄延至16岁，接受免费教育的年龄延长至18岁。学校类型有：国立学校(占75%)、国立宗教学校(占20%)，私立宗教学校(占5%)。国立学校由教育文化部管理，70%的课程由该部决定，25%的课程由各校自行规定。以色列著名的高等学府有耶路撒冷希伯来大学、特拉维夫大学、巴尔·伊兰大学、海法大学、本-古里安大学、以色列科技大学和魏兹曼科学研究院(该院只招收研究生)。以色列经济以服务业和制造业为主。由于缺乏原材料资源，工业集中于高科技产品，涉及领域有医用电子学、农业技术、通讯、食品加工、精致化学剂、电脑程序编制、太阳能、钻石切割和磨光。农业占国民生产总值1.5%。粮食基本实现自给自足。柑橘种植是农业的骨干产业，是世界最大柑橘生产国之一。其他农作物有西红柿、马铃薯、小麦、棉花、柑橘以外的水果、蔬菜和花卉。草场占土地面积25，主要放养绵羊和牛。旅游业为重要外汇收入来源之一，年接待游客量在200万人以上。

以色列对外关系是以美国和以色列的特殊关系为基石①，重视与西欧的密切关系，发展与第三世界发展中国家的关系。1949年5月起成为联合国成员，现已与世界上绝大多数国家建立正式外交关系。它是中东地区第一个承认中华人民共和国的国家，于1992年1月24日与中国建立大使级外交关系。以色列还特别注重与世界各地犹太人之间的关系，以世界犹太人大会以及其他国际性犹太人组织为纽带，进行多方面，不同层次的联系。世界各地犹太人对以色列国的各种社会、

① 早在1962年，肯尼迪政府便与以色列确定了两国关系的“特殊性”，美国承担对以色列生存和安全的义务。1967年美国最高法院裁决允许美国犹太人拥有以色列国籍，这意味着美国犹太人可以应征加入以色列国防军参战。1983年美以正式签订《战略合作备忘录》，美国确认以色列是美国在海外的“战略资产”。1988年又正式签署美以《战略合作谅解备忘录》，以色列成为没有和美国正式结盟的“盟友”，成为除北约以外美国的主要盟国。

教育、文化等事业所做的贡献,是社会发展的一项重要财政来源和道义上的支持。

以色列总统魏兹曼1948年8月5日向美国总统杜鲁门赠送
《托拉》经卷以表示对其代表美国对以色列国承认的感谢

在第四次中东战争后,以色列于1979年3月20日首先与埃及签订了和平条约,实现了与阿拉伯邻国和解的第一步,同时也是重要的一步。1993年9月13日与巴勒斯坦解放组织签订了巴勒斯坦人自治原则声明,确立了以和平的方式,谈判解决阿以之间的冲突的原则。1994年10月14日又与约旦签订了和平条约,实现了与另一个阿拉伯邻国的关系正常化。目前正与其他阿拉伯国家进行和平谈判,以谋求对阿以长期冲突的和平、公正、持久的解决,为自身赢得一个梦寐以求的和平生存和发展环境。

国家标志

以色列国首都 以色列国的首都为耶路撒冷。耶路撒冷在犹太文化中是一个极具象征意义的城市。它是以色列地一古老城池,公元前1000年前后便成为犹太人古老希伯来统一王国的都城。由于最早是由大卫王确立为犹太人的首都,故有"大卫城"之称。城中建有犹太教的圣殿,因此又被称为"圣城"。在犹太人散居期间,流散在世界各地的犹太人一直把耶路撒冷视为犹太民族心中的圣城和犹太人家园的首都,从来没有中断希望有朝一日能够返回的祈祷。1948年以色列国成立后,耶路撒冷被重新确定为国家的首都。不过,当时的耶路撒冷被分成东、西两个城区。东城区由约旦占领。1967年"六日战争"后,耶路撒冷城获得了统一。

以色列国国歌 以色列国国歌为犹太人纳夫塔里·赫尔兹·伊姆贝尔

(1856—1909)创作的歌曲《希望》。该歌曲的曲调采用的是犹太民族的传统曲调，歌词全文为：

只要我们心中，
还藏着犹太人的灵魂；
只要犹太人的眼睛，
还望着东方的锡安山，
两千年的希望，
就不会化为泡影。
我们将成为自由的人民，
立足在锡安山和耶路撒冷。

《希望》的词作者是一位犹太拉比。这首歌原为犹太复国主义者的颂歌，1897年第一次在第一届世界犹太复国主义者代表大会上开始唱起，成为表达犹太人希望有朝一日返回故土，重建犹太人家园的心声。以色列国成立后确定其为以色列国国歌。

以色列国国旗　以色列国的国旗由白底、蓝条、大卫盾组成。原为犹太复国主义大会的会旗，由大卫·沃尔夫森于1897年筹备第一届世界犹太复国主义者代表大会时设计，灵感来源于犹太人祖祖辈辈使用的祈祷披巾。这一设计以最佳的方式体现了犹太人、犹太传统与旗帜之间的精神联系。该设计一经公布，即为广大犹太人所接受，成为犹太复国主义运动的标志。1948年10月28日以色列临时国家委员会会议通过决议，决定以此旗作为以色列国的国旗，同时对它的规格做出了明确规定。旗长220厘米，宽160厘米；白底，上下各有一条宽25厘米的蓝色条纹，条纹距上、下边各15厘米；旗的中部为大卫盾。一枚大卫盾由六根宽5.5厘米的蓝色线条组成，盾应置于旗帜中央，与上下旗边的距离应相等。

以色列国国徽　以色列国徽是以七枝灯台为中心图案的盾徽。盾徽呈蓝色并带有白边。盾面上是传说耶路撒冷圣殿内圣器的七枝灯台图案，灯台两侧各绘有一枚橄榄枝，灯台和橄榄枝均为白色。白色和蓝色是以色列的国色。据认为，自从古犹大国亡于巴比伦帝国以后，犹太人浪迹天涯，是圣殿的七枝灯台给那些无家可归、受尽磨难和迫害的人带来光明和慰藉。灯台还象征和解以及光复的希望，是犹太人所信仰上帝的庄严之所在。橄榄枝作为和平的传统象征，表达了不同国籍、不同语言犹太人对和平生活的渴望。国徽于1949年正式启用。

立国和发展的基石

教育历来被视为犹太文化的基石，在纪元初犹太人被赶出自己家园时就已经是犹太人保持犹太文化传统的重要法宝,通过在全体犹太人中实施义务教育,使犹太文化的传统一代代流传至今。在犹太民族的复兴运动中,教育也起着举足轻重的作用,引导犹太人拥抱现代科学技术和摆脱愚昧。在建设犹太人家园的事业中,教育自然也成为以色列立国和发展的基石。早在以色列建国的影子还没有的20世纪初,犹太人就在以色列地开办各种学校,建立高等教育体系,以奠定国家的基石。在所有移民定居点都建有学校。海法以色列理工学院(现已更名为以色列科技大学)、耶路撒冷希伯来大学和魏兹曼科学研究院都是在以色列建国前就已建立。以色列理工学院于1912年便开始招生,培养高级建设人才。希伯来大学建于1925年,是巴勒斯坦地区第一所综合性大学,培养各方面的高素质人才,现已成为国际上最著名的高等院校之一。建于1934年的魏兹曼科学研究院以从事科学研究和对研究生的培养著称,是一所有国际声望的研究院。

在第一届援助以色列高等教育美国委员会全国会议上发言的爱因斯坦
(爱因斯坦曾受到邀请担任以色列第二任总统)

以色列成立后最先通过的一项法案就是《义务教育法》。在百废待兴的年代,把在全民中实行义务教育的任务放在如此重要的位置,显示犹太人对文化教育传统的尊重、以教育立国和建设新文化中心的决心。以色列政府对教育一直保持高投入,教育经费多年来一直不低于国民生产总产值的8%,这样的比例高于多数发达国家。以色列建立起的现代教育体制的目标是:既能支持建立新的以色列文化,又能维护世界犹太人民独特而丰富的传统和文化。这一做法显然已经结出了丰硕的成果。今天,每100个以色列犹太人中,就有22人已经完成或正在接受大学教育,以色列因此成为世界人口中拥有大学学历比例最高的国家,以色列就业人口中拥有大学学历的人数占20%,仅次于美国,为世界第二。以色列的工程师比例居全球之冠,每万人中有135名工程师。是迄今世界上人均获得医学博士人数最多的国家。以色列学者在国际期刊发表的学术论文数也是世界上人均最高的国家，每年平均10000人发表论文110篇。[①] 教育显然成为以色列立国和发展的基石。

国家建设

尽管《圣经》将以色列地描绘为是一块“流着奶和蜜的土地”，但到了19世纪末，由于奥斯曼帝国四百多年的腐朽统治，以色列地早已成为一个荒凉之所，一块被马克·吐温描写为“没有希望的、令人沉闷伤心的土地”，一个人烟稀少、疾病流行的地区。然而，在以色列建立后不到半个世纪的时间，这个位于一度被人忽视、疟疾横行的奥斯曼帝国边陲的地区就变成了一个欣欣向荣、令人印象深刻的现代化工业国家，国家的面貌发生了翻天覆地的变化，成为中东地区的一个“绿洲”、“花园”。以色列在科学技术和经济领域所取得的成就举世公认，生活在那里的人们的生活水平得到极大提高。

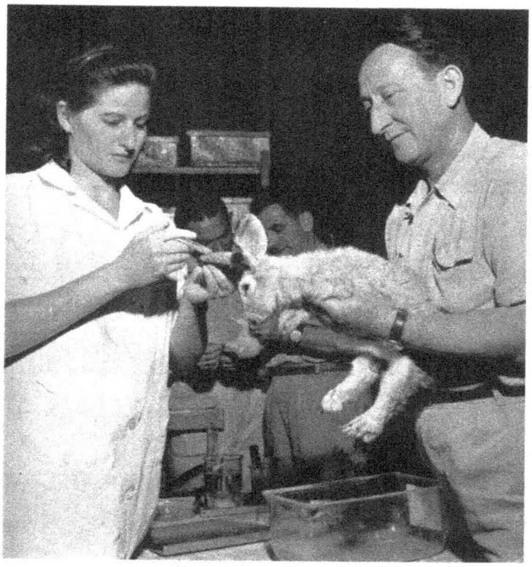

希伯来大学的癌病研究所

几十年来，以色列经济一直保持着高速发展的势头。国民生产总值从1950年的22亿美元增长到2003年的1037亿美元，增长率达到近50倍。人均收入约1.6万美元，已经是当今世界上经济最发达的12个国家之一。

以色列的卓越教育体制极大地促进了科学技术的发展，而发展的科学技术对经济的腾飞起到了强有力的支撑作用。高附加值是以色列出口产品的重要特征。由于使用先进的技术，占全国劳动力5%的农业人员，不仅提供全国所需食物的95%，而且有大量产品(水果、鲜花等)出口，素有“欧洲果篮”之美誉。以色列的灌溉技术、沙漠种植、养殖技术、医疗器械制造技术、计算机应用技术都居世界领先地位。其产品行销世界。

在军事技术方面，50年代开始的核研究使其成为世界核俱乐部的成员。1988年，成功发射第一颗人造卫星，成为世界上为数不多的掌握航天技术的国家之一。其研制开发的冲锋枪、坦克、战斗机、预警飞机、“箭式”拦截导弹等都是世界上的先进武器。强大的军事工业在保卫国家的同时，为国家赚取促进经济发展所需的外汇。

---

① 根据以色列信息中心2003年统计资料。

以色列建立的意义

全体犹太人的家园

以色列国是作为一个流散犹太人聚集之地、受难犹太人的避难所、犹太民族的家园建立起来的,它的建立使得全世界的犹太人有了一个属于自己的家园。以色列国的《独立宣言》和颁布的《回归法》所确认的世界上凡是犹太人均有在以色列定居和自动享有以色列公民权利的规定,表明以色列是全体犹太人的国家。《独立宣言》庄严宣称,重新建立起来的国家对全世界犹太人敞开大门。以色列政府认为自己对全世界犹太人的命运负有责任。1951 年 7 月 5 日以色列议会通过的《回归法》给了任何希望进入以色列的犹太人移民以法律权利。事实上,自以色列成立以来,已接纳来自世界各地 80 个国家的犹太人近 300 万。1952 年制定的《国籍法》规定,无论是本地出生、本地居民,还是归化者,不分种族、性别、宗教或政治信仰,均享有以色列公民权。每个公民可按其愿望持双重国籍。

初到以色列的犹太移民生活

全世界犹太人无不对其古老家园在近两千年后获得新生而感到欢欣鼓舞,对自己的民族终于变得像所有其他民族一样在世界上站立起来而感到骄傲。经历了大屠杀的犹太人都认识到,全世界的犹太人必须有一个家园,一个任何受到迫害的犹太人都可以自由前往的家园。以色列国满足了犹太人这一迫切需要。它欢迎任何受迫害、被放逐和遭驱赶的国外之同胞和未来的可能流放者,以色列的《回归法》自动给予大多数犹太人公民权,只要以色列存在,每个处于困境之中的犹太人都会感到骄傲,都会有一种安全感和有了一个在实实在在危险来临时能够前往躲避的避风港。正因如此，世界范围内的犹太人坚决支持以色列国的存在，并为它的强大和发展贡献力量。

事实证明，在以色列建立后，生活在散居地的犹太人有了一个靠山，受到迫害和没有保障的犹太人总能在以色列找到退路和出路。例如，当许多祖祖辈辈生活在埃及、伊拉克、叙利亚、也门、阿尔及利亚、突尼斯、黎巴嫩等阿拉伯国家的犹太人，由于第一次中东战争而成为了难民时，他们在以色列找到了自己得以安身立命之所。

在以色列建立后，数以万计与世隔绝、生活没有保障的也门犹太人[①]和埃塞俄比亚犹太人终于实现了世世代代希望回归故土的梦，在以色列开始了新的现代生活。

被“魔毯行动”拯救回以色列的也门犹太人正走下飞机

在以色列建立后，失去生活出路和信心的犹太人，无论他们是在南非、南美，还是在苏联或亚洲，都在以色列找回他们的希望和信心。以色列在 20 世纪最后 10 年接纳了近百万（超过原人口 1/5）来自苏联、非洲、南美、亚洲等地犹太人一事表达了以色列国对全世界犹太人命运的关心和向所有犹太人开放国门的决心，体现了作为一个犹太人国家的非凡信念和勇气。

以色列的建立和存在在使得全世界犹太人有了一座有形靠山的同时，还使他们有了一方他们可以访问、参观和触摸的土地。通过这样的活动，散居犹太人找到了自己的根，将自己的生活与犹太人的故土更加紧密地联系了起来。而这种与自己民族家园、河山、历史日益增强的有形联系无疑给了他们抵御同化的力量。

① 1949 年 5 月，成立刚刚不到一年的以色列为了拯救也门犹太人，执行了“魔毯行动”，用飞机将 47000 名也门犹太人运至以色列，表明以色列对全世界犹太人开放的决心。

从苏联来的犹太移民
(抵达以色列的情形)

以色列对于全世界的犹太人而言,正如美国犹太思想家塞尔茨指出的,“已经成为犹太人的希望、光荣和自尊的象征”。[①] 美国犹太历史学家马库斯则形容,全世界的犹太人都“把以色列人设想成当今的玛喀比家族,他们为了建立一个现代犹太家园不惜牺牲自己的生命,犹太人作为浪漫主义者,一想到这点就热情洋溢”[②]。

主体民族地位的确立

以色列的建立在使犹太人有了一个自己家园的同时,还使得犹太民族的地位发生了实质性的变化,由两千多年来一直是依附性的少数民族变成了一个国家的主体民族,具有了调整和主宰社会生活的能力。在以世俗化生活为主导的现代社会,散居地一直存在、并日渐加强的同化潮和与异族通婚现象不再是对生活在以色列犹太人的主要威胁,与异族的通婚比例下降到最低点。由于犹太文化成为国家的主流文化,成为在社会生活中占据主导地位的文化,传统的犹太文化氛围在人们的日常生活中得到体现。犹太文化具有的特殊氛围和绚丽色彩在以色列得到了最充分的展示机会。犹太人的安息日和其他节日成为国家的法定节假日,人们可以自由自在地享受节日带来的欢乐,再也无需像在散居地那样做作或刻意追求。

新的文化中心

对于犹太文化而言,以色列成功建立的最伟大意义是犹太文化的中心得以重新回归犹太人的故土。以色列故土作为犹太文化形成和最初锻造之地,犹太文化元典性内容的孕育之地,对犹太文化的进一步发展意义重大。把以色列地建成一个犹太文化新的中心一直是犹太民族梦寐以求的事业。早在 19 世纪犹太民族复兴运动开始之初,犹太人中的有识之士就提出,犹太民族的复兴主要应该是犹太民族的文化复兴,应该把在犹太人的故土上创建一个新的犹太文化中心作为犹太民族复兴最主要的目标和主张。著名物理学家爱因斯坦也表达了相似的观点,他希望以色列能够成为“一个所有犹太人的文化中心……一种将犹太人凝聚在一起的

① 塞尔茨:《犹太的思想》,第 666 页。

② 马库斯:《美国犹太人,1585—1990 年:一部历史》,第 373 页。

力量，以及一种保持全世界犹太人内心健康的手段”①。

在犹太人为现代以色列建立而奋斗的初期，犹太人就认识到，建立中的以色列不仅仅应当成为散居犹太人的避难所，它首先应当是保存犹太民族遗产，发展犹太文化的物质手段。犹太人之所以选择以色列地作为犹太文化的新中心，是因为：流散生活使犹太人不可能自由地发展自己的文化，勉强保持下来的也只是无根的、随时可能丧失的文化。只有回归以色列故土，犹太民族才能充分自由地发展自己的文化，实现犹太民族对全人类所担负的精神使命。这是犹太复国主义文化派的观点。

文化派的倡导者主要有阿哈德·哈姆、哈伊姆·魏兹曼和本-耶胡达等，他们均是俄国犹太人。1899 年，阿哈德·哈姆在锡安热爱运动内成立了第一个宣传和实践犹太复国主义文化派的组织“摩西之子”。该组织设立了一个在巴勒斯坦购置土地的基金会，在雅法建立了巴勒斯坦第一所希伯来语学校，在俄国各地建立了一系列世俗希伯来语学校，还在巴勒斯坦设立了第一批希伯来语图书馆和一个希伯来语出版公司。1901 年 12 月，魏兹曼、索科洛夫等 37 名俄国犹太复国主义者组织了世界犹太复国主义组织内的第一个文化派团体。在这个团体的推动下，1902 年召开的第五届世界犹太复国主义者代表大会通过了一项决议，称“对犹太人民进行民族精神的教育是犹太复国主义纲领中的一个核心部分”。本-耶胡达更是以毕生的精力从事在犹太人日常生活中复兴希伯来语的工作，他编著了第一部现代希伯来语辞典。在他的顽强努力下，到 20 世纪 20 年代，希伯来语便成为了巴勒斯坦犹太人中最流行的生活语言。在今日的以色列，希伯来语已经成为生活在那里的人们的母语或日常生活用语。

以色列国的建立不仅使得文化派的思想有了实现的可能，而且使得犹太文化新中心的建立成为现实。事实证明，只有在以色列这块土地上，犹太文化的重建和进一步发展才真正成为可能。例如，仅就古老希伯来语的复活一事而言，若不是发生在以色列故土，这一人类语言史上的“奇迹”是完全不可能出现的。

在以色列建立后的五十余年，以色列犹太人在文化上取得的成就令世界瞩目。以下的统计数字充分说明了这一点。

平均每 2400 名以色列人每年出版一本新书。这使得以色列出版的新书按人均计算为世界第二位，而人均占有图书量则为世界第一位。

每 30000 个以色列人拥有一个博物馆。这样，以色列拥有的博物馆数量按人均计算为世界第一位，参观博物馆的人数按人均计算亦为世界第一位。

每 4440 名以色列人中，就有一人会在一年内申请专利。以色列人申请发明专利数量按人均计算为世界之最。

建立起来的以色列国为源远流长的犹太文化提供了最大发展空间和最好的机

① 大卫·格罗斯主编：《犹太人民年鉴》，第 300 页。

遇。作为以色列的国家文化,犹太文化的各个方面,无论是希伯来语言、希伯来文学,还是犹太人的艺术,如音乐、美术、舞蹈、电影等文化事业都得到了蓬勃发展,在国际上享有崇高的声誉。

享誉世界的以色列爱乐交响乐团

以色列舞蹈

今日之以色列还是犹太文化研究的中心。涉及犹太文化的重要著作在那里出版,无论是对"死海古卷"文献的研究,还是对拉比文献的研究,以色列都是中心。以色列的考古在揭示犹太文化历史和社会生活方面取得重要进展和成就。以色列各大学的犹太学院系和各专业研究机构基本上代表了当今世界上犹太学研究的最高水平。

对少数民族权利的尊重和维护

以色列作为迄今为止中东地区唯一的民主国家,犹太文化所包含的民主思想,特别是尊重少数民族权利传统,在这里得到了发扬光大。事实上,犹太人是最早在世界上提出尊重少数民族权利,呼吁用法律手段切实保障少数民族权利这一问题的民族。他们从亲身经历认识到少数民族权利需要得到特别的保障和尊重。在犹太人的坚持和不懈努力下,尊重和维护少数民族权利的条款被写入1919年巴黎和会通过的《凡尔赛和约》。这是第一个国际条约以明白无误的书面形式确认生活在每一个国家中少数民族的权利。

以色列成立后,采取切实措施确保所有生活在以色列民族的平等权利成为以色列的国策,对生活在以色列的阿拉伯人更是如此。早在以色列建国时发表的《独立宣言》就宣告:"我们仍号召生活在以色列国的阿拉伯居民起来维护和平,并在享有平等公民权利以及在各种临时和永久的国家机关中拥有相应代表权的基础上为国家的发展建设贡献出他们的力量。"因此,生活在以色列的阿拉伯人不仅是以色列公民,享有平等的政治权力,有与其人口比例相称的议会代表,拥有宗教自治权和民族事务管理权,而且他们使用的阿拉伯语也是国家的正式用语。以色列的阿拉伯人可以说是阿拉伯世界唯一能够享受这些权利的阿拉伯人群。特别需要指出的是,自以色列成立以来,以色列国内的阿拉伯人口(指具有以色列国籍者)由1948年的16万增长至2000年的125万,是原来的近8倍。而与此同时,犹太人口在阿拉伯国家中的数量不仅没有任何增长,而是急剧下降,如,埃及的犹太人从1948年7.5万人下降到2000年的不足200人,阿尔及利亚的犹太人从1948年14万人下降到2000年的不足100人,伊拉克的犹太人从1948年15万人下降到2000年的不足100人,黎巴嫩的犹太人从1948年2万人下降到2000年的不足100人,叙利亚的犹太人从1948年3万人下降到2000年的不足200人,突尼斯的犹太人从1948年10.5万人下降到2000年的不足1500人,利比亚的犹太人更是从1948年3.8万人下降到0。[①] 鲜明的对比足以突出说明以色列对少数民族权利的尊重和维护。

以色列认真执行尊重和维护少数民族权利的政策还在它所实行的宗教信仰自由政策上得到反映。在以色列,不同宗教派别、团体可保持各有的宗教、教育和慈善制度。无论是基督教、伊斯兰教,还是巴哈伊教[②]、亚美尼亚人的信仰等无一不是按照自己的方式存在和行事。每个团体的宗教法庭在涉及私人事务方面(如结婚、离婚、安葬等)拥有对其成员的充分裁决权。宗教事务部负责满足各宗教团体

---

① 资料来源"2000 StandWithUs. com"。

② 巴哈伊教最早在伊朗出现。由于伊朗当局对其实施的宗教迫害,巴哈伊教在它的诞生地没有立锥之地,然而却在以色列找到了安身立命的场所。目前,巴哈伊教的总部设在以色列的海法市。

的礼仪要求,对圣地进行监督、保护。各宗教场所、每一处宗教圣地均得到最好的保护,并由各自的宗教团体管理。该国法定每周休息日是星期六。伊斯兰教徒则可选择星期五,基督教徒可选择星期日。到目前为止,这一尊重和维护少数民族权利的具体做法只有在以色列得到了切实实行。

超越民族的意义

以色列国的建立应该说还具有超越民族的非同寻常意义。

首先,以色列的建立表明人类的正义终于得到了伸张。众所周知,犹太人是世界上一个被暴力赶出自己家园的民族,是长期以来只能生活在流亡状态下的民族。犹太民族之所以在历史上遭受种种不幸,特别是在第二次世界大战期间占犹太总人口1/3的600万犹太人惨遭纳粹德国屠杀,其唯一的原因是他们的犹太人身份,而更令人痛心的是,全世界在这样的暴行面前却将目光转至他处,没有进行任何积极干预,这不能不说是人类正义所蒙受的一种奇耻大辱,不能不说是人类良知丧失的一种表现。第二次世界大战后,全世界的人们开始认识到对犹太人的不公。当1947年国际社会在联合国讨论巴勒斯坦问题时,超过2/3的绝大多数成员国投票赞成在巴勒斯坦成立一个犹太人国家,这一举动表明人类的良知得到了恢复,国际社会希望以自己的实际行动洗刷人类正义所蒙受的耻辱。

中国革命先行者孙中山先生早在1920年就意识到支持建立犹太人家园关系到人类正义这一问题。他在支持犹太复国主义事业的一封信中就曾大声疾呼:犹太人作为一个"在世界文明方面具有重大的贡献"民族,理应在"国际上赢得一个光荣的地位"①。

不过,对于世界文明而言,以色列建立的最为重要的意义可能还在于:随着中东古文明的集大成者、两河流域古老文明的唯一留存形式、人类为数不多的"一以贯之"文化在以色列的成功复兴,世界文明丰富多彩和多元化的特征得到了加强。可以预见,随着犹太文化,这一已经对人类文明产生了重要影响的上古老文明样式在其发祥地的进一步发扬光大,世界文明的发展将从中受益,生活在这一文明中的世界人民将从中获益。

① 参见《孙中山全集》,第5卷,第257页。

第十一章

与其他一神信仰的关系

在讨论犹太文化时，有两个问题是无法回避，也是不应该回避的，其中之一是犹太人与其他一神信仰——基督教和伊斯兰教之间的关系。在相当长的时间内，犹太人一直生活在这两种宗教信仰占主导地位的社会中，他们之间的关系直接影响到犹太人的命运、思想和文化。尽管这两个宗教的出现都受到犹太教的影响，犹太人创立的一神思想更是为这两个宗教所吸收且成为它们宗教思想的核心，但它们毕竟属于不同宗教，有时同一宗教的不同派别之间的关系还不可调和，不同宗教之间的关系是可以想像的。我们将在以下篇幅对犹太教与基督教和伊斯兰教之间的关系进行分述。

与基督教的关系

在罗马帝国初期，一个被后人冠之为“基督”（字面意义为“救世”）的宗教便开始出现。尽管基督教在出现当初只是犹太教的一个分支，一个很小的教派，并在最初的 300 年左右的时间里，通常被罗马当局视为是“异端”，是“邪教”，受到统治者的残酷镇压和迫害，不少信徒被指控犯有“憎恶和仇恨人类罪”而遭到罗马当局的处决，更多信教的人常常因举行宗教聚会和圣餐礼而受到歧视和迫害。特别是在 249—260 年和 303—305 年间，罗马帝国发生过数次全国性迫害基督徒事件，致使许多基督教教堂被捣毁，但凭借教义对大众的吸引力和广大信徒对信仰的执著,基督教还是在罗马帝国境内得到迅猛发展。到公元4世纪,基督教的影响显然已势不可挡,帝国内信奉基督教的人数已达600万,包括罗马皇帝和许多上层人士都被其吸引,纷纷皈依其下。基督教事实上已经成为当时人们的主要信仰。313年,罗马皇帝君士坦丁与李锡尼乌斯在米兰会晤,发表了著名的《米兰敕令》,宣布对基督教采取宽容政策,从而使基督教在罗马帝国的地位发生了根本性的变化,从一个"非法"和受到迫害的宗教变成一个合法和受到当局支持的宗教。基督教从此得到了长足发展。392年,罗马皇帝狄奥多西一世又颁布法令禁止罗马国内其他一切宗教(犹太人信仰的犹太教是唯一的例外,不在禁止范围),使基督教成为帝国非犹太人可以信仰的唯一合法宗教,基督教作为罗马国教的地位从此确立。

基督教的出现以及在随后的年代逐步发展成为欧洲社会的主导信仰体系对于犹太人和犹太文化而言,可以说是一个悖论性的历史事件。一方面,犹太人创造的一神思想以及以《圣经》为核心的犹太文化得到了最为广泛的传播;另一方面,一个信奉基督教的欧洲对于不得不生活在其中的犹太人来说却无疑又是一种灾难,基于宗教分歧的反犹主义绵延不绝,给犹太人造成了巨大的伤害。

基督教出现的背景

基督教最初出现在罗马帝国统治下的犹太人故土——巴勒斯坦。它的出现从某种意义上说是罗马统治者对犹太人和犹太教压迫的结果。我们在本书的第一章说过,异族的统治和希腊化使得犹太人的生活主体犹太教发生了纠纷和分裂,撒都该派、法利赛派、艾赛尼派、奋锐党人等不同派别出现。对于后来的基督教而言,艾赛尼派的出现似乎显得尤为重要,因为研究表明原始基督教的一些信徒与艾赛尼派的"库姆兰社团"极为相似。基督教很可能直接脱胎于犹太教的艾赛尼派。

艾赛尼派被认为是犹太教中的"虔诚派"。他们退出大的社会团体,组成自己的神圣团体,反对主宰圣殿一切事务的祭司。这些人是清心寡欲的普通民众,一面劳动,一面虔诚地研读圣书,相信无可变更的命运和灵魂不朽。他们组成患难相助的共同生活社团,严守犹太教教义教规,秉公行义,曾积极参加反对罗马人统治和压迫的斗争,寄希望于救世主弥赛亚,盼望其能早日来临以拯救人民。基督教《新约》中提到的在约旦河一带活动、为耶稣受洗的施洗约翰很有可能就是艾赛尼派思想的实践者。

在思想上,犹太教启示派的末世论在这一时期得到较大的发展和流行,客观上为基督教思想的形成创造了条件。根据犹太教的观点,当犹太人遵从上帝的意志时,得到的是和平与繁荣;当违背上帝的意志时,遭受的是上帝用作惩罚的异族的迫害。由于整个世界的历史都在上帝的安排之中,它将在最后的救赎时刻实现其目的和终极意义。犹太人在对这一历史终结的企盼中产生了对救世主弥赛亚的期盼。相信他的到来将解救犹太民族，结束其受难的历史，建立神的王国。末世论的思想使得生活在罗马人统治之下的犹太人企望通过上帝的干预，摆脱外邦人的统治，获得伟大的拯救，盼望随着犹太民族的重新独立，出现一个正义和平与繁荣昌盛的黄金时代。这样，犹太民众对弥赛亚的期盼为基督教出现提供了深刻的社会和理论基础。耶稣的门徒把耶稣说成是弥赛亚[①]也就十分自然了。

还应该补充的是，这一时期深入的希腊化运动对于基督教，特别是后来属于基督教的思想的出现产生了巨大的影响。在这一过程中，犹太哲学家斐洛的思想显然起到了重要作用。如已经指出的那样，斐洛通过引进希腊哲学"逻各斯"(logos)概念，解决了关于超验之神的内在意义。上帝是人所无法直接企及的，而基督却像斐洛的逻各斯那样是上帝能够为人所企及的那一面。上帝通过逻各斯(亦可用"基督"来代替)的作用使自己创造的过程具体化和合理化。斐洛的这一思想实际上为后来形成的基督教理论奠定了基础，极大地影响着早期基督思想家。例如，在基督教脱离犹太教过程中发挥重要作用的使徒保罗，不论在思想上还是在语言上都与斐洛极为相似，表明斐洛思想对基督教的巨大影响。

耶稣基督

基督教的最初出现自然与一个名叫耶稣基督[②]的犹太人是分不开的。按照基督教经典的说法，拿撒勒的耶稣(Jesus of Nazareth，约公元前 6 年—公元 30 年)被视为是基督教的创立者。不过，耶稣本人在世时基督教作为一个独立教会尚未出现。耶稣的生平也说明了这一点。耶稣出生在以色列地一个普通犹太人家庭。父亲是个生活在拿撒勒小镇的木匠。耶稣的犹太名为约书亚(Joshua[③])。相传，其母米利暗(Miriam[④])在犹地亚小镇伯利恒生下了他。关于耶稣的早年生活人们知道的不多。他显然接受过良好的犹太教教育，对犹太教有较为深入的了解，但他无疑是一位善于独立思考的人。一般认为，耶稣 30 岁时在约旦河由一位被称为"施洗约翰"的人施洗，并开始传教，号召人们要信神，对

约翰在约旦河为耶稣受洗

① 12 门徒之一的彼得就对耶稣说："你就是弥赛亚。"(参见《马太福音》，第 16 章 16 节。)

② 耶稣基督的英文拼写为"Jesus Christ"，Christ 在希腊语中为 Messiah(即弥赛亚)。耶稣基督亦为"Jesus the Messiah"(即救世主耶稣)。

③ Joshua 由希腊文转至英文拼写成了"Jesus"。

④ 该名由希腊文转至英文拼写成了"Mary"，即人们通常说的"玛利亚"。

穷人要有爱心,不要追随世俗生活的引诱,要"忏悔",等待天国的来临。耶稣生前有大门徒12人,都是犹太人。耶稣因散播不同教义与传统犹太教发生冲突,思想上为犹太教正统上层人士所不容,政治上为罗马统治者所憎恨。公元30年终于因散播不合潮流的言论受到迫害,以"谋反罗马罪"被罗马派驻巴勒斯坦总督彼拉多下令钉死在十字架上①。

被钉死在十字架上的耶稣

耶稣钉死在十字架上一事具有极大的象征意义,完全可以被视为是基督教发展史上的决定性时刻。相传,在他死后三天,他的一些门徒坚持称其复活并出现在他们中间,并在几天后升天,但不久会再临人间。这一说法成为耶稣死而复活的传闻。有关耶稣复活的说法正好与耶稣的教义吻合,而死后复生的故事暗合了当时人们对不朽生命的期待,使得人们开始相信耶稣就是他们期待已久的救世主。在耶稣死后的十多年,他的一些门徒继续追随他的思想,分散到各地,散布"耶稣是神子,是被上帝派到人间受苦,最后为人类的罪恶而死,死后的耶稣不仅已经复活,而且已经升入天堂,并在末日来临之际,将再度来到人间,审判世人"一类的思想,并建立了以耶路撒冷为中心的最早教会。当时入会的成员均为犹太人,即便是非犹太人也实际上在入会时已经皈依了犹太教,因为教会的最初成员均遵守犹太教教规,并参加犹太教在耶路撒冷圣殿的崇拜。不过,耶稣的门徒坚信耶稣就是弥赛亚,虽然遭到杀害,但已复活、升天,不久会再临人间。有关耶稣活动和思想的记载主要是后来编撰的《新约·福音书》。

这里需要指出的是,这一出身于普通犹太人家庭、被称为"耶稣基督"(即救世主)的犹太人恐怕也不会想到要在犹太民族宗教之外创立一种新的宗教,并成为该宗教的"主"。尽管他具有新思想,却一生笃信犹太教,全心全意地献身于充满启示的犹太教。大家熟悉的耶稣在上十字架前用的"最后的晚餐"其实是犹太人在逾越节举行的逾越节家宴(Seder),可见耶稣至死都奉行犹太律法。然而,在他死后,他却被封为"救世主",一个全新宗教——"基督教"的创始人。尽管这很不可思议,然而历史常常就是如此。不过,同样需要指出的是,也许耶稣这个人作为救世主弥赛亚的出现是偶然的,但是,应该看到,这位犹太人所代表的来源于犹太教的救世(即基督)宗教的出现却又是必然的。

① 具体过程可参见《新约》的四大福音书的有关记载。

使徒保罗

不管怎么说，基督教在耶稣遇害时尚不是一个独立的宗教，无论早期耶稣的追随者都是犹太人的事实，还是耶稣门徒只在犹太人生活地区传教的实际情况均明白无误地说明了这一点。基督教之所以得以成功，并发展成为一个独立的宗教，在很大程度上应归功于一个来自塔尔苏斯名叫保罗(Paul of Tarsus，约公元10—67年)的人。和耶稣一样，保罗也是出生在一个犹太人家庭，不过，不同的是，他的出生地是位于小亚细亚的塔尔苏斯(今土耳其境内)，从小受到希腊文化的熏陶，属于一个希腊化的犹太人。保罗的犹太名为扫罗(Saul)，在追随耶稣教义后改名为保罗。相传，保罗18岁来到耶路撒冷接受犹太教的教育。当时正值耶稣在耶路撒冷传教时期，保罗因其接受的法利赛思想，曾一度对耶稣的“异端”行为和思想十分反感，参加过迫害耶稣追随者的行动。但是，据称一次在去大马士革途中，保罗见到异象，确信是耶稣复活，遂转变成耶稣的追随者。

皈依基督教后的保罗积极投身基督教教义的传播和创建基督教教会的事业中，先后到过罗马帝国统治下的许多地区。保罗把自己对耶稣的理解完全建立在耶稣的死而复活和耶稣作为弥赛亚的基督论上。他似乎是要通过死与复活思想向外邦人解释：耶稣这个“人子”以他的死与复活带来了拯救的新时代的福音。此外，保罗在坚持犹太教一神信仰的同时，大力主张对传教方式进行改革。他引进了希腊—罗马思想。他反对繁琐的宗教礼仪和律法，认为得救不能靠遵守律法，因而提出“因信称义”的思想，并主张废除犹太教的割礼习俗和犹太饮食法等律法束缚。他的这一改革思想在使得基督教对外邦人具有极大吸引力的同时，导致基督教与“母亲”宗教——犹太教的进一步分离。在他的组织和领导下，基督教以希腊—罗马社会能够理解的方式(主要表现在将耶稣当作神人的思想，与希腊—罗马传统宗教中的神人一体观正好暗合①)得到广泛传播，并与犹太教彻底决裂。在保罗之后，基督教彻底走出了耶路撒冷，开始朝着一个面向全人类的世界性宗教的目标前进。

教　义

早期基督教在教义方面并没有形成统一信条。鉴于基督教来源于犹太教，并全盘继承了犹太教的典籍《圣经》，因此一神论是其基本教义，但由于基督的存在，

① 古希腊宗教神人化倾向严重，早期希腊宗教中的神与其说是神，不如说是神化的人。譬如，它们具有人的体魄，人的弱点，人的需求。它们彼此频繁地争吵、打斗，自由地混杂在凡人之中，有的还与人间女子生儿育女。若是把它们与近东宗教中那些遥不可及、无所不能的神祇相比，简直是大相径庭，不可同日而语。它们不同于人类的唯一之处恐怕是它们能长生不老这一点。古希腊宗教的这种神人化倾向既可以视为是希腊文化中以人为本的人文主义思想的一种体现，同时也进一步促进了希腊文化中以人为本的人文主义思想的发展。

一神论在基督教中逐渐演化成“圣父、圣子、圣灵”三位一体。此外,基督教提出了“原罪说”,视耶稣基督为救世主,虽然耶稣被钉死在十字架上,但相信会再次来临。

基督教强调只要信仰基督就能得到拯救和上帝的恩宠,即“因信称义”。有关基督教的一系列教义是在历次主教会议上逐步确立的。325 年在小亚细亚的尼西亚召开的基督教第一次主教全体会议是基督教享受合法地位后召开的一次重要会议。会议通过的有关基督教信条确保了基督教的统一。

基督教经典

基督教的正式经典亦称之为《圣经》,但通常指犹太教的《圣经》(在基督教中被称之为《旧约全书》)外加《新约全书》部分。早期基督教借用的犹太教《圣经》系依据公元前 3 世纪中叶根据托勒密二世的旨意,在埃及亚历山大底城翻译出来的《圣经》希腊文版本而来。由于当时犹太教的《圣经》的内容尚未正式确定,故希腊文的《圣经》(即《七十子译本》)包括一些后来被称为《圣经后典》的部分。不仅如此,基督教使用的《旧约全书》内容在分类上和各卷次安排的顺序上也不同于犹太教。不过,这一传统仅为天主教和东正教继承,基督教的新教按照其创始人马丁·路德的传统,其《旧约全书》部分在内容上完全同于犹太教的《圣经》。

因此,从总体上说,基督教正式经典不同于犹太教正式典籍主要是它的《新约》部分。《新约》(共 27 卷,260 章)最初用希腊文写成。按其组成可分为福音书(4 卷)、使徒行传(1 卷)、使徒书信(21 卷)、启示录(1 卷)四个部分。据认为《新约》各卷成书于公元 50 年至 125 年之间,其内容在 330 年得到正式确认,从而标志着《新约》正典过程的完成。

基督教神学思想

罗马帝国时期是基督教神学思想初始时期,在这期间逐渐发展起来的神学思想对后来基督教神学理论具有决定性的影响。有三位基督教圣人对这一时期基督教神学思想的形成贡献良多。**哲罗姆**(Jerome,约 340—420)是第一位有重要贡献的基督教圣人。他认为《圣经》中的许多内容不能按字面理解,而应从寓意出发。他提出最完美的基督徒是严格的苦行者,他的这一思想成为中世纪基督教的隐修制度的基础。不过,哲罗姆的最主要贡献是把《圣经》由希伯来文和希腊文译成了拉丁文[①],此译本后称“通俗拉丁文本”,长期以来一直为罗马天主教所使用。

安布罗斯(Ambrose,约 340—397)是另一位有贡献的基督教神学家。他同时是

---

① 哲罗姆的《圣经》拉丁文译本中《旧约全书》部分根据希伯来文译出,《新约全书》部分根据希腊文译出。

一位极有影响的基督教高层人士，在担任米兰大主教期间，其影响在罗马帝国西部地区甚至超过教皇。安布罗斯运用新柏拉图派哲学解释《圣经》的寓意，提出人类行为的始末均应以尊崇上帝和探求上帝为出发点，而不是只顾个人或出于调整社会的兴趣。他的神学思想中最具独创性部分是他提出的天恩思想。他指出，上帝之所以帮助这一部分基督教徒而不帮助另一部分基督教徒完全是出于天恩。这一思想后来由奥古斯丁进一步发扬光大，成为恩宠论。安布罗斯具有的道德优势感使其与罗马皇帝狄奥多西发生正面冲突，他斥责狄奥多西对无辜平民的屠杀，并最终迫使狄奥多西进行公开忏悔，一位神职人士在道德问题上迫使罗马世俗统治者臣服，这是有史以来的第一次。他的这一举动成为一种象征，似可视为成为中世纪罗马教廷挑战王权的先声。

奥古斯丁(Augustine，354—430)是罗马帝国期间最重要的神学家，拉丁教父的主要代表。奥古斯丁早年曾信仰摩尼教，387 年，在安布罗斯的影响下皈依基督教并成为基督教神职人士。奥古斯丁担任神职期间正是罗马严禁异教之际，他不遗余力维护基督教的正统思想，对基督教神学体系做出了系统的阐述。他通过把逻各斯哲学概念与《创世记》思想相结合的方式，建立了神创论，认为上帝从无中创造了世界。他通过对保罗书信中关于原罪和恩宠思想的梳理，并结合自己转变信仰的体验，提出了基督教的原罪论、恩宠论和预定论，对后来西方正统派神学有深远影响。他还提出了教会论，认为世界上有上帝之城和地上之城，地上之城是暂时的、不完善的、罪恶的、会毁灭的；上帝之城则是永恒的、完善的、美好的。而教会是上帝之城在人世的体现，人只有通过基督教建立起的教会才能得救，获得永生。世俗的国家只有服从教会，为教会服务，才能成为上帝之城的一部分。这样奥古斯丁的教会论实际上是宣扬教权至上论。他的这一思想成为中世纪教廷与王权斗争的思想武器。奥古斯丁的神学思想对中世纪思想产生了难以估量的影响，并成为早期基督教经院哲学的重要组成部分。他的《忏悔录》和《上帝之城》是其神学思想的代表作品。

原始基督教会

基督教自出现以来就是一个有组织的宗教，以教会为基层单位。最早的教会是在耶稣死后在耶路撒冷建立，教会成员(当时被称为“使徒”)过着互通有无的集体生活，彼得和耶稣的弟弟雅各是众使徒的领袖。教会的数量随着使徒的足迹的延伸而增长。公元 41 年至 54 年间，帝国的首都罗马开始有了这样的教会，保罗书信就是写给这一教会的。2 世纪，基督教已传到地中海东部沿岸各地，出现了“公教会”。从公元 2 世纪中叶起，各地区的基督教会就逐渐由主教领导。主教、神父(或称长老)、执事三级教职制开始形成。在帝国末期，教会的组织与政府行政机构相仿，设立了四个教区(罗马、亚历山大底、安提阿和耶路撒冷)[①]，定期召开的主教

① 后又增加第五教区——君士坦丁堡。

会议履行对整个教会的领导职能。与此同时,罗马的教会作用开始突显,并逐渐成为基督教教会的主要中心。早期用于对所有主教尊称的“颇普”(pope,原义为“父亲”)一词开始专用于罗马的主教,使之成为基督教所有主教之长,即人们现在所说的“教皇”。早期基督教教会的存在对于基督教的传播和发展是至关重要的,为后来基督教在世界范围内的扩散奠定了组织基础。基督教教会在中世纪到来之前已经经历了三个发展时期:

早期,当基督教最早出现时,基督教教会表现为一个具有共同信仰和共同思想情感的单纯团体,共同的情感和宗教信仰把基督教徒联合在了一起。随后出现了一批可视为是教会组织者和传播者的人士,他们包括负责传教的长老、传教士,负责监督的主教,以及负责福利的执事。一个有具体职能的机构建立了起来,尽管其决定权仍在广大信徒手中。第三个时期,出现了一个教士阶层,他们是与广大信徒截然不同的团体。他们拥有自己的财富、管辖区和特殊的组织。他们可以被视为一个完整的“社会”或“政府”,因为他们拥有一切存在的手段,独立于与它有关的社会,还向那个社会产生影响。在教士与信徒的关系中,教士的统治权几乎是无限制的。教士的权力还来自他们担任自治城市的主要官员这一事实。在罗马各地的地方自治政府中,人们都可以看到教士在生气勃勃地工作,为社会做贡献。基督教教会的这一发展状况使其在中世纪的地位有了保障。

应该说,公元392年狄奥多西一世正式宣布基督教为罗马帝国国教之举对于基督教的发展和基督教文化的流行起到了不可估量的作用。基督教成为国教后,教会收到的捐赠免除捐税,教会人员无需服兵役,主教被赋予了较大的行政权,教会的财力和权限都得到了扩大,发展空间壮大。在文化方面,基督教的习俗逐渐成为社会习俗,如基督教的守主日(即星期日去教堂祈祷)和其他节日(圣诞节、复活节等)成为帝国的节日得到全社会的遵守。人们的婚丧喜事也开始采用基督教的仪式。久而久之,基督教文化成为帝国的社会文化,民众的生活文化。即便在帝国灭亡后,其在民众中的影响也使之生生不息,流传永远。

基督教作为一个面对全人类而不仅仅面对一个具有独特历史和文化的犹太民族的世界性宗教,它的出现使得以基督救世论代替《托拉》的本体论成为可能。基督教思想作为一种超越了民族与历史局限的上帝救赎的启示,鼓舞着早期基督徒走出耶路撒冷,向外邦人传教,使最早由犹太人提出的一神思想为更多的人所了解和接受。与此同时,随着罗马帝国的灭亡,基督教的存在对欧洲文明而言意义深远。

基督教与犹太人之间的关系。由于基督教最初来源于犹太教,特别是继承了犹太人的《圣经》,因此,基督教并不否认犹太教和犹太人的历史作用。只是,基督教认为自己是犹太人民精神传统的合法继承者。根据基督教教会做出的解释,犹太人在耶稣降临以前的确是上帝的选民。上帝不仅与犹太人立约,而且把包括《摩西十诫》在内的《圣经》首先交给了犹太人。不过,基督教会特别强调,在耶稣降临以后,由于犹太人对耶稣的拒绝,他们遭到上帝的抛弃,不再是上帝的选民。而由于基督徒跟随耶稣，为上帝所悦。上帝特别与基督徒立有新约，使之成为上帝重新选中之民，以取代历史上犹太人的选民地位。正因如此，基督教把犹太人的经书称之为《旧约全书》，而基督教增加的部分称之为《新约全书》。借以暗示，曾经与上帝立过约的犹太人已经成为过去，为上帝抛弃，基督教成为取代其地位的上帝的新选民。不仅如此，基督教教会还在广大基督徒中灌输这样一种观点：犹太人是杀害神子耶稣的凶手，世世代代的犹太人都对耶稣被钉上十字架一事负责。

有关基督教世界犹太人的地位和存在问题，基督教会根据教会最伟大的神父奥古斯丁定下的基调从神学角度做出相应的解释。奥古斯丁把《圣经》中这样一段话："不要杀他们，恐怕我的民忘记；主啊，你是我们的盾牌，求你用你的能力使他们四散，且降为卑微"(《诗篇》第 59 篇 11 节)解释为是针对犹太人的。他说，犹太人不应被杀死是因为他们起着证明基督真理的作用。在奥古斯丁看来，犹太人是接受了律法的民族，并仍然遵守着律法，正因为如此，他们起着见证救世主降临和救赎的作用。不过，奥古斯丁继续道，必须确保犹太人生活在一种蒙羞状态，因为，只有在蒙羞状态下，犹太人才能成为基督教取代历史上的以色列民族，成为上帝选出的"真正的以色列人"——基督徒——的见证。根据这一论调，犹太民族被视为已经完成其在世界上的历史使命，必须让位给基督教会。这两个宗教间的关系通过基督教艺术作品中两个人物形象"Ecclesia"①与"Synagoga"②的寓言对比得到了定位。这两个既是姊妹，又是对手的女子分别代表着基督教和犹太教。Ecclesia 总是站在左边的位置，代表着仁慈和正义，她头戴王冠，手持节杖，显示出了一个胜利者和对世界的主宰的形象。而 Synagoga 总是站在右边，她的头低垂着，节杖断裂，眼睛是蒙着的。由于罪恶，她已沦为一个失去主宰权的皇后，她那蒙着的眼睛象征犹太人的迟钝，无法洞察《圣经》中包含的更深层次上的宗教真理。这两个人物形象自出现后便成为基督教对犹太教与基督教之间关系的形象解释。

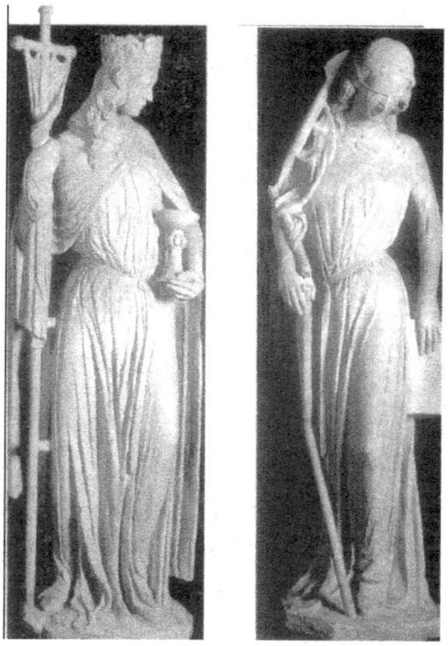

分别代表基督教和犹太教的雕塑

当欧洲在 10 世纪左右基本基督化以后，犹太人成为欧洲社会中唯一信仰一种不同宗教的人群，在基督教思想占据统治地位的社会中，犹太人因信仰犹太教而遭受迫害应该说并不过分出于意外。关于这一点，我们将在后面论述反犹主义的章

① 该词在希腊语中原指古代希腊城邦的公民大会，这里代表基督教会。

② 该词是希腊文"犹太会堂"的拼写形式，这里指代犹太教。

节中进行更为详尽的论述。

与伊斯兰教的关系

从史学家和人类学家的观点出发,信仰犹太教的犹太人和信仰伊斯兰教的阿拉伯人既是种族上的近亲,同属闪族,又是地理上的近邻,同居中东地区。有相当一部分历史学家和考古学家甚至认为犹太人与阿拉伯人[①]本同出一源,是从阿拉伯沙漠中走出来的游牧部落。史学家希提对此曾做过一个十分形象的比喻。他在大量研究基础上指出:在上古时代,阿拉伯半岛上的居民每隔千年左右都要周期性地向外迁移一次,“阿拉比亚就像一个大蓄水池一样,池里的水太满的时候,难免要溢出池外的”,古犹太人很可能就是这大蓄水池中溢出的一部分。[②]

如果从《圣经》传说出发,犹太人和阿拉伯人之间的血缘关系则还要密切一层,其祖先在公元前 1800 年左右曾为同一人,两民族是同父异母两兄弟的后裔。《圣经·创世记》对此是这样记载的:始祖亚伯拉罕(当时尚叫亚伯兰)的妻子撒拉(当时称为撒莱)婚后一直未能生育,两人甚为忧虑,撒拉便按古代遗风劝亚伯拉罕纳妾,并把自己的埃及使女夏甲推荐给丈夫做妾。亚伯拉罕接受妻子的劝告与夏甲同房,夏甲怀孕后生下一子,取名为以实玛利,亚伯拉罕终于有了后代。谁知 13 年后,亚伯拉罕与上帝立约。上帝为了对这位“众多民族的始祖”表示特殊的垂注,允诺其 90 岁高龄的妻子撒拉怀孕生子。果然,撒拉在亚伯拉罕 100 岁时为其生下一子,取名以撒。随着以撒的长大,其母撒拉恐夏甲之子以实玛利将以长子名分得到亚伯拉罕的大部分财产,遂要求亚伯拉罕赶走使女夏甲和她的儿子以实玛利。亚伯拉罕对此感到为难,但上帝却对他说:“不要为那孩子和使女而感到为难。按撒拉说的做吧!因为你要靠以撒来繁衍后代。我也要让使女的儿子那边建成一个大国,因为他也是你的亲儿子。”(《圣经·创世记》第 21 章 12—13 节)为遵上帝旨意,亚伯拉罕只好忍痛割爱,用一笔钱打发夏甲母子俩远走埃及。以实玛利长大后娶一埃及女子为妻,其后代逐渐形成阿拉伯地区的各个民族。夏甲母子的离去,使以撒成了亚伯拉罕的独生子,并繁衍出一代又一代犹太人。尽管这只是传说,不足为训,但故事的主体部分为后来形成的伊斯兰教所接受,因此,它所表达的内容仍不失为犹太人和阿拉伯人有着血脉相通关系的一种文化佐证。

与阿拉伯人的历史交往

若根据历史记载,犹太人和阿拉伯人在上古时期就来往密切,有联姻关系的历

① 目前指以阿拉伯语为民族语言的民族。在伊斯兰教和阿拉伯语广为传播以前,“阿拉伯人”系泛指阿拉伯半岛上以游牧为生的闪米特居民。

② 希提:《阿拉伯通史》上册,第 11—18 页。

史还可从若干历史记载中得到进一步佐证。例如：犹太民族英雄摩西从埃及出走后，曾在亚喀巴湾沿岸的米甸地区居住了近四十年。在这期间，他与米甸的大祭司流珥的女儿西坡拉结婚。西坡拉是个纯粹的阿拉伯女子，她为摩西生下二子，因此，人们完全有理由说，在摩西后代的血管里流淌着阿拉伯人的血液。至于古希伯来统一王国国王所罗门与示巴女王巴尔姬丝之间的友好交往更是犹太人和阿拉伯人历史亲密关系的佳话。

公元 70 年前后，罗马统治者对巴勒斯坦犹太人的血腥镇压使相当一批犹太人进入阿拉伯半岛。尽管这是犹太人历史上的痛苦一页，却也使犹太人的活动范围得到扩展，与其他民族的交往增加。这些犹太人的到来不仅给阿拉伯半岛地区带来了新的农业种植技术、植物品种、手工艺术、经商方法，而且亲密和扩大了犹太人与阿拉伯人之间的直接交往。犹太人经济上的活跃和经济实力的强大使犹太人的影响也日渐扩大，犹太人的宗教思想开始在阿拉伯人中间广为流传，吸引了不少阿拉伯人，不断有人皈依犹太教。例如，到了 6 世纪，犹太教势力在也门几乎一统天下，连当地统治者都成了犹太教信徒，海木亚王朝上自国王，下到臣民都皈依了犹太教。犹太教，特别是它的一神观念和反对偶像崇拜等思想，在阿拉伯半岛广泛传播，对伊斯兰教思想的形成，以及广大阿拉伯人民对伊斯兰教的迅速接受都起到孕育、催化和媒介作用。

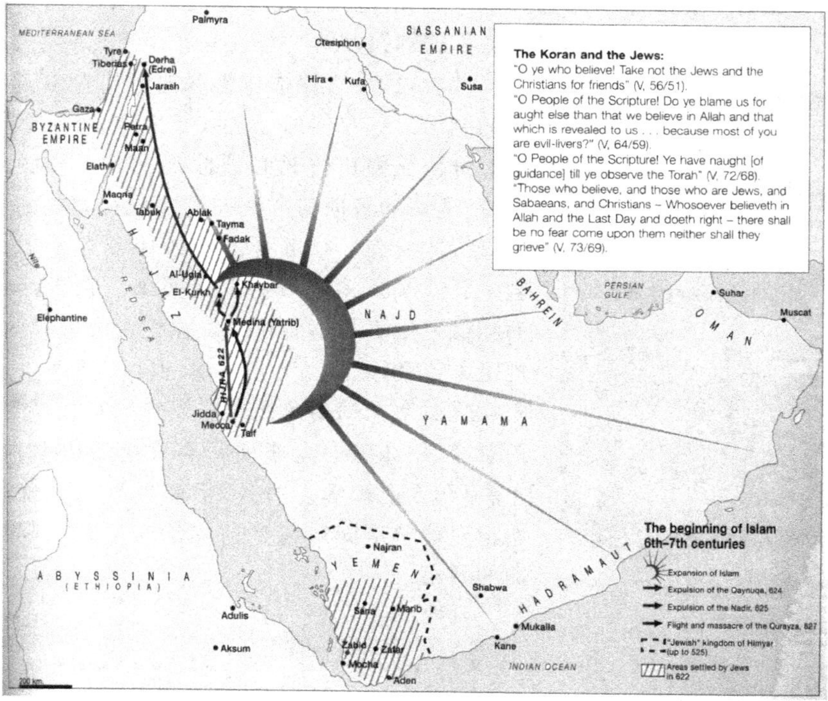

伊斯兰教兴起前犹太人在阿拉伯半岛的分布示意图

伊斯兰教的出现

伊斯兰教是由一位名叫穆罕默德的人创造的。据史料记载,穆罕默德出身贫寒,自幼父母双亡,从小未能有受教育的机会,后随伯父商队四处经商,旅途中常常听人谈及在民间流传的种种《圣经》故事和传说,深为这些故事和传说所吸引,更为其中的独特含义所启迪。从日后他所宣讲的教义来判断,他的思想显然受到犹太教的影响,犹太教经典《圣经》中提到的许多人物如亚当、挪亚、亚伯拉罕、以实玛利、摩西、所罗门、大卫、约伯、约瑟等均在伊斯兰教经典《古兰经》中出现。[①] 其中摩西的名字出现百次以上,成为《古兰经》中最引人注目的人物。不仅这些人的名字出现在《古兰经》中,他们的生平和经历也成为《古兰经》内容的一个有机组成部分。

史学家和神学家一致认为犹太教对伊斯兰教的影响是多方面的,不过最重要的乃是它的一神思想。伊斯兰教的基本信条是:"万物非主,唯有真主",与犹太教所宣扬的"除了我以外,你不可有别的神"的一神思想是一脉相承的。特别需要指出的是,伊斯兰教创始人穆罕默德在成长过程中也接触到基督教思想,但他却在教义中彻底拒绝代表基督教精髓的三位一体以及耶稣是神子的神学思想,认为这些思想有悖于彻底的一神论。《古兰经》中对此是这样说的:"妄言真主确是三位中的一位的人,确已不信道了。除独一的主宰外,绝无应受崇拜的。如果他们不停止妄言,那么,他们中不信道的人,必遭痛苦的刑罚。"[②]

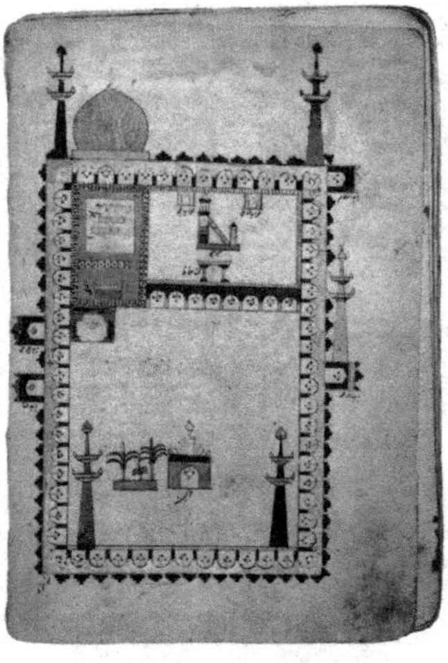
麦地那的圣所(16 世纪伊朗绘稿)

其次,犹太教律法也深深地影响着伊斯兰教教规的制定。如在伊斯兰教兴起之初,穆罕默德规定穆斯林信徒做祈祷时必须像犹太人一样面对耶路撒冷,斋戒的日期与方法亦是参照犹太教的传统规定进行的。其一日五拜的祈祷传统亦是根据犹太教一日三次祈祷的习俗发展而来。在生活习俗方面相似之处更是不胜枚举。在饮食方面,《古兰经》规定不许食用自然死之动物、血液、猪肉以及未诵安拉之名宰杀的畜禽。教徒要施行割礼,祈祷礼拜前要净手、沐浴。斋戒期间要日落后进食,死后白布裹尸,入土埋葬。另外,伊斯兰教承认犹太人的始祖亚伯拉罕同时也是信仰伊斯兰教的阿拉伯民族的始祖。

---

① 由于《古兰经》和《圣经》使用的是不同文字,这些出现在《古兰经》中的《圣经》人物由不同文字拼出。中文习惯将他们分别译成阿丹、努哈、伊卜拉欣、易司马仪、穆萨、苏莱曼、达乌德、艾优卜、优素福。但实际上,他们是相同的人物。

② 见《古兰经》,第 5 章 73 节。

正因如此，在伊斯兰教创立之初，穆斯林与犹太人关系友好融洽，穆罕默德在创教最困难时期也曾得到犹太人的帮助。特别是当穆罕默德于622年率领信徒被迫从麦加迁至麦地那之后，更是注重与犹太人发展良好关系。在他所做的三件大事中，有一件就是制订了《麦地那宪章》，对与犹太人的关系作了专门的论述。《宪章》要求穆斯林与犹太人应像一个民族那样相处，并庄严宣布：伊斯兰教将保障犹太人的宗教信仰不受侵犯。它还要求穆斯林与犹太人在尊重彼此信仰的基础上相互帮助，在其中一方受到侵略，或与第三方发生战争时，给予支援。由于《麦地那宪章》的制定，当时生活在麦地那的两个阿拉伯社团与三个犹太人社团之间达成和平共处协议，帮助穆罕默德实现了统一麦地那的愿望，为伊斯兰教事业的最终成功奠定了基础。

隔阂的由来

然而，穆斯林阿拉伯人与犹太人之间的良好关系并没有能维持很久。导致这一局面出现的原因尽管很多，但最根本的原因仍是宗教信仰上的分歧。

穆罕默德鉴于自己的社会阅历和对阿拉伯半岛宗教、社会情况的认识，对当时阿拉伯社会的症结和群众要求的体察，并于40岁时通过到麦加城郊希拉山洞里的潜修和冥想，悟觉到自己的使命是向广大人民群众传达神谕，从而开创了史称伊斯兰教（“伊斯兰”是阿拉伯语的译音，原意为“顺从”，即顺从真主的旨意）的新教运动。由于他在自己所创立的伊斯兰教中吸收了许多犹太人思想和习俗，便自然而然地认为自己的教义一定会得到当时生活在阿拉伯半岛上的犹太人的同情和支持，他的教主地位也会得到承认。于是，他产生并提出了希望犹太人把他所创立的宗教作为犹太教最高阶段加以接受的想法。穆罕默德作为该教的创始人，有这样的想法和要求显然是十分自然的，因为任何一种思想或教派的始作俑者，都会希望接受、崇拜其思想或教义的人越多越好。对穆罕默德为什么会产生这一想法，普林斯顿大学著名哲学家沃尔特·考夫曼作了这样的观察：“尽管路德把对耶稣的信仰作为其教义的中心内容，坚信三位一体观念，他仍然期待自己对基督教的解释能使犹太人皈依。倘若连路德都期待这事的发生……那么其早期教义与犹太教教义如此紧密的穆罕默德的期待值还会少吗？”[①]史学家丹尼斯·布拉杰和约瑟夫·泰卢斯金则认为，穆罕默德希望自己创立的教义能得到犹太人支持和认可的迫切心情与世纪初耶稣及其门徒希望他们创立的教义能得到犹太人支持和认可的心情十分类似。因为穆罕默德心里显然十分清楚，没有任何一个人群在使其教义合法化方面所起的作用能超过犹太人的，毕竟穆斯林所信仰的一神教义为犹太人首创。[②]

---

① Kaufmann, Walter, *Religions in Four Dimensions*, p. 186.

② Dennis Prager and Joseph Telushkin, *Why the Jews*, pp. 112—113.

产生这一想法的人若对所要求对方的文化背景和思想有深刻的了解,或许有可能使自己的愿望得以实现,反之,要求就很可能落空。穆罕默德当时很可能处于后一种情况,正如犹太史学家阿巴·埃班在分析穆罕默德这一要求的可能性时所说,穆罕默德显然"忘记了阿拉伯半岛上的犹太人的文化水平和历史意识"[①]。尽管他保证任何皈依伊斯兰教的人将会提高自己的社会地位,但他"忽略了犹太人在社会和政治上的领导地位。这种领导地位使他们对把改宗当作提高自己社会地位的手段根本不感兴趣"[②]。一些史学家正是基于这一点,把穆罕默德要求犹太人皈依伊斯兰教的做法看成是穆斯林与犹太人关系交恶的一个转折点,是伊斯兰教中出现憎恨犹太人的一大原因,也是穆斯林社会对犹太人偏见的产生之源。因为,犹太人不仅拒绝了穆罕默德提出的皈依要求,还对他的教义进行了嘲弄。穆罕默德对犹太人的非礼行为不仅感到大失所望而且极为气愤。在这一情况下,他于623年7月决定把穆斯林礼拜的朝向由耶路撒冷改为麦加天房。这一改变标志着他对犹太人态度的改变。接着,发动了对麦地那及周围地区犹太人的攻击。在穆斯林武装的围攻下,麦地那两个犹太社团先后被逐出该城,另一个犹太社团由于在联盟之战中有助敌之虞而遭灭顶之灾,所有男子被处死,妇女、儿童沦为奴隶,财产则归穆斯林所有。穆斯林与犹太人的关系从此改变。

说到这里,我们似有必要暂时转一下笔锋,对犹太人拒绝穆罕默德希望他们皈依伊斯兰教的要求并嘲弄其教义的原因进行一些简单的梳理和分析,以便使读者对这一历史有清晰的察觉和了解。

首先,犹太人对穆罕默德要求的拒绝与数百年前拒绝耶稣类似要求的情形相仿,因为在他们看来,无论是耶稣所宣扬的教义还是穆罕默德所宣扬的教义都是"正确的无新意,有新意的不正确"[③]。新近创立的伊斯兰教义尽管对阿拉伯半岛信仰多神的人有宗教上的新意,但从小就谙熟《圣经》的犹太人,则认为它至多不过是对犹太教的又一注脚。

导致犹太人无法接受穆罕默德创立的新教教义的原因还在于,伊斯兰教中所规定的一些道德准则与犹太教中规定的道德准则相去甚远,有的甚至完全相悖。例如:一个男子可拥有多达四个妻子的主张[④],对不顺从女子可教训揍打的主张[⑤],都是犹太人所不能接受的。史学家考夫曼在仔细研究之后指出:"类似这样的内容还有很多,特别是在《古兰经》第33章中。这类准则对犹太人来说不啻是当头一棒,因为它们距离先知阿摩司和耶利米提出的道德戒律实在是太遥远了。"[⑥]

---

① 埃班:《犹太史》,第127页。

② 埃班:《犹太史》,第127页。

③ Dennis Prager and Joseph Telushkin, *Why the Jews*, p. 113.

④ 见《古兰经》第33章50节。

⑤ 见《古兰经》第4章34节。

⑥ Kaufmann, *Ibid.*, p. 126.

另外，伊斯兰教经典中对犹太经典中许多律法条文的抛弃，也使犹太人怀疑其教义的合法性。

两种不同民族的宗教走不到一块的现象本是不同文化背景和不同传统习俗所致，并不涉及谁对谁错的问题。然而，由于时代的局限，当时的双方并未能像今人那样意识到这一点，而坚持站在自己立场上思考问题，这就不可避免要造成误解和对立。

所有上述原因，加上当时阿拉伯半岛上的政治形势（当时，正值穆罕默德大力宣传伊斯兰教，建立和巩固伊斯兰政权的时候，对任何不赞成伊斯兰教，或威胁伊斯兰政权的力量，不管是什么民族都采取强硬手段和军事镇压行动），和一些突发事件（据说，一位穆斯林妇女在麦地那犹太人珠宝市场购买首饰时，犹太商人要求其揭开面罩试戴一下[据阿拉伯人习俗这一要求属于非礼行动]，一穆斯林青年见此，拔刀杀死了那位犹太商人，从而引发了阿拉伯人与犹太人在麦地那的第一次公开对抗），以及犹太人的猜疑性、自以为是，对非犹太人的传统戒心等，使犹太人从一开始就不接受穆罕默德自称为先知的说法，拒绝皈依穆斯林。仅犹太人的这一不合作态度就足以使穆罕默德感到气愤，然而，犹太人并没有止于对穆罕默德教义的拒绝，还公开指出他有关教义中的"谬误"，嘲笑他自命先知的做法，蔑视穆斯林信徒，这无疑使得本已经紧张的关系进一步恶化。难怪戈依坦在他的《犹太人与阿拉伯人》一书中这样写道："一个作为邻居、信仰一神教的大规模社团竟以如此断然口吻拒绝他（指穆罕默德）作为一位先知发出的主张，并对他那些不可避免的错误进行嘲弄奚落。在这种情况下，穆罕默德再也无法容忍这样的社团作为自己邻居的态度是极其自然的。"[①]

结果，不仅发生了以上一系列的攻打犹太人事件，而且，历史似乎要故意重演一遍似的，使发生在世纪初犹太人身上的厄运又一次地落到了犹太人头上。不过，这一次不是在基督教兴起的社会，而是在伊斯兰教兴起的社会；不是出现在基督教典籍《圣经·新约》之中，而是出现在伊斯兰教典籍《古兰经》之中。穆罕默德对犹太人的愤怒反应如同基督教创始人对犹太人的愤怒反应一样被载入典籍。伊斯兰典籍《古兰经》中录下的对犹太人从不友好，到敌视，再到攻击的言论有：

首先，犹太人始祖亚伯拉罕的身份被改为穆斯林（"易卜拉欣[即亚伯拉罕]既不是犹太教徒，也不是基督教徒。他已献身安拉，……无疑，与易卜拉欣最接近的是那些跟随当代先知的人[即穆罕默德]……"《古兰经》第 3 章 67—68 节）。

随后，犹太人被说成是敌视伊斯兰教的恶人（"你必定发现，对于信道者[穆斯林]仇恨最深的是犹太教徒……"《古兰经》第 5 章 82 节）。

接着，又谴责犹太人篡改圣书，背弃建教者所传之道（"犹太教徒中有一群人篡改经文……诽谤正教。"《古兰经》第 9 章 46 节）。

---

① Goitein: *Jews and Arabs*, p. 64.

还有的宣扬列入《托拉》中的一些律法条文是上帝为惩罚犹太人所犯罪孽而为("我禁止犹太教徒享受原来准许他们享受的许多佳美食物,因为他们多行不义……"《古兰经》第4章160节)。

……

由于《古兰经》被视为穆斯林的圣书,所有的话语都被认为直接来源于安拉,上述那些攻击犹太人的言论也就自然被穆斯林信徒当成安拉的话语。当伊斯兰教在中东地区广泛传播,并为越来越多的阿拉伯人所接受时,《古兰经》中的上述话语也就成了穆斯林反犹主义思想的一大来源。应该指出的是,《古兰经》中指责犹太人的话语最初只是针对一个特殊时期(伊斯兰教兴起并试图夺取政权时代),一部分犹太人(主要指居住在麦地那的三个犹太社团以及毗邻地区那部分犹太人)的,并非指全体犹太人。不幸的是,随后的穆斯林却常常把这些言论理解成针对所有时代全体犹太人的。

就这样,伊斯兰教的创始人及其典籍与基督教的创始人及其典籍一样,出于极为相同的原因,无形当中为日后出现的对犹太人的憎恨播下了种子,或者说奠定了一个难以清除的基础。而反犹思想又犹如潘多拉盒子中的灾难和祸患,一经让其飞出,再想驾驭它们就难上加难了。事实上,日后在穆斯林社会出现的反犹主义,无论表现形式多么不一,都或多或少地与这一时期对犹太人的憎恨联系在一起。特别是在穆斯林取得政权,成功地使所控制地区的其他少数民族都皈依伊斯兰教后,犹太人作为"顽固的异教徒",更加成了易受攻击的目标了。

在穆斯林社会的地位

穆罕默德逝世后,穆斯林政权的继承人继承了包括反犹主义成份在内的伊斯兰教遗产。然而,与基督教会对犹太人的迫害不同,穆斯林对犹太人的歧视不以迫害为主要特征,而主要表现在制定一系列歧视性立法以及对这些立法的强制性执行上,以使"非信徒"(专指不愿皈依伊斯兰教的犹太人和基督徒)感到其不信道行为为他们带来的"恶果"。伊斯兰教第二代哈里发欧麦尔是制定这类歧视性立法的第一人。他主持的《欧麦尔条约》于638年开始制定,720年经欧麦尔二世修改,以《欧麦尔法典》为名称正式颁布执行。《欧麦尔法典》以及后来制定的其他相关立法,使生活在穆斯林社会的犹太人(亦包括基督徒,下同)的社会地位发生变化。他们被赋予一种称作"迪米"的社会地位。尽管"迪米"有"受保护之民"的涵义,受到社会的保护,即不因信仰不同而受到迫害,但犹太人显然不再受到平等对待,而是沦为社会上的"二等公民"。穆斯林是社会的主人,犹太人则是在社会等级上低于穆斯林的"下等人"。为了确保社会等级观念的贯彻执行,法典要求"非信徒"犹太人必须在公共场合表现出对"真信徒"——穆斯林作为上等人的尊敬。如,无论在什么场合,只要穆斯林希望坐下,犹太人必须从自己的座位上站起来,向穆斯林让座。这类要求与19世纪和20世纪上半叶在美国南部推行的歧视黑人法十分相似。为了使犹太人明了自己身份的低下，规定犹太人不准骑马，因为在穆斯林看来，骑马是高贵的象征；犹太人建造的住所必须比邻近穆斯林的矮，犹太人使用的其他建筑亦不能高于邻近穆斯林使用的建筑；犹太人不得使用阿拉伯人已使用的姓名。犹太人的宗教活动虽没有被禁止，却受到种种限制，如法典规定禁止犹太人建造新的犹太会堂，亦不准许对现存的犹太会堂进行维修。犹太人的宗教活动不得公开进行，不得在有穆斯林的地方出示和存放自己的宗教书籍。犹太人必须宣誓，保证不公开宣传犹太人的教义，不接受任何人的皈依；若他们要改宗，只能改信伊斯兰教；犹太教组织不得干预或阻拦其教友皈依伊斯兰教的行为。为了在经济上压迫犹太人，法典规定犹太人必须交特别税，这包括人头税和高出穆斯林一倍，甚至数倍的各种税。此外，还规定犹太人只有在向当权者纳贡后，才能获得国家对他们安全的保护和宗教活动的容忍。当众羞辱是当时统治者歧视和迫害犹太人的流行做法之一。《古兰经》中有这样一条规定："当抵抗不信真主和末日，不遵真主及其使者的戒律，不奉真教的人，即曾受天经的人，你们要与他们战斗，直到他们依照自己的能力，规规矩矩地交纳丁税。"（第9章29节）一些穆斯林统治者便以此制定出迫使犹太人拿出在纳贡时规规矩矩样子的当众羞辱法。穆斯林的一部历史文献对这种公开羞辱纳贡犹太人的做法做了如下描述：

> 在规定的日子里，非信徒，基督徒和犹太人，必须亲自来到负责收丁税的埃米尔（即穆斯林官员）跟前。埃米尔则坐在一张高大、呈王冠形的座椅上。非信徒站立在他面前，献上应纳的丁税款，他必须手心向上，这样埃米尔在接过丁税时可以确保自己的手是在上面，非信徒的手是在下面。接下来。埃米尔对着纳丁人的颈部猛击一掌，再由一名毕恭毕敬站在埃米尔身边的卫兵以粗暴的方式将其轰走。同样的情形要在第二位，第三位，以及所有纳丁人身上重演。公众被允许前来欣赏这一过程。[①]

根据史学家撒罗·巴隆的观点，穆斯林统治者允许公众观看是为了通过对犹太人的当众羞辱向公众表明"伊斯兰教在政治上的崇高地位"[②]。

穆斯林统治者还开创了规定犹太人必须穿着特殊服装，佩戴犹太标志的先风。807年，阿拔斯王朝统治者以法令形式规定凡是犹太人必须在腰间系一条黄布带，头上戴一顶圆锥形高帽。这一法令为日后在欧洲大陆出现的强迫犹太人佩戴犹太标志树立了一个十分恶劣的先例，纳粹德国以黄色布作为歧视和迫害犹太人的特殊色调亦从中获得启示。[③] 随后，有的统治者别出心裁为犹太女子规定了特殊标

---

① Salo Baron, *A Social and Religious History of the Jews*, p. 167.

② Salo Baron. *Ibid.*, p. 167.

③ Raul Hibberg, *The Destruction of the European Jews*, p. 5.

志:必须穿两只颜色不同的鞋,一只为红,一只为黑。鞋子还必须缀有小铃铛,以便穆斯林从很远的地方就能知道有犹太女子在走近。法蒂玛王朝的哈里发曾强迫犹太人在脖子上挂一件重 5 磅的物体,以使他们回忆起祖先曾有过崇拜金牛犊一事,并以此作为对他们的羞辱。

其他歧视和迫害犹太人的方式还包括驱逐,没收财产,强占犹太会堂,强迫犹太孤儿改宗等。如 638 年当穆斯林武装占领耶路撒冷后,欧麦尔下令驱逐了城中所有犹太人,并禁止他们在圣城居住。一些被认为违反穆斯林制定的歧视法的犹太人也常常遭驱,财产被没收。1438 年,第一个犹太隔都在摩洛哥建立,生活在菲斯的犹太人被强行迁入。1650 年生活在突尼斯的犹太人被逐入犹太隔都。1679 年,也门的犹太人几乎全部遭驱逐,一年后尽管被允许返回也门,但被禁止回到原先居住的城镇,而是强迫迁入在城市以外地区特别设立的犹太隔都。也门犹太人的这一状况持续了近三百年,直到 1948 年犹太人迁出也门才宣告结束。在阿拉伯半岛上的许多犹太会堂遭强占,其中不少改作清真寺。穆斯林国家的一些统治者还制定特别法令,规定丧父的犹太孤儿必须皈依伊斯兰教,并交穆斯林抚养,而这些交出的犹太孤儿常常无缘无故地失踪。

不过,穆斯林社会存在的反犹主义有着明显不同于基督教社会出现的反犹主义的特征。它完全不是那种以各种可以捏造出的指控为由进行滥捕滥杀,或大规模驱逐式的迫害,而是以立法方式强迫犹太人改宗,对于那些坚持顽固立场拒绝皈依伊斯兰教者则用法律手段使其沦为公开受到歧视的"二等公民",在社会地位上低穆斯林一等。事实证明,犹太人只要甘当穆斯林社会的忠实顺民,他们便可以生存下去,安全就会有保障,并在大多数情况下享有信仰、居住、职业等自由。在有的情况下,还允许保留他们的地方行政和宗教机构,可以独立地管理自己的事务。正如史学家布拉杰和泰卢斯金所说:"在穆斯林社会,只要犹太人承认他们的屈从地位,尽管会受到羞辱却允许其存在。"①

不过,到了近现代,穆斯林社会对犹太人的迫害形式开始变化,由迫使其处于从属地位的做法向暴力迫害过渡。袭击犹太社团,暴力强迫犹太人改宗,屠杀犹太人,以种种莫须有指控制造迫害犹太人事件的现象开始增多,有越来越多的犹太人成为暴力迫害的牺牲品。1790 年至 1792 年间,摩洛哥犹太社团不断遭受暴民袭击,被杀害或遭毒打的人数以千计。19 世纪以来,阿尔及利亚、波斯、巴勒斯坦等地犹太人屡遭杀害和袭击。1840 年,大马士革出现的血祭诽谤致使那里的犹太社团遭迫害和杀戮。除了民族主义思想影响外,这种变化显然与基督教社会反犹主义的影响有关。1840 年大马士革的血祭诽谤事件以及随后出现的若干起类似诽谤案件就是最能说明问题的一个例子。100 年后,欧洲反犹人士编造出的《犹太人贤士议定书》以阿拉伯文本形式在阿拉伯国家流传的现象则是另一个能说明问题

① Dennis Prager and Joseph Telushkin, *Why the Jews*, p. 126.

的事例。20世纪政治因素在反犹主义活动中占据中心位置，反对犹太复国主义和以色列国成为该地区反犹主义最主要表现形式。而这一点终于在1948年犹太民族宣布成立一个犹太人国家时，造成了阿拉伯和犹太人之间的最不幸冲突。从1948年第一次阿以战争以来，阿拉伯人与以色列已打了四次全面战争，局部冲突则无法统计，造成生命和财产的巨大损失。

和睦共处的历史

尽管如此，如果得出结论，认为信仰犹太教的犹太民族和信仰伊斯兰教的阿拉伯民族在7世纪伊斯兰教兴起后一直互为仇敌，这两个民族的交往史简直就是一部穆斯林对犹太人进行迫害的仇恨史，那就大错特错了。因为，历史并非如此。事实上，就穆斯林阿拉伯人与犹太人全面关系和整部交往史而言，两个民族和睦相处的历史要远远长于相互仇恨、冲突、不和的历史，友好的关系远远大于交恶的关系，他们之间关系的积极一面也大大高于消极的一面。特别应该指出的是，在长达一千余年的历史中，犹太人在穆斯林社会的处境远比在基督教社会的处境要好。上面提到的迫害事件，其中绝大部分都是发生在个别地区、个别国家、特殊年代，由个别人或团体制造出来的孤立事件。为了不使读者发生误解，下面请允许笔者直接引述犹太历史学家阿巴·埃班对这一问题的一些阐述和观点，作为一种历史佐证，因为笔者认为在这一点上来自犹太学者的观点或许更具有说服力。

对于穆斯林统治导致犹太人社会、文化生活的改善，埃班是这样描述的：

> 在穆斯林统治下，世界各地的犹太人在物质生活和精神生活方面都有了新的发展。……巴比伦境内的伟大的犹太飞地的发展具有代表性。新首府巴格达和流放领袖驻地吸引来许多犹太移民。……在穆斯林统治下，巴勒斯坦犹太社团也迅速地恢复了元气。这个曾遭受拜占庭统治者镇压和蹂躏的犹太社团有了相当的发展，以致在几十年来一直听从巴比伦加昂意旨的犹太人中恢复了昔日的威望。……在1071年耶路撒冷被塞尔柱王朝占领之后，这座城市（大马士革）发展成了犹太人生活和学术的中心。
>
> ……经济正在振兴的埃及重放昔日的光彩。……（法蒂玛王朝的）政策使叙利亚和巴勒斯坦的犹太社团可以不受干扰地处理内部事务，并有权就集体生活中亟待解决的问题交换意见。[①]

对于穆斯林统治下的西班牙犹太人的生活和待遇以及与穆斯林的关系，埃班更是大加赞赏：

---

① 埃班：《犹太史》，第130—132页。

当穆斯林攻占第一座较大的(西班牙)设防城市科尔多瓦时,只有犹太人把他们当作粉碎基督教残酷统治的解放者来欢迎。穆斯林占领者为了感谢犹太人,便委托他们警戒这座城市。其他被占领城市中的犹太人,凡具备防守能力的也都得到了同样的委托。所以,犹太人作为少数民族,在穆斯林统治下的西班牙,从一开始就受到了新的当权者的信任。

在很早以前从西班牙迁到北非的许多流亡者,看到他们教友享受如此优厚的待遇,纷纷回到被阿拉伯人征服的安达卢西亚。西哥特人的统治垮台后,犹太人的生活才开始好转。

阿卜杜·拉赫曼三世时期,大量犹太人做了高级行政官,其中最著名的是哈斯戴·伊本·沙普鲁特,……后来做了哈里发的金融和外交首席顾问。

阿拉伯的编年史家记载说,这座城市(格拉纳达)"挤满了犹太人"。"如果没有亲眼看到他们在格拉纳达怎样光辉、幸福和受人尊敬地生活,就不知道什么叫做豪华和壮观。"[①]

对于犹太人在伊斯兰教时代取得的文化成就,埃班这样写道:

在欧洲文艺复兴之前四百年,阿拉伯世界各国曾经有过一次令人注目的文化革新运动。它对文化生活的各个领域发生了深远的影响,取得了一系列可观的成就。……穆斯林世界的犹太人在自然科学和哲学领域里同阿拉伯人密切合作,有力地促进了文化繁荣。

散居异乡的犹太人都掌握了两种语言,但只有生活在阿拉伯人中的最有才华的犹太人才能熟练地用两种语言写作。……当时发生了一场真正的文学革命,特别是在西班牙,那里出现了一个新的阶层——诗人兼宫廷官吏。他们创作了许多感情丰富和形式新颖的希伯来语作品。人们可以称这个时代是希伯来文学的"黄金时代"。……这些作品的出现生动地说明了,在一个以宽容为指导思想的社会里,加上有利的文化条件,人们有多么大的可能性去进行创作。[②]

埃班在分析犹太人为什么会在穆斯林时代在文化上取得如此伟大成就时指出:"正是由于阿拉伯和犹太人的和睦共处才使这一切成为可能。"[③]为此,他特别把这一时期冠为"阿拉伯—犹太关系的'黄金时代'"。[④] 并不无感慨地说:"基督教

① 埃班:《犹太史》,第141—143页。
② 同上书,第148—150页。
③ 同上书,第155—156页。
④ 同上。

统治下，有才华的犹太人没有经历过当时在阿拉伯人统治下所出现的那样的文化高潮。”①

令人遗憾的是，阿拉伯人和犹太人长期以来以和睦共处为主流的关系在20世纪，特别自1948年现代犹太人国家——以色列国成立后没有能够继续，两个民族迅速交恶，尽管究其根由主要是政治因素，大国争夺势力范围的结果，但谁也无法否认反犹思想在其中所起的推波助澜作用。在这种形势下，认识和理解历史上出现过的反犹主义及其根源，无疑会帮助人们进一步认识和理解今天阿以之间的冲突，并为寻找解决这一不幸冲突的正确途径以深层次上的启迪。笔者相信，只要阿拉伯人与犹太人相互尊重，平等相待，克服宗教狂热，学会容忍宽容，反对狭隘民族主义和种族优胜主义，彻底摆脱大国控制，中东地区就一定会走向和平，阿以之间一定会重新恢复昔日的友好关系。1978年埃及和以色列间签订的和平协议以及1994年以色列与约旦之间签署的和平协议使人们再一次看到了阿以关系新时代到来的曙光，看到了两个民族在同一地区共存共荣、相互学习、相互促进、共同发展的希望。尽管，通向和平的道路将是艰难、曲折的，但人们有理由相信前途将是光明的。随着和平时代的到来，反犹主义作为一种祸源必将被中东人民所抛弃，历史上出现过的阿拉伯人与犹太人共处的黄金时代一定会再次出现。

① 埃班：《犹太史》，第141—143页。

第十二章

犹太人面对的历史迫害

在前一章，我们曾经指出：在讨论犹太文化时，有两个问题是无法回避，也是不应该回避的。除了已经论述的犹太人与基督教和伊斯兰教之间关系的问题外，另一个问题便是反犹主义。反犹主义作为一种观念十分久远、且在古代就已经出现的社会现象，在历史上，一直伴随着犹太人的生活，特别是犹太人的散居生活，极大地影响着犹太人的思想和文化进程。综观反犹主义的历史，人们不难看出反犹主义可以说是人类历史上有过的所有仇恨中持续时间最长、散布范围最广、后果结局最惨的一种以一个民族为其对象的仇恨。世界上恐怕再也难找到任何一种人群间的仇恨能在广度上、深度上、烈度上超越反犹主义。

尽管反犹主义的历史久远，但它作为一个专门术语(antisemitism)的出现却是在 19 世纪末的 1879 年，由德国一位名叫威廉·马尔的鼓动家首创。他用希腊字 anti 与 semite 相结合的方式造出这个为后人广泛使用的词 anti-semitism，并以此概括当时欧洲社会普遍出现的反对犹太人的思想。不久，该词就被当作一个泛指历史上出现过的所有敌视犹太人思想和活动的词汇为人们接受和使用。

要对这样一种历史现象下一个全面的科学定义恐怕不是一两行字所能表达清楚的。为了使读者明白其要旨，我们将首先用一句较为简洁的话语对之下一个定义，然后，再加上一段文字对所下的定义做出适当的解释。

从广义上来说，所谓反犹主义指的是一切厌恶、憎恨、排斥、仇视犹太人的思想和行为。

首先，这里讲的"犹太人"主要指该词语的整体概念，而不特指某一个犹太人。因此不能把某个犹太人与非犹太人之间的个人之争，或非犹太人对某个犹太人的否定看法笼统地说成是反犹主义；当然，对作为整体犹太人的厌恶和憎恨通常还是要通过对具体个人的行为体现出来的。其次，这里提及的厌恶、憎恨、排斥、仇视犹太人的思想和行为主要指根据以下不正确观念产生的敌视犹太人的思想和行为：即认为犹太人从本质上、历史上、种族上、自然属性上就是一个能力低下、邪恶、不应与之交往、理应受到谴责或一系列迫害的劣等民族。它可以不包括明显出于哲学辩论、权力斗争、政治策略之类动机而对犹太人进行的口头攻击，但是，却无疑应该包括那些从文化演绎、民族偏见而产生的厌恶、憎恨、排斥、仇视犹太人的思想和行为，不论这些思想和行为是出于有意还是无意。

反犹主义在不同历史时期有着不同的表现形式和含义，导致反犹主义出现的原因也各不相同。下面，我们将分时期对之进行论述。

古希腊罗马时期

公元前 331 年，随着中东地区成为希腊帝国版图的一个组成部分，中东旋即成为推广希腊文化和生活方式的新舞台。生活在那一地区的东方各民族，几乎无一例外地怀着钦佩的心情，欣然接受希腊人的思想方法和生活方式，唯有犹太民族固守他们的古老传统，顽强地坚持自己的信仰，拒绝全盘接受希腊文化，特别是生活在耶路撒冷的犹太人更是严守教义、固守传统。在他们看来，希腊文化的许多方面同偶像崇拜、无神论以及异教并无二致。为了坚持自己的信仰，他们不向希腊神庙献祭，不去希腊人的剧院和竞技场，反对与希腊人通婚，甚至不与希腊人同桌用餐。犹太人这一系列拒希腊文化于门外的做法使得当时一心推行希腊化政策的统治者特别恼火。他们把犹太人坚持本民族宗教信仰和文化传统的做法看成是拒绝接受统治的一种表现，因而决心采取行动，试图以希腊宗教来取代犹太教，以希腊文化同化犹太民族。

公元前 168 年，安条克四世为了在耶路撒冷强行推行希腊化运动，公开发布政令，宣布犹太教为非法，禁止崇拜犹太人的上帝雅赫维，违者以死论处，掀起了历史上第一场大规模自上而下的反犹主义运动。为了剪除犹太教，他采取了各种严厉措施，如下令废止一切犹太教的节期、禁止行割礼、禁守安息日，大肆焚烧犹太人的圣书；在耶路撒冷圣殿中竖起希腊奥林匹亚宙斯的祭坛，并在祭坛上用犹太教饮食法视为不洁的猪进行献祭，此外，还强迫犹太人食用猪肉等。对于安条克四世的这一反犹暴行，《圣经》学者加百尔和威勒在《圣经中的犹太行迹》一书中指出："犹太人长期生活于异教帝国中形成的宗教宽容心理，终于遭到致命的冲击，冲击的锋芒直指摩西法律本身。犹太教突然陷于恐怖和沮丧之中。犹太人有史以来第一次仅仅因为履行其民族信仰而被置于死地。”①忍无可忍的犹太人在民族英雄玛喀比家族领导下发起了著名的反抗运动——玛喀比起义，尽管这场反抗运动向人们再次表明了犹太人抵制希腊文化、维护本民族传统的决心，却招致了统治者的进一步憎恨。安条克七世于公元前138年向犹太人发出最后通牒，在公元前135年又亲自率兵攻打耶路撒冷。事后，他对自己的这一行动做了这样一番解：“我们攻打耶路撒冷是因为在所有民族中，只有这一民族(犹太)拒绝与其他民族交往、并把所有其他民族都看成是自己的敌人。”在安条克七世看来，一个民族保持自身传统和生活方式就是拒绝与其他民族交往，就是敌人，就应该遭到迫害和攻打。这一种观点在今人看来实在是一种强盗逻辑，然而千百年来，凡是推行过反犹主义政策的统治者都曾以此为理由，下令迫害犹太人。

当罗马统治者于公元前1世纪左右取代希腊人成为地中海和近东地区征服者后，犹太民族便成了罗马帝国的臣民。从奥古斯都时代开始，对罗马皇帝进行效忠性崇拜是罗马帝国统治下各国必须定期举行的一种政治仪式。当时的人们并不把这种仪式视为一种宗教仪式，而看作是人民对国家，特别是在罗马帝国统治下各国人民对罗马统治者和帝国忠诚的一种表示。由于犹太教明文规定反对进行任何形式的偶像崇拜，于是犹太人拒绝参与任何形式的皇帝崇拜活动。尽管一些掌管巴勒斯坦地区的罗马官员出于安定人心考虑，对犹太教的态度十分谨慎，免除犹太人崇拜皇帝的义务，以避免这种崇拜被认为是一种偶像崇拜的形式，耶路撒冷的罗马军团甚至在一个时期内除去军旗和其他标记上的人物形象，以免万一因此受到攻击，但是，犹太人的这一立场在许多不了解犹太教义的罗马人看来无疑是一种拒绝承认罗马统治的表示，是一种缺少爱国心的表示，从而导致统治者和非犹太社会对犹太人的新的憎恨。关于这一点，犹太人的圣书《圣经·以斯帖记》有过难得的记载和描绘。犹太人末底改出于本民族的诫命对受到亚哈随鲁王高举的大臣哈曼不跪不拜，哈曼对此十分不满，便对亚哈随鲁王进谗言道：“有一种民族，散居在王国各省的民中，他们的律例与万民的律例不同，也不守王的律例，所以容留他们与王权无益。”接着，又进一步提出抄斩犹太人的罪恶计划：“王若以为美，请下旨意灭绝他们。”(第3章5—8节)只是由于犹太女子以斯帖的聪明才智，犹太人才躲过了哈曼精心策划了多时、试图一举灭绝王国中所有犹太人的劫难。

对犹太人独特信仰和习俗感到不满和厌恶的不仅有哈曼这样的大臣，还包括罗马的统治者。例如，公元40年，罗马皇帝卡利古拉悉知犹太人不举行对罗马皇帝的效忠仪式一事后，十分恼火，认为这是一种意在谋反的举动。为了显示其权威，他有针对性地命令犹太人在耶路撒冷竖一座他的塑像，并打算在塑像竖立后令

① 加百尔等：《圣经中的犹太行迹》，第166页。

所有犹太人举行对塑像的崇拜活动。一场危险冲突眼看就要出现，就在这紧要关头，卡利古拉皇帝突然遭到禁卫军的刺杀而身亡，这场必然要导致犹太人与罗马统治当局发生正面对抗的冲突才得以避免。

此外，这一时期的罗马知识界对犹太人的态度也发生了变化，他们不再像过去那样将犹太人视为中东诸多民族中的一员，而是继承希腊人对犹太人歧视的观点，以著书立说的方式或者把犹太人说成是下等人，或是把他们斥之为遭神和人共同痛恨的一个民族。学者阿皮恩就曾在他的著作中把犹太人形容为一群道德败坏的下等人，是被埃及人赶出来的麻风病患者，并以此告诫大众不要与犹太人接触、交往。另一位学者，著名罗马史学家塔西佗则将犹太人说成是一个厌恶、排斥其他民族的人群。而他说这话的理由竟是犹太人"不与人们一道吃饭"，"拒绝与外乡女子发生性关系"①。

犹太人在 1 世纪和 2 世纪初多次举行的反对罗马人暴虐统治的起义无疑是导致罗马统治者进一步迫害犹太人的另一个重要原因。公元 6 年，罗马屋大维皇帝宣布废除以希律为首的君主政体，在以色列实行直接统治，犹太民族祖祖辈辈生活的地区正式成为罗马帝国的一个行省。由于罗马派来的巡抚贪赃枉法，横行无忌.肆意压迫犹太人，犹太人与罗马统治者的关系日趋紧张，犹太人的反抗行动亦频频发生。公元 66 年，罗马巡抚弗洛鲁斯企图抢劫犹太圣殿的财物，他手下的士兵将所有阻止他们进入圣殿的人杀死，从而直接导致了第一次反罗马的公开起义。起义尽管在最初阶段取得了胜利，但面对强大的罗马军队，还是于公元 70 年被残酷地镇压下去。被犹太民族视为极其神圣的殿堂——犹太教圣殿被罗马人焚毁，成千上万的犹太人惨遭屠杀，更多的人被俘卖为奴。这是犹太民族自公元前 331 年成为希腊、罗马帝国臣民以来所蒙受的一场最大的迫害和杀戮。132 年，罗马皇帝哈德良为加强他的独裁统治，计划将耶路撒冷重建成一座罗马式城市，并打算在其中建造一座罗马神殿。消息传开后激起犹太人的极大愤怒。终于在建城这一天到来时，忍无可忍的犹太人再次揭竿而起，发动了第二次反对罗马统治的大起义。在大卫王家族后裔巴尔·科赫巴的领导下，起义活动持续了三年半之久，一度还成功地夺回了圣城耶路撒冷，但在强大的罗马军团面前，犹太人终因势单力薄、寡不敌众，起义于 135 年被彻底镇压下去。这两次犹太人大起义以及两度被罗马统治者用暴力镇压下去一事给犹太民族带来了巨大的损失。据历史学家估计，至少有上百万的犹太人在这期间惨遭屠杀，1000 座以上犹太村镇被摧毁，幸存下来的犹太人被迫逃离故土，向世界各地流散。犹太民族不仅蒙受了巨大的人员财产损失，更为重要的是，他们从此彻底丧失独立地位，并失去自己的家园。对犹太人的迫害也随之进入了一个新的历史时期。

---

① L. Poliakov, *The History of Anti-Semitism: From the Time of Christ To the Court Jews*, pp. 77—78.

基督教时代初期

随着基督教的兴起和影响的不断扩大,基督教和犹太教之间围绕教义和谁的思想为正统的争论,在罗马社会出现过的反犹主义思潮再次掀起。那些将犹太人说成是遭上帝憎恨的民族的观点再次抬头,犹太人被非犹太人社会谴责为"渎神的乌合之众",犹太教被斥责为一个"邪恶的"教派。为了适应新形势,争夺信徒,进一步推动基督教的传播,基督教社会对于上帝憎恨犹太人的理由做出了新的解释。首先,在被基督教奉为圣书的《圣经·新约》中出现了大段对犹太人和犹太教的谴责。在福音书中,除了有那些对犹太教极端仇恨的斥责外,还列举了导致基督教反对犹太人的两大基本因素:(1)犹太人已经承认他们对上帝之子耶稣被钉十字架一事承担集体责任。《马太福音》第 27 章 25 节是这样说的:"众人(指犹太人)都回答说,他的血归到我们和我们的子孙身上。"(2)犹太人就是恶魔的化身。《约翰福音》第 8 章 44 节这样写道,"你们(指犹太人)是出于你们的父魔鬼,你们父的私欲,你们偏要行,他从起初是杀人的,不守真理,因他心里没有真理,他说谎是出于自己,因他本人是说谎的,也是说谎之人的父。"为了讨好罗马统治者,基督教还把罗马人在公元 70 年摧毁圣殿一事说成是上帝对犹太人迁怒的结果,是对犹太人罪恶行径的一种惩罚。由于传统的犹太教对非犹太社会仍具有很大的影响,年轻的基督教派作为犹太教的一个分支,一方面需要犹太教的传统思想,另一方面又不愿看到它的影响超过自己,于是大肆宣扬肉体上的以色列人已被上帝唾弃,只存在以色列人精神的观点,以此来证明上帝已经不再理睬他过去的选民——犹太人,而把他的爱转向了基督徒。与此同时,基督教的教父们从不同角度发展了福音书中的反犹思想,要求教徒把对耶稣基督的爱与对犹太人的恨结合起来。不过,这种对犹太人的歧视和憎恨在当时主要表现在对神学的争论上,以及不同意见的提出上,在实际生活中对犹太人进行迫害的现象则很少发生。

当基督教终于在公元 391 成为罗马帝国的国教后,罗马皇帝便开始把神学家对犹太人的看法和指责运用到实际生活中去。犹太人古已有之的特权遭到了剥夺,拉比的审判权被废止,皈依犹太教的活动遭到禁止,并且规定一经发现即判死罪。渐渐地,犹太人失去了所有的政治权利和公民权利,从政府主要部门和军队中被赶了出去。与此同时,基督教内部的神学家仍对犹太人的存在和固执进行新的争论。有的按照《圣经》中出现的人物,把犹太人说成是以扫,把基督徒说成是雅各,有的把犹太人说成是罪大恶极的该隐的化身。这种纯粹产生于古代传说的反犹主义迅速为人们所接受,成为日后迫害犹太人的一个个口实和证据。

公元 438 年生效的《提奥多西法典》对犹太人的权利做出了明文限制,如禁止与基督徒通婚,禁止占有基督徒奴隶和修建新的犹太会堂等。公元 613 年,西班牙对犹太人的镇压达到了最残酷的程度。西哥特王西斯普下令强制西班牙全部犹太人接受洗礼。墨洛温王朝效法西斯普，在公元629年迫使犹太人做出抉择：要么接受洗礼，要么流放。持续的迫害破坏了犹太人的社会和经济结构，犹太人不仅从手工业部门被排挤了出去，而且还失去了从事农业的机会，最后只剩下经商和放高利贷两条路。由于不断受到迫害，基督教国家内的犹太人数急剧减少。第二圣殿时期，犹太人约有300万，但到7世纪初，在残存的罗马帝国地区的犹太人只有50万，减少了5/6。

伊斯兰教兴起时代

尽管伊斯兰教是受到犹太教影响出现的一种宗教，它的创始人穆罕默德在创教初期也曾得到犹太人的帮助，如在麦地那犹太人部落达成和平共处协议，但由于犹太人从自己教义出发拒绝承认穆罕默德是上帝的使者和先知，穆斯林武装便开始打击和迫害犹太人：麦地那的两个曾与穆罕默德签过和约的犹太部落先后被逐出，另一个犹太社团遭灭顶之灾，男子全部被处死，妇女、儿童沦为奴隶，财产归穆斯林。穆斯林在武装夺取政权后曾讨伐海巴尔等地聚居的犹太人。穆斯林统治者还制定了一系列特别立法，规定所有非穆斯林宗教团体都须交纳特别税，禁止修建新的犹太会堂，向犹太人征收人头税。穆斯林还开创了规定犹太人必须佩戴犹太标志的先例，一项法令规定：每个犹太人必须在帽子上贴上一块黄布条，身上悬挂铸有非信徒字样的银币。还为犹太妇女规定了特别标志：穿两只颜色不同的鞋，一只为红，一只为黑，鞋上缀有小铃铛，以便从很远的地方就能听到。法蒂玛王朝的哈里发曾强迫犹太人在脖子上挂一件重5磅的物体，以回忆他们祖先曾有过崇拜金牛犊一事。

造成伊斯兰教出现反犹主义倾向的原因很多，但主要有：(1)不同宗教。历史上不同信仰往往引起人们之间的相互仇恨，伊斯兰教徒与犹太教徒之间也不例外，特别是犹太教是一种少数派宗教，因而常常受到多数派宗教的压迫。伊斯兰教经典《古兰经》在成书时便已包含了若干反对犹太人的内容，如《古兰经》经文中说，"你必定发现，对于信道者仇恨最深的是犹太教徒……"谴责他们篡改圣书，背弃克尔白加建立者易卜拉欣(即犹太人始祖亚伯拉罕)所传之道，诽谤正教；(2)犹太人对伊斯兰教教义的拒绝承认和接受，以及很少皈依现象被看成是一种"顽固异教徒"，特别是在许多其他少数民族都皈依后，更成了易受攻击的目标；(3)早期基督教反犹主义的影响。尽管伊斯兰教也排斥、歧视基督教，但由于基督教仍在拜占庭和其他一些地方执掌权力，并同样憎恨犹太人，使得基督教徒得到比犹太人好得多的待遇。民间流传的一些基督教反犹太人的传统和做法逐渐为伊斯兰教所接受和吸收。对于伊斯兰教迫害和歧视犹太人的现象，11世纪一位作家曾做过这样的描述："雇用暴徒去折磨犹太男人和女人，千方百计地咒骂和诽谤他们，使他们痛苦。异教徒嘲笑犹太人，巴格达街上的群氓和孩子经常侮辱他们。"

中 世 纪

在中世纪基督教教会统治下的欧洲,犹太人被看成是在种族和宗教上均属特殊类型的人。以宗教为由的迫害,是这一时期反犹主义的最大特征。11世纪,在罗马教会的煽动下,欧洲出现了十字军东征运动。尽管它的起因不是为了迫害犹太人,而是征讨在圣地迫害基督教的穆斯林,讨伐异教徒,但实际上,犹太人从一开始就是十字军东征最惨重的牺牲品。因为,在许多基督徒看来,犹太人就是身边的异教徒。正因如此,德国和法国一些参加十字军东征的基督徒一路上不是袭击犹太人,就是抢劫他们的财产。当时,流行着这样一个口号:“干掉一个犹太人,以拯救你的灵魂!”一支东征的十字军在莱茵河畔以集体屠杀犹太人的方式作为东征的开始。另一支队伍在里昂发泄对犹太人的仇恨,屠杀犹太居民,洗劫犹太居住区,连住房也被付之一炬。1099年7月,攻占耶路撒冷的十字军先是把当地犹太人赶进犹太会堂,然后放火把他们统统烧死。在数次东征行动中,总共有数万名欧洲犹太人遭到杀害,被夺去财产、生计的犹太人更是不计其数。在十字军骑士统治巴勒斯坦的200年中,犹太人再次被禁止居住在耶路撒冷。

十字军攻打阿卡城图

为了进一步限制犹太人,基督教会还制定了一系列针对犹太人的特殊法律。1215年,由罗马教皇英诺森三世召开的第四次拉特兰公会议明确禁止犹太人和基督徒生活在一起,命令所有犹太人穿上特殊服装,佩戴特殊标志。过去那些反对犹太人的旧法令也重新生效。教会把惩罚异端分子的措施也用于犹太人,犹太人的经典《塔木德》被认为是异端,受到审判。1240年,巴黎发生了一起轰动西方的焚书事件,被焚的《塔木德》达24车之多。

以莫须有罪名对犹太人进行诬告的事件开始不断出现。血祭诽谤就是这类指控中常用的一种。在这一诽谤中,犹太人被指控无端杀害基督徒,特别是基督男童,用他们的血祭犹太人的神。他们还把这种杀人取血祭神的谎言与犹太人的宗教节日——逾越节联系起来,声称犹太人不仅用基督受难的方式杀害基督徒,而且用基督徒的血水做犹太人在逾越节食用的无酵饼。1144年,从英国诺里奇传开的威廉案是中世纪欧洲最早出现的、并有文字记录的一起血祭诽谤。尽管根据犹太教的教义,明文禁止犹太人食用任何血液,人们还是相信这类谣传。被控告的犹太人往往被屈打成招,然后再判处死刑,没收其所有财产。而且,犹太“罪犯”一死,所有的债权和典当权自行失效,一些指控人有时还能坐地分赃。指控犹太人玷污圣饼是另一类无端诬告。诬告声称犹太人怀着对基督的仇恨，偷走基督教做弥撒用象征基督身体的圣饼，用针把饼穿透放在水里煮，然后捣成泥，最后再挤压这些捣烂的圣饼，直至有血从中流出，并说犹太人之所以这样做是为了再一次折磨和杀死基督。这一纯粹是子虚乌有的捏造一再出现，每出现一起，都有犹太人遭到迫害。1298 年，罗庭根的犹太人被控告犯有玷污圣饼罪，随即一场迫害犹太人的浪潮便在全巴威略和奥地利掀起，140 个犹太人居住区遭到洗劫。1331 年，又出现一种新的谣言，指控犹太人唆使甚至用金钱收买麻风病者把麻风病毒投入井里，从而使麻风病蔓延开来。无数犹太人在这一指控下遭到拷打和杀害，财产被充公。1348 年，黑死病在欧洲大陆流行，顿时有谣言指控这场导致欧洲 1/4 人丧生的传染病系犹太人在水井投毒所致，这一诬告不仅导致无数犹太居住区被捣毁，而且造成数以千计的犹太人被杀害。

这一时期对犹太人的另一迫害是驱逐。法国在 1182 年到 1394 年间曾六次驱逐犹太人。英国则在 1290 年下令驱逐所有生活在英伦三岛的犹太人。德国和意大利在 14—16 世纪也曾多次驱逐犹太人。中世纪出现的最残酷的驱逐行动发生在 15 世纪末的西班牙，数十万多犹太人被西班牙国王逐出，生活在那里一千多年、为西班牙社会和人类文明发展做出贡献的犹太社区从此不复存在。几年后，葡萄牙国王也驱逐了境内的所有犹太人。在东欧，驱逐事件也时有发生。1483 年，华沙的犹太人开始被逐出。1491 年，克拉科夫也爆发了驱逐犹太人事件。1496 年，所有犹太人都被赶出了大公国立陶宛。

1483 年犹太拉比与基督教学者论战情形

宗教改革运动时期

宗教改革运动对反犹主义的发展产生了一些重要而又复杂、积极而又消极的影响。加尔文派由于注重个人虔诚，强调在日常生活中遵守道德准则和诫命的重要性，以及对《圣经・旧约》的巨大兴趣，开始以一种较为友善的眼光看待犹太人。英国的一些基督教组织在这种思想影响下，改变了传统的敌视犹太人的态度。法国的加尔文派由于自身在法国大革命发生以前一直受到迫害，故对犹太人受迫害一事怀有同情之心。而路德派尽管在宗教改革运动之初主张宽待犹太人，但由于这一派强调信仰的重要性，以及犹太人像拒绝穆罕默德一样拒绝路德的新教思想，接受宗教改革思想的路德派新教徒也开始仇视犹太人,特别是倡导宗教改革运动的路德本人更是竭尽对犹太人攻击之能事,利用各种机会和形式攻击犹太人。路德派的这一立场对后来在德国反复出现的各种反犹主义均有一定影响。

与此同时,在那些仍然为天主教统治的地区,犹太人的地位更加恶化,反对进行宗教改革的教皇当局加紧了对犹太人的压制,各项限制犹太人的法令得到越来越严格的执行。其结果之一是天主教统治者在16世纪下半叶全面推行"犹太隔都"制,用强制手段将犹太人与当地社会隔绝开来,以堵塞犹太人在政治、社会和精神领域与非犹太社会的所有交流渠道,导致犹太人社团在以后的200年中发展成一个"封闭式的社会",严重阻碍了犹太社会的发展。

欧洲启蒙运动

当18世纪席卷欧洲的启蒙运动开始后,犹太人与欧洲社会的割裂状态开始慢慢解除。在这一时期,欧洲出现了由一批文人、科学家和思想家组成的新的阶层——资产阶级知识阶层(或称启蒙哲学家)。他们展开了对自然神论和基督教的批判,主张以科学和理性代替宗教对社会的统治。人道主义思想的提出和传播,使犹太人在社会生活中的地位第一次被人们提出讨论。许多启蒙哲学家都对犹太人的处境表示同情,认为把犹太人作为一个民族进行压迫是一种社会不公正的现象,是基督教会压制社会的一个有力证据。在这期间,"异端裁判所"受到了最严厉的指责,最后不得不取消。尽管启蒙运动反对迫害犹太人,但由于这种反对主要是为了摆脱基督教教会对人们社会生活的控制,而不是为了真正解放犹太人,因此,犹太人受到不公正对待的情况并没有得到根本改善。与此同时,启蒙运动的一个重要方面是驳斥蒙昧主义,向宗教宣战,犹太教自然也是受到攻击的一个目标。在许多启蒙主义者笔下,犹太教常被描绘成一个反社会的宗教,不仅培养了顽固的特殊神论思想,而且在一国之中造成了社会和人民的对立。这些人士认为,犹太人的最好出路是放弃他们的传统宗教,与主流文化融合。这种观点后来为法国革命者所接受,他们在1791年宣布解放犹太人的同时做了这样的宣布:"对于社会的人将给予一切,对于犹太人则什么也不给!"

反犹主义的新形式

18世纪末法国大革命宣告了犹太人获得解放时代的到来,不少欧洲国家纷纷宣布还犹太人以公民权。在这以后,犹太人尽管在法律面前享有平等权利,但在实际社会生活中并非如此,对犹太人根深蒂固的偏见仍然极大地影响着非犹太社会对犹太人的态度。除此之外,犹太人与非犹太人在经济领域的竞争也影响到对犹太人的看法。人们就是否给犹太人以公民权展开了争论,在拿破仑军队被打败后,一些原先宣布犹太人解放的国家，又纷纷制定了对犹太人的限制，或者对犹太人的解放强加种种条件，许多犹太人再次丧失做人的权利。

19世纪中叶以前，欧洲犹太人与非犹太人的冲突最激烈的场所是德国。当时，资本主义和工业化的出现打乱了原有的社会结构，德国社会开始了新的组合。犹太人由于在经济领域的成就很快成为社会中最引人瞩目的一个阶层，不仅有许多人跻身中产阶级，还有一些跻身上层，在经济上对贵族地主阶级形成严重挑战；一些被排除在一般赢利范围之外的中下层群众，以及日益丧失权势的贵族地主阶层对此极端仇恨，把自己的不幸和脆弱归结为犹太人登上政治、经济舞台的必然结果，要求重新限制犹太人的权利。1819年德国出现的农民暴动就是针对犹太人而来的，参加暴动的人用中世纪基督教会咒骂犹太人的词汇攻击德国犹太人。

19世纪初，一种新的反犹主义和民族主义思想在德国知识界流行。德国的哲学家、思想家和其他知识分子几乎毫无例外地接受并宣扬以种族论为核心的泛日耳曼主义的各种信条。这种种族优胜论经过几十年的发展和传播，对德意志民族产生了灾难性的影响，许多人都不愿再与犹太人接触，唯恐造成种族上的退化，犹太人的存在再次成为全社会厌恶、憎恨的焦点。到19世纪最后25年，反犹主义终于成为德国政治生活中的一个普遍现象，成为政治领导人争取中下层人民支持的一种口号和方式。德国保守派政治家施特克尔不仅是第一个发表公开反犹讲演的政治家，而且是第一届国际反犹主义大会的组织者。他还将基督教社会党改造成一个公开反犹的政党。

在法国，保守党人为了打击共和党人，肆无忌惮地掀起新的反犹浪潮，企图以此吸引支持者。保守党人德律蒙在《法国犹太人》一书中把法国的经济萧条和社会贫困说成是犹太人的罪过，煽动法国工人起来夺取犹太人的职业，并以谣言惑众，声称犹太人阴谋消灭基督徒，夺取世界的统治权。这样一本反犹书籍在当时竟印了140余版。1894年，法国发生了轰动一时的诬害法国犹太青年军官德雷福斯案件。反犹主义是制造这一案件的主要力量，而这个案件的发生又反过来推动了法国的反犹主义活动的出现。首先发难的是新闻界，他们利用这一案件掀起人们的反犹情绪，挑动企业主解雇犹太人。在反犹宣传影响下，法国出现了抢劫犹太商店、围攻犹太人的暴民活动，“杀死犹太人！”的呼喊声响彻巴黎街头。人们不断提出在法律上剥夺犹太人选举权的建议，政府还收到大量要求驱逐犹太人的请愿书。

为德雷福斯恢复名誉的仪式

东欧的情形不同于西欧，在那里，犹太人从来就未获得过解放。在俄国，犹太人不仅没有公民权,而且特别法还对他们的居住、经济发展和婚姻严加限制。16 世纪,俄国统治者坚持既不允许犹太人在其国土上定居,也不准许暂时停留的政策。后由于俄国疆土的扩大,许多原先生活在东欧诸国的犹太人成了俄国统治下的居民,当局再也无法实行上述政策,于是,限制犹太人居住、活动范围的栅栏区在俄国出现。犹太人被封锁在沿西部边界划出的 50 俄里宽的平原上。在尼古拉一世统治下,犹太人状况日益恶化。沙皇在 1827 年的敕令中规定,12—18 岁的犹太青少年必须在义务兵营里服预备役,然后再服 25 年现役,犹太区必须按定额提供义务兵员。在亚历山大二世统治后期,俄国反犹政策加剧,反犹报纸抓住犹太学生数比例较高一事大做文章,致使俄国政府制定了限制犹太人入学数的最高限额。1871 年,敖德萨还出现了屠杀犹太人事件。1881 年 3 月,亚历山大二世遇刺身亡,俄国随即掀起了有组织、有计划的集体迫害犹太人的恶浪。1882 年颁布的《五月法》,明文禁止在犹太区内外建立任何新的居住点,并准许乡村居民把"有罪的犹太人"赶出去。在俄国出现的反犹暴行致使 200 万以上的犹太人逃离家园,远走他乡。

在罗马尼亚、匈牙利、保加利亚、波兰,反犹主义一直盛行不衰。犹太人被看成是一切社会弊端最合适的替罪羊,无论出现什么不测事件,首当其冲的总是犹太人。在罗马尼亚,犹太人从未获得过公民权,所有在那里出生的犹太人都被当作外国人看待,享受不到丝毫公民的权利。在匈牙利,所谓血祭诽谤不断出现,犹太人终日笼罩在随时可能受到指控的恐怖之中。在保加利亚,当地人把犹太人看成统治他们的德国人,德国人则把他们看成是地地道道的保加利亚人。在波兰,犹太人作为少数民族遭受种种歧视,上百万人完全生活在贫困之中。东欧对犹太人迫害的结果之一,是使数百万犹太人或是迁徙新大陆,或是来到巴勒斯坦。

19 世纪欧洲反犹主义通常将欧洲的所有问题都推到永恒的替罪羊犹太人头上,欧洲漫画家潘恩所作的《全是他们错》漫画

总的来说,19 世纪的欧洲,在犹太人获得解放的同时,反犹主义势力开始增长。种种迹象表明,对犹太人的宗教迫害已让位于政治迫害。在种族论影响下,欧洲出现的泛日耳曼主义和泛斯拉夫主义威胁着犹太民族的生存。1882 年召开的第一届欧洲反犹政党国际大会向人们表明反犹主义已是一种国际思潮。

20 世 纪

对犹太人来说，20世纪的欧洲是杀害犹太人最残酷的中心，反犹主义达到历史的最高点，这一时期出现的对犹太人的迫害是历史上任何反犹行动所无法比拟的。首先出现的是第一次世界大战结束后爆发的苏联—波兰边界战争，成千上万的犹太人在集体迫害之中或是被杀，或是被赶走。第一次世界大战结束后成立的国联在犹太人的强烈要求下曾制定了保障欧洲少数民族权利的条款，规定保证他们在开办学校、选择语言、保持传统文化等方面享有民族特权。但这方面的条款从一开始就没有受到各国政府的严格遵守，在很短时间内，东欧和中欧大多数国家纷纷摈弃平等对待犹太人的做法，犹太人被剥夺了选举权，在经济领域受到种种排挤。例如，在波兰，新的共和国成立不久就对犹太人实行高税制和人员定额制，所有政党几乎无一例外同意不给生活在波兰的300万犹太人以任何生存空间的主张。在罗马尼亚，由于政府的煽动，许多犹太人被指控与旧统治者有勾结而被捕入狱，迫害犹太人的恐怖事件层出不穷。在匈牙利，对犹太人的歧视使犹太学生数大幅度减少。而发生在东欧和南欧小国之间的领土之争，致使那里的犹太人被双方指控不忠和怀有奸计而遭受种种莫名其妙的迫害。

法文版《犹太人贤士议定书》一书的封面（1934年）

在德国，反犹主义开始呈上升趋势，一些反犹分子和极端右翼政党开始把德国在第一次世界大战中战败的原因归罪于犹太人，所谓“背后刺来的刀”的说法四下流传，指控是生活在德国犹太人的懦弱精神影响了德国军队的战斗力。20年代德国经济的混乱形势和犹太人在经济领域占据的地位加剧了德国公众对犹太人的憎恨。一时间，德国政治舞台上充斥对犹太人仇恨的喧嚣。这一切，在1933年希特勒取得德国统治大权后被推到了极端。反犹主义成了希特勒德国的一项国策，一场有计划、有步骤、有组织的迫害活动便开始了。1935年9月颁布的纽伦堡法不再承认犹太人为德国公民，犹太人成了无国籍的人，出现了在经济领域抵制犹太人、在公务部门和自由职业中驱赶犹太人、焚毁犹太人著作和犹太会堂等迫害活动。1938年11月9—10日的所谓“水晶之夜”事件严重打击了犹太人的经济活动和社会生活。第二次世界大战爆发后，德国法西斯更是开始肆无忌惮的迫害活动。1941年，“最后解决”成了纳粹党徒试图完全清除欧洲犹太人的正式政策。犹太人被迫佩戴犹太标志，成批犹太人被押往集中营、灭绝营，并最后在那里被集体屠杀。战争结束时，占犹太民族1/3的600万犹太人被杀害,东欧大约90%的犹太居住区被摧毁。反犹主义暴虐得到了充分表露,其危害性也大白于天下。

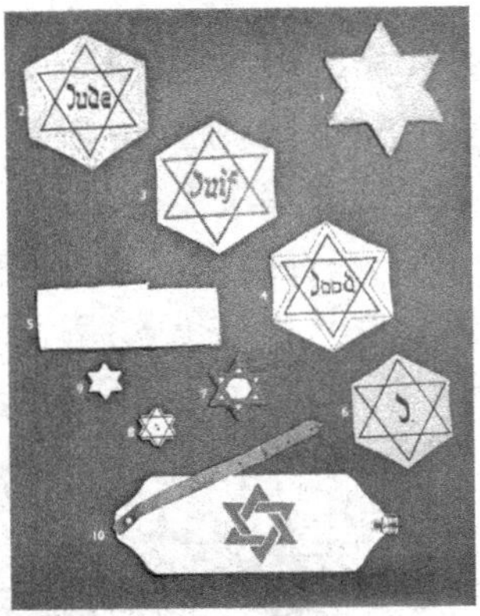

二战期间纳粹强迫犹太人佩戴的各种犹太标志

被押往死亡灭绝营的犹太人

反犹主义的反作用

尽管反犹主义对犹太民族造成了巨大的伤害,使他们在历史上饱受磨难,但如同世界上一切事物一样,反犹主义也具有双重性。因此,在探讨了它对犹太民族造成的巨大灾难后,我们不应忘记它在历史上对犹太文化保存和发扬所发挥的意想不到的"反作用"。按照辩证法的观点,虽然这一作用是反犹主义者最不愿意看到的,却又是反犹主义无法避免的。

反犹主义在历史上产生的反作用可以从被认为是现代史上犹太民族解放运动的犹太复国主义运动的兴起、发展,到成功过程中清楚地看出来。

犹太复国主义运动史研究专家拉克在探讨犹太复国主义运动兴起的成因时曾毫不含糊地指出:犹太复国主义是对反犹主义的反应。笔者在一篇专门论述犹太复国主义运动兴起的种种因素时曾特别提及发生在19世纪最后25年的两起反犹主义迫害事件。一起是俄国1881年开始的对犹太人的集体迫害,另一起是发生在法国的诬陷犹太青年军官德雷福斯案件,并指出:"这两起迫害事件的发生不但使成千上万原先主张以同化方式、以加入所在国社会方式来解决犹太人备受迫害问题的犹太人思想发生突变,开始反思试图放弃本民族信仰的一系列做法,而且直接导致了犹太回乡思潮朝着民族解放运动的方向发展……"①

事实上,无论是犹太复国主义运动思想理论的奠基人平斯克,还是犹太复国主

① 徐新:《试论犹太复国主义运动兴起的宗教、社会因素》,见《南京大学学报》1989年第5期,第51页。

义运动政治组织者赫茨尔都是在亲眼目睹上述反犹主义事件后开创这一被视为现代史上犹太民族最伟大的解放运动的。

犹太复国主义运动兴起之初的其他著名人士，如思想家戈登、阿哈德·哈姆，文学家利林布卢姆、斯摩棱斯金等均是在反犹主义打击下投入犹太复国主义运动的。而像比卢、热爱圣山一系列宣传犹太复国主义思想的组织也都是面临对犹太人的新迫害成立起来并积极开展工作的。19 世纪末出现的反犹主义打破了许多犹太人的幻想，并引起了深刻的反思。他们在欧洲还有没有前途？如果没有，他们应该到哪里去？犹太复国主义运动就是在诸如此类的思考中逐渐兴起的，如果说没有反犹主义，就很可能不会出现犹太复国主义运动，这一推断应该是符合历史事实的。

不仅犹太复国主义运动的兴起是反犹主义迫害反作用的结果，就连犹太复国主义运动的发展也离不开反犹主义。大凡熟悉犹太复国主义运动发展史的人们都清楚，该运动在早期并没有能得到广大犹太人民的热烈支持，到 1914 年，直接参加这一运动的人数还不足 13 万。然而，欧洲，特别是东欧不断抬头的排犹主义，使大批犹太人被迫离开自己在欧洲的故乡，前往巴勒斯坦，从而把越来越多的犹太人"赶入"到正在兴起的犹太复国主义运动中去。几年后(1921 年)，直接投身这一运动的人已逾 100 万人。正是在这一意义上，著名犹太史学家沙卡博士指出：重新在现代欧洲抬头的排犹主义不仅赋予了犹太人回乡观一种崭新含义和要实现的目标，而且导致了犹太复国主义运动的直接兴起和在全民族中的展开。① 拉克也指出："在一个没有反犹主义的世界里，犹太复国主义就不会发展壮大。""第一次世界大战后，由于反犹主义的加剧，拥护犹太复国主义的倾向加强了。……如果不是由于紧张形势和对犹太人的迫害，犹太复国主义可能仍是一个理想主义改革者的文人和哲学家的小派别。"②

反犹主义除在"动员"和"逼迫"越来越多的犹太人投入犹太复国主义运动以外，还为犹太复国主义"寻得"非犹太社会对它的同情和支持。客观地说，在第二次世界大战爆发以前，犹太复国主义运动除了在犹太人中得到开展外，很少得到非犹太社会的支持。然而，在大战爆发后，特别是当希特勒纳粹政权疯狂屠杀犹太人的罪恶行径大白于天下后，情况开始发生了根本性的变化。按照拉克所说：在 1945 年，甚至它以前的敌人都聚到了蓝白旗下(指象征犹太复国事业的旗帜，也是今日以色列的国旗)。这一点可以从英国工党主席哈罗德·拉斯基对犹太复国主义运动态度的转变中清楚地看出。拉斯基原是犹太复国主义运动的坚决反对者。他说：他不信犹太教，他是个马克思主义者。战前他倡导同化并曾认为犹太人如愿失去自己的特性，那将是他们给人类做出的最佳贡献。但是当希特勒屠杀犹太人罪

① A. L. Sachar, *A History of the Jews*, p. 351.

② 拉克：《犹太复国主义史》，第 719—720 页。

行晓于天下后,他完全认为,并坚决相信犹太国在巴勒斯坦复兴的必要性。他声称现在连他也成为犹太复国主义者了。[①] 当时,国际社会中对犹太复国主义运动的看法发生这一转变的人何限拉斯基一人,他只不过是一个代表罢了。事实上,由于纳粹推行的反犹主义,国际社会对犹太复国主义的同情和支持是巨大的。这一同情和支持从 1947 年 11 月 29 日联合国大会对建立一个犹太人国家议案的表决中得到明白无误的表达。大会在以超过 2/3 的压倒性多数通过上述议案的同时,向人们表达了当时国际社会对犹太复国主义运动的坚决和强有力的支持。事后,人们在评论这一事件时认为:如果不是希特勒纳粹把反犹主义推向它的历史顶点和对犹太人的历史性大迫害,很难想像国际社会"缔造"出一个犹太人的新国家。

需要指出的是,反犹主义之所以能对保存和弘扬犹太文化产生"积极作用",还与犹太民族对迫害和压迫做出的独特反应有着密切的关联。应该说,面对反犹主义的疯狂迫害和压迫,犹太民族从未放弃反抗,停止抗争。不过,由于犹太民族在历史上就是一个弱小的民族,他们对压迫的反抗,对迫害的抗争,不像其他民族那样主要表现在武装起义和暴力行动上,而是集中表现在维护犹太人的民族精神上。因此,在犹太人看来,反抗反犹主义压迫和迫害的最有力的武器是忠于自己的信仰,坚持自己的传统,加强自身的信念,发扬自身的文化,巩固自身的团结。

犹太民族这一与众不同的反抗形式.使他们在肉体上受迫害时,善于从精神方面保护自己;在物质生活艰辛困顿时,努力在精神生活上保持丰富多彩;越是遭受压抑.越要寻求精神上的奋扬和超越。关于这一点,人们可以从那些记载反映二战中被关进纳粹为迫害、屠杀犹太人而设置的集中营里的犹太人生活文献中清楚地看出。在这一精神的指引下,犹太信仰,犹太传统,犹太信念,犹太文化,犹太团结,不仅没有在反犹主义的压迫中损毁,反而由于疯狂的反犹主义压迫的反作用力得到进一步增强,得到进一步保存,得到进一步弘扬,得到进一步光大,得到进一步加强。请看:

古代,在罗马统治者用暴力捣毁犹太人的第二圣殿,犹太人彻底丧失主权民族地位的关键时刻,以传播犹太思想、培养后继人才、研究犹太典籍、保存犹太精神为宗旨的犹太经学院的活动开始得到发展。其结果之一就是被誉为犹太教第二经典的《塔木德》经过一代又一代犹太圣贤的努力,终于编纂完成,使以犹太教为核心的犹太文化得到了极大的发展。而正是由于《塔木德》的成功编纂,使得犹太民族在随后的长达 1500 年的历史中,面对遭敌视的生存环境和种种迫害,掌握了一种可以帮助他们坚持犹太传统、维护犹太独立、约束犹太生活的强大思想武器。

中世纪末,当西班牙统治者推行极端反犹主义政策,采用将境内所有犹太人统统驱逐出去的方式对犹太人进行大迫害时,被逐的犹太民族在悲壮气氛中将犹太精神的火种带到了西亚、北非、北欧和东欧广大地区,使那里成为犹太文化的新的中心。

16 世纪以来,罗马天主教会开始推行犹太隔都制,试图以此达到迫害犹太人

---

① 参见拉克:《犹太复国主义史》,第 720、682 页。

的目的。然而，犹太隔都的出现却在促进犹太人的集体生活，维系犹太人的宗教信仰、文化和团结等方面做出了“贡献”。很早以前，犹太拉比曾告诫犹太人要“设屏藩以护《托拉》”，隔都中的犹太人真的这样做了。他们不仅实现了自治，而且基本上按照犹太人的传统方式和法律生活。《塔木德》在管理隔都生活中得到了广泛的应用，犹太教律法和伦理准则在这里得到了最完美的遵守。犹太隔都犹如一个训练自治的场所，一代代犹太人在这里学习管理错综复杂的平民事务和熟悉管理自身的各种准则，对于犹太人保持自己的民族文化、传统起到了一定的推动作用。

到了近代，沙皇俄国在1881年掀起的对犹太人的集体迫害浪潮，使成千上万犹太人开始寻找同化以外的自我解放的途径。他们来到巴勒斯坦，以前所未有的热情投入犹太文化的重建事业，不仅人们的犹太意识得到了加强，犹太人古老的语言——希伯来语也在这一犹太文化重建中奇迹般地被“复活”，犹太文化的其他方方面面也得到了极大的发扬。而一个新的犹太文化中心重新在圣地的建立，无疑为一个新的犹太人家园的重新建立奠定了基础。

在20世纪30、40年代，以纳粹德国为首的反犹势力对犹太人的历史性大屠杀，虽然使1/3的犹太人丧生，却也导致了犹太人在失去国家的两千多年后又重新建立起了一个新的犹太人国家。在这个国家中，犹太信仰、犹太传统、犹太文化都得到了空前发扬光大。而犹太人成为一个主权民族本身更是弘扬和发展犹太文化的最有力的保证。

在随后的年代，当反犹主义试图用战争消灭这个犹太人国家，用军事、政治、经济等手段扼杀它的时候，全世界犹太人的团结和联系却得到了加强。每当战争爆发一次，犹太人之间的团结就得到一次加强。他们的团结不仅使犹太人国家赢得了战争，促进了以色列经济的发展，而且使犹太文化开始真正成为国际学术界重点研究的对象之一。

由此可见，当萨特指出：“使他们（犹太人）团结起来的唯一纽带是周围社会对他们的敌视和蔑视。”[①]这话无疑是很有见地的。正因如此，乔治伯爵这样评说：“你（犹太人）尽可以诉说你一直在遭受压迫和迫害——可这正是你的力量，你已经千锤百炼，这是你从不断裂的原因之所在。”[②]

反犹主义对犹太民族的另一“积极贡献”是使犹太民族从一个地区性的民族发展成一个世界性的民族，使犹太文化从一个地区性文化、单一民族的文化成为影响西方文明的一个源头和世界文化。

众所周知，古代犹太民族的生存只局限在从两河流域到尼罗河流域之间的巴勒斯坦地区。在长达近两千年（公元前1800—公元100年）的历史中，他们一直是作为这一地区的众多民族中的一员生活在那里。无论从他们的人数，还是实力，在

---

① Sachar, *A History of the Jews*, p. 91。

② 吉尔伯特：《犹太史图录》主页。

那一地区都算不上什么，其影响力也从未超出那一地区。若不是由于反犹主义的存在，这个民族是否会保存至今。特别是作为一个一以贯之的民族保存至今恐怕都是个问题。当然，对于到底犹太民族是否会在没有反犹主义的情况下能作为一个一以贯之的民族保存至今的结论，历史学家有不同看法，这里暂不作定论。不过有一点是可以肯定的，即：若没有反犹主义，犹太民族是绝对不可能发展成今天这样一个遍布五大洲的世界性民族的。罗马帝国对犹太人的迫害使犹太人被迫离开自己的家园，分散到了罗马帝国各地，犹太人第一次生活在地中海周围的所有地区，其生活空间因此得到了扩大。随着罗马帝国的扩大，犹太人社区开始在西班牙、意大利、法国一些地区出现。7—8 世纪伊斯兰教兴起时出现的反犹主义使犹太人的活动范围进一步向欧洲大陆扩展。而十字军东征掀起的反犹主义浪潮，使相当一部分犹太人开始进入以波兰为中心的东欧地区。1492 年西班牙对犹太人的大迫害，不仅使犹太人的生活空间扩大到以荷兰为中心的北欧和所有的穆斯林地区，而且第一次使犹太人踏上美洲大陆。而 19 世纪德国和俄国等国相继出现的新的反犹主义迫害，不仅使大批犹太人移居美国，而且在加拿大、墨西哥、巴西、阿根廷、智利等国集居。到 20 世纪反犹主义再次掀起恶浪时，犹太人已经遍布五大洲，成为一个典型的世界性民族。

随着犹太人在世界范围内活动，犹太文化也不断在世界范围内传播和发展。影响着所有与它交往国家和地区的文化。如在世纪之初孕育了基督教，在公元 7 世纪又哺育了伊斯兰教，在中世纪推动着伊斯兰文化的发展，到了 14、15 世纪又为文艺复兴的出现起到了“中介”作用，在随后为资本主义的到来，特别是现代金融业的发展发挥了不可替代的作用。至于，对世界科学、医学、文学、法律、社会福利等方面的影响更是人类有目共睹的，而这一切竟都与反犹主义联系在一起。正是在这个意义上，人们发出了“没有反犹主义，就没有犹太人的今天，也没有世界的今天”的感叹。

历史就是这样地不可思议。反犹主义者大概至死也不会想到，他们费尽心机掀起的旨在扑灭犹太人思想、铲除犹太文化影响、消灭犹太民族的反犹主义竟造成了犹太人的今天。犹太人的思想不仅没有因此被扑灭，反而因此发扬光大；犹太文化的影响不仅没有因此被铲除，反而因此为越来越多的人们所接受；犹太民族不仅没有因此被消灭，反而因此成为当今世界上最伟大的民族之一，在世界的五大洲不仅到处都能见到他们的身影，而且在世界的经济、文化、科技、社会各个领域发挥着比犹太民族在全世界人口中比例远远大得多的作用。难怪有人在评论反犹主义时说过这样一段意味深长的话：“无论过去还是现在，正是反犹主义成了犹太人成功的原因。对犹太人的存在的这种永久威胁，使得犹太人为了成功和生存就必须卓然超群。”①

① 克雷夫茨：《犹太人和钱》，第 288 页。

附　录

犹太人在华散居史略

徐　新

从总体上说，犹太人在华散居的历史是犹太民族散居史的一个有机部分，尽管这一历史对于整个犹太散居史而言可能只是一个很小的部分，并不十分重要，因为在华生活的犹太人毕竟没有对犹太文化的建树做出大的贡献，但是，如果忽略这一历史，世界犹太散居史就将是不完整的，当然，对于希望了解犹太文化和历史的中国读者来说损失就更大了。因此，我们把这一内容作为附录呈现给本书的读者。

犹太人开始踏上中国国土的年代可以追溯到一千多年以前。尽管学术界对最早犹太人来华的确切年代仍有分歧，但对犹太人早在古代就与中国发生交往这一事实却无质疑。史料已经证明，无论是在古代，还是在现代，都有相当数量的犹太人在中国从商、生活、居住。

对于犹太人最早来华的时间，中外学术界的观点主要有周代或周代以前说、汉代说、唐代说三种。持周代或周代以前说者试图从中国开封犹太人所立《弘治二年碑》碑文的个别字句，以及《圣经》中个别章节内容推断出犹太人早在公元前 8 世纪，或者至少在公元前 5 世纪前后就已来到中国这一结论，但至今仍无任何有力的史料可以佐证，因此，只能作为一种看法留存。持汉代说者系根据丝绸之路开通年代、中国开封犹太人所立《正德七年碑》碑文记载、耶路撒冷第二圣殿被毁、犹太人大流散时期的开始，以及 1926 年法国人在洛阳发现有关古碑文拓本，得出犹太人在汉代（公元纪元前后）就已来到中国这一看法。以色列一些学者近年根据发掘出的犹太资料对这一观点间接举证，但是鉴于缺少其他有力的佐证资料，学者对上述一说颇多存疑。持唐代说者认为，犹太人早在唐代便进入中国，其根据是：(1)匈牙利考古学家在新疆党党乌伊里克发现一希伯来文书，被鉴定为 8 世纪商业函件；(2)法国考古学家伯希和在敦煌千佛洞发现一份犹太教祷文，据鉴定亦为 8 世纪遗物。人们由此相信犹太商曾在 8 世纪经中亚到达中国新疆；(3)10 世纪阿拉伯旅游家阿布・赛义德・哈桑在其《中国印度记闻录》中提到 874 年—901 年中国爆发的农民起义曾在广府（疑为中国南方一城市）杀死伊斯兰教徒、犹太教徒、拜火教徒等数万人。这一记载说明了当时中国南方城市已有犹太人生活在其中；(4)出土唐朝具有明显闪米特人特征的陶俑，间接佐证犹太人在唐朝的出现。目前，多数学者赞同唐代说，认为中国最迟在唐代已有犹太人进入。

对于犹太人来华线路基本上分为“陆路”说和“海路”说。“陆路”说主要指循丝绸之路前往中国的线路,同时不排除从印度、阿富汗进入中国西藏,再进入内地这一路线。“海路”说主要指从海路抵中国东南沿海港口,然后再由陆路到中国一些主要商业城市。

尽管人们赞同犹太人至迟在唐代已进入中国,但到目前为止尚无史料证明中国在唐代已出现相对固定的犹太社区,或有一定数量的犹太人在同一地区聚居。当时来华的犹太人很可能主要是从事贸易活动的犹太商贾,在华不过侨寓一时,或频繁来往者。有史料记载佐证,具有一定规模的犹太社区直到宋代才开始出现。当时作为北宋京城的开封是中国古代犹太人的主要聚居中心。并据有关史料佐证,约在11世纪有数十余户以经商为目的的犹太人集体定居开封。1163年,建造专用于宗教活动的犹太会堂,并形成一个颇具规模的犹太社区,即著名的开封犹太人社团。几百年来,该犹太社区一直延绵不息,直到19世纪中叶才逐渐失去犹太社区的基本特征,与当地汉、回等民族融合。但其后裔仍有部分至今生活在该城市,另外一部分则分散在中国其他地区。

19世纪以前,除了开封犹太社区外,中国不少其他城市也曾先后出现过犹太居住区。这些城市应该包括杭州、广州、北京、宁波、宁夏、扬州、泉州、南京、洛阳、敦煌、长安,以及新疆、西藏等地。上述地区犹太人的活动虽然尚未得到充足史料的详细论证,大多只是零星提及,或间接印证,但他们的存在已为多数学者所认同。只是随着历史的推移,中国历史上的犹太人(指19世纪前到达中国境内的犹太人)逐渐为中国大地上不同的文化类型所同化。其根本原因,一是中国文化的包容性,加上历代王朝在异族人不干预其政治的前提下,基本上推行中外一体、兼容并蓄、一视同仁的政策,允许犹太人参加科举考试,担任官职,以及与汉、回等民族自然通婚;二是中国地理位置远离犹太人主要散居地区,与非周边地区交流相对较少,加上18世纪实行“闭关自守”政策,导致中国犹太社团与外界,特别是其他犹太社团长期隔绝,使犹太人主体文化中的主干——犹太教后继无人,加速了早已发生的民族融合进程。

开封犹太人

前面已经提到,开封犹太人是有确切史料证明的、延续时间最长的在华犹太社团。尽管人们对于犹太人最早抵达开封的时间目前仍无定论,但一般认为开封作为古代交通重镇,约在唐朝很可能就已经有犹太商人涉足其中。不过,即便如此,应该说当时尚未出现大规模固定犹太社区,其人数亦不会很多。目前,一般认为,犹太人第一次以集体方式抵开封落户是在北宋(960—1127)年间,经陆路即丝绸之路而来(亦有认为由印度经海路而来一说)。来开封犹太人有数十姓。初来时主要经营商业,尤以出售西洋布和印染业为主。作为国家首都,开封当时有人口百余万,是全国第一商城,经济生活十分活跃,为犹太商贾提供了展示身手的外部条件。据后来的文献追记,当时初到开封的犹太人曾向宋朝皇帝进贡西洋布,宋帝对此甚悦,并订立以“归我中夏,遵守祖风,留遗汴梁”为内容的“约法三章”,使得犹太人能在保持自身传统情况下在中国生活。金大定三年(1163),聚住在开封的犹太人在开封购买地皮,公开兴建犹太会堂,取名为“古清真寺”。族人则拱围犹太会堂而居,形成中国境内有相当规模的犹太人社区。随后,犹太工商业得到发展,宗教生活也开始正常进行。犹太人基本上过着遵循本民族传统的生活,一日三次礼拜,每月四次举斋(守安息日),一年七次守戒(过宗教节日),并实行族内通婚,守割礼和遵守犹太人饮食法等。明代(1368—1644)是开封犹太社区得到大发展的时期。这时的开封犹太人有73姓,500余户人家,约四五千人。犹太人的经济、政治地位都得到了提高,修建犹太会堂活动频繁。一般认为,弘治二年(1489),重建犹太会堂时,刻留石碑一通,自称为“一赐乐业教人”，记述其祖先历史和该社团生活情况，碑文成为极为珍贵的历史资料。与此同时，在中国封建儒教思想影响下，开封犹太人中的知识分子逐渐放弃犹太经典的学习，走上读孔孟之书，循科举之路的发展方向，跻身于中国封建士大夫阶层，出现了一批科举成名、封官进俸的犹太著名人士。随着这部分人在全国范围内经商宦游，犹太人口向各地流移，犹太人的同化步伐进而加快。至明神宗年间(1573—1620)，居住在开封的犹太人只有12姓左右。崇祯十五年(1642)，黄河洪水淹没开封城，开封犹太人随市民逃出泽国的有二百余家。洪水过后，返回开封重建家园的只剩下李、赵、艾、张、高、金、石等七姓。返乡的犹太人在经济生活遭受沉重打击的情况下仍重建犹太会堂，并新修《托拉》经卷13部，力图恢复正常的犹太人生活。据天主教耶稣会传教士记载，当时仍有教众两三千人。然而，由于“族内通婚”藩篱的突破，拉比后继无人，宗教活动开始渐次息止。1688年后，犹太会堂再也无人修葺，终于在清咸丰四年(1854)毁废。至此，开封犹太人作为一个整体失去了凝聚力。一部分犹太家族皈依伊斯兰教，更多的是在与族外人通婚过程中遭到同化，走上了逐渐与汉、回、满等民族自然融合的道路。

进入20世纪以来，开封犹太人的外部特征进一步消失。1914年，开封犹太会堂遗址所在地为加拿大圣公会购去。然而，一部分犹太人后裔对自己的身份问题十分严肃认真。他们在与当地其他民族和睦相处的同时，坚持自己祖先的遗风，在数次人口普查登记中认定自己是犹太人，在动荡的年月也不放弃自己的立场。目前，据有关人士统计，开封仍有犹太人后裔一百余户，约数百人。另在全国其他五十余市县中也分布着开封犹太人的后裔家族，人数约占总数的49%左右。

历史上，犹太人在中国开封居住的情况一直不为外人所知，与世界上其他犹太社团也失去了联系。1605年，开封犹太人艾田在北京与天主教耶稣会会士利马窦无意相见。其后，利马窦一面将有关情况报告罗马教廷，一面派人前往开封了解情况，从而揭开了西方传教士与开封犹太人接触之历史，并使开封犹太人成为受世人注目的一个特殊犹太团体。这一活动在17—19世纪达到高潮，出现了一大批对开封犹太人的调查报告、记录、保存若干有历史价值的资料，如康熙六十年，天主教杜教士手绘开封一赐乐业犹太会堂图二帧，成为唯一流传下来的有关开封犹太会堂的珍贵资料。一些访谈录和日记也提供了一些不可多得的第一手材料，成为后人进行研究的难得资料来源。然而，一批开封犹太人的文物也因此流失至西人手中，被带出中国。如开封犹太人的《正经》大部分被传教士购得，流失国外。19世纪，美国犹太人曾组织了一个“中国犹太人援救委员会”，试图振兴开封犹太人社团。20世纪初，在上海的犹太人成立了“中国犹太人援救会”，并提出了一些援救开封犹太人的实施计划，后因情况变化，终未能落实。

近现代在华散居史

19世纪中叶，在以开封为中心的中国古代犹太人基本完成汉化进程，丧失了民族基本特征时，鸦片战争以及随后签订的南京条约导致一批新犹太社区在中国大地上的出现。据统计，在19世纪中叶至20世纪中叶的100年左右时间内，有大约40000来自世界各地的犹太人先后来到我国，而我国近现代历史上涌现出的一些新兴口岸城市如香港、上海、天津以及东北新兴城市哈尔滨等相继成为来华犹太人居住生活的主要城市，由这些犹太人组成的社团也成了这些现代城市的经济生活和社会生活的一个有机组成部分。若对近现代犹太人来华的100年历史进行阶段性划分，大致可以分为这样三个阶段：

19 世纪中叶至 20 世纪初为第一阶段;

20 世纪初至 20 年代末为第二阶段;

30 年代中至 40 年代初为第三阶段。

这三个阶段实际上构成了近现代犹太人来华的三次浪潮。

我们在这里作这样的划分与其说主要是出于对年代和犹太人来华规模的考虑,不如说是基于对当时影响犹太人来华散居一些重大事件的考虑更为确切,因为导致犹太民族在近现代流向我国的正是这些发生在世界上与犹太人有关的重大事件。

众所周知,犹太人是一个不断流浪的民族,从一个地区或一个国家向另一个地区或另一个国家流动早已是司空见惯之事,一般认为,导致犹太人流动的最根本原因是世界上存在的根深蒂固的反犹主义,但是,我们也必须看到,犹太人离开原居住地的原因与移居某一地区的原因往往不一定相同,被迫流动的犹太人在选择去向时会做出不一样的决定。此外,不同阶段犹太人来华的原因也不一定相同,必须具体分析,不能一概而论。犹太人来华(或导致其来华)与这样三件重大事件有关。

第一个重大事件是 19 世纪西方殖民主义对亚洲,特别是对远东的扩张。这里所说的西方殖民主义对亚洲的扩张既包括以英国为首的老牌西欧殖民主义者,也包括俄国这样的新兴东欧殖民主义者。从时间上说,殖民主义者对我国的殖民扩张亦为 19 世纪中叶至 20 世纪初,与犹太人近现代来华第一浪潮基本吻合。

第二个重大事件是 19 世纪末和 20 世纪初在沙皇俄国发生的一系列迫害,以及不断发生的革命和战争。这一系列迫害、革命和战争在造成大量俄国人外逃的同时也造成了犹太人来华第二个浪潮。

第三个重大事件是纳粹法西斯在德国获得政治权力以及推行的反犹主义政策。纳粹德国在 1933 年至 1945 年对犹太人的疯狂迫害不仅导致了近 600 万欧洲犹太人惨遭杀害,而且造成成千上万犹太人的外逃,从而导致了第三次,也是历史上最大的一次犹太人来华浪潮。下面我们将围绕这三大事件以及它们造成的三次犹太民族来华的移民潮进行具体分述。

殖民主义对中国的扩张 近现代犹太民族在华散居的开端,从某种意义上说,是殖民主义对我国扩张的一个直接结果。西方老牌殖民主义大英帝国于 19 世纪在中国的商业活动,特别是 1840 年发动的鸦片战争以及 1842 年逼迫我清王朝签订的《南京条约》在打开我国门户的同时,使得素有流动传统的犹太人再次来华经商、居住、生活成为可能,并直接造成犹太人来华的第一次浪潮。有关史料表明,犹太人踏上中国的最初年代几乎与英国殖民主义者对我国香港染指的年代同步。由于这一原因,最早一批来华的犹太人大多为英籍犹太人也就不足为奇了。例如,近现代历史上有史料可据最早抵达我国的犹太人中有一位名叫雅各·菲利普斯(Jacob Phillips)的犹太商人就是个英国人。他 1803 年在英国伯明翰出生,其父是英国犹太社团的一位拉比。1840 年前,他获悉英国商人在广州—香港经商有利可图,便来到香港寻找商业机会,与另一位英国人本杰明·莫尔(Benjamin Phineas Moore)合伙在香港开办了一家贸易商行。1846 年他的外甥爱德华·科亨(Edward Cohen)来香港加盟,并在菲利普斯 1851 年返回英国后执掌商行的事务。① 另一位名叫撒母耳·科亨(Samuel H. Cohen)的犹太冒险家,也是一位英国臣民,于 1844 年来到香港寻找商业机会。②

①② *A Vison fulfilled*, *Jewish Community Center*, *Hong Kong*, 1995, p. 16.

当然，导致犹太社团最早在近代中国建立一事应主要归功于一批祖籍为巴格达的犹太人，特别是著名的沙逊家族(The Sassoon Family)。这一沙逊家族是在谢克·沙逊(Sheikh Sassoon, 1750—1830)以及其子大卫·沙逊(David Sassoon, 1792—1864)手中崛起。谢克·沙逊以自己的才干和能力成为巴格达的名流，出任巴格达犹太社区领袖达40年之久，并曾经被奥斯曼帝国驻该地帕夏委任为财政总长。由于巴格达地区日益加剧的反犹主义，尤其是帕夏杜德对犹太人的迫害，继承父业的大卫·沙逊不得不于1828年离开巴格达，先来到伊朗的布什尔，后辗转至印度孟买，不久加入英国籍。他于1832年在印度设立沙逊洋行，开办纺织厂和其他工业，最初在波斯湾地区从事贸易活动。随着英国殖民主义向远东的扩张，特别是在鸦片战争前后，大卫·沙逊凭着对远东市场诱人前景的直觉加入了英国对中国的贸易活动，从而将其商业活动从印度洋拓展至远东，成为第一位重点开拓中国市场的犹太商人。① 1842年《南京条约》签订后，大卫遣其次子伊利亚斯·沙逊(Elias Sassoon, 1820—1880)前往中国，广州—香港地区是伊利亚斯中国之行的第一站，接下来便是上海。诱人的商机使得大卫的其他几个儿子在随后的年代先后来到中国，他本人也于1852年来到中国。尽管1845年沙逊洋行在香港和上海的运作标志着沙逊家族与中国联系的开端，但是，由伊利亚斯·沙逊1872年创办的新沙逊洋行才是沙逊家族在华经营的主要力量。② 虽然沙逊家族的商业活动中心日后主要在上海等地开展，但香港仍是其商业活动的一个重要经商站点和人员往来的落脚点。商业活动的拓展，特别是沙逊家族在香港和中国其他城市贸易的扩展需要有更多的人手，不少与其家族有联系的犹太人纷纷从巴格达和印度等地来到中国，或是加盟，或是另立门户，从而形成了近现代史上犹太人来华的第一次浪潮。到了19世纪末20世纪初，上海和香港均已出现了有一定规模、组织健全的犹太社团。例如，据1881年香港进行的一次人口普查，当时香港的犹太人数已达71人。③ 而到了1900年，已有160名左右的犹太人生活在香港。④ 上海的犹太人在20世纪初则达到了700余人。这些数据表明：至此，犹太民族近现代在华散居无疑已初具规模。

如果说犹太人最早在香港和上海落户是以英国为首的西方殖民主义对中国侵略的产物，那么，犹太人最早来到中国东北地区(以哈尔滨为中心)生活则是沙俄殖民主义对我国东北地区扩张的结果。众所周知，19世纪中叶以来，奉行积极对外扩张政策的沙皇俄国一直对远东地区，特别是中国虎视眈眈，在随后的几十年中，沙俄通过1858年的《中俄瑷珲条约》、1860年的《中俄北京条约》侵占了中国东北地区100多万平方公里的领土，1896年又以中俄共同防止日本侵略为幌子，贿赂清朝使臣，引诱清政府订立《中俄密约》。该条约允许俄国在我国东北修筑连结海参崴的铁路(史称中东铁路)。中东铁路开筑权的获得以及工程的顺利进行为沙俄的殖民势力深入中国东北奠定了基础。然而，野心勃勃的沙俄扩张主义者并不以此为满足。为了实现进一步控制该地区的目的，沙俄当局急切地希望在这一地区推行"俄国化"政策，试图以移民的方式控制我东北地区。为此，当时执政的沙皇尼古拉二世曾亲自发出呼吁，要求并鼓励俄国人前往中国东北定居。为了吸引更多俄国人定居东北，他专门颁布了"优惠"俄国犹太人的移民政策，称：

---

① A Vison fulfilled, Jewish Community Center, Hong Kong, 1995, *p*. 15.

② 伊利亚斯·沙逊创办的沙逊洋行以名字E. D.为记。为了便于区别，中国人将原来的沙逊洋行称为老沙逊洋行，而将伊利亚斯·沙逊创办的沙逊洋行称为新沙逊洋行。老沙逊洋行由长子阿尔伯特掌管，主要在印度经营，后被列为"印度工业的奠基人之一"。

③ *A Vison fulfilled*, *Jewish Community Center*, *Hong Kong*, 1995, p. 18.

④ Ibid., p. 15.

任何愿意移民到“满洲天堂”的犹太人都将得到宗教信仰的自由、无限制的商业权利和进入没有限额的学校。① 沙俄这一政策的出台为犹太人进入以哈尔滨(当时中东铁路指挥部所在地)为中心的东北地区铺平了道路。

最早一批来到哈尔滨的犹太人,与那些来到上海的犹太人一样,显然是为了抓住商业机会。这样,人们发现这批人主要是中东铁路工程的供应商也就不足为奇了。在这些犹太商人中,有案可稽的是一位名叫格雷格瑞萨姆松诺维奇的犹太人。他于1898年从西伯利亚到达哈尔滨,其身份是为中东铁路公司供应物资的一家公司的商业代表,为中东铁路工程提供各种物资。② 由于中东铁路工程的迅速铺开,大批俄国人来到我东北地区,其中有相当数量的犹太人。这一结果直接导致在哈尔滨及毗邻地区的犹太人人数的迅速增长。到1903年中东铁路铺筑工程完工,已有500名犹太人居住在哈尔滨。③ 如此众多的犹太人生活在一起产生了组成社团的愿望,不久,一个颇具规模的犹太社团在哈尔滨正式宣告成立,并从西伯利亚聘请了一位名叫舍维尔·列维(Shevel Levin)的犹太拉比前来主持社团的宗教事务。④

犹太人在天津的出现介于1860年至1870年之间⑤,显然也是与殖民主义势力侵入天津联系在一起的。天津于1860年被辟为通商口岸后,英、法、日、俄等八国相继在那里强划“租界”,殖民势力对天津的入侵从此开始。一些犹太商人出于经商的目的开始定居天津,从而拉开了犹太人在天津散居的序幕。与香港、上海、哈尔滨的犹太人不同的是,天津犹太人主要不是直接来自世界其他地区,而是来自我国的其他城市,如上海和哈尔滨。到1904年,天津犹太人因人数增加开始组织起来,成立了天津希伯来协会,从而标志犹太社团在天津的正式出现。由于多数人是经由哈尔滨来的俄国犹太人,该协会是在俄国驻天津总领事馆完成登记注册手续的。⑥

综上所述,近现代史上的第一次犹太人来华移民潮显然是由殖民主义对我国扩张造成的。从时间上看,这一犹太人来华浪潮持续了相当长的一个时期,前后约有50—60年,但来华犹太人的数量并不很多,总数在1500人左右。

尽管我们没有理由,也不应该把这一时期来华的犹太人说成是殖民主义者,因为,事实上,他们只是利用殖民主义者对我国进行殖民活动的机会,在中国拓展其商业空间和生存空间,然而,确认他们与殖民主义对中国的扩展有关十分重要。只有这样,我们才能回答这些犹太人为什么历经数代,如在中国生活了四代人的沙逊家族,也没有融入中国社会。他们游离在中国主流民族的生活之外,过得主要是殖民主义者式的生活,除了商业上的交往和家庭雇佣的中国佣人,基本上不与中国人往来。正因如此,在这些人中,我们基本上找不到会说汉语的人,中国的文化、生活方式基本上对他们没有什么影响,哈同可能是唯一可以举出的为数不多的例外。他不仅娶了一个中国女子为妻,而且醉心于中国文化⑦,在他去世时被中国当时的政治家称为“中西合璧第一人”。

---

① 转引自马文·托克耶、玛丽·斯沃茨:《河豚鱼计划》,上海三联书店,1992年,第35页。

② Iren Eber, “Passage Through China: the Jewish Communities of Harbin, Tientsin and Shanghai,” Beth Hatefutsoth, Tel Aviv, 1986, p. 27.

③④ Tzvia Shickman-Bowman, “The Socioeconomic Structure of the Harbin Jewish Community 1898—1931,” paper for the Conference on “Jewish Diasporas in China” at the Fairbank Center for East Asian Research, Harvard University, August 1992, p. 4.

⑤ Iren Eber, p. x.

⑥ Iren Eber, p. x.

⑦ 他在上海建造的规模宏大的中式“哈同花园”是最好的说明。

近现代在华散居的犹太人不同于历史上在开封生活的犹太人。他们一直是以外侨身份生活在中国，既未成为中国公民，也没有为中国社会所同化，享受所谓的"治外法权"。对于犹太人而言，租界所享有的"治外法权"犹如欧洲社会在历史上向犹太人颁布过的"特许状"，为犹太人提供了一种法律保护，使他们多了一份安全感。正因如此，当时几乎所有来华的犹太人基本都生活在有租界的城市也说明了这一点。

俄国战争和革命　20世纪初俄国发生的一系列战争和革命是造成犹太人来华第二个浪潮的主要原因。众所周知，20世纪初的沙皇俄国处于一个政治和社会巨变时期，战争和革命不断。1904—1905年的日俄战争、1905年俄国的二月革命、1917年的十月革命、1919—1920年的俄波争夺乌克兰战争，以及1918—1920年的俄国内战。这一系列的战争和革命导致俄国社会动荡不安，大批俄国人外逃，其中包括俄国的犹太人。当然，俄国犹太人的大规模外逃始于1881年沙皇亚历山大二世遇刺之后，当时主要是向西逃往美洲的加拿大和美国。然而，1905年以来，由于我国的哈尔滨已形成一个犹太人聚集地，相当一部分犹太人开始逃向东方，我国的哈尔滨及其毗邻地区，如满洲里、海拉尔、沈阳、大连等成为这批向东逃亡犹太人的主要目的地。在随后15年左右的时间内，先后有大约10000余名犹太人到来，形成了迄今为止最大的犹太人来华移民潮。

应该说，沙俄1905年在日俄战争中的失败和俄国的二月革命是这一移民潮的先声。首先是大批在沙俄军队中被迫服兵役的犹太士兵乘战败之机在俄军撤退时脱离军队，留在东北。一些随部队撤回俄国本土而在日后退伍的犹太士兵由于了解哈尔滨，也纷纷选择哈尔滨作为退伍后的出路。① 这使得哈尔滨的犹太人数激增。俄国国内发生的二月革命使得俄国的反犹势力再次抬头，不少担心受到迫害和那些有亲友在哈尔滨的犹太人纷纷来哈尔滨避居。到1908年，哈尔滨的犹太人口已增至8000人②，是五年前的16倍。1917年的十月革命和随后爆发的俄国内战，以及1919年至1920年的俄波争夺乌克兰战争促使俄国犹太人和波兰犹太人为躲避可能降临在他们头上的迫害大批外逃，我国的东北地区再次成为这一部分外逃犹太人的一个目的地。到20世纪20年代，在以哈尔滨为中心的东北地区生活的犹太人已达15,000人左右③。哈尔滨犹太社团不仅一跃成为当时我国境内最大的犹太社团，而且也是远东地区最大的犹太人散居中心。除了哈尔滨和毗邻东北地区的城市外，天津、上海、香港等其他城市也是这一移民潮来华犹太人的目的地。

在随后的年代，尽管还有部分俄国和东欧犹太人陆续到来，但总得说来已为数不多，因此，我们可以说，由于俄国战争和革命导致的我国近现代历史上的第二次犹太人移民潮至此告一段落。

20年代末，随着东北地区局势的变化（主要是日本势力的入侵），有越来越多的犹太人开始离开东北哈尔滨前往天津和上海等地生活、谋生，使得这一时期来华的东欧犹太人的居住地不

---

① 沙皇俄国长期以来一直推行反犹主义政策，19世纪许多犹太少年（12岁左右）被迫应征入伍，服役期长达25年，即所谓"世袭兵"制。许多这样的犹太士兵在成年后被编入俄国边防军，在远东服役。据估计20世纪初驻扎在东北地区的俄国军队中有犹太士兵25万人以上，哈尔滨犹太社团记录的当时驻扎在哈尔滨毗邻地区的犹太士兵有900余人。See Boris Bressler, "Harbin Jewish Community (1898—1958)," *Bulletin*, No. 334, Igud Yotzei Sin in Israel, Tel Aviv, 1994, p. 9.

② Iren Eber, p. ix.

③ Tzvia Shickman-Bowman, "The Socioeconomic Structure of the Harbin Jewish Community 1898—1931," p. 5.

仅仅只主要局限在我国东北地区。

纳粹德国的反犹政策 1933年纳粹头目希特勒登上德国政治舞台后开始有计划地推行反犹主义政策,不久德国犹太人遭受迫害,而且生活在日后被纳粹占领的欧洲其他国家的犹太人也遭受迫害。受迫害的犹太人开始外逃,从而导致犹太人来华第三次浪潮的出现。

我国当时对外最为开放的城市——上海成为受纳粹德国迫害来华犹太人的最大避居地。

1938年夏天以前来到上海的欧洲犹太人大多是知识分子,其中以从事白领职业工作如医生、音乐家等为多,他们是“为了寻求自由的经济和政治氛围”[①]而来。且携带有一定财产,基本上不能算是难民,而属于移民。

1938年夏天至1939年夏天,由于德国和奥地利两帝国合并以及“水晶之夜”事件的发生,大批德奥犹太人开始逃离。然而,由于世界原先主要接受犹太移民的国家或是收缩移民配额,或是干脆拒绝接受,上海因其独特的地位,成了当时世界上唯一犹太难民可以自由前往的国际大都市。而急于逃出纳粹魔爪却又走投无路的中欧犹太难民这时自然把眼光朝向了中国,一时间,从欧洲到上海的轮船票“洛阳纸贵”。因纳粹德国对犹太人迫害造成的犹太人来华浪潮若与前面两次犹太人来华浪潮相比可谓是来势汹涌,完全可以用“涌入”来形容,在不到两年的时间内,有约14000犹太人来到我国的上海,高峰期平均每月有两至三千人抵达。犹太人来华的这一规模可谓空前绝后,形成了历史上最大的一次犹太人“来华浪潮”。

犹太难民的大量涌入使得上海租界当局开始担心由此引起的后果,上海各界,包括当时上海的犹太社团均认为有必要对欧洲来的犹太难民人数进行某种限制。1939年8月14日上海租界当局通知各国驻沪总领事馆严格限制欧洲犹太难民进入上海。此外,纳粹德国也开始限制犹太人离开,因此,来华犹太难民数开始急剧减少。这一时期最后一批人数较多的来华犹太人是1100名左右从东欧逃出、滞留日本神户、未能获得目的地签证的犹太难民。他们于1941年9月,犹太新年之后集体来到上海。[②] 此后,来华的犹太人只为零星人员,再也没有成规模的移居现象出现。据有关统计,1945年8月上海有犹太人24,850人。[③] 他们构成了当时我国乃至远东地区最大的犹太社团。

犹太人的离开

大体上说,近现代来华的犹太人呈一定的流动状态,人员的来去一直在发生。可以说,来华的犹太人在中国生活了一段时间后离去是一种正常现象,如19世纪香港和上海的犹太人来去就很频繁,20世纪初也有不少来到我东北地区的犹太人在生活了一段时间后去其他地区。当然,当时在总体上是,来到中国的犹太人远远多于离开的,致使在华的犹太人人数呈上升趋势。来华犹太人较大规模的离开主要在三个时期:30年代、40年代后半叶和50年代。

第一次在华犹太人成规模离开发生在30年代,主要与日本对我国的入侵有关。例如,1931年日军对我东北地区的占领导致哈尔滨犹太社团的犹太人大批离开。第二个时期是40年代后半叶,这是在华犹太人最大规模的离开。在四年左右的时间内,80%的在华犹太人离开中国。造成这一现象的原因是多方面的。首先,第二次世界大战结束,当时的国民政府将一部分来自

① 戴维·克兰茨勒:《上海犹太难民社区》,许步曾译,上海三联书店,1991年,第3页。

② 《河豚鱼计划》,第180页。

③ 郑依柳:《旧上海犹太人的变迁》,《人口研究与报导》,1989年,第1期,第20页。

德国和奥地利的犹太人作为敌对国人员强行遣返。其次，在第三次来华浪潮到达中国的中欧犹太难民急切离开。这些来到中国保住性命的犹太人为什么急于离开，对此人们常常觉得难以理解。不过，应该看到，来华避难并不是这些来自中欧犹太难民的初衷。他们中的许多人无一例外地渴望移民美国、加拿大、英国或巴勒斯坦，只是在向那些国家叩门遭到拒绝（巴勒斯坦当时受英国托管，前往那里的犹太人需得到英国的准许）后，在走投无路的情况下才辗转来到中国（主要是上海），安身立命的。这些犹太难民对来华生活往往没有充分的思想准备，上海当时的实际情况也使得这些犹太难民无法找到谋生手段，只能主要依靠救助生活。在这种情况下犹太难民在我国的散居只能是暂时的，一旦局势变化，犹太难民有了新的可能的去处，他们的离开便是必然的。

应该说，最早在近代来华的塞法迪犹太人最初并没有离开的想法，因为他们在中国已经生活了数代人，不少人已经把中国当成自己的家。其中像沙逊、嘉道理这类曾经在上海经营半个多世纪、拥有巨大产业的犹太人，更是无意离开。他们中的不少人还计划重整旗鼓，把因日本侵华造成的损失给补回来。但随后爆发的第三次国内战争使得这批犹太人在华重建其事业和生活的希望落空。他们深知不可久留，必须去他处谋求发展。于是，沙逊家族开始抛售自己的在华财产，最后将公司总部迁至巴哈马群岛。嘉道理则选择香港为进一步拓展事业的基地。许多原先来自俄国的犹太人也因此纷纷离开。到新中国成立时，在华犹太人只剩下数千人。50 年代对于在华犹太人而言无疑是一个特殊时期。从总体上看，这一时期与其说是犹太人在华生活的继续，不如说是近现代犹太人在华散居历史的终结更为贴切，因为，对于多数在华的犹太人来说，等待获得或希望拿到去其他国家，特别是有亲友生活国家的签证已成为他们生活的最主要目标。因此，在 50 年代最初的几年中，每年均有千余名犹太人在获得去他国移民签证后离去。根据上海犹太人联合会提供的统计资料，截至 1956 年 6 月 30 日，留在中国境内的犹太人（不包括在香港的犹太人）准确数字为 519 人。[①] 这些犹太人的分布情况为：上海 171 人，哈尔滨（包括海拉尔）233 人，天津 115 人。从国籍上看，这些人中的绝大多数原籍为俄国（共 409 人），被认为具有前苏联国籍。只有 110 人原籍为其他国家。[②]三年后，留居犹太人数进一步减少了五成以上，总共只有 251 人（其中留在上海的有 72 人，留在天津的有 26 人，留在哈尔滨的有 153 人）。[③] 而这时留居的犹太人中的 90 %以上均为俄籍犹太人。这些人中的大部分在 60 年代中苏关系紧张后陆续离去。很显然，近现代犹太人在华散居史的最后阶段已经到来。

1957 年 9 月 27 日，由于犹太人数的锐减，成立于 1904 年的天津希伯来协会向天津有关部门递交了解散协会的申请报告并在天津报纸刊登协会即将解散的消息。协会正式宣告解散的日期为 1958 年 1 月，[④]成为我国境内第一个正式自行宣告解体的犹太社团。而哈尔滨犹太社团直到 1965 年 11 月 20 日才中止其职能，标志近 70 年历史的哈尔滨犹太社团的正式结束。而上海犹太人组织则于 1967 年自行解散。[⑤] 不过，仍有少数犹太人或因中国情结太深，或因没有其他亲人投靠且年事已高而留居在中国。据有关资料，最后一位留居在哈尔滨的犹太人是名叫哈

①② 郑伊柳：《旧上海犹太人的变迁》，第 15 页。

③ *Annual Report of the Council of the Jewish Community, Shanghai, 1958—1959*, Hoover Institution Archives, p. 19.

④ *Annual Report of the Council of the Jewish Community, Shanghai, 1958—1959*, Hoover Institution Archives, p. 18.

⑤ Irene Eber: "Passage Through China, the Jewish Communities of Harbin, Tientsin and Shanghai," Beth Hatefutsouth, 1986, p. xii.

拉·阿格勒(*Hanna Agre*)的妇女,她于1985年在哈尔滨无疾而终。①

近现代犹太社区

1840年后来到中国的犹太人根据散居犹太人的传统做法,在其主要居住生活的城市连续建立了自己的社区,以共同生活。在近100年时间中,在华犹太人先后在上海、香港、哈尔滨、天津、满洲里、海拉尔、齐齐哈尔、大连、青岛等城市建立起犹太社区。其中上海、香港、哈尔滨、天津的犹太社区最具影响力,值得具体一书。

上海犹太社区 1842年南京条约的签订标志着闭关自守中国的结束,上海作为通商五口之一对外开放,世界各地商人纷至沓来,其中部分为祖籍巴格达的犹太商人。1844年著名犹太商贾大卫·沙逊派其次子伊利亚斯前往上海,以该地为经商地盘,成立总部,从而揭开了近代犹太人在沪历史的序幕。随后,来自美索不达米亚以及孟买、埃及的犹太人,如嘉道理、埃兹拉、亚伯拉罕、沙乐门、哈同等接踵而来,以犹太人精于经营的锐利目光,瞄准上海这一开放口岸的优越地理条件,从经营鸦片、茶叶、丝绸开始,进而扩展到房地产、金融等业,逐步成为颇具影响力的上海犹太人社区。

当上海第一座犹太人专用墓地于1862年设立,以及上海第一座犹太会堂于1887年兴建并交付使用时,这实际上是宣告现代上海犹太社区的出现。该犹太社区主要由隶属塞法迪系统的犹太人组成,亦称为塞法迪犹太社区。该社区在20世纪30年代后期有成员600—700人,是上海最富有的一个犹太社区。19世纪末,一批来自俄国、属于阿什肯纳兹系统的犹太人抵达上海,形成了上海第二个犹太社区。30年代起,由于纳粹德国对犹太人的迫害,致使大批犹太人外逃,其中一些人来到上海避居,组成了上海第三个犹太社区——中欧犹太人社区。第二次世界大战爆发前夕,该社区成员猛增至两万余人,成为上海最大的犹太社区。随后,又有一批滞留日本神户、来自波兰等地区的犹太人于1941年来到上海,构成上海第四个犹太社区——波兰犹太社区。至此,上海犹太总人数近三万,上海亦成为远东最大的犹太人聚居地。

随着犹太人数的增加,上海犹太人的公益活动也日渐频繁。除了兴建犹太人墓地和犹太会堂外,旨在为犹太人子女提供教育的犹太人学校于1901年兴办,在为犹太儿童开设传统宗教课程的同时亦开设世俗课程。与此同时,犹太人文化活动也渐次开展。1902年建立了犹太俱乐部。1904年,第一份主要供犹太人阅读的英文周刊《犹太月报》面世。随后又有数十种刊物创办,其中有时报、周报、月刊等,使用的文字包括英语、意第绪语、俄语、德语等。书籍、出版、发行事业也得到了较大的发展。犹太人经营的书店不仅为犹太读者服务,还为包括中国人在内的其他读者服务。第二次世界大战期间,波兰犹太人为了学习和教学之需,在上海印刷出版了部分希伯来文的犹太教经典和教科书。希伯来文学作品和意第绪文学作品时有介绍。30、40年代,犹太人在上海的文化活动还包括举行各种音乐会、上演戏剧。特别值得一提的是意第绪语戏剧开始出现在上海舞台上。演出的剧目有戈登的几部传世名作和根据肖洛姆-阿莱赫姆作品改编的《挤牛奶的台维》。上海犹太人俱乐部更是每周定期举办各种活动。

为了更好地组织起来开展各项活动,上海犹太人先后成立了一系列组织。这些组织中有1898年成立的英犹协会上海分会;1900年成立的犹太慈善协会。1932年由俄罗斯犹太社区成立的上海犹太宗教公会是第一个大型犹太人组织,负责处理犹太人的宗教、户籍、教育、救济、安

① *A Vison fulfilled*, *Jewish Community Center*, *Hong Kong*, 1995, p. 21.

葬等事项。1938 年,成立了协调塞法迪犹太社区与俄罗斯犹太社区援助难民行动的援助欧洲来沪犹太难民委员会。1939 年成立的中欧犹太协会是上海犹太难民的主要组织,具有欧洲犹太会社的一系列职能,相当于犹太人的自治政府。它除了全权管理所有犹太难民事务外,还出版刊物,附设仲裁法庭。其他组织还包括上海救援中国犹太人协会、犹侨体育协会、上海犹太总会、上海犹太青年协会等。1931 年上海万国商团中组建的犹太连拥有士兵 101 人,军官四人。

19 世纪末,首先在欧洲兴起、随后在世界范围内展开的犹太复国主义运动得到了上海犹太人的热烈响应。他们除于 1903 年和 1946 年两度派代表出席世界犹太复国主义者代表大会外,还积极在沪开展各项活动。1903 年成立的上海犹太复国会是亚洲最早成立的三个犹太复国主义组织之一。为了积极支持并参与在巴勒斯坦重建犹太民族家园的事业,上海犹太人募集资金、捐款捐物、在巴勒斯坦建起了命名为"中国犹太人住居地"的犹太移民定居点,积极宣传犹太复国主义思想。争取中国政治领导人对该运动的理解和支持也是上海犹太人的一个工作重点。1920 年"孙中山信件"就是这一努力的产物。30 年代由于大量来自欧洲难民的涌入,代表世界犹太复国主义运动的所有政治派别在上海都有其追随者。在犹太复国主义思想影响下,有相当一批上海犹太人在第二次大战结束后移居巴勒斯坦,直接投入建设犹太人家园的事业。

30 年代前后,上海犹太人在经济领域的成就十分引人注目。以塞法迪犹太富贾为首的犹太人是亚洲工商业、银行业、房地产业的巨擘,对上海的经济发展和市政建设起到了一定的促进作用。30 年代末,由于侵华日军对上海的占领,上海犹太人经济活动遭到打击和影响,许多持英国护照的犹大人被日军关押,财产被冻结。随着 40 年代末犹太人的大批离去,犹太人在上海的经济活动逐渐止息。

日军对上海的占领,第二次世界大战以及太平洋战争的爆发,使上海犹太人的生活发生了很大的变化。战争使正常的经济活动受到影响;难民的涌入增加了社区的压力。1943 年日本占领军在虹口地区设立犹太人隔离区,使被迫迁入这一地区的犹太人遭受巨大打击,这是上海犹太历史上最黑暗的一页。

上海犹太人不同于历史上在开封生活的犹太人。他们一直是以外侨身份生活在该城市,既未成为中国公民,也没有为中国社会所同化。许多人只是把上海作为经商的活动场所或临时避居地而生活在那里。当第二次世界大战结束后,世界其他地区重新对犹太人开放,以及中国内战即将爆发,上海犹太人开始纷纷离去。离去的人数分别为:1946 年 3000—4000 人,1947 年约 8000—9000 人,1948 年约 5000 人,1949 年约 5000—6000 人,1950 年约 2000 人,1951 年约 2000 人。到 1952 年只剩下 600—700 人。1956 年,上海最后一座犹太会堂停止使用,尽管此时尚有犹太人在上海留存,但是上海犹太人社区已不复存在。

哈尔滨犹太社区 犹太人涉足哈尔滨地区的历史始于 19 世纪后半叶,特别是在俄国从清朝政府手中获得在东北的治外特权和修建中国东方铁路权后。他们大多居住在满洲里、海拉尔、齐齐哈尔、哈尔滨等地。最早抵达的犹太人大多来自俄国,其中有皮毛经销商、牧牛人、乳制品制造商、工匠以及从俄国军队逃出的犹太士兵。在修筑东方铁路期间,沙皇政府对中俄边境地区的迅速移民和经济发展感兴趣,鼓励犹太人向满洲里移居。1903 年哈尔滨的犹太人数已达 500 人。日俄战争(1904—1905)后,犹太人数开始急剧增加。大批在俄国军队中服役的犹太军人以各种方式脱离所在部队,成为哈尔滨的犹太定居者。1907 年,在哈尔滨定居的犹太人开始建造大型犹太会堂,建筑高大,具有浓郁的俄罗斯风格。到 1908 年,哈尔滨的犹太人数已逾 8000 人。1917 年苏联十月革命后,许多原居住在俄国和波兰的犹太人纷纷穿过西伯利亚来到哈尔滨及其毗邻城市。东北的大城市,如沈阳、大连以及东中国铁路沿线的小城镇,都开始出现了犹太定居者,哈尔滨的犹太社团更是得到了迅速的扩大。至1920年,那里的犹太人数已高达12000至13000人,成为当时中国境内最大的一个犹太社团。

始于1911年的辛亥革命虽然推翻了清朝政府,但由于出现了军阀混战时期,新政府一时无法对东北这一边远地区实行有效的管理,犹太社团的生活基本上没有受到这场革命的影响。东北地区由于地广人稀、资源丰富,给在哈尔滨定居的犹太人提供了一个充分发展的机会。犹太人活跃在木材、煤矿、大豆、油料、毛皮等领域。出现了为数众多的犹太人公司、商行、企业、银行。犹太人还积极参与哈尔滨证券交易所的活动。犹太资金在哈尔滨的市镇发展过程中发挥了重要作用。

犹太社团的扩大,以及犹太人经济地位的加强,使犹太社团内的各项事业得到了发展。1919年,首次通过选举的方式产生了社区委员会,负责领导和处理与犹太人有关的事务。公益活动开始有组织地展开,犹太人建起了自己的医院、图书馆、学校,以及《塔木德》经学院。旨在帮助年迈、孤儿、穷人的福利机构纷纷设立。各项文化事业也得到了发展,除了不断有戏剧、音乐、演出方面的活动外,犹太出版物也纷纷面世。在这些出版物中,大部分为俄语读物,少数为意第绪语读物。一份当地出版的意第绪报刊以报道社团活动和世界犹太人消息为主,颇受读者欢迎。其中巴勒斯坦远东局及其机关刊物《西伯利亚—巴勒斯坦》周刊从1920年起创办,直至1943年才停刊(1926年后改名为《犹太通报》)。

哈尔滨犹太社团的人员比较单一,主要由来自俄国的阿什肯纳兹犹太人组成,少数为来自波兰的犹太人。其大部分成员受俄国犹太复国主义思想影响较大,具有较强烈的复国主义倾向。社区内犹太复国主义活动频繁,对社区的生活发挥着重要影响。1917年,有组织的犹太复国主义活动出现。1920年,哈尔滨召开了有东北、上海、天津犹太复国主义人士参加的巴勒斯坦会议,成立巴勒斯坦远东局。在前苏联禁止犹太复国主义活动后,哈尔滨几乎成为唯一的犹太复国主义的俄语中心、在派别众多的犹太复国主义思潮中,犹太复国主义修正派的观点较为流行。1929年后,贝塔青年活动在社区内拥有大量成员。在犹太复国主义思想影响下,早在20年代,哈尔滨犹太社区内便有成员移居巴勒斯坦,投入创建犹太人家园的事业中去。

20年代末,哈尔滨犹太社区的经济生活受到一系列冲击,社区开始出现衰退迹象。首先是1928年前苏联当局将中国东方铁路公司管理权交还中国,使不少犹太人的商业活动受到影响和限制;其次是1929年出现的国际市场大萧条,许多从事国际贸易的犹太商号受到沉重打击,接下来是1931年日本对东北的入侵和日本公司对满洲里市场的占领,以及日本傀儡政府——伪满洲国的建立,使犹太人经济受到进一步打击。许多犹太人开始离开哈尔滨和东北其他地区,前往天津和上海寻找较为宽松的经济环境。30年代中期,哈尔滨犹太人口已减至5000人。1936年,日本占领当局出于自身利益的考虑,同意成立远东犹太人理事会,由著名犹太活动人士亚伯拉罕·考夫曼医生主持。该理事会的成立表明日本占领当局和伪满政府对犹太人地区的承认,以及犹大人获得了在该地区管理自身事务的权利。在理事会的领导下,东北各地的犹太人在1937年至1939年的三年内成功地在哈尔滨召开了三次远东犹太社区代表大会。1938年,哈尔滨犹太社区还派代表出席了美国犹太人大会召开的会议,报告了该地区犹太人的状况。

1945年8月,前苏联对日宣战,后哈尔滨为苏军占领,犹太人组织被取缔,社区领袖被押解至前苏联境内集中营,犹太人生活受到极大影响。尽管东北主权于1946年交还中国,但内战的爆发使哈尔滨和东北其他地区犹太人生活进一步受到影响,当地犹太社区的经济每况愈下,不少犹太人因失去生计而离去。1950年起犹太人大批离去,其中部分俄罗斯犹太人返回前苏联,约1000多人移居以色列。1955年,哈尔滨的犹太人口已不足400人。在后来的日子里,这批剩下的犹太人中的大部分也陆续离去，虽有少数上了年纪的人仍然留在那里。1985年，最后一名犹太老妇人在哈尔滨去世，在哈尔滨地区存在了约一百年历史的犹太人终于成为历史。

天津犹太社区　早在1860年至1870年间就开始有犹太人落户天津，从事商业活动。然而，直到1904年，犹太人才开始在天津购置土地营造犹太墓地、建立犹太社区。最早成立的犹太人组织取名为天津希伯来协会。社区的绝大多数为来自俄国的犹太人，少数来自波兰和德国，因此，该社区在成立时作为俄国侨民团体，在当时俄罗斯帝国驻天津领事馆办理了登记注册手续。苏联十月革命后，大批俄国犹太人出走，其中一部分来到中国的哈尔滨、天津、上海等地居住，天津犹太社区的规模因此得到较为迅速的发展。1931年日军占领东北后，许多哈尔滨犹太人逃至天津谋生，使天津犹太人口上升到历史最高点——2500人左右。该社区不同于在上海和哈尔滨的犹太社区，其成员的人多数属于犹太贫困阶层。为了帮助这些贫困的犹太人谋生，天津希伯来协会在一开始便把工作重点放在向他们发放无息贷款上。1929年以前，天津犹太人的经济活动大多集中在赢利较高的毛皮生意上。他们从东北购得毛皮后在天津进行加工制作，然后远销欧洲和美国市场。据统计，当时从事这一行业的天津犹太商号达100余家。1929年出现的世界性经济大萧条，使天津的毛皮行业遭受沉重的打击，不少犹太商号纷纷转营其他生意，以减轻损失。

20—40年代，天津犹太社区在犹太社会活动家格尔舍维奇的领导下得到了蓬勃的发展，兴办了许多集体事业。1925年，天津犹太人学校建立，为天津和华北其他地区犹太子女提供了就读机会。该校用英语授课，教学大纲除包括各种犹太文化课程外，还开设各种基础学科，以保证在该校就读的学生毕业后能在欧洲和美国大学继续深造。1928年取名为“康斯特”的犹太俱乐部成立，立即成为当地犹太人生活的中心。俱乐部的礼堂是组织各种文娱活动的场所，开设的图书馆成了人们阅读的最佳去处。阅览室中有各种英文、俄文和希伯来文书籍、报刊。由犹太人出版的俄文日报《我们的曙光》，每两周出版一次有关犹太生活的增刊，报道各地犹太活动消息。1939年，又建起了犹太会堂，由天津著名犹太拉比莱文主持，为犹太人的宗教生活提供了一个理想场所。风行全球的犹太复国主义运动在天津犹太人中自然也得到开展。人们成立了犹太复国主义组织，开展各种活动，宣传犹太复国主义思想。著名的犹太复国主义组织贝塔尔在青年中开展工作。由于犹太复国主义运动的影响，相当一部分天津犹太人日后移居巴勒斯坦。1948年，当现代以色列国成立的消息传到天津后，天津犹太人在犹太复国主义组织带领下，在犹太会堂前举行盛大庆祝活动。30年代起，天津犹太社区的生活条件已超过受到打击的哈尔滨犹太社区。由于大多数人居住在当时的英租界和法租界内，在1941年前，他们的生活基本上没有受到侵华日军的直接影响。

天津犹太社区在太平洋战争爆发后开始衰落，部分犹太人逃往上海。第二次世界大战结束后，中国爆发的内战使天津犹太人口进一步减少。在随后的几年中，犹太人纷纷离去。1958年，天津希伯来协会中止其职能，留下的130名犹太人在随后年代陆续离去。

香港犹太社区　香港是近现代犹太人最早涉足的中国城市。1842年，著名犹太人沙逊家族成员来到那里经商，1858年建成犹太人专用墓地。然而，香港犹太社区直到20世纪初才初具规模，建造了著名的俄亥尔·利亚犹太会堂，1909年成立犹太俱乐部。不过，在随后的年代，香港犹太人数一直增长缓慢，其不少成员同时在上海居住，开拓自己的事业。40年代后期中国爆发的内战使得香港这座当时由英国人治理的城市成为一座避风港，不少原先生活在上海、天津、哈尔滨等地的犹太人来到香港落户，香港的犹太人数开始增长。若干在内地经营的犹太人公司也开始迁至香港，嘉道理家族就是其中之一。人数的增长和经济的发展使得香港犹太社团得到了进一步发展的机会,1949 年,受到日本人破坏的香港犹太俱乐部得到重建并再次成为香港犹太人社交生活的中心[①]就是这一新形势出现的最好例证。特别是在中国内地犹太社团于 50 年代末或 60 年代初相继解体后,香港犹太社团由于其独特地位,依然留存,成为我国近现代史上唯一的一个具有连续历史和完全社团功能的犹太社团。特别是到了 80 年代,随着香港经济的高速发展以及中国和以色列关系的松动,香港犹太人数剧增,香港犹太社团出现了空前繁荣和活跃的局面。1989 年的一份调查表明,自 80 年代末以来犹太教的各个派别几乎都在于香港出现。[②] 根据以色列通讯社统计,香港犹太人数在 1998 年已达 2500 余人。而随着 1997 年香港的回归,香港犹太社团实际上已成为我主权范围内一个最为活跃和最具影响力的犹太社团。目前,它不仅是犹太人在我国领土范围内最大聚集中心,而且还是联结世界犹太人和促进香港和内地经济发展的一个重要犹太人团体。

台湾犹太社区 20 世纪 50 年代以来,我国的台湾开始出现一个规模不大的新犹太社区,成员主要集中在台北市。1991 年有成员 100 余人(约 35 个家庭),其中约 2/3 来自美国,1/3 来自以色列,其余的来自欧洲。在这些犹太人中,只有很少部分人在台湾长期定居,绝大多数不是跨国公司的代表,就是各国际组织或工商业的派出人员。由于这些代表和派出人员通常只在台湾呆两三年,台湾犹太社团的人员构成一直处于一种流动状态。在社团形成之初的 50—60 年代,犹太人社团以临时租借属于当地基督教会厅室的方式聚会,举行守安息日和庆祝犹太节目的仪式。70 年代中期,台湾犹太教协会成立。协会由经选举产生的董事会领导,并在犹太人集中居住的天目区设立社团活动中心。中心拥有一座两层楼的建筑。一楼主要用来开展社交活动。每星期不是在周五晚举行庆祝"喀巴拉安息日"晚餐,就是在周日举行午餐会。每当哈努卡节和普珥节到来时,还举行大型庆祝活动。二楼的一个大厅为犹太会堂,拥有 80 个座位。会堂的约柜中,存放两卷《托拉》经卷。此外,还备有希伯来文—英文对照祈祷书。其余房间则为星期日学校用房,专门为社区犹太少年儿童教育服务。开设的课程包括犹太习俗、犹太历史、犹太教、希伯来语入门等。教师通常由具有教学经验的社团女性成员担任。为了使每一个来访的犹太人都能参加,社区聚餐会的基本原则之一是只供应符合犹太饮食法的食品,餐桌上除了乳制品和蔬菜外,主菜均为鱼肴。由于社区的所有经费都来自会费和少量捐款,社团无力聘请拉比。日常的宗教仪式往往由社区中最具犹太教知识的成员主持。

台湾犹太教协会除了在活动中心举行活动外,还在台北市中心地区主要旅馆定期举行守安息日和节日庆祝仪式,以向那些临时来台北访问或办理公务的正统犹太人提供服务。台湾犹太教协会现为总部设在澳大利亚的亚太犹太教联合会的成员之一,与世界其他犹太社团机构的联系主要通过亚太犹太教联合会进行。

值得一提的是,早在辛亥革命和 20、30 年代就有不少犹太人投入中国革命斗争,参加中国经济建设。如亚伯拉罕·科亨将军 1922 年来到中国,担任孙中山先生的卫队指挥工作。犹太医生米勒、罗生特等人在新四军和解放军的医疗机构工作。目前任中国政协委员的爱泼斯坦、沙博里等均是投身中国革命、献身中国建设并加入中国国籍的犹太人。

---

① 关于 50 年代后期上海、天津、哈尔滨三城市犹太社团的情况笔者在《20 世纪 50 年代后期在华犹太人状况简述》一文中有所论述。该文刊于上海社会科学院的刊物《社会科学》(2000 年,第 4 期)。

② "Profile of Hong Kong's Ohel Leah Synagogue/Jewish Recreation Club Community: A Servey Report," *Faces of the Jewish Experience in China*, edited by Dennis A. Leventhal and Mary W. Leventhal, 1990, pp. 27—55.

不仅如此，我国于20世纪70年代末开始实行的改革开放政策使犹太民族在我国的散居历史有了新的变化，犹太人在我国的散居现象又重新出现。早在80年代初，居住在北京的犹太人就曾举行犹太社团式的庆祝犹太逾越节的活动，从而拉开了犹太人在我国内地生活的序幕。北京和上海率先成为80年代以来我国两个重新有一定数量犹太人居住生活的城市。有关资料表明，北京的犹太人开始进行有组织的活动于20世纪80年代，1995年以来，开始每周定期举行守安息日和庆祝其他犹太教节日的活动。① 居住在上海的犹太人则在1996年正式成立了上海犹太社团，并于1997年聘请了一位正统教犹太拉比主持上海犹太社团的日常活动。②

凡此种种均表明犹太人在中国居住生活的历史远没有到谈论结束的时候。

① "Bagels Reach Beijing," *China/Judaic Connection*, a publication of the China Judaic Studies Association, winter, 1999, No. 1, p. 1. Or cf. http://www.istarnet.com/sinogogue.

② 参见网址：http://www.chinajewish.org.

主要参考书目

西文

Avery-Peck, Alan J. *The Talmud of the Land of Israel*, University of Chicago Press, 1987.

Cohen, Samuel S. *Judaism, A Way of Life*, The Union of American Hebrew, 1948.

Dimont, Max I. *Jews, God and History*, The New American Library, 1962.

Epstein, Melech. *Jewish Labor in U. S. A. 1914～1952: An Industrial, Political, and Cultural History of the Jewish Labor Movement*. New York, 1953.

Finkelstein, Louis, ed. *The Jews: Their History, Culture and Religion*. 2 vols. New York, 1960.

Friedman, Theodore, and Robert Gordis. *Jewish Life in America*. New York, 1955.

Glazer, Nathan. *American Judaism*. Chicago, 1972.

Gordis, Robert. *The Dynamics of Judaism*, Indiana University Press, 1990.

Goren, Arthur A. *The American Jews*. Cambridge, 1982.

Grosser, Paul E. and Edwin G. Halperin. *The Causes and Effects of Anti-Semitism*, Philosophical Library, 1978.

Gurock, Jeffrey S. *American Jewish History: A Bibliographical Guide*. New York, 1983.

Harap, Louis. *Creative Awakening: The Jewish Presence in Twentieth-Century American Literature, 1900～1940s*. New York, 1987.

Hebrew Union College-Jewish Institute of Religion. *Dictionary Catalog of the Klau Library Cincinnati*. 32 vols. Boston, 1964.

Hertzberg, Arthur. *The Jews in America: Four Centuries of an Uneasy Encounter: A History*. New York, 1989.

Heschel, Abraham J. *God in Search of Man*, Farrae, Straus and Giroux, 1955.

Howe, Irving. *World of Our Fathers*. New York, 1976.

Israel, Steve and Seth Forman, *Great Jewish Speeches Throughout History*, Jason Aronson Inc., 1994.

Kaufmann, Walter, *Religions in Four Dimensions*. New York: Reader's Digest Press, 1976.

Marcus, Jacob Rader. *United States Jewry*, 1776～1985. 4 vols. Detroit, 1989～93.

Meyer, Michael A. *Response to Modernity: A History of the Reform Movement in Judaism*. New York, 1988.

Morse, Arthur D. *While Six Million Died: A Chronicle of American Apathy*. New

York, 1967.

Neusner, Jacob. *The Talmud of Babylonia: An Academic Commentary*, USF Academic Commentary Series, Scholars Press, 1994～6, 1999.

Neusner, Jacob. *Invitation to the Talmud*, Global Publications, 2000.

Neusner, Jacob. *Judaism An Introduction*, Penguin Books, 2002.

Parzen, Herbert. *Architects of Conservative Judaism*. New York, 1964.

Patai, Raphael. *The Jewish Mind*, Charles Schrbner's Sons, 1977.

Poliakov, L. *The History of Anti-Semitism: From the Time of Christ To the Court Jews*, New York: Viking Press, 1968.

Prager, Dennis and Joseph Telushkin, *Why the Jews, The Reason for Antisemitism*. Simon & Schuster, Inc., New York, 1983.

Rosenberg, Roy A. *The Concise Guide to Judaism*, A Meridian Book, 1990.

Rosenberg, Stuart E. *The Christian Problem*, Hippocrene Books, 1986.

Sachar, A. L. *A History of the Jews*, Knopf, 1955.

Scholem, Gershom G. *On the Kabbalah and Its Symbolism*, New American Library, 1974.

Waxman, Meyer. *A History of Jewish Literature*. Vols. IV and V. New York, 1960.

Wise, Isaac Mayer. *Reminiscences*. Cincinnati, 1901.

Zohar, *The Book of Spendor: Basic Readings from the Kabbalah*, Schochen Books, 1963.

Encyclopaedia Judaica. 16 vols. New York, 1971～72.

中文

阿巴·埃班:《犹太史》,中国社会科学出版社,1986年。

阿尔弗雷德·高乔克:《理性之光——阿哈德·哈姆与犹太精神》,内蒙古人民出版社,1999年。

丹·巴哈特等:《以色列2000年:民族和地域的历史》,山东画报出版社,2003年。

丹·巴哈特等:《耶路撒冷3000年》,山东画报出版社,2003年。

利奥·拜克:《犹太教的本质》,山东大学出版社,2002年。

伯曼特:《犹太人》,上海三联书店,1991年。

顾骏:《犹太的智慧:创造神迹的人间哲理》,浙江人民出版社,1993年。

顾晓鸣:《犹太——充满"悖论"的文化》,浙江人民出版社,1990年。

黄陵渝:《犹太教学》,当代世界出版社,2000年。

加百尔等:《圣经中的犹太行迹》,上海三联书店,1991年。

马丁·吉尔伯特:《犹太史图录》,上海人民出版社,2000年。

托马斯·卡希尔:《上帝选择了犹太人》,世界知识出版社,2001年。

摩迪凯·开普兰:《犹太教:一种文明》,山东大学出版社,2002年。

亚伯拉罕·柯恩:《大众塔木德》,盖逊译,山东大学出版社,1998年。

弗兰西妮·科兰格斯伯伦:《圣哲箴言》,文化艺术出版社,1992年。

埃马纽埃尔·勒维纳斯:《塔木德四讲》,商务印书馆,2002年。

梁工:《圣经文学导读》,漓江出版社,1980年。

梁工等:《凤凰的再生:希腊化时期的犹太文学研究》,商务印书馆,2000年。

刘洪一:《犹太精神》,南京大学出版社,1995 年。
塞西尔·罗斯:《简明犹太民族史》,山东大学出版社,1997 年。
沃尔特·拉克:《犹太复国主义史》,上海三联书店,1992 年。
大卫·鲁达夫斯基:《近现代犹太宗教运动:解放与调整的历史》,山东大学出版社,1996 年。
雅各·马库斯:《美国犹太人,1585—1990:一部历史》,上海人民出版社,2004 年。
摩西·迈蒙尼德:《迷途指津》,山东大学出版社,1998 年。
潘光等:《犹太民族复兴之路》,上海社会科学院出版社,1998 年。
罗伯特·S.塞尔茨:《犹太的思想》,上海三联书店,1994 年。
阿丁·施坦泽兹:《阿伯特——犹太智慧书》,中国社会科学出版社,1996 年。
希提:《阿拉伯通史》(上册),商务印书馆,1979 年。
许鼎新:《希伯来民族简史》,中国基督教协会神学教育委员会,1990 年。
徐新 凌继尧(主编):《犹太百科全书》,上海人民出版社,1993 年。
徐新:《反犹主义解析》,上海三联书店,1996 年。
徐新:《西方文化史》,北京大学出版社,2002 年。
徐向群:《沙漠中的仙人掌——犹太素描》,新华出版社,1998 年。
徐向群等:《第三圣殿:以色列的崛起》,上海远东出版社,1994 年。
于殿利、郑殿华:《巴比伦古文化探研》,江西人民出版社,1998 年,
张倩红:《困顿与再生——犹太文化的现代化》,江苏人民出版社,2003 年。
张倩红:《犹太人》,三秦出版社,2003 年。
朱维之(主编):《希伯来文化》,浙江人民出版社,1988 年。
《圣经后典》,张久宣译,商务印书馆,1987 年。
《天下通道精义篇——犹太处世书》,张平译注,北京大学出版社,2003 年。